100 Traumgärten

NEUE BEISPIELE DER SCHÖNSTEN GÄRTEN
IN DEUTSCHLAND, ÖSTERREICH UND DER SCHWEIZ

CALLWEY

100 Traumgärten

NEUE BEISPIELE DER SCHÖNSTEN GÄRTEN
IN DEUTSCHLAND, ÖSTERREICH UND DER SCHWEIZ

Geplant und gebaut
von den Gärtnern von Eden

Callwey

IMPRESSUM

© 2013 Verlag Georg D.W. Callwey GmbH & Co. KG
Streitfeldstraße 35, 81637 München
www.callwey.de
E-Mail: buch@callwey.de

Bibliografische Information der Deutschen Nationalbibliothek
Die Deutsche Nationalbibliothek verzeichnet diese Publikation in der
Deutschen Nationalbibliografie; detaillierte bibliografische Daten sind
im Internet über http://dnb.d-nb.de abrufbar.

ISBN 978-3-7667-2015-3

Das Werk einschließlich aller seiner Teile ist urheberrechtlich geschützt.
Jede Verwertung außerhalb der engen Grenzen des Urheberrechtsgesetzes
ist ohne Zustimmung des Verlages unzulässig und strafbar. Das gilt ins-
besondere für Vervielfältigungen, Übersetzungen, Mikroverfilmungen
und die Einspeicherung und Verarbeitung in elektronischen Systemen.

Produktion Gärtner von Eden eG: Anja König (Projektleitung), Thomas Bielawski (Fachberatung)
Text: Pronomen GmbH & Co. KG, Christiane Stoltenhoff
Design: independent Medien-Design, Anna Schlecker
Umschlaggestaltung: Anzinger|Wüschner|Rasp – Agentur für Kommunikation GmbH, München
Druck und Bindung: OPTIMAL : MEDIA, Röbel/Müritz

Printed in Germany

INHALT

Vorwort	7
Einleitung	8
FÜR DESIGNFREUNDE	38
Gartenbeispiele	40
FÜR GENIESSER	100
Gartenbeispiele	102
FÜR ÄSTHETEN	152
Gartenbeispiele	154
FÜR NATURMENSCHEN	216
Gartenbeispiele	218
Anhang	246

Vorwort

PLANVOLL SCHÖNE GÄRTEN

....

EIN GARTEN IST EIN LEBENDIGER ORGANISMUS, DER IMMERWÄHRENDER VERÄNDERUNG UNTERLIEGT. DARIN, DIESE VERÄNDERUNG AKTIV MITZUGESTALTEN UND SIE TAG FÜR TAG HAUTNAH ZU ERLEBEN, LIEGT EINER DER GROSSEN REIZE DES EIGENEN GARTENS.

Der sprichwörtliche Blick über den Gartenzaun ist zum Sinnbild dafür geworden, sich neue Welten zu erschließen, offen für Anderes zu sein und Veränderung zu wagen. Landläufig ist damit allerdings gemeint, aus dem Garten heraus in die große weite Welt zu schauen. Dabei offenbart der Blick über den Zaun hinein in den Garten ebenfalls eine große Bandbreite an Möglichkeiten, kreativen Ideen, neuen Eindrücken und weltgewandter Vielfalt. Dieses Buch gewährt gleich hundertfach Einblicke in private Gartenparadiese, die geprägt sind von ungeheurer Vielfalt, Kreativität und dem Mut zur Individualität. Gestaltet wurden diese 100 Traumgärten von führenden Gartengestaltern aus dem deutschsprachigen Raum, allesamt Mitglieder der Gärtner von Eden.

Hinter der Genossenschaft mit dem paradiesischen Namen stehen rund 60 Gartengestalter aus Deutschland, Österreich und der Schweiz, die sich auf die Gestaltung privater Gärten spezialisiert haben und dies in Vollendung beherrschen. Hier zeigen sie, wie vielfältig individuelle Gartenträume sein können. Die Stärke des nunmehr vierten Traumgartenbuches der Gärtner von Eden liegt einmal mehr darin, dass es eine enorme Bandbreite an professionell geplanten und umgesetzten Gärten zeigt und den Fotos des renommierten spanischen Gartenfotografen Miquel Tres stets auch die Gartenpläne an die Seite stellt, so dass Laie wie Profi ein umfassendes Bild eines jeden Gartens bekommen. So ist dieses Buch als Orientierung für Gartenneulinge ebenso geeignet wie als Ideenfundus für diejenigen, die in ihrem grünen Refugium neue Wege beschreiten oder einfach die Vielfalt traumhaft schöner Gärten genießen wollen.

Einleitung

WAS IST DER GARTEN DEM MENSCHEN?

»DIE NATUR IST DAS EINZIGE BUCH, DAS AUF ALLEN BLÄTTERN GROSSEN GEHALT BIETET.«

JOHANN WOLFGANG VON GOETHE (1749–1832)

Zu allen Zeiten und in allen Kulturen haben Menschen ihre Gärten geliebt, haben in ihnen gelebt, sie gestaltet und besungen. Und doch ist das Maß an Aufmerksamkeit, das privaten Gärten in unseren Breiten in den vergangenen Jahren zuteil wird, etwas Besonderes, über dessen Ursprünge nachzudenken sich lohnt.

Im Verhältnis der Menschen zu ihren Gärten lässt sich eine ganze Menge ablesen: natürlich individueller Stil und Geschmack, oft sogar Lebenseinstellungen und Vorlieben des Gartenbesitzers. Doch neben dieser ganz subjektiven Ebene der Auskünfte, die ein Garten über seine Besitzer gibt, existiert noch eine zweite, übergeordnete Ebene: Das Verhältnis der Menschen zu ihren Gärten ist immer auch ein Spiegel gesellschaftlicher Entwicklungen, also kollektiver Bedürfnisse, Einstellungen und Positionen. So zeichnet sich seit einigen Jahren ab, dass den Menschen ihre Gärten immer wichtiger werden, dass sie mehr denn je bereit sind, sie zu hegen und zu pflegen, sie zu bewirtschaften und es ein tief verwurzeltes Bedürfnis gibt, einfach in ihnen zu leben. Diese Entwicklung ist weit mehr als eine Modeerscheinung; sie hat sich gesellschaftlich etabliert und das Leben vieler Menschen jeden Alters nachhaltig verändert. Doch was steckt hinter dieser neu erwachten Gartenliebe? Kurz gesagt ist es wohl der Wunsch nach Erdung im wahrsten Wortsinne, der die Menschen zurück in die Gärten treibt. Das Bedürfnis nach etwas Bekanntem, Vertrautem, Echtem in einer Welt, die sich immer rascher verändert, immer grenzenloser, unübersichtlicher und virtueller wird. Der Weg in den Garten ist also gewissermaßen die Gegenbewegung zu Digitalisierung und Globalisierung, die Reaktion auf eine

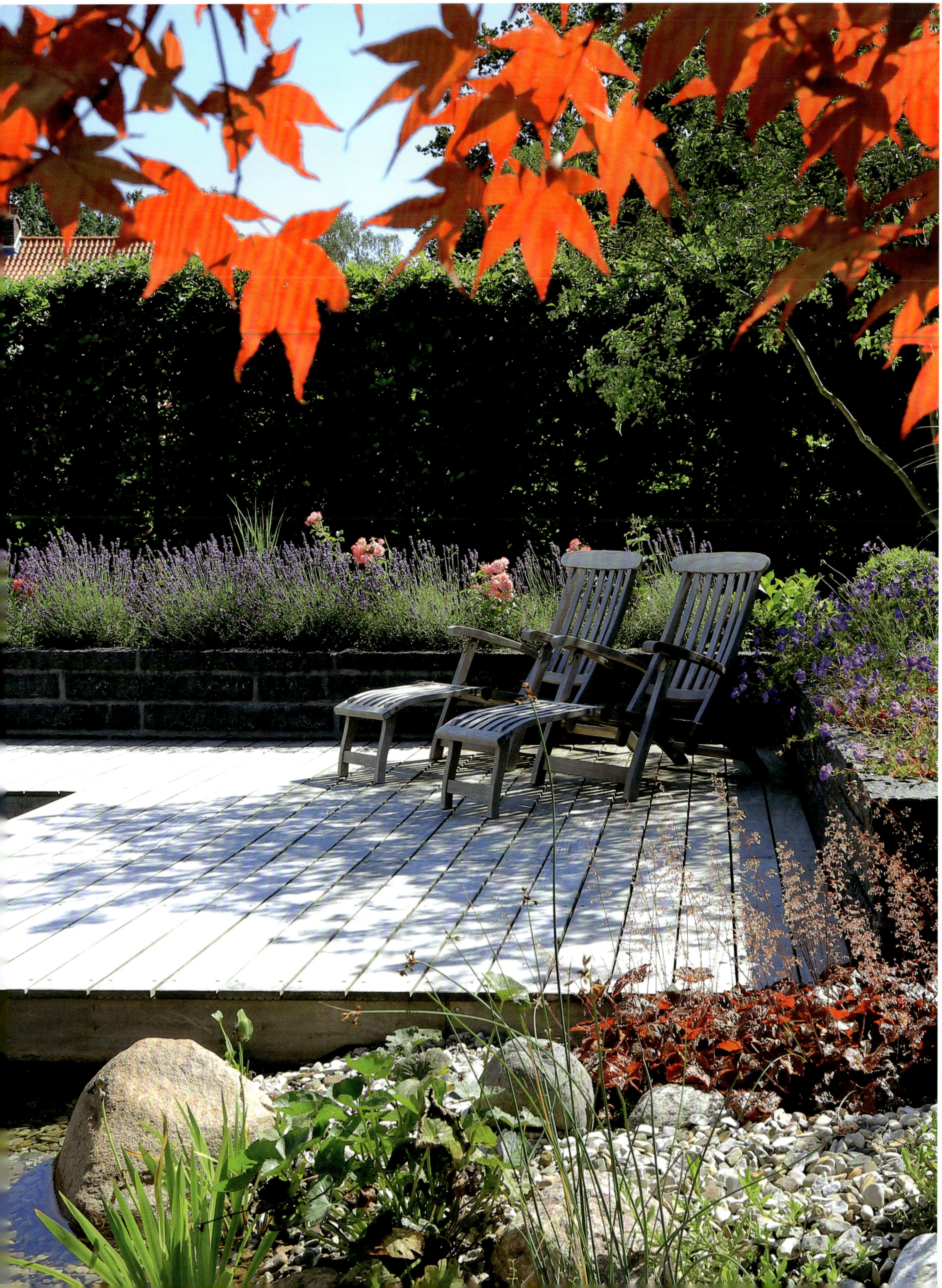

jahrzehntelang fortschreitende Entfremdung der Menschen in den industrialisierten Gesellschaften von der Natur.

Schon fast zum geflügelten Wort ist das Dictum vom Garten als dem grünen Wohnzimmer geworden. Und tatsächlich begreifen immer mehr Menschen ihr Grundstück – und sei es noch so klein – als Erweiterung des Wohnraumes unter freiem Himmel. Und auch diese Interpretation des Gartens führt unweigerlich dazu, dass man ihm vermehrt Aufmerksamkeit zuteilwerden lässt – in gleichem Maße nämlich, wie man sie auch in die Ausgestaltung des Wohnraumes steckt.

Auch ein – nicht zuletzt aufgrund immer wieder auftauchender Lebensmittelskandale – gewachsenes Bedürfnis, über Herkunft und Produktionsbedingungen von Nahrung wieder besser Bescheid zu wissen, gehört dazu. Nachhaltigkeit ist hier das Stichwort. Nicht, dass der Weg wieder Richtung Selbstversorgergesellschaft ginge – aber nachdem Gärten in den vergangenen Jahrzehnten zunehmend vor allem dekorativen Charakter hatten, erleben auch Nutzgärten gerade eine Renaissance – in der modernen und bequemeren Variante als Naschgarten. Hier geht es nicht darum, sich und die Familie von der eigenen Scholle ernähren zu können. Vielmehr stehen Genuss und die Freude am Wachsensehen im Mittelpunkt.

»Immer mehr Menschen begreifen ihr Grundstück als Erweiterung des Wohnraumes unter freiem Himmel.«

VOM WERT GUTER PLANUNG

»DER GÄRTNER TUT MIT SEINEN STRÄUCHERN UND STAUDEN, WAS DER DICHTER MIT DEN WORTEN TUT: ER STELLT SIE SO ZUSAMMEN, DASS SIE ZUGLEICH NEU UND SELTSAM ERSCHEINEN UND ZUGLEICH AUCH WIE ZUM ERSTEN MAL GANZ SICH SELBST BEDEUTEN, SICH AUF SICH SELBST BESINNEN.«
HUGO VON HOFMANNSTHAL (1874–1929)

Die Gartenlust des 21. Jahrhunderts ist sicherlich kein einfaches Zurück-zu-den-Wurzeln-Phänomen, sondern unter den spezifischen Vorzeichen dieser Zeit entstanden und hat dementsprechend ihre ganz eigene Ausprägung erfahren. Zwar wird der Garten zum wichtigen und hoch geschätzten Ruhepunkt in einer immer schneller werdenden Gesellschaft, aber dennoch spielt der Faktor Zeit eine wesentliche Rolle, schließlich avanciert diese zunehmend zu einer ebenso knappen wie begehrten Ressource.

Damit wird eine durchdachte Gartenplanung durch den Profi immer wichtiger. Sie ist der Garant dafür, dass ein Garten passgenau auf die individuellen Bedürfnisse seiner Besitzer zugeschnitten ist und ohne Umwege über eventuelle Fehlversuche sein Potenzial als Erholungsoase sofort ausspielen kann. Doch reicht der Nutzen einer professionellen Gartenplanung weit über den Entstehungszeitraum hinaus, denn zu einer guten Gartenplanung gehört immer auch, sich über Langzeitperspektiven klar zu werden. Schließlich hat ein einmal professionell angelegter Garten gut und gern eine Lebenserwartung von 15 und mehr Jahren. Deshalb heißt es, bei den Überlegungen zur Gestaltung des Gartens nicht nur die momentane Lebenssituation zu berücksichtigen, sondern auch zu überlegen, wie sich das eigene Leben in den kommenden Jahrzehnten wandeln wird und welche Auswirkungen diese Veränderungen auf die Nutzung des Gartens haben werden. Klassisches Beispiel ist natürlich das Heranwachsen der Kinder: Ihre Wünsche an den Garten wandeln sich relativ schnell vom Sandspielbereich über Rutsche und Schaukel bis hin zu Baumhaus und eigenem Rückzugsbereich.

Professionelle Planer bedenken bei der Konzeption eines Gartens all das mit und legen die entsprechenden Bereiche so an, dass sie, wenn sich die Bedürfnisse wandeln, mit geringem Aufwand, aber immer passend zum Gesamtkonzept, umgestaltet werden können. Das Erscheinungsbild eines Gartens wird durch ganz unterschiedliche Faktoren geprägt: die Architektur des Hauses, Größe, Lage und Zuschnitt des Grundstücks, Pflanzen- und Materialauswahl. So beginnt dann

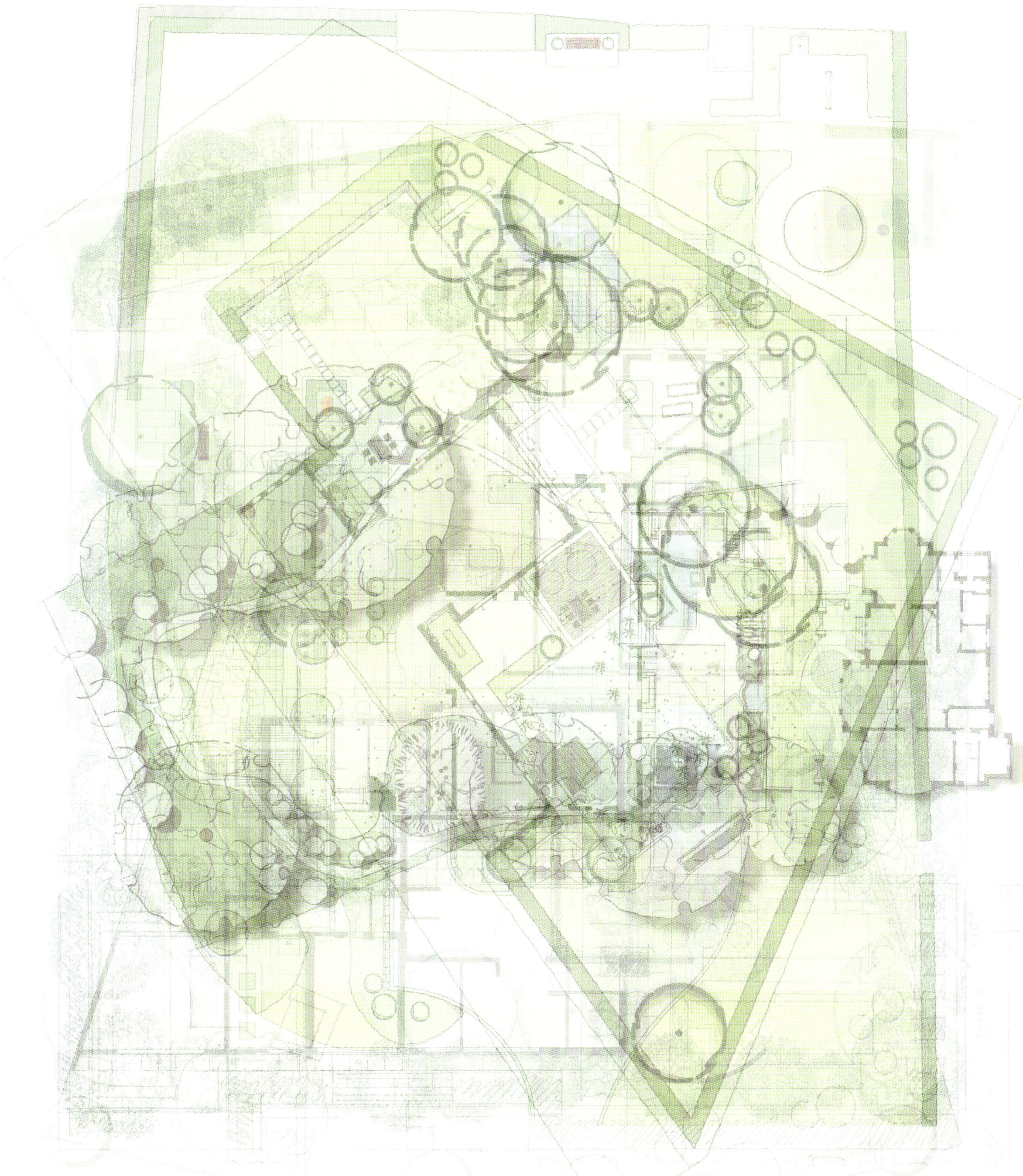

Einleitung

auch eine gute professionelle Gartenplanung immer mit dem Haus. Seine Architektur beeinflusst in der Regel maßgeblich den Stil des Gartens, denn schließlich sollen beide im Optimalfall zu einer harmonischen Einheit verschmelzen. Außerdem lässt sich im Inneren eines Hauses eine Menge über seine Bewohner, ihren individuellen Stil, ihre Farb- und Formvorlieben erfahren.

Neben einem intensiven Kennenlernen des zu gestaltenden Grundstücks geht es bei der Gartenplanung immer auch darum, die Gartenbesitzer kennenzulernen, denn nur so kann der Garten passgenau auf ihre Wünsche – über die sie sich oft selbst erst während intensiver Planungsgespräche klar werden – zugeschnitten werden. Will man draußen ganz für sich sein oder Familie, Freunde und sogar Geschäftspartner regelmäßig bewirten? Sollen Kinder oder Enkel im Garten spielen, sich Hunde austoben können oder Insekten angelockt werden? Will man schwimmen, ruhen, kochen? Ernten, pflücken, schnuppern, fühlen? Antworten auf diese und viele weitere Fragen helfen dabei, den eigenen Garten zu genau dem Refugium werden zu lassen, das man sich erträumt. Es lohnt sich in jedem Falle, sich vor dem ersten Spatenstich viele Gedanken zu machen. Dabei spielt es keine Rolle, ob ein Garten ganz neu angelegt oder ein vorhandener umgestaltet werden soll.

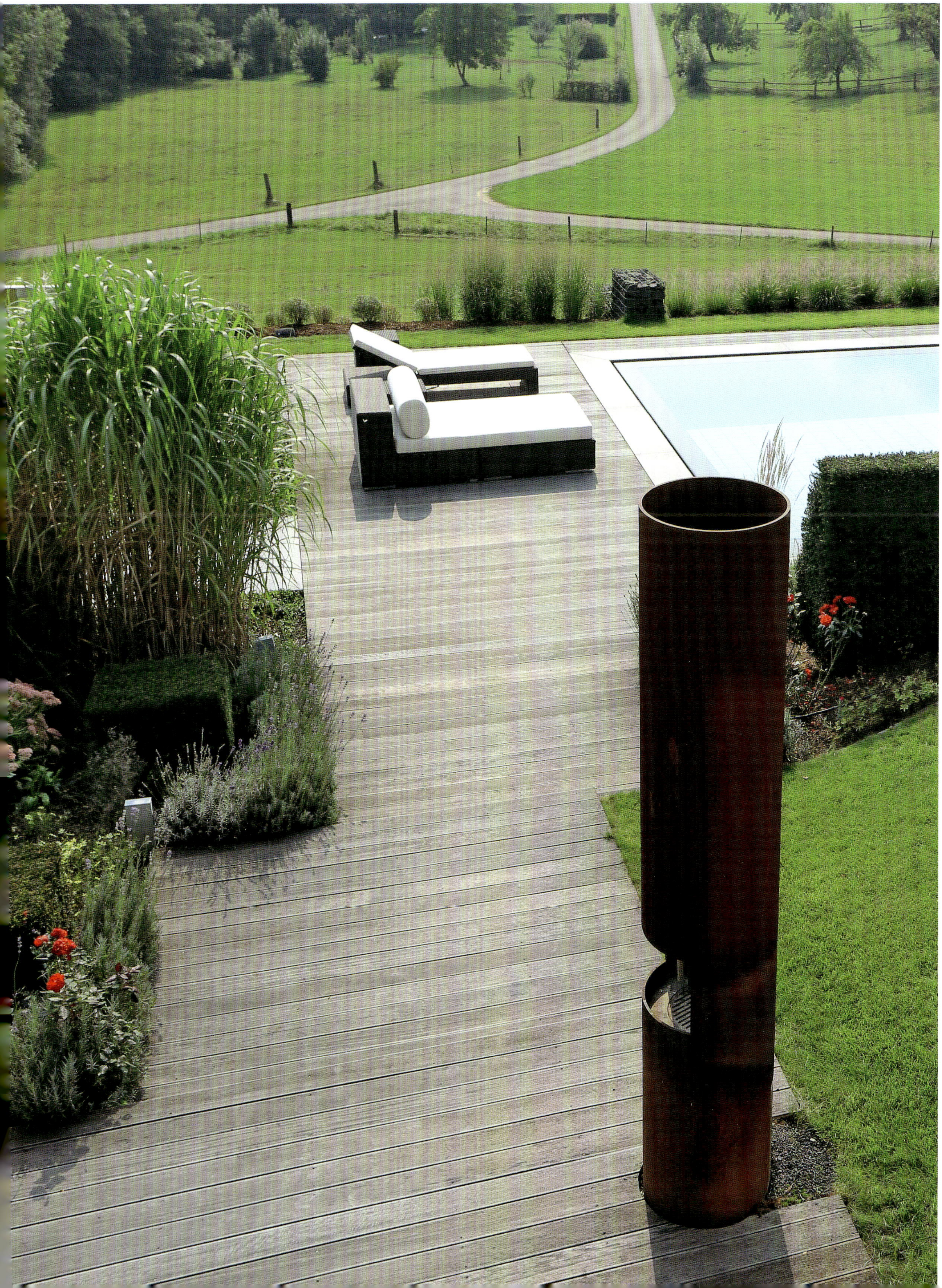

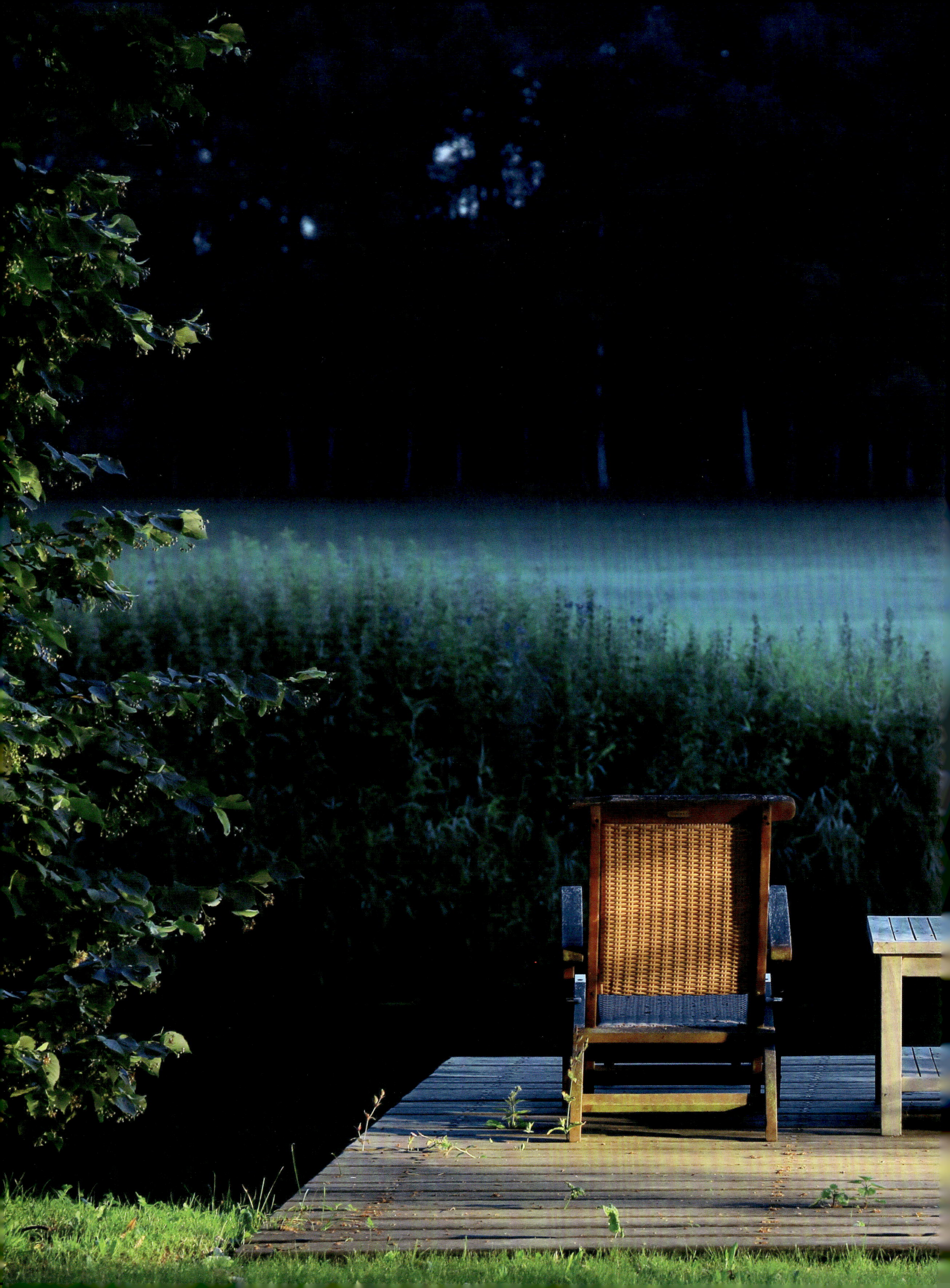

MIT PLAN ZUM TRAUMGARTEN

GARTENBESITZER IST NICHT GLEICH GARTENBESITZER

UM AUS EINEM EINFACHEN GRUNDSTÜCK EINEN INDIVIDUELLEN GARTEN ZU MACHEN, BRAUCHT ES NATÜRLICH GÄRTNERISCHEN SACHVERSTAND, ABER AUCH EINIGES AN EINFÜHLUNGSVERMÖGEN. SCHLIESSLICH SOLLEN SICH ALLE GARTENNUTZER IN IHREM GRÜNEN REFUGIUM DAUERHAFT WOHL FÜHLEN.

Jeder Garten ist einzigartig. Das bringen schon Lage und Zuschnitt des Grundstücks mit sich. Doch der Faktor, der mehr als alle anderen für die Einzigartigkeit eines Gartens sorgt, ist sein Besitzer. Der Mensch oder die Menschen, die den Garten nutzen und in ihm leben wollen, drücken ihm maßgeblich ihren Stempel auf. Deshalb gehört zu einer durchdachten Gartenplanung auch, sich darüber klar zu werden, wie man selbst im Hinblick auf seinen Garten tickt, wie man ihn heute und in Zukunft nutzen und welche ästhetischen Vorlieben man dort verwirklicht sehen möchte.

Allerdings sind die Varianten, die zur Gestaltung des grünen Wohnzimmers zur Verfügung stehen, schier uferlos. Um Gartenbesitzern wie auch Gestaltern in diesem Dschungel an Möglichkeiten eine erste Orientierung zu bieten, haben die Gärtner von Eden gemeinsam mit der Diplompsychologin Gerlinde Lahr das so genannte Gartentypenkonzept entwickelt. Dieses basiert auf einer Kombination der reichhaltigen beruflichen Erfahrungen der Gärtner von Eden mit aktuellen wissenschaftlichen Erkenntnissen.

Dabei geht es nicht allein um ästhetische Vorlieben des Gartenbesitzers, sondern auch um seine Einstellung zur Außenwelt. Demnach lassen sich Gartenbesitzer in vier Grundtypen einteilen: Designfreunde, Genießer, Ästheten und Naturmenschen. Und auch, wenn sich Gartenbesitzer nur in den allerseltensten Fällen ganz eindeutig einem einzigen Typ zuordnen lassen, findet sich erfahrungsgemäß doch jeder in diesem Koordinatensystem wieder und kann so Erkenntnisse über sich selbst und seine Gestaltungsvorlieben gewinnen.

Als erste Annäherung fungiert ein Gartentypentest. Gemeinsam mit einem Gartengestalter oder auch allein können Gartenbesitzer hier anhand von Fotos bereits umgesetzter Planungen bewerten, was ihnen gefällt und somit eine Idee davon bekommen, in welche Richtung die gestalterische Reise bei ihrem eigenen Garten gehen könnte.

Den **GARTENTYPENTEST** stellen die Gärtner von Eden auch auf ihrer Internetseite **www.gaertner-von-eden.com** zum Download zur Verfügung.

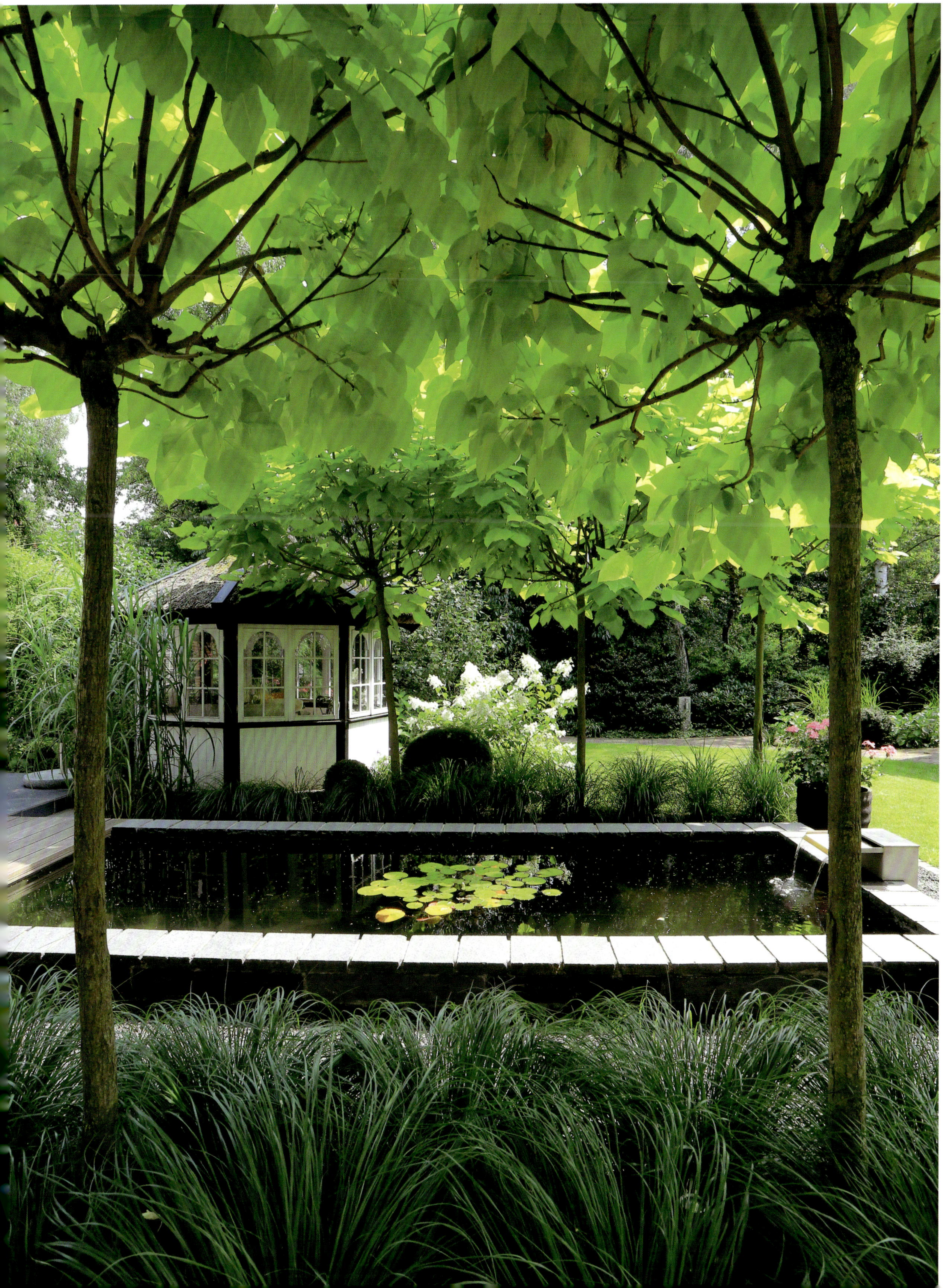

Für
Design-
freunde

Für
Ästheten

»Individuell gestaltete Gärten sind ein Spiegelbild der Persönlichkeit ihrer Bewohner.«

Für **Natur-** menschen

Für **Genießer**

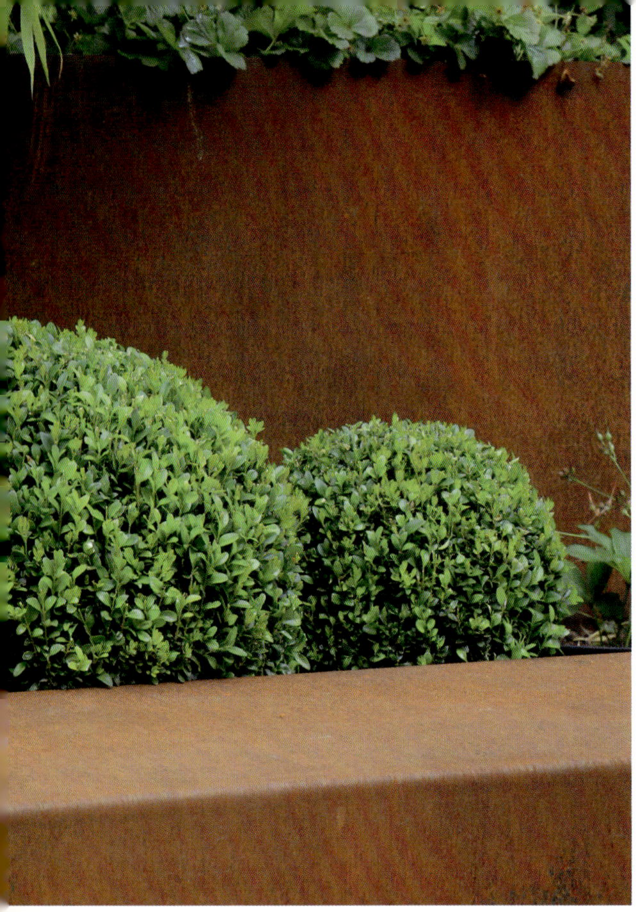
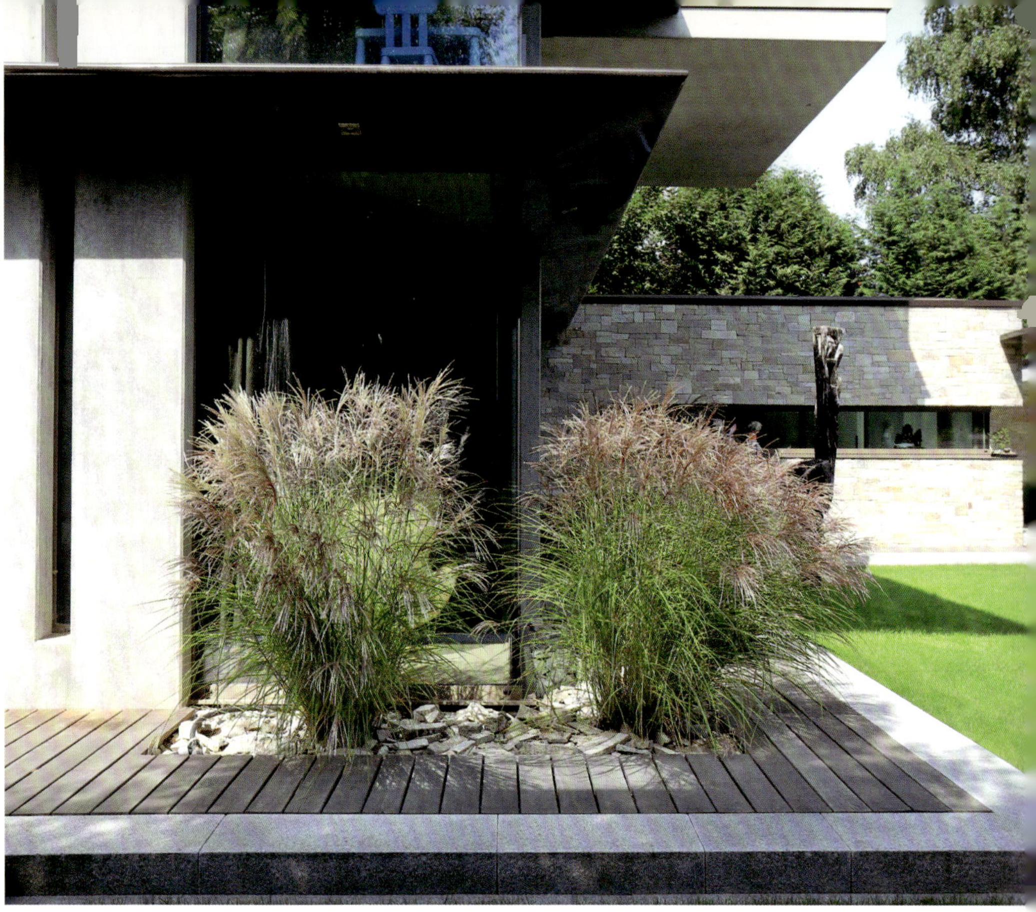
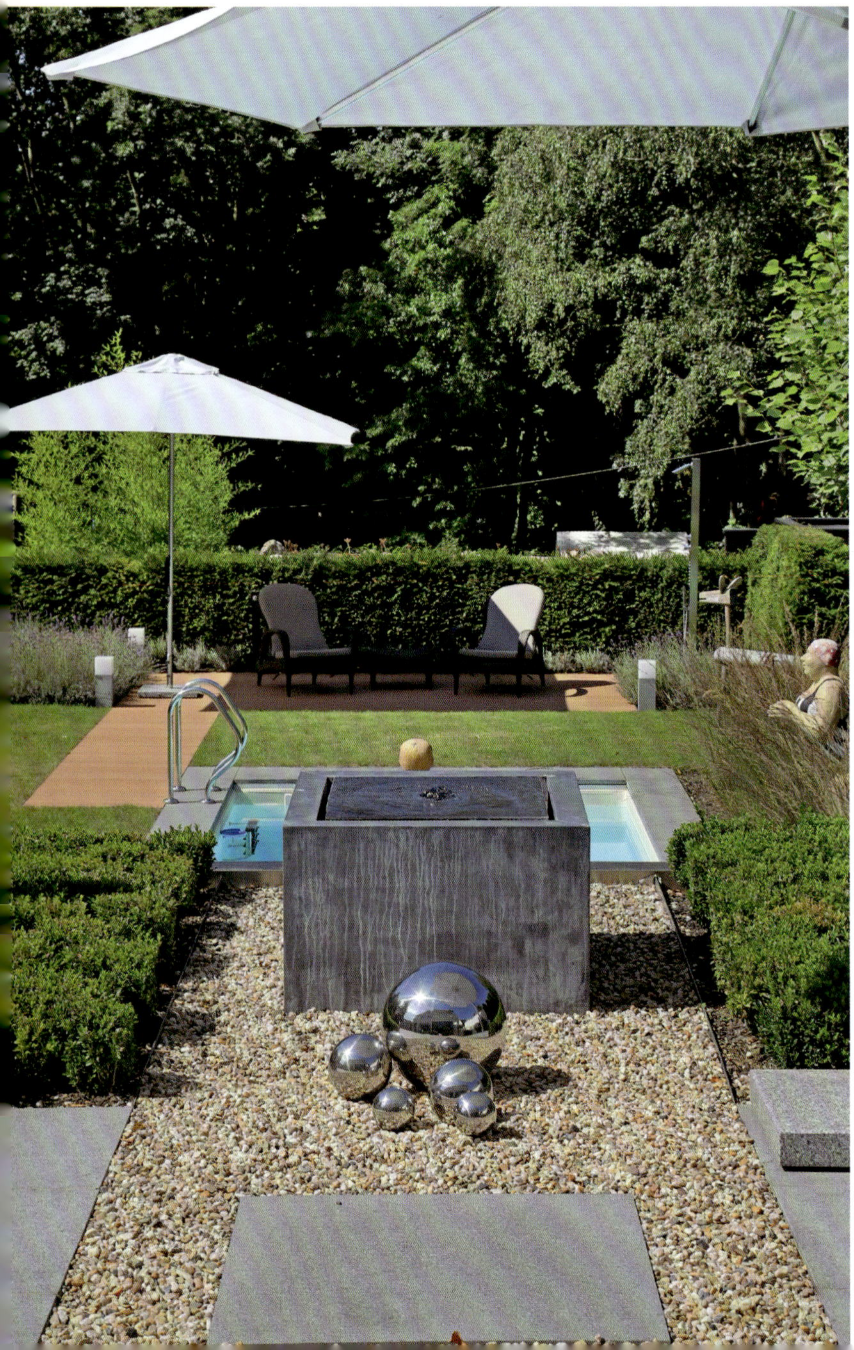
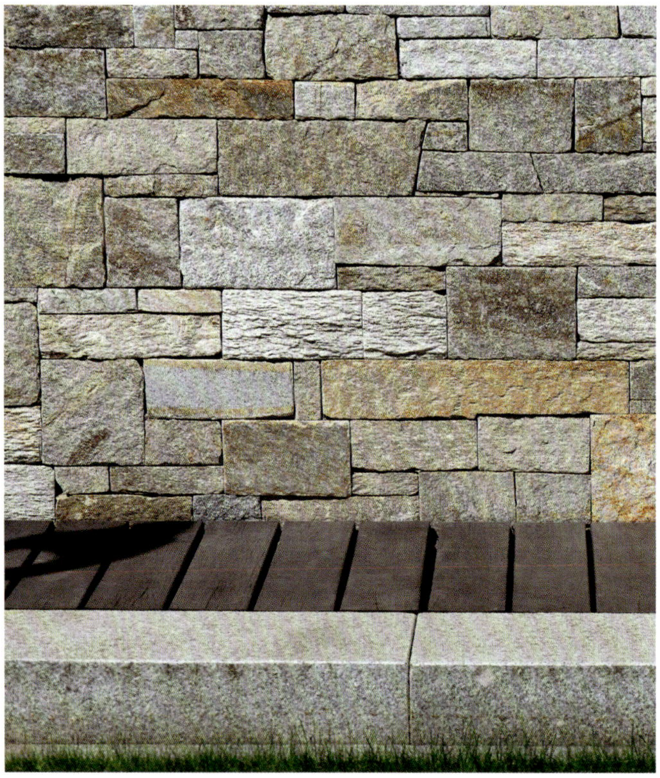
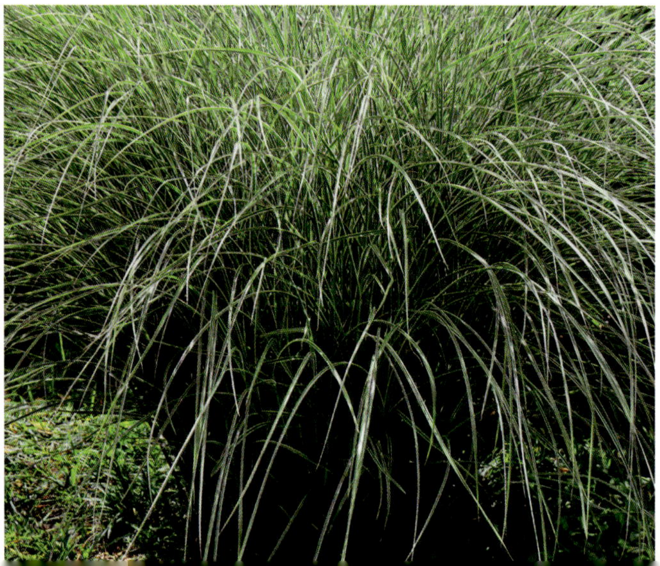
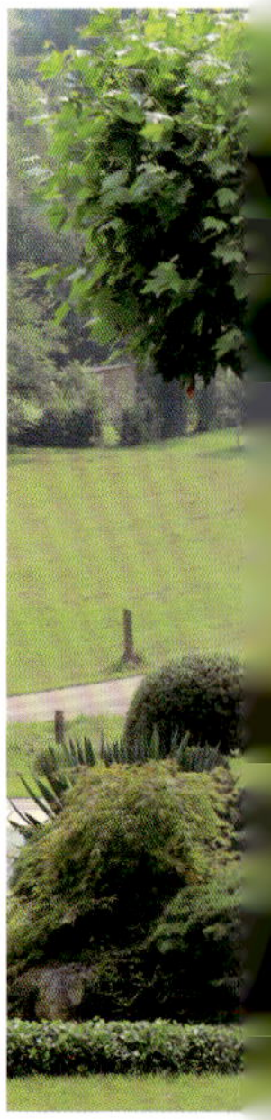
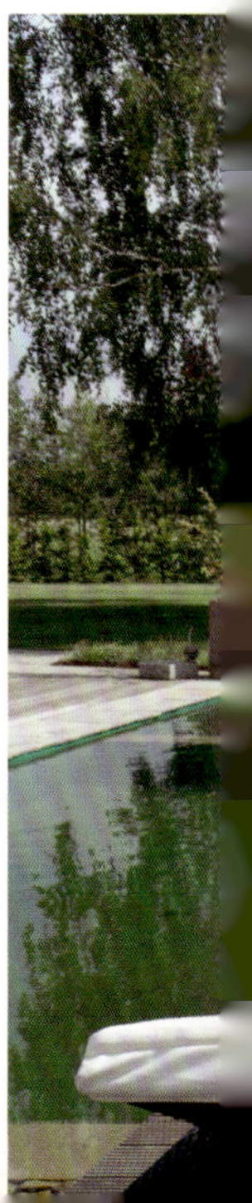

FÜR DESIGN-
FREUNDE

FÜR DESIGNFREUNDE

Designfreunde gelten als extrovertiert, offen und kommunikativ. Sie laden gern in ihren repräsentativen Garten ein, bei dessen Gestaltung sie Wert auf hochwertige Details legen. Gestaltungselemente ordnen sich in ihrer Anlage immer dem Grundsatz unter: **»Form folgt Funktion«**, verzichten demnach völlig auf rein dekoratives oder gar verschnörkeltes Beiwerk. Gärten für Designfreunde sind von **offener Gestaltung und großer Ruhe** bei Form- und Farbwahl gekennzeichnet, wobei kräftige farbliche Akzente in Form rotlaubiger Solitäre oder leuchtend bunter Kissen auf schlicht-eleganten Gartenmöbeln das Grundkonzept noch betonen.

GARTENSTECKBRIEF *für Designfreunde*

Formen: architektonisch, geradlinig, klar, geometrisch

Farben: generell wenig Farbe, uni, Weiß, Kombination verschiedener Grüntöne, Hell-Dunkel-Kontraste

Materialien: Beton, Edelstahl, Cortenstahl, Naturstein, Glas, Kies, Holz

Gestaltungselemente: Wasserbecken, Wasserwand, Pool, Massenpflanzungen, Loungebereich, großformatige Platten, Sitzquader, Stahlbänder als Beeteinfassungen

Pflanzenauswahl: Immergrüne, Formgehölze, Großbonsais, Gräser

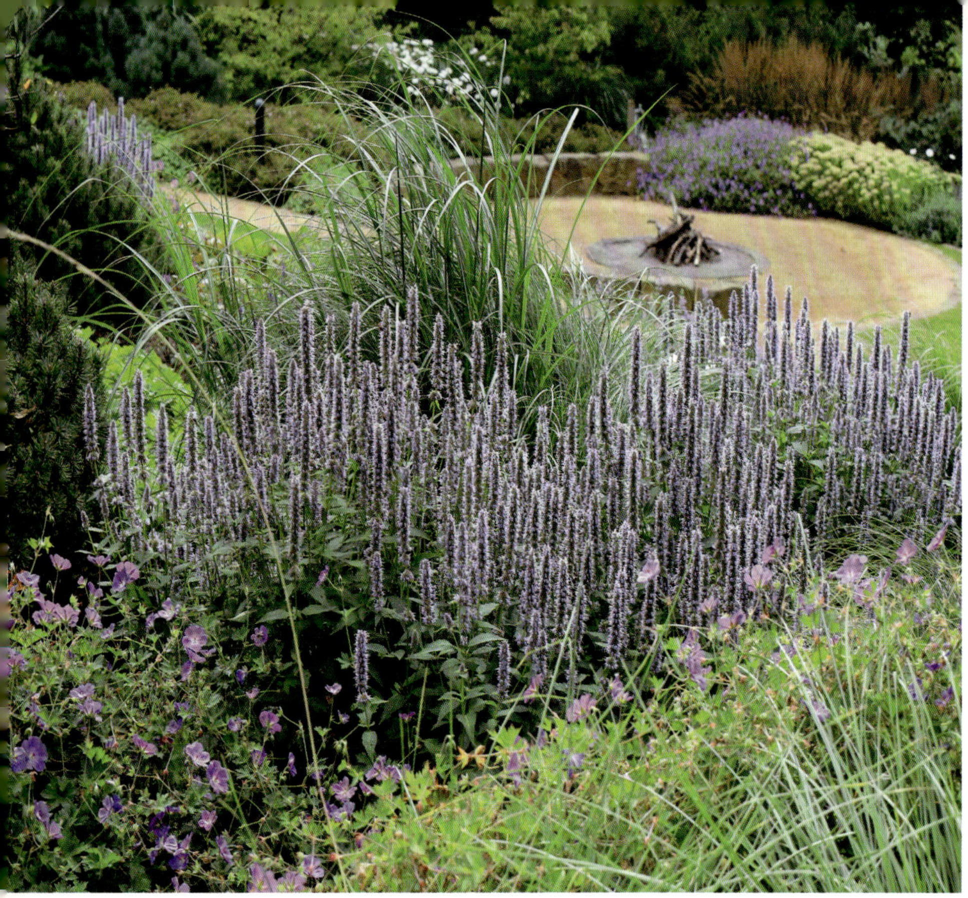
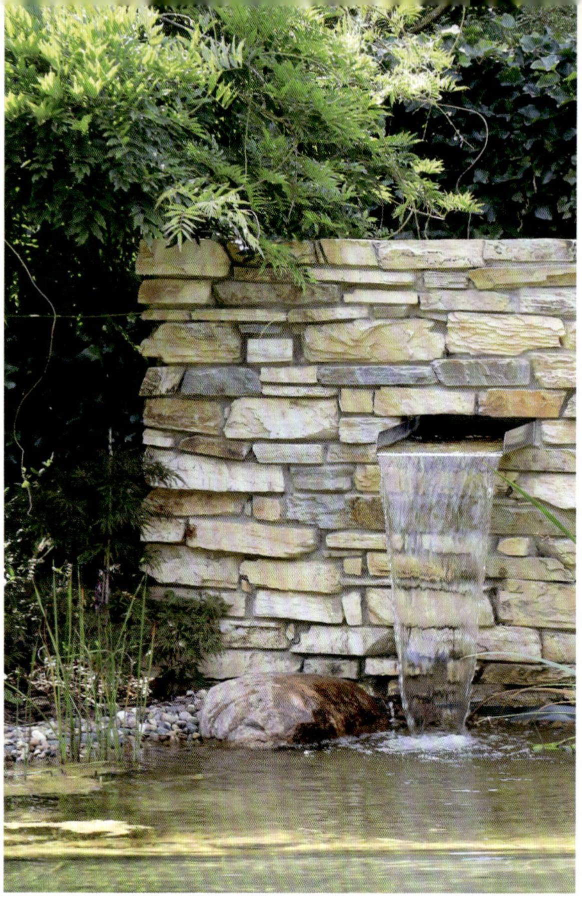
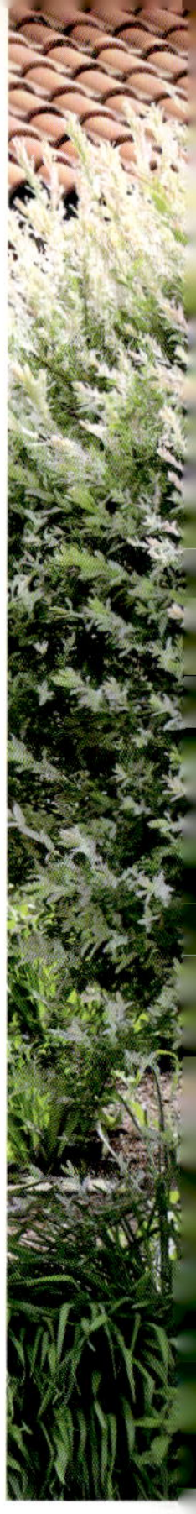
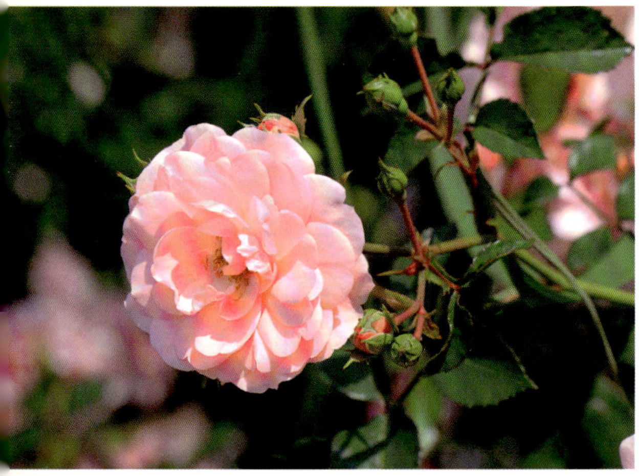
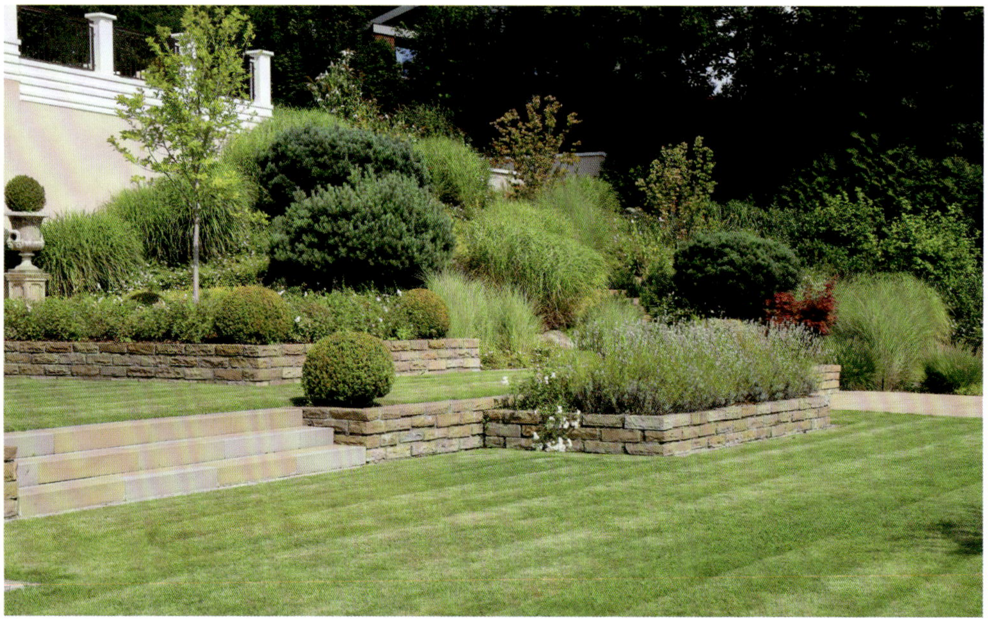
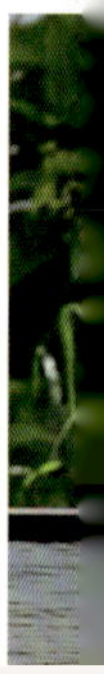
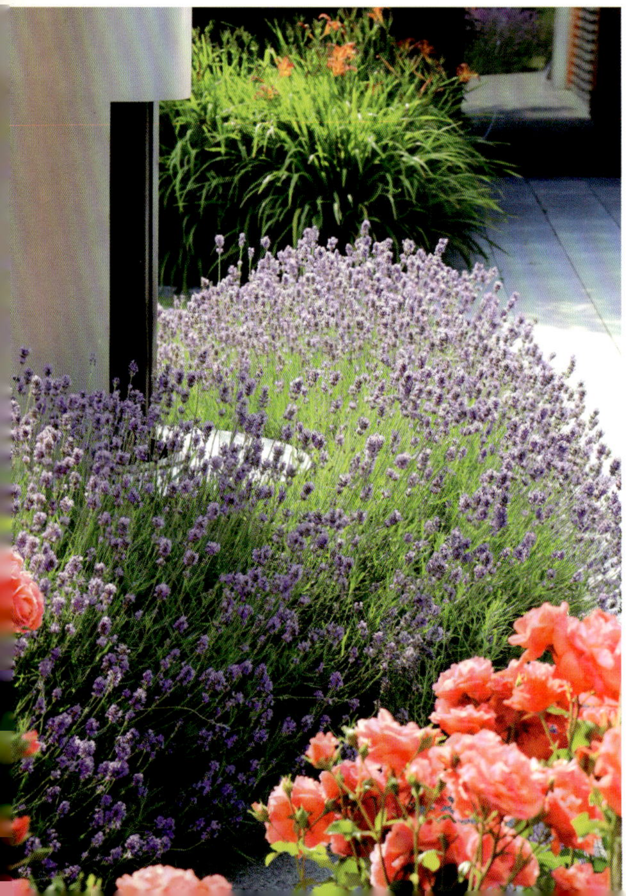
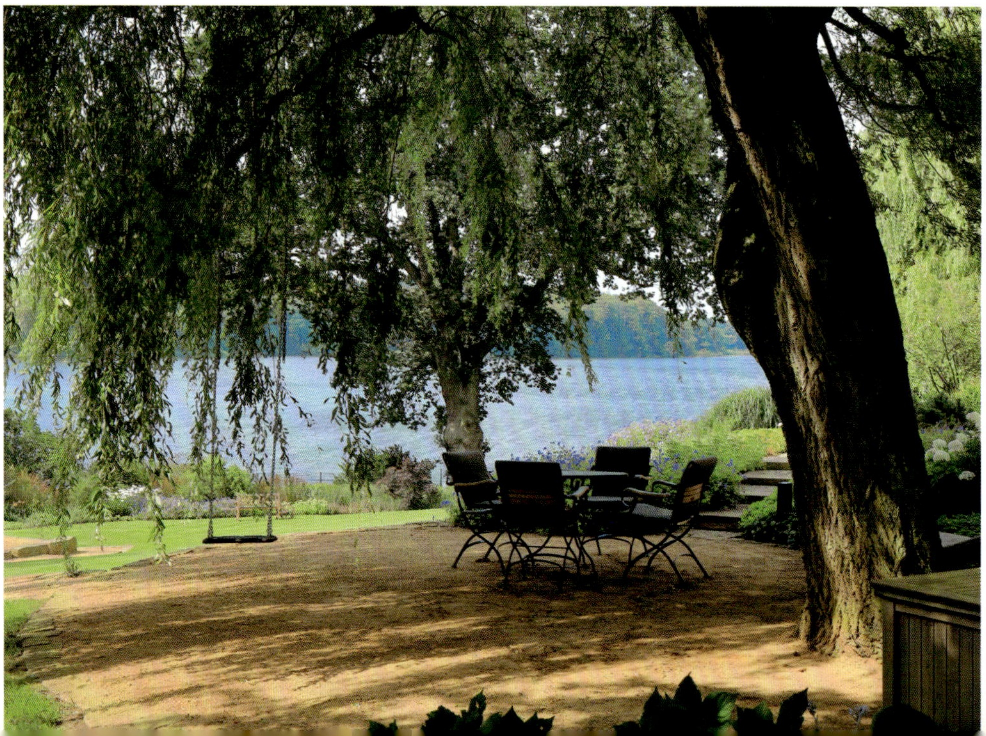
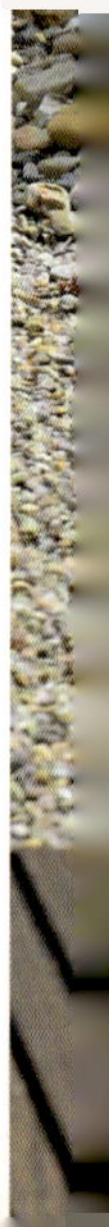

FÜR GENIESSER

FÜR GENIESSER

Genießergärten leben von der Vielfalt – und das sowohl bei Formen und Farben als auch bei Materialien und Pflanzen. Entsprechend sind **Opulenz und Üppigkeit** Trumpf, aber immer fein abgestimmt und wohl dosiert. Natürlich soll das Blütenmeer als Ganzes wirken, aber die Feinheiten jeder einzelnen Pflanze sollen dennoch sichtbar bleiben, denn der Genießer schöpft zwar gern aus dem Vollen, legt aber Wert darauf, dass jedes Element gut zur Geltung kommt und der Garten Reize für alle Sinne bietet – und das möglichst rund ums Jahr. Der Genießergarten ist so angelegt, dass er mit wechselnden Perspektiven und Jahreszeiten immer wieder **neue und auch überraschende Gartenbilder** entstehen lässt. Die Besitzer teilen die Freude an ihrem Garten gern mit anderen und nutzen ihn auch als großzügig gestalteten Festsaal unter freiem Himmel.

GARTENSTECKBRIEF *für Genießer*

Formen:	organisch, geschwungen, abwechslungsreich, auch in Anlehnung an historische Vorbilder
Farben:	bunt, kräftig
Materialien:	Cortenstahl, Schmiedeeisen, Naturstein, Klinker, Holz, Kopfsteinpflaster
Gestaltungselemente:	Trockenmauer, Holzdeck, Rosenbogen, Gartenpavillon, Schwimmteich, Wasserspeier
Pflanzenauswahl:	Blütenstauden, Duftstauden, Kräuter, Gräser, Winterblüher

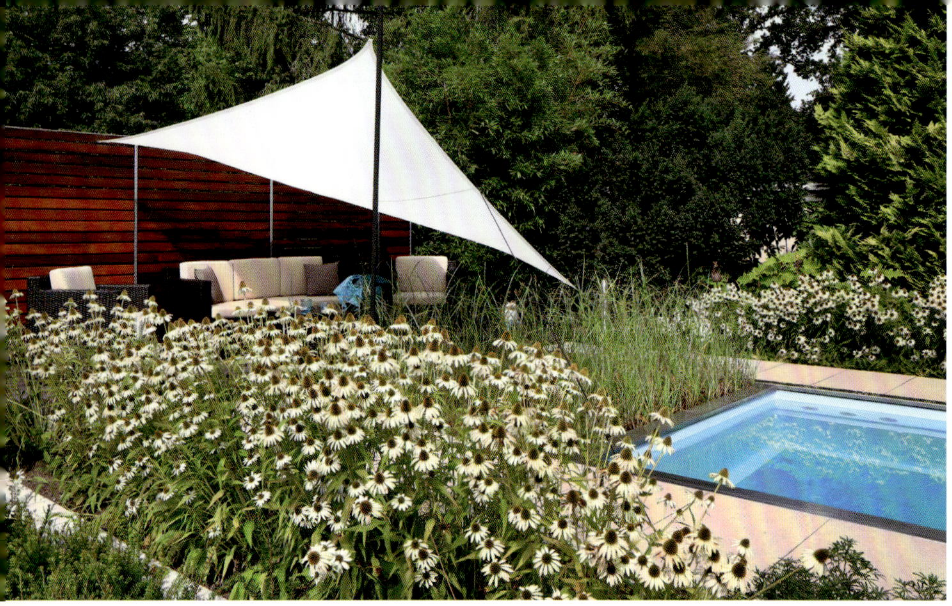
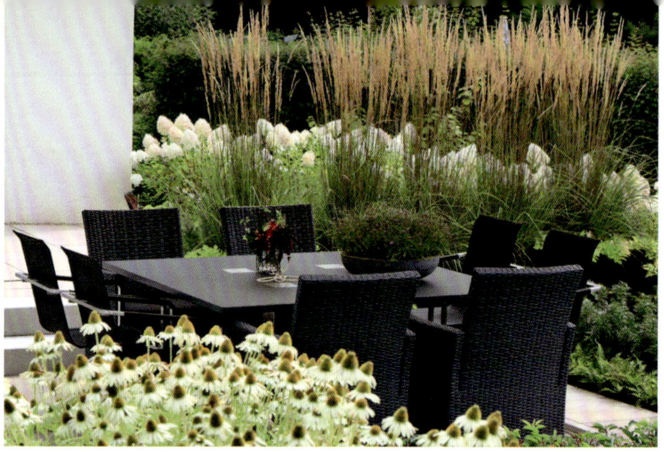
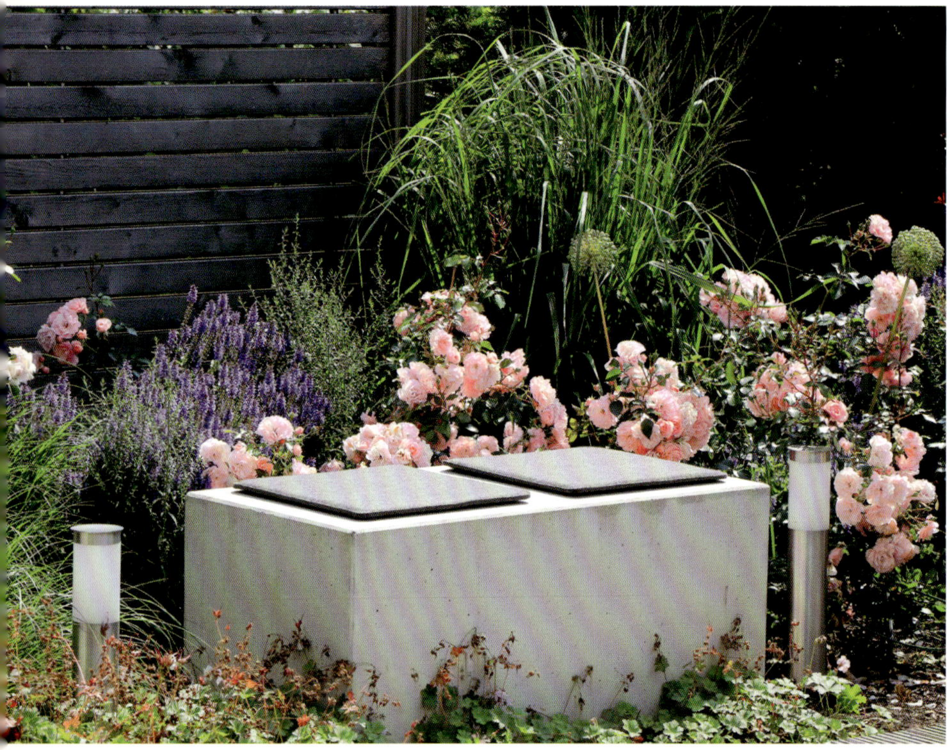
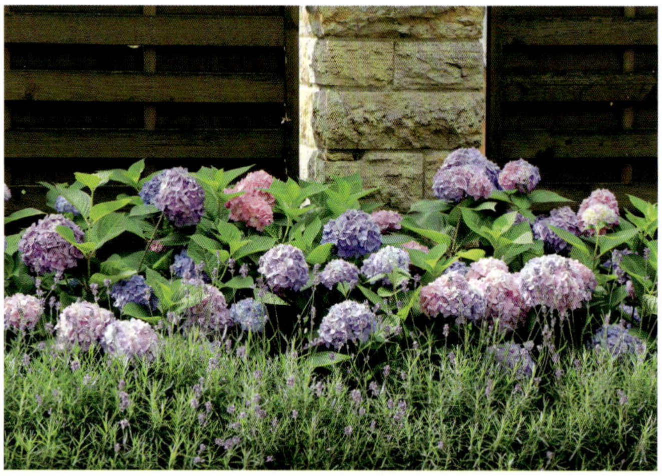
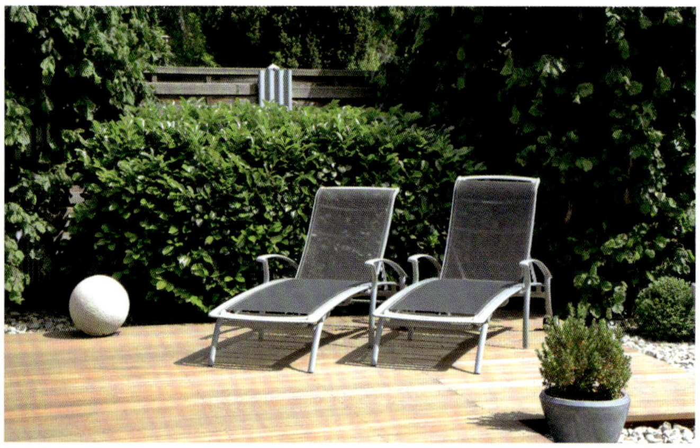
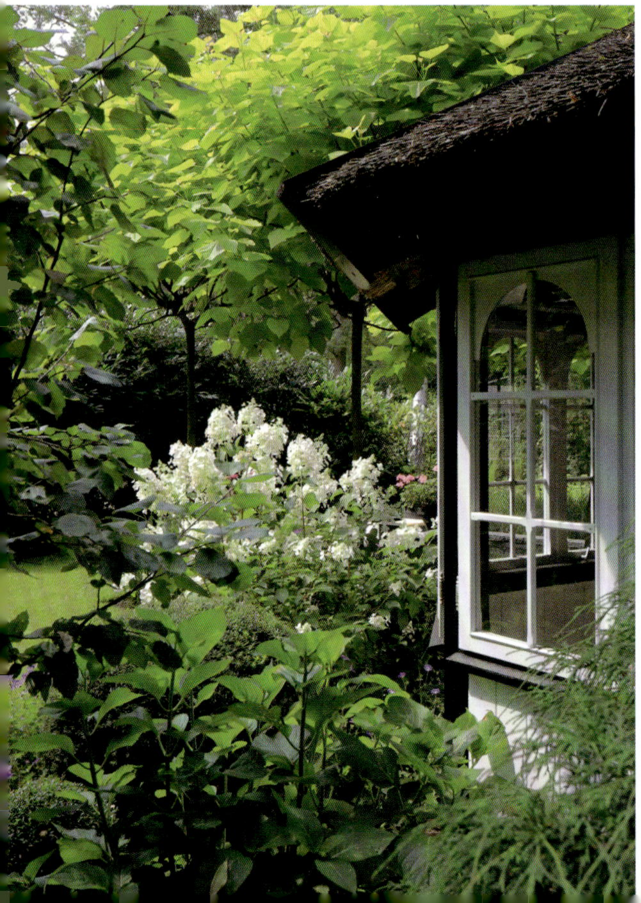
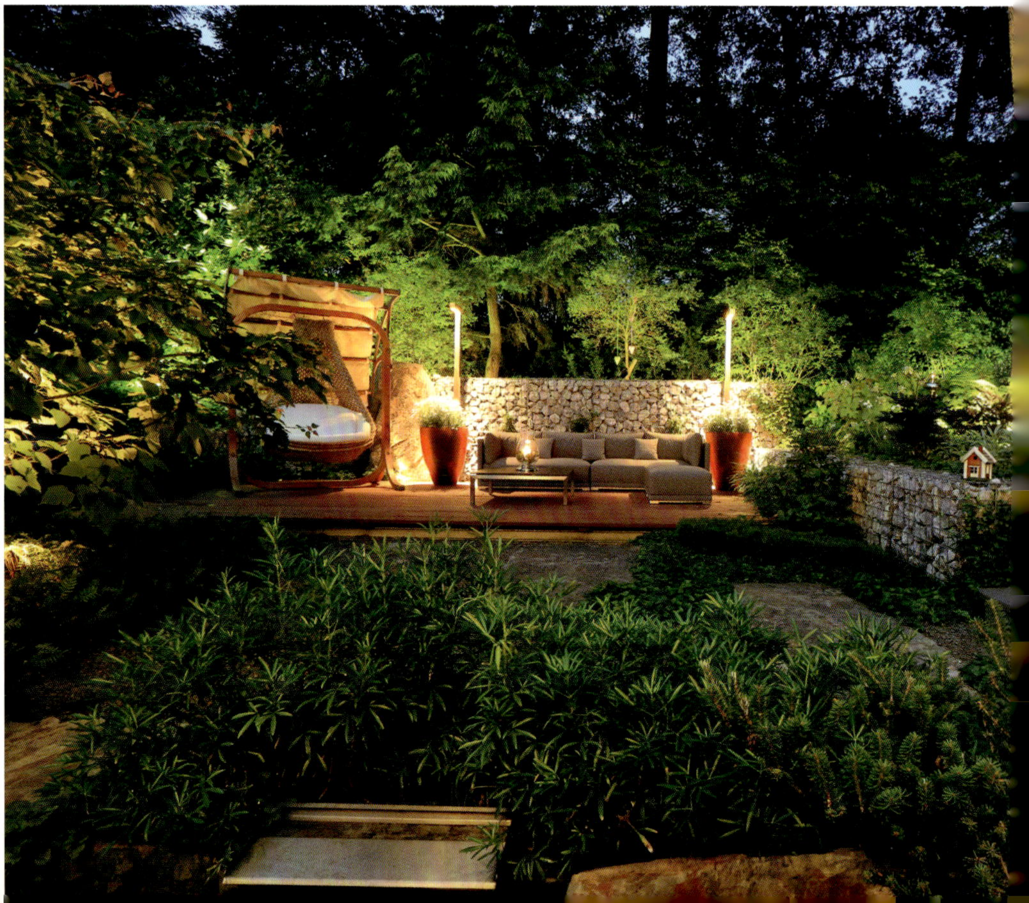

FÜR ÄSTHETEN

FÜR ÄSTHETEN

Ein Garten für Ästheten ist ein fein austariertes Gebilde aus Zutaten, von denen jede als einzelne große Faszination ausstrahlt und die in der Summe einen hoch ansprechenden Gesamteindruck ergeben. Dabei steht die Pflanze unangefochten an erster Stelle. Bei der Auswahl der einzelnen Zutaten wird sehr viel Wert auf jedes Detail gelegt, so dass Blattfarben und -strukturen ebenso eine Wertschätzung erfahren wie die Bearbeitungsart von Stein und Holz. Dabei geht es mehr noch als bei allen anderen Gartentypen darum, den Stil des Gartenbesitzers in seinen Garten zu transportieren und diesen so zum unverwechselbaren und individuellen Spiegel seiner selbst zu machen. Der Ästhetengarten ist vor allem darauf angelegt, seinen Besitzer zu erfreuen und ihm die Möglichkeit zu **Rückzug und Genuss** zu bieten. Durch die geschickte Anlage von Gartenzimmern, Sichtachsen und -begrenzungen und eine durchdachte Wegführung präsentiert sich der Ästhetengarten seinen Besitzern immer wieder neu, und damit diese die **Vielfalt der Details und Perspektiven** in aller Ruhe auf sich wirken lassen können, gehört zu einem solchen Garten immer auch die Anlage mehrerer intimer Sitzplätze, an denen sich der Gartenbesitzer ganz in die Betrachtung seines Refugiums vertiefen kann.

GARTENSTECKBRIEF *für Ästheten*

Formen:	architektonisch, geometrisch, klar
Farben:	dezent, Ton in Ton, Pastelltöne, Kombination verschiedener Grüntöne
Materialien:	Naturstein, Klinker, Edelstahl, Cortenstahl, Holz
Gestaltungselemente:	Biopool, Wasserbecken, Wasserspiel, Blockstufen, Wechsel zwischen unterschiedlichen Oberflächen und Formaten, diverse versteckte Sitzplätze, Hecken als Raumbildner, Kunstwerke
Pflanzenauswahl:	Pflanzen mit außergewöhnlichen Blatt- und Rindenstrukturen, interessanten Blüten- und Fruchtständen, Formgehölze, Gräser, Wechsel zwischen großblättrigen und filigranen Pflanzen

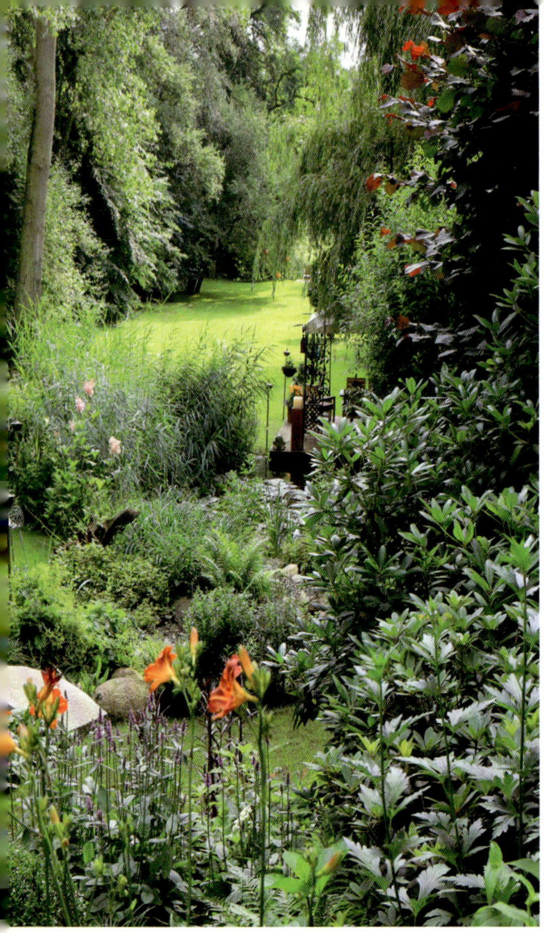
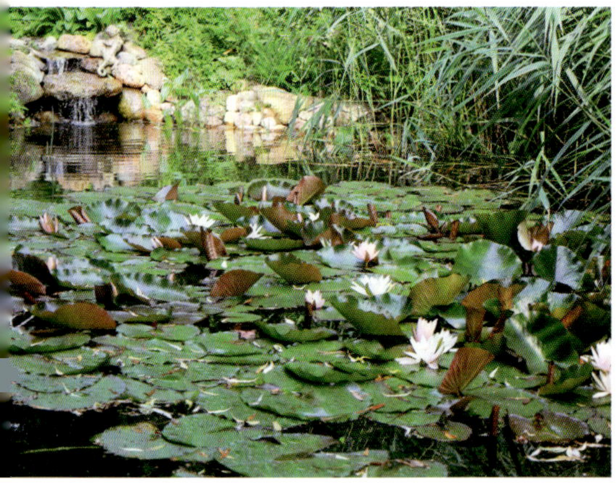
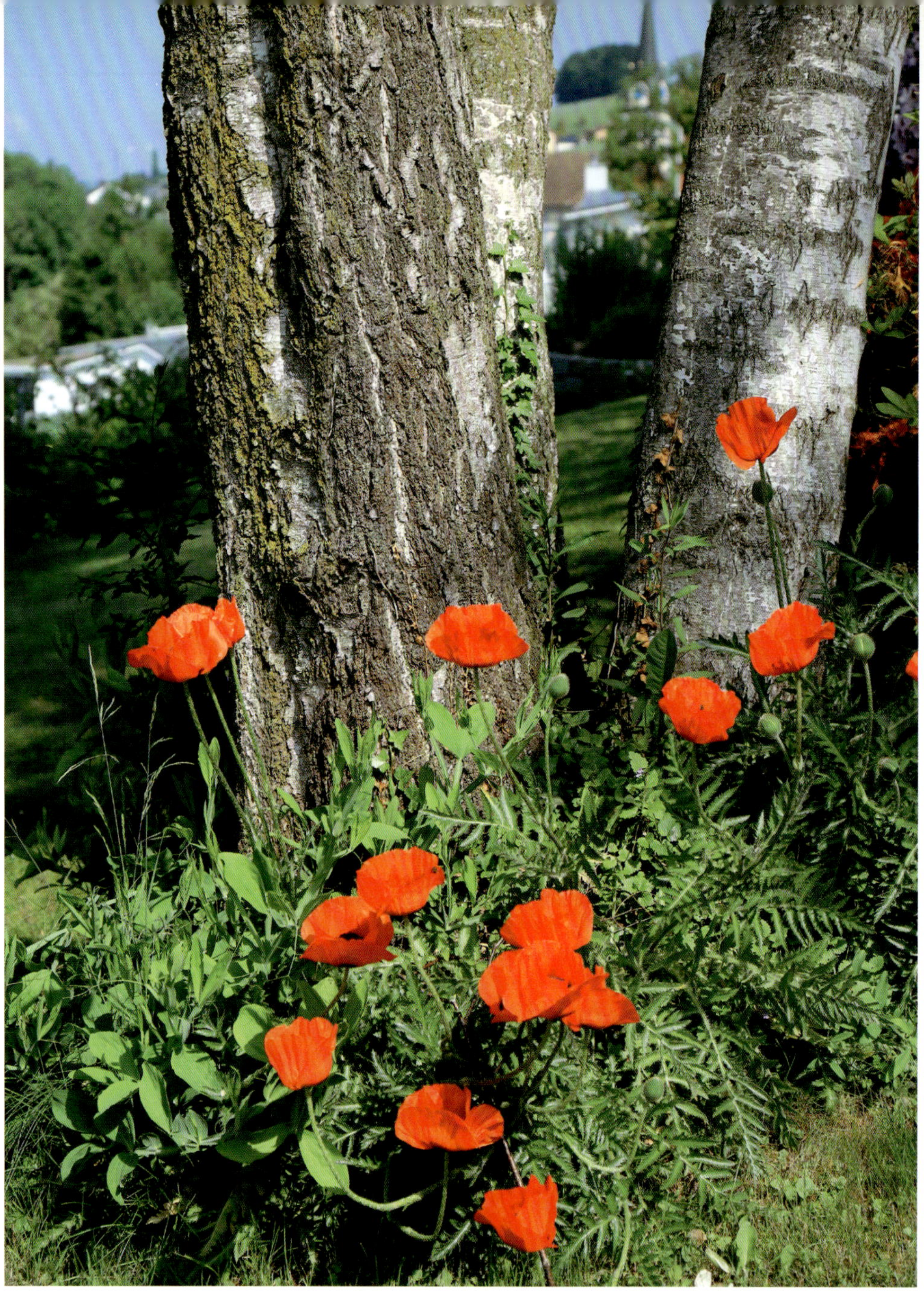
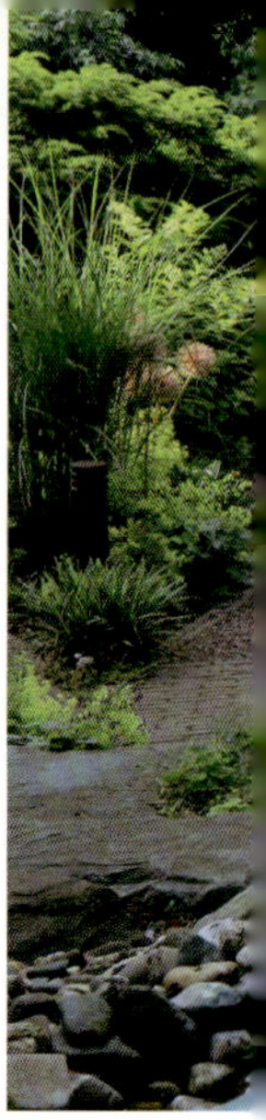
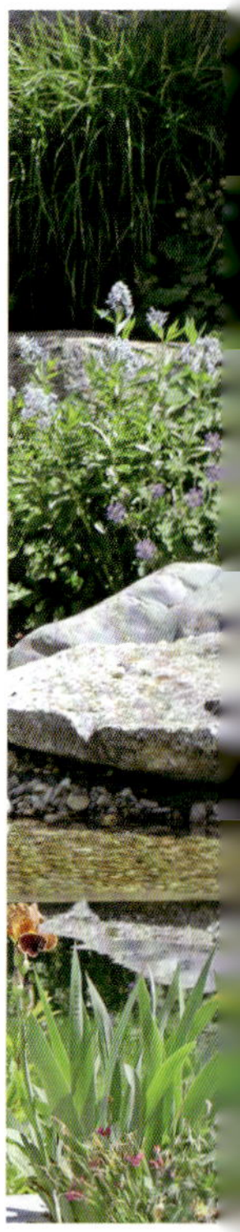
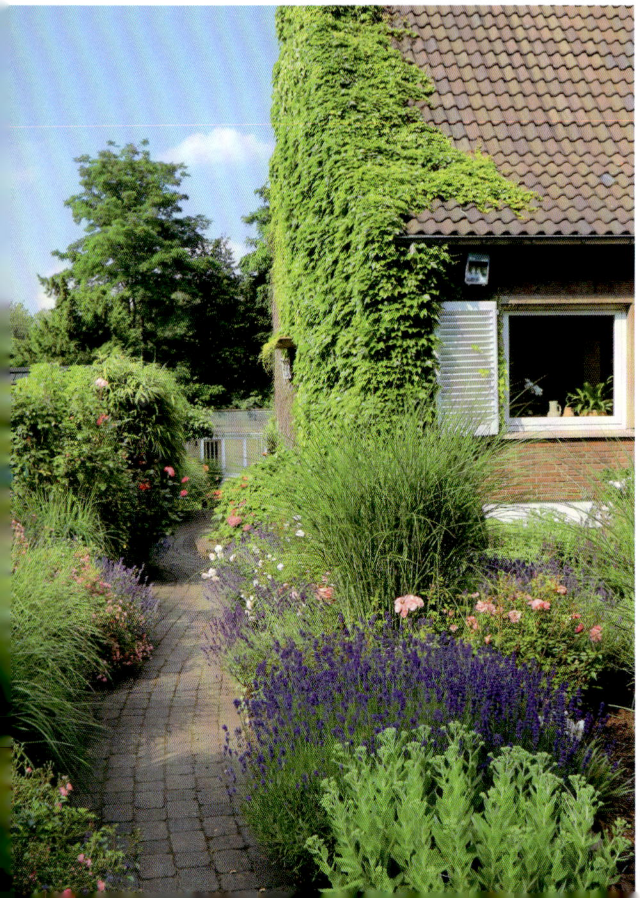
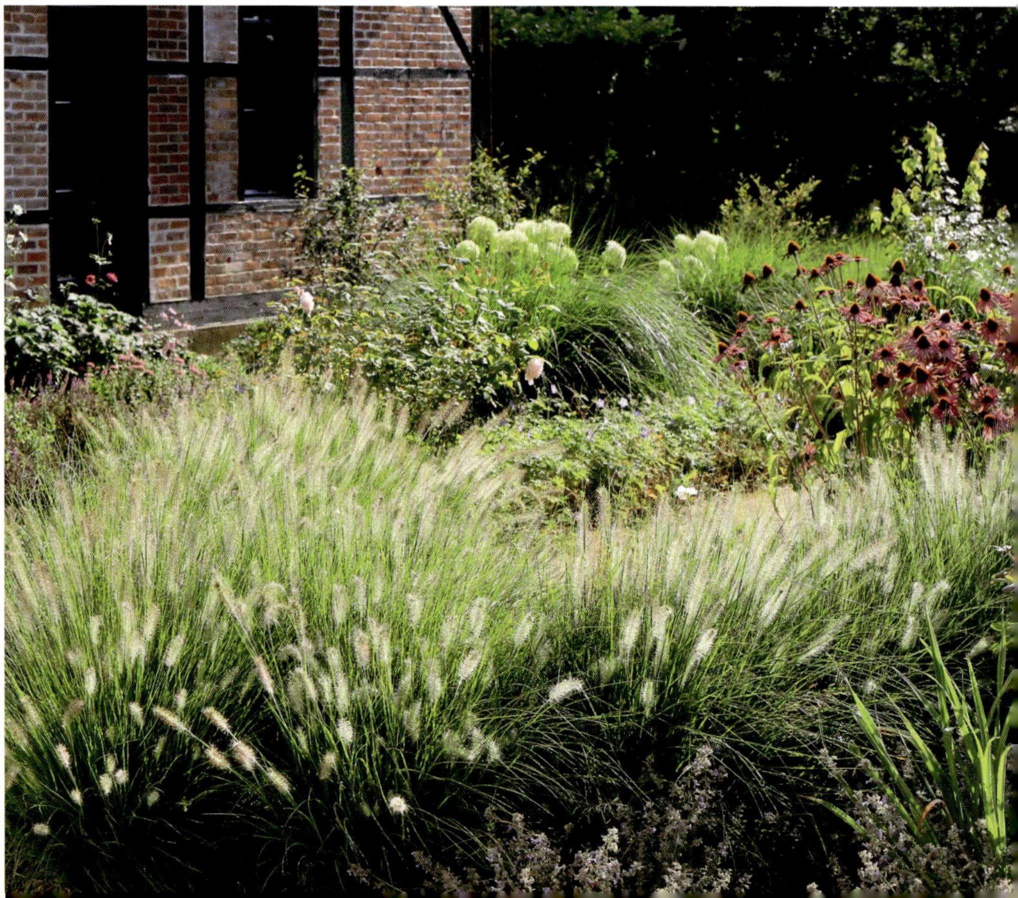

FÜR NATUR-MENSCHEN

FÜR NATURMENSCHEN

Im Naturgarten steht ein möglichst vielfältiges Gartenerlebnis mit Eindrücken für alle Sinne durch die Nachbildung verschiedener natürlicher Situationen im Mittelpunkt. Eine große Rolle spielt dabei die Regionalität von Pflanzen und Baustoffen. Sie garantiert, dass sich das entstehende Gartenbild **harmonisch in die umgebende Naturlandschaft einfügt** und der Gartenbesitzer lange Freude an den eingesetzten Materialien hat, da sie aufgrund ihrer regionalen Herkunft bestens auf die jeweiligen Klima- und Bodenbedingungen vor Ort eingestellt sind. Der Naturgarten ist der wildeste unter den Gartentypen, dabei aber keinesfalls mit Wildwuchs zu verwechseln. Vielmehr besteht die Kunst darin, den Garten so anzulegen, dass die scheinbare Natürlichkeit ganz subtil dennoch Strukturen und Räume erkennen lässt. Auch bedarf es einer ordnenden und begleitenden Hand, um auch über die Jahre die einmal angelegte Vielfalt zu bewahren. Dabei ist der Naturgarten ein **Mekka für gute Beobachter**. Pflanzen und Materialien werden so ausgewählt, dass sie kleinen und großen Lebewesen Lebensraum und Nahrung bieten.

GARTENSTECKBRIEF *für Naturmenschen*

Formen: fließend ineinander übergehend, organisch, geschwungen, abwechslungsreich

Farben: breites Spektrum von zurückhaltend bis kräftig

Materialien: regionaltypisch, Naturstein, kleinteiliges Pflaster, Kies, Bruchstein, Findlinge, Klinker, heimisches Holz, Mulch

Gestaltungselemente: Schwimmteich, Gartenteich, Staketenzaun, Natursteinpflaster mit Sand- oder Rasenfugen, Feuerstelle

Pflanzenauswahl: regionaltypische Gehölze, Obstbäume und -sträucher, Blütenstauden

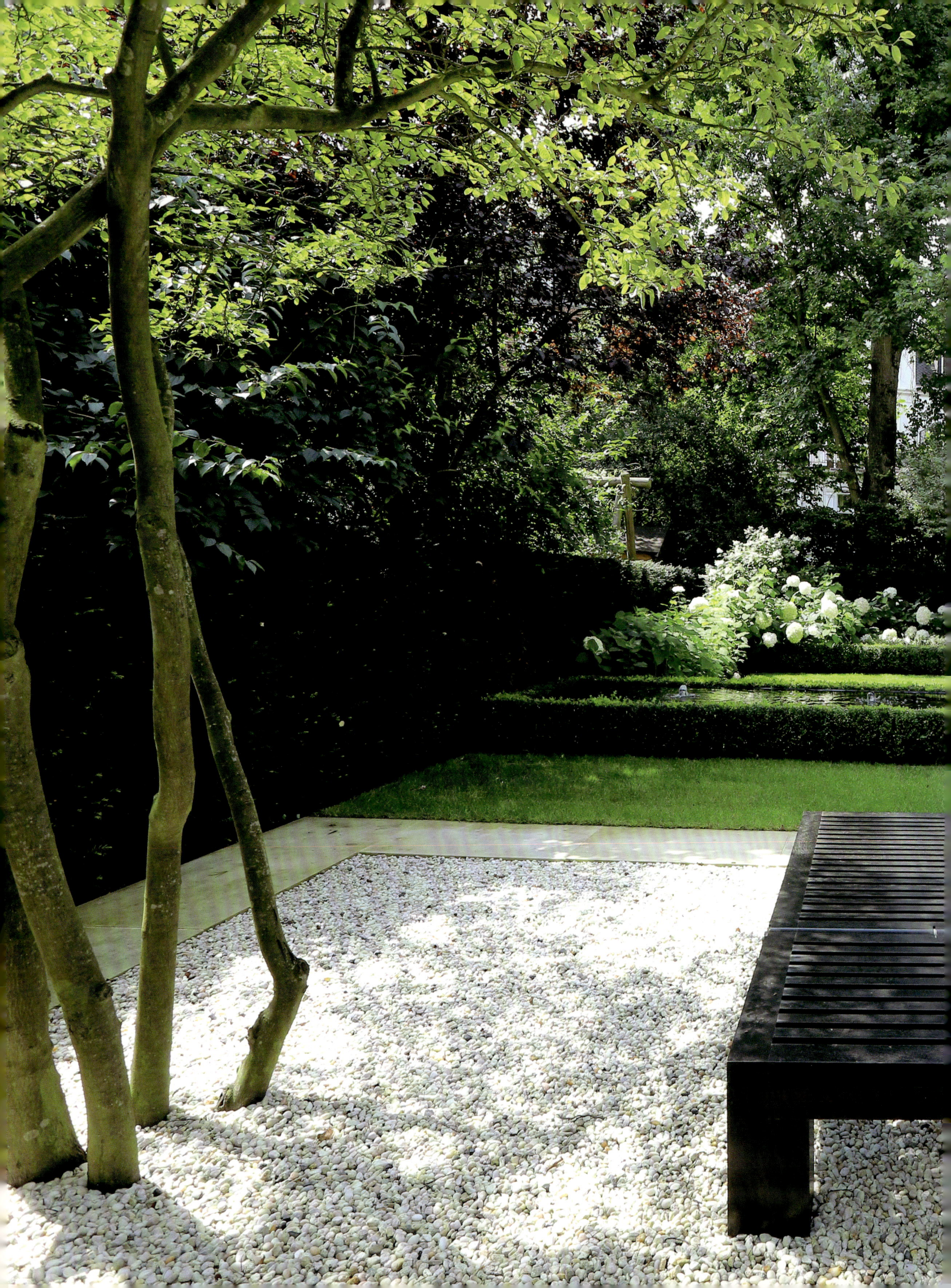

FÜR DESIGN-FREUNDE

KLARE LINIEN & EDLE FORMEN

repräsentativ · reduziert · flexibel
geometrisch · elegant

Für Designfreunde

EINFACH NUR LIEGEN

FAST WIE DAS AUSSENGELÄNDE EINER LUXURIÖSEN FERIENANLAGE MUTET DIESER GARTEN AN, SO ERHOLSAM WIRKEN AUF DEN BETRACHTER POOL, LOUNGE UND VOR ALLEM DIE AUSSICHT.

Man muss nicht unbedingt eine Wasserrate sein, um sich an einem Pool erfreuen und ihn genießen zu können. Das zeigt sich ganz deutlich in diesem Garten, denn das Schwimmbecken und seine unmittelbare Umgebung wurden so angelegt, dass man sich geradezu magisch angezogen fühlt, auch wenn man nicht schwimmen möchte. Das liegt zum einen natürlich an der wunderbaren Aussicht in die Landschaft. So weit das Auge reicht, nur Wiesen und Wald, so dass in dieser Richtung keinerlei Sichtschutz vonnöten ist. Zum anderen sind es die einladenden Liegen, die die Anziehungskraft des Pools noch verstärken. Sie sind fest installiert und wurden vom Gartengestalter mit entworfen und gebaut. Diese glückliche Verbindung führt dann auch dazu, dass hier wirklich alles aus einem Guss und extrem harmonisch wirkt, denn das Holz der Liegen findet sich in diesem Garten noch an zahlreichen anderen Orten wieder, sodass es zum alle Gartenteile verbindenden Element wird. So besteht auch die große Hauptterrasse am Haus aus Holz, von der aus man ebenfalls freie Sicht in die Landschaft hat, da das Grundstück ein leichtes Gefälle aufweist. Rotlaubige Pflanzen und ein Großbonsai ziehen von hier aus den Blick genauso auf sich wie der Whirlpool im separaten Holzdeck.

Planung und Ausführung: *Majuntke oHG Haus und Garten*

FAKTEN

Baubeginn: *Juni 2009* **Fertigstellung**: *Mai 2011* **Grundfläche Garten:** *1.050 m²* **Anspruch:** *Familiengarten mit separatem Poolbereich* **Materialien:** *Stahl, Cumaru-Holz, Betonstein, Granit, Schiefer* **Außergewöhnliches:** *Planung von Poolliegen mit klappbarer Rückenlehne und integriertem Stauraum*

< *Die Liegen mit ihrem großzügigen Stauraum wurden ebenfalls vom Gartengestalter entworfen*

v *Da hinter der Grundstücksgrenze nur offene Landschaft ist, braucht es rund um den Pool keinerlei Sichtschutz*

Für Designfreunde

AKTIVE RUHE

UM EINEN GARTEN WIRKUNGSVOLL IN SZENE ZU SETZEN, BRAUCHT ES GAR NICHT VIEL, WIE DIESES BEISPIEL ZEIGT, BEI DESSEN ANLAGE MAN SICH AUF GANZ WENIGE FORMEN, MATERIALIEN UND PFLANZEN KONZENTRIERT HAT.

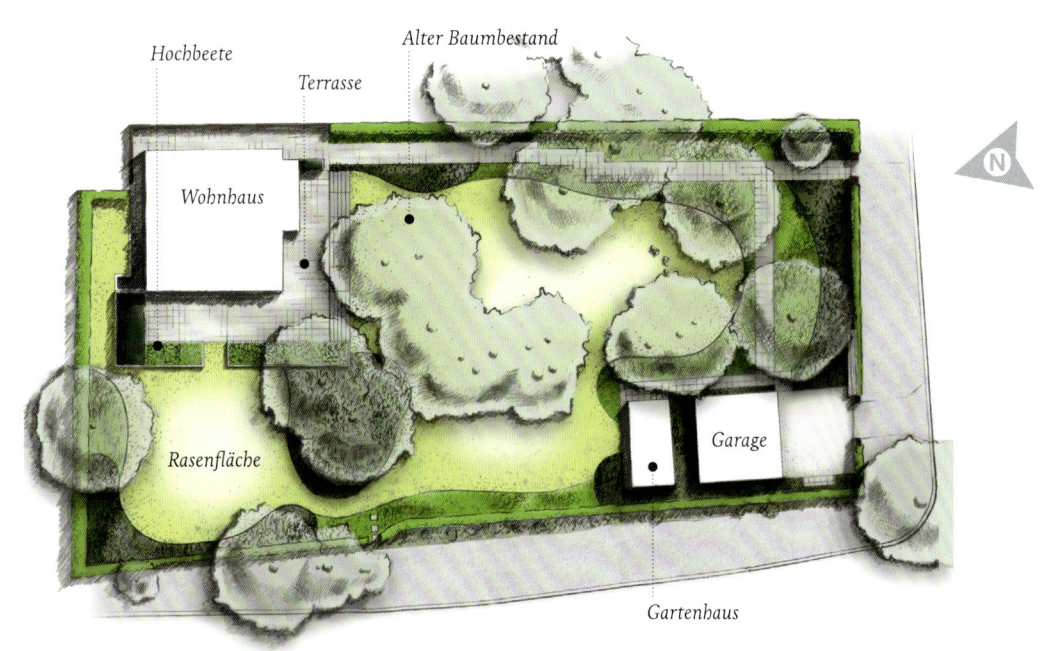

Hochbeete — *Terrasse* — *Alter Baumbestand*
Wohnhaus
Rasenfläche
Garage
Gartenhaus

Planung: *Garten- und Landschaftsbau Breimann & Bruun*
Ausführung: *Borgmann Garten- und Landschaftsbau GmbH*

Es braucht schon einiges an Fantasie, um zu erahnen, wie es hier früher einmal aussah: Haus und Garten befinden sich auf dem Gelände eines ehemaligen Hochbunkers. Fast zwölf Meter ragte hier über Jahrzehnte ein Betonkoloss in den Himmel. Glücklicherweise haben zahlreiche große alte Bäume dessen Abbruch unbeschadet überstanden. Diese tragen nun ein Gutteil dazu bei, dass man dem Grundstück seine Vergangenheit nicht mehr ansieht. Beton gibt es hier zwar weiterhin, allerdings jetzt in Gestalt großformatiger Platten, mit denen die raumgreifende Terrasse belegt ist und die auch für die Treppenanlage zum Einsatz kamen, die in großzügiger Breite von der Terrasse auf den Rasen führt. Der ist ganz den vier Kindern der Familie vorbehalten, und damit seine Klarheit von wirklich gar nichts unterbrochen wird, hat man das Trampolin der Kinder ebenerdig eingebaut. Eine beeindruckende Wirkung entfalten die Gräser, die in großer Üppigkeit den Weg zum Haus säumen: Wie allzu reich wuchernde Haarschöpfe bilden sie einen schönen Kontrast zur Geradlinigkeit von Wegführung, Betonplatten, Architektur und Rasenfläche. Und doch folgen sie allein dadurch, dass man sich auf eine einzige Sorte beschränkt hat, streng der Linie der gesamten Gartengestaltung: zu reduzieren und sich auf das Wesentliche zu konzentrieren. Entsprechend überschaubar geht es auch bei der Farbwahl in den Beeten zu: Grün ist hier das Maß der Dinge, lediglich einige pastellfarbene Blüher dürfen sich dezent im Schatten der Bäume daruntermischen.

FAKTEN

Baubeginn: *Juni 2008* **Fertigstellung**: *Juni 2009* **Grundfläche Garten:** *2.000 m²* **Anspruch:** *Geradliniger Familiengarten* **Materialien:** *Betonstein, Klinker, Stahl* **Außergewöhnliches:** *Trennung zwischen Wohn- und Spielgarten*

< Die Spielgelegenheiten sind von vornherein Teil der Gartenplanung gewesen und deshalb bestens ins Gesamtkonzept integriert

v Die üppig verwendeten Gräser setzten Rasen und Weg wunderbar in Szene

Für Designfreunde

WAS FÜR EIN BLICK!

DIE LAGE DES GRUNDSTÜCKS IST ALLEIN SCHON SPEKTAKULÄR, UND EINE FEINFÜHLIGE GESTALTUNG HAT DARAUS EINEN TRAUMGARTEN GEMACHT.

Die perfekte Mischung aus Intimität und Offenheit war bei diesem Garten gefragt. Denn einerseits wünschte sich das Besitzerpaar einen uneinsehbaren Garten, andererseits sollte – wer kann das verdenken – der atemberaubende Blick auf See und Alpengipfel nicht gestört werden. Erreicht haben das die Gartengestalter durch ein harmonisches Zusammenspiel aus Sichtschutz und großzügigen Flächen. Um das Grundstück gegen einen an seiner Grenze verlaufenden öffentlichen Weg abzuschirmen, entstand ein Sichtschutz aus Natursteinelen. Dieser ist jedoch nicht durchgängig, sondern dem Gefälle folgend in Höhe und Tiefe gestaffelt und immer wieder durch Pflanzungen unterbrochen. Das nimmt ihm die Massivität. Der helle Stein lockert zusätzlich auf und leitet perfekt über zur Einfassung des Pools und den Bodenbelägen von Terrasse und Sitzplatz. Dieser ist so an der talwärts gelegenen Grundstücksgrenze platziert, dass die Besitzer hier ungestört in der Sonne sitzen und den Ausblick genießen können. Die geraden Konturen von Pool, Sichtschutz, Terrassen und Rasenflächen unterstreichen den designorientierten Charakter des Gartens. Besonderer Hingucker sind drei zwischen die großformatigen Natursteinplatten gepflanzte Bänder aus Rotmoos-Mauerpfeffer, die mit ihrem Rostrot einen reizvollen Farbakzent setzen.

FAKTEN

Baubeginn: *Juli 2009* **Fertigstellung:** *August 2009* **Grundfläche Garten:** *400 m²* **Anspruch:** *Designgarten mit Aussicht* **Materialien:** *Onsernone Granit, Naturstein Valle Maggia* **Außergewöhnliches:** *Gestaffelter Sichtschutz aus Naturstein, bepflanzter Innenhof*

Selbst wer auf der großzügigen Terrasse mit dem Rücken zum Garten sitzt, kann noch die spektakuläre Aussicht genießen, da sich das Panorama in der Hausfassade spiegelt

Geschicktes Spiel mit unterschiedlichen Ebenen: Pool und Rasenfläche beginnen auf gleichem Niveau, streben dann aber auseinander

Sitzplatz

Rasen

Hecke

Swimmingpool

Mauerscheiben als Sichtschutz

Dusche

Treppe

Terrasse

Haus

Planung und Ausführung: *Müller Gartenbau AG*

»Eine spektakuläre Verbindung aus Landschaft und gestalteter Natur.«

Für Designfreunde

ZEITGEMÄSSE INTERPRETATION

DER GARTEN DIESES SANIERTEN STADTHAUSES AUS DER GRÜNDERZEIT VERLANGTE NACH EINER BEHUTSAMEN RENOVIERUNG SAMT ÜBERFÜHRUNG IN DIE GEGENWART.

Hecken als Sichtschutz
Hecken als Beeteinfassung
Formales Wasserbecken mit Buchsbaum-Einfassung
Sandstein-Platten
Beetflächen mit Buchsbaum-Einfassung
Felsenbirne als Schattenspender
Sitzplatz mit Kiesbelag
Terrasse mit Holzbelag

Planung: *G&B Gartendesign*
Ausführung: *Bahl Gärtner von Eden*

Kernsanierte Altbauten gehören zum Begehrtesten, was der Wohnungsmarkt in Großstädten zu bieten hat. Wenn dann hinter der behutsam renovierten Gründerzeitfassade nicht nur Stuckdecken, Flügeltüren und extrahohe Räume, sondern auch noch ein eigener Garten warten, ist der urbane Wohntraum perfekt. In diesem Falle entstand unter der Ägide eines erfahrenen Gartengestalters eine konsequente Fortsetzung des Wohnhauses unter freiem Himmel: großzügige Räume, in denen sich moderner Komfort und zeitgemäße Formensprache mit traditionellen Strukturen und Materialien zu einem harmonischen Ganzen verbinden. Kiesflächen, Wasserbecken, Hecken aus Buchsbaum und Eibe hätten sicherlich schon zur Bauzeit des Hauses diesem Garten gut zu Gesicht gestanden. Doch durch den Rahmen aus großformatigen Sandsteinplatten bekommt die Kiesfläche eine moderne Anmutung. Die Beeteinfassungen aus Buchs trennen Edelstahlbänder vom Rasen – auch das die moderne Interpretation eines historischen Gestaltungselements. Und schließlich das Wasserbecken: Während man es vor 120 Jahren noch mittig auf dem Rasen platziert hätte, um dem Garten Symmetrie zu verleihen, ist es heute bewusst aus der Mittelachse an den Rand gerückt worden, um die Gliederung des Grundstücks spannungsreicher zu machen.

Grüner Rahmen: Eine akkurat geschnittene Buchsbaumhecke fasst das Wasserbecken ein

Um das lang gezogene Grundstück zu gliedern, kamen unter anderem unterschiedliche Bodenbeläge zum Einsatz

FAKTEN

Baubeginn: *April 2011* **Fertigstellung:** *August 2011* **Grundfläche Garten:** *700 m²* **Anspruch:** *Moderne Interpretation eines Gründerzeitgartens* **Materialien:** *Sandstein, Kies, Edelstahl, Holz* **Außergewöhnliches:** *Die Planung umfasste auch Möblierung, Pflanzgefäße und Grill*

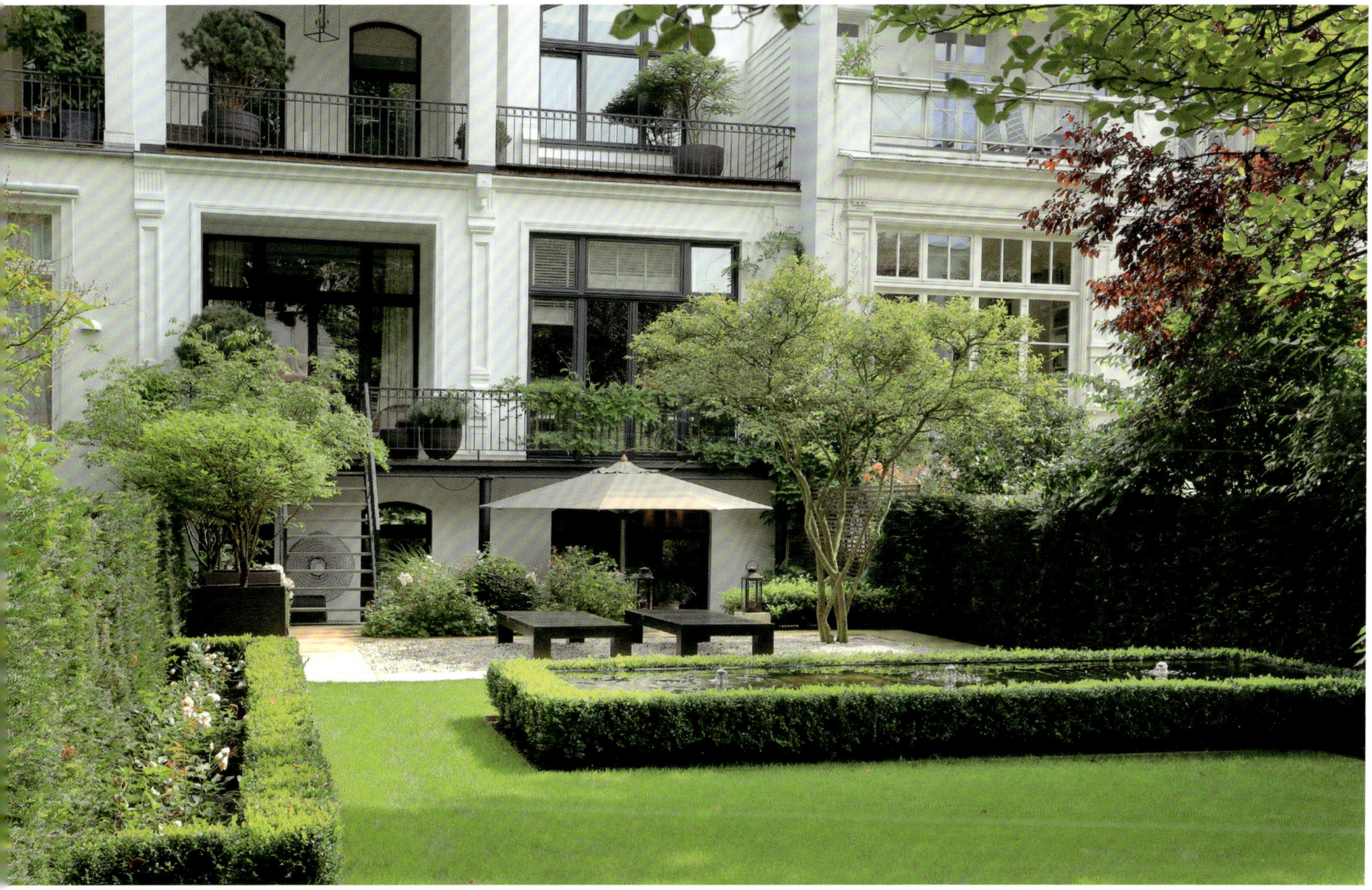

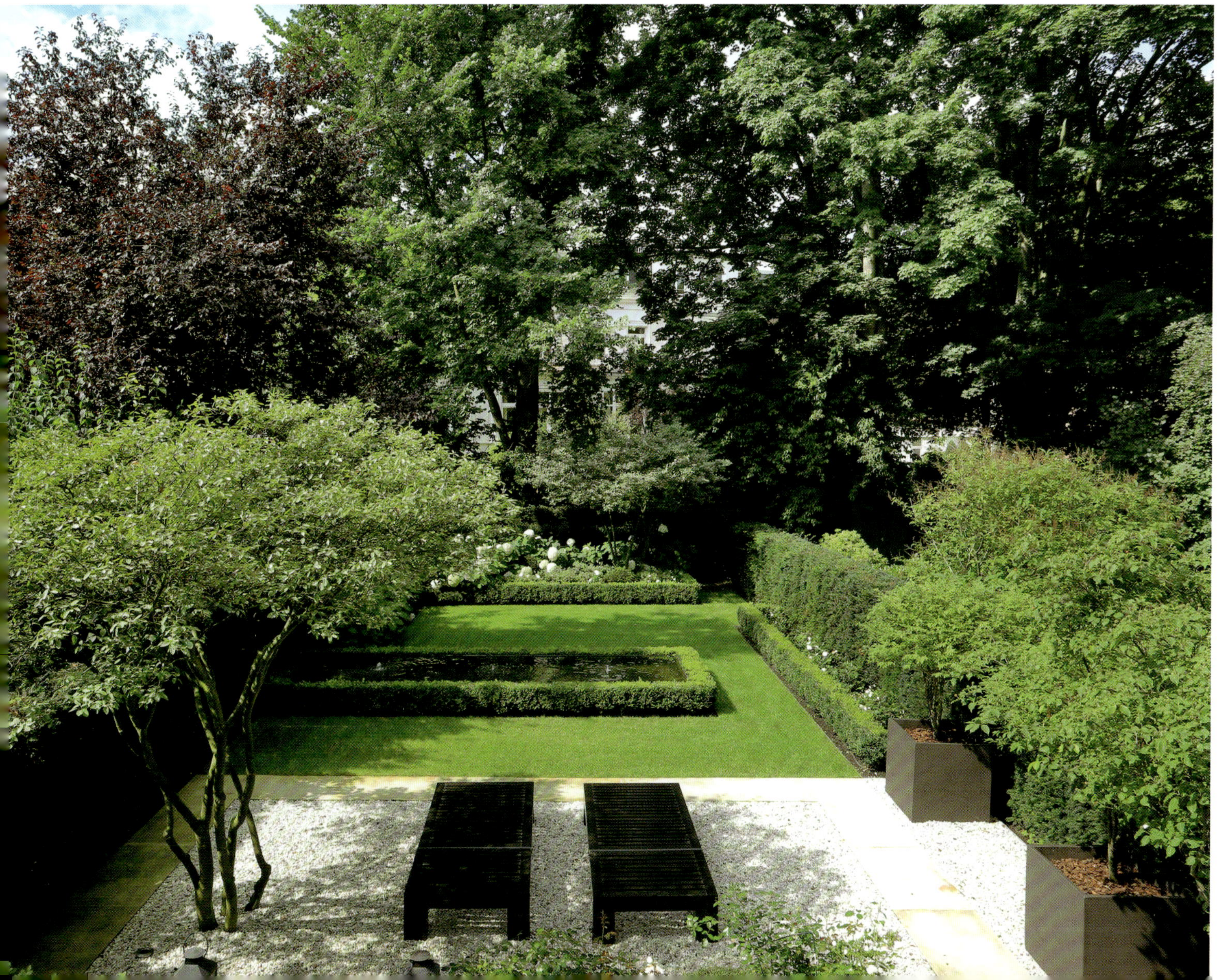

Für Designfreunde

SCHÖNE AUSSICHTEN

SCHON DER BLICK AUF DIE RÜCKWÄRTIGE FASSADE DES WOHNHAUSES LÄSST VERMUTEN, DASS ES HIER IRGENDETWAS VIELVERSPRECHENDES ZU SEHEN GIBT.

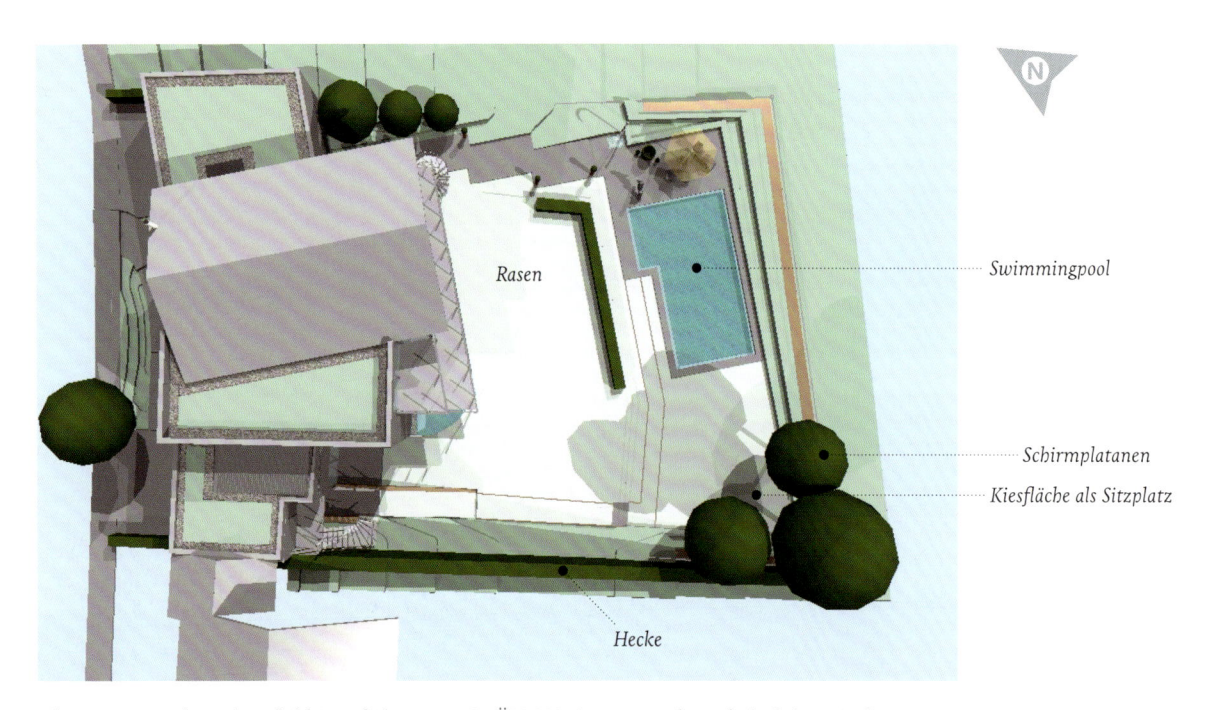

Rasen

Swimmingpool

Schirmplatanen

Kiesfläche als Sitzplatz

Hecke

Planung: *Stephen Thursfield* **Ausführung:** *GRÖNING Garten- und Landschaftsbau GmbH*

Warum sollte man eine Seite des Hauses fast vollständig verglasen, wenn nicht wegen der Aussicht? Und tatsächlich: Aus den ebenso zahlreichen wie großflächigen Fenstern geht der Blick ins grüne, nur dünn besiedelte Tal – eine Aussicht, die sich selbstverständlich auch vom Garten aus genießen lässt. Eigens zu diesem Zweck entstand ein Sitzplatz, beschattet von hochstammigen Schirmplatanen, die gemeinsam mit der wassergebundenen Decke für eine wunderbar heimelige Atmosphäre sorgen. Modernes Gartenmobiliar bildet hier das spannungsvolle Pendant zu den eher urig wirkenden, mit Basalt gefüllten Gabionen, die im Hintergrund als Abgrenzung und Sitzplatz gleichermaßen fungieren. Ganz und gar modern hingegen ist die Formensprache rund um den Pool, der, von großzügigen Bangkirai-Flächen umgeben, zum Sonnenbaden ebenso einlädt wie zum Sprung ins kühle Nass. Eine akkurat geschnittene Eibenhecke gibt dem Pool Richtung Haus gewissermaßen Rückendeckung, Gräser unterstreichen den designorientierten Charakter des Gartens, Rosen setzen kräftige farbige Akzente.

FAKTEN

Baubeginn: *September 2005* **Fertigstellung:** *Mai 2006*
Grundfläche Garten: *1.100 m²* **Anspruch:** *Designorientierter Wohngarten*
Materialien: *Basalt, Jura, Beton, Klinker, Bangkirai*
Außergewöhnliches: *Schwieriger Schiefer-Baugrund*

< *Sehr stylish kommt der Sitzplatz unter den Platanen mit seinen modernen Stühlen inklusive Fellen daher*

v *Mit Eibenhecke Richtung Haus und Platanendach über dem angrenzenden Sitzplatz hat der Pool eine grüne Rahmung bekommen*

Für Designfreunde

GERADLINIGER GENUSS

VIELE SINNLICHE EINDRÜCKE HÄLT DIESER GARTEN BEREIT – UND DAS BEI ABSOLUTER KLARHEIT IN FORMENSPRACHE UND FARBKONZEPT.

Edelstahl, Sichtbeton – beides schnörkellos verarbeitet zu kubischen Wasserbecken, Sitzquadern, großformatigen Bodenplatten. Damit ist der Wunsch der Besitzer nach klaren Strukturen und einer großzügigen Anmutung für ihren Garten auf den Punkt umgesetzt. Als Erlebnis für gleich mehrere Sinne präsentiert sich das Element Wasser. Zunächst entfaltet es seine akustischen Reize, wenn es sanft aus dem Überlauf in der Sichtbetonmauerscheibe und vom einen Edelstahlbecken in das nächste plätschert. Ein Augenschmaus ist das Spiel von Licht und Schatten, das sich nun in dem langgestreckten zweiten Edelstahlbecken entfaltet, durch das das Wasser langsam und lautlos hindurchfließt, bevor es sich über einen weiteren Überlauf in ein drittes, tieferes Becken ergießt. Spätestens hier lässt es sich dann im wahrsten Sinne des Wortes hautnah erleben, denn dieses Becken ist als Tauchbecken konzipiert, in dem die Bauherren Abkühlung nach dem Saunagang finden. Das dreistufige Wasserbecken bildet den ebenso schlichten wie auffälligen Mittelpunkt der Anlage, um den sich die großzügige Terrasse erstreckt, auf der die Gartenbesitzer gern Freunde und Familie empfangen. Ihre fast weißen Betonplatten wechseln effektvoll mit polygonalen Basaltsplitflächen und Beeten. Von hier aus hat man einen herrlichen Blick auf die große Rasenfläche und das Element Wasser immer im Blick und im Ohr.

FAKTEN

Baubeginn: *Mai 2009* **Fertigstellung:** *Juni 2009* **Grundfläche Garten:** *325 m²* **Anspruch:** *Klar strukturierter Wassergarten* **Materialien:** *Edelstahl, Betonelemente als Einzelanfertigung, Basaltsplit* **Außergewöhnliches:** *Mehrere ineinander übergehende Edelstahlbecken*

> *Viele Stauden und Gehölze waren bereits vor der Umgestaltung vorhanden und wurden in die neue Anlage integriert*

>> *Gelungenes Farbspiel: Das Violett der Blüten passt bestens zum Weiß und Grau von Edelstahl, Beton und Kies*

Garten-Plan mit Beschriftungen: Beetflächen, Quellbecken, Sitzplatz, Rasen, Splittflächen, Wasserbecken, Terrasse, Wohnhaus, Tauchbecken, Garage

Planung und Ausführung: *Firmengruppe Kulmann-Rohkemper*

»Die Bänke sind die Tribüne, von der aus sich das Spiel des Lichts auf dem Wasser wunderbar beobachten lässt.«

Für Designfreunde

URLAUB ZU HAUSE

HIER ZEIGT SICH EIN WAHRGEWORDENER GARTENTRAUM EINER EIGENEN WELLNESSOASE VON EINER BESONDERS CHARMANTEN SEITE – NÄMLICH MIT VIEL GESPÜR FÜR STIL UND DESIGN.

Wer muss noch in den Urlaub fahren, wenn er einen Garten wie diesen hat? Mit der Umgestaltung seines gut eingewachsenen Grundstücks wollte das Besitzerehepaar seinen Wohnraum nach draußen erweitern. Bei der Verwandlung der rund 1.000 Quadratmeter in eine ganzjahrestaugliche private Wellnessoase wurde der alte Baumbestand behutsam integriert. Er bildet heute den perfekten Rahmen für den beheizbaren Swimmingpool mit Außendusche und geräumigem Holzdeck und sorgt an heißen Sommertagen für wohltuend luftigen Schatten. Einen Gutteil seines Charakters verdankt der Garten dem spannungsreichen Spiel mit geometrischen Formen: runder Duschensichtschutz an eckigem Pool, geradlinige Sitzquader und kreisförmiges Wasserbecken in einer Blickachse. Der helle Muschelkalk, der für sämtliche Elemente zum Einsatz kam, liefert die notwendige Klammer für einen harmonischen Gesamteindruck und ist gleichzeitig für das fast mediterrane Flair dieses Wellnessgartens verantwortlich. Dank eines ausgeklügelten Beleuchtungskonzepts mit Unterwasser- und Wandleuchten lässt sich diese grüne Oase auch nach Einbruch der Dunkelheit wunderbar genießen.

FAKTEN

Baubeginn: *April 2010* **Fertigstellung:** *Juni 2010* **Grundfläche Garten:** *1.000 m²* **Anspruch:** *Moderner Wellnessgarten als Erweiterung des Wohnraums* **Materialien:** *Krensheimer Muschelkalk, Eichenholz* **Außergewöhnliches:** *Einbeziehung alter Bäume*

> *Die Sitzquader aus Muschelkalk sind Begrenzung und ästhetisch ansprechende Sitzgelegenheit gleichermaßen*

>> *Die Gartenbeleuchtung ist Teil der Planung und sorgt deshalb für die perfekte Inszenierung*

Stellplätze *Sitzquader aus Muschelkalk* *Holzdeck als Liegefläche* *Dusche*

Garage

Wohnhaus

Swimmingpool

Hochbeet

Rasen

Rahmenpflanzung mit altem Baumbestand

Terrasse

Wasserbecken

Planung: *Nagel Landschaftsarchitekten BDLA*
Ausführung: *Lütkemeyer »Ihr Gärtner von Eden« GmbH & Co. KG, Varnholt-Grün mit System*

»Der Pool ist nachts ebenso ein Hingucker wie bei Tage.«

Für Designfreunde

GARTENPARKLOUNGE

IN EINE PARKÄHNLICHE ANLAGE WURDEN GARTENELEMENTE INTEGRIERT. ARCHITEKTONISCHE BESTANDTEILE UND AUSSERGEWÖHNLICH GESCHNITTENE FORMGEHÖLZE SETZEN MODERNE AKZENTE.

Hier durfte der Gartengestalter aus dem Vollen schöpfen, könnte man meinen, wenn man hört, was alles auf der Wunschliste der Gartenbesitzer stand: Pool, Koibecken, Boulebahn, Wellnessbereich, Sitz-, Lounge- und Rückzugsplätze, aber auch weite Rasenflächen, große Solitärpflanzen und großzügige Pflanzungen. Doch diese zahlreichen Elemente so auszugestalten und zu kombinieren, dass daraus ein harmonisches Ganzes entsteht, ohne dass der Garten überladen wirkt, ist eine große Herausforderung – die in diesem Falle bestens gelöst wurde, denn jedes der Elemente bekam so viel Raum, dass es als einzelnes wirken kann. Gleichzeitig wurde ein einheitlicher Stil für alle Elemente gefunden, der auch zur schlichten Geradlinigkeit des Hauses passt. Die Poolterrasse etwa wirkt dank ihrer leicht erhöhten Position und der weißen Einfassung wie eine logische Fortsetzung des Hauses. Angenehm zurückhaltend präsentiert sich der gegenüber gelegene Loungebereich unter weißem Sonnensegel: Der Bodenbelag liegt auf gleichem Niveau wie der umgebende Rasen, seine Ränder sind nicht gerade und immer wieder zeigt sich ein vorwitziges Grasbüschel – alles charmante Kunstgriffe, die suggerieren, dass dieser Platz ein organischer Teil des Rasens ist. Ebenfalls organisch sind die Schnittformen, die für die großen immergrünen Formgehölze gewählt wurden, die die Rasenfläche immer wieder unterbrechen und hier ebenso den Eindruck unterstreichen, man befinde sich in einem Park wie die zahlreichen großen Bäume.

FAKTEN

Baubeginn: *April 2008* **Fertigstellung:** *Mai 2009* **Grundfläche Garten:** *3.400 m²* **Anspruch:** *Park mit Gartenelementen* **Materialien:** *Aluminium, Stahl, Ipe-Holz, Granit, Beton, Gabionen* **Außergewöhnliches:** *Amorphe Formgehölze, Gartenhaus in Gabionenwand integriert*

Unter freiem Himmel und doch gut beschirmt sitzt es sich unter dem Sonnensegel mit Sichtschutz aus Gabionen im Rücken >

Formgehölze bilden einen Kontrast zur Natürlichkeit des alten Baumbestands >>

Sitzplatz mit Sonnensegel   *Gabionenwände als Sichtschutz*
Lichthof

Rasen

Swimmingpool

Terrasse

Wohnhaus

Gabionenwände als Sichtschutz

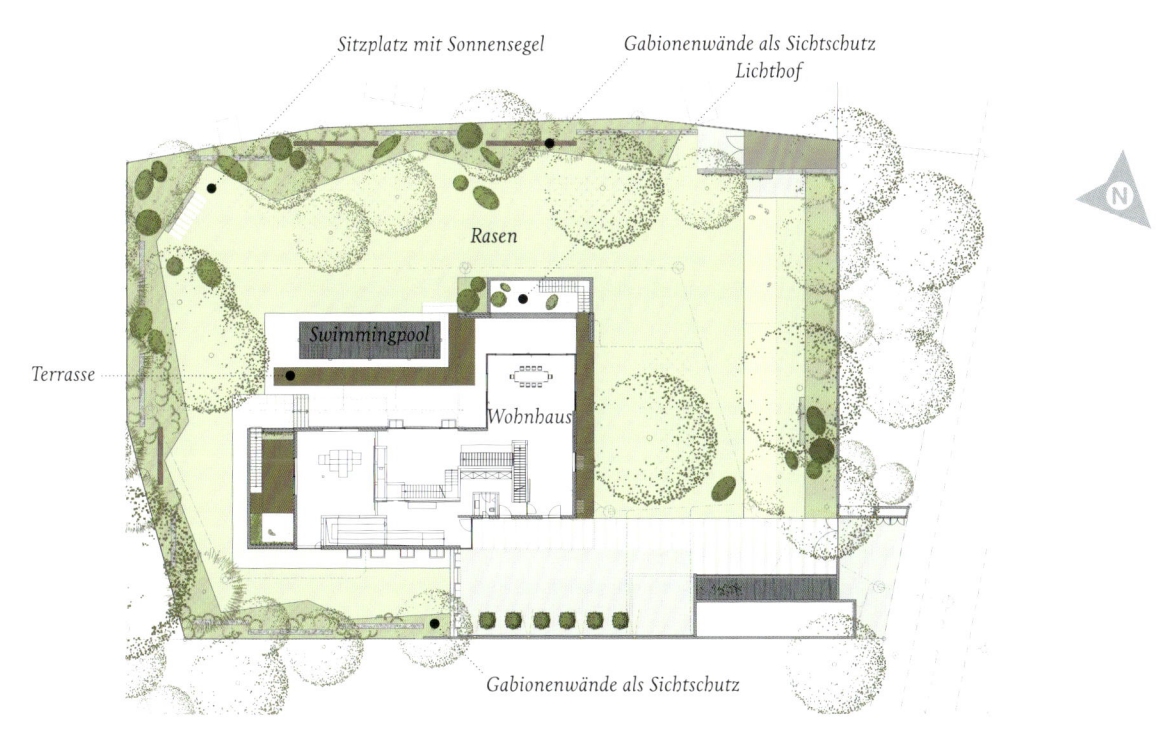

Planung: *Büro Freiraum Johann Berger* **Ausführung:** *Majuntke oHG Haus und Garten*

Für Designfreunde

DRAUSSEN FÜR DRINNEN

JEDES FENSTER IST EIN BILD FÜR 365 TAGE IM JAHR. NACH DIESEM GRUNDSATZ ARBEITET DIE GARTENARCHITEKTIN, DIE FÜR DIESEN GARTEN VERANTWORTLICH ZEICHNET.

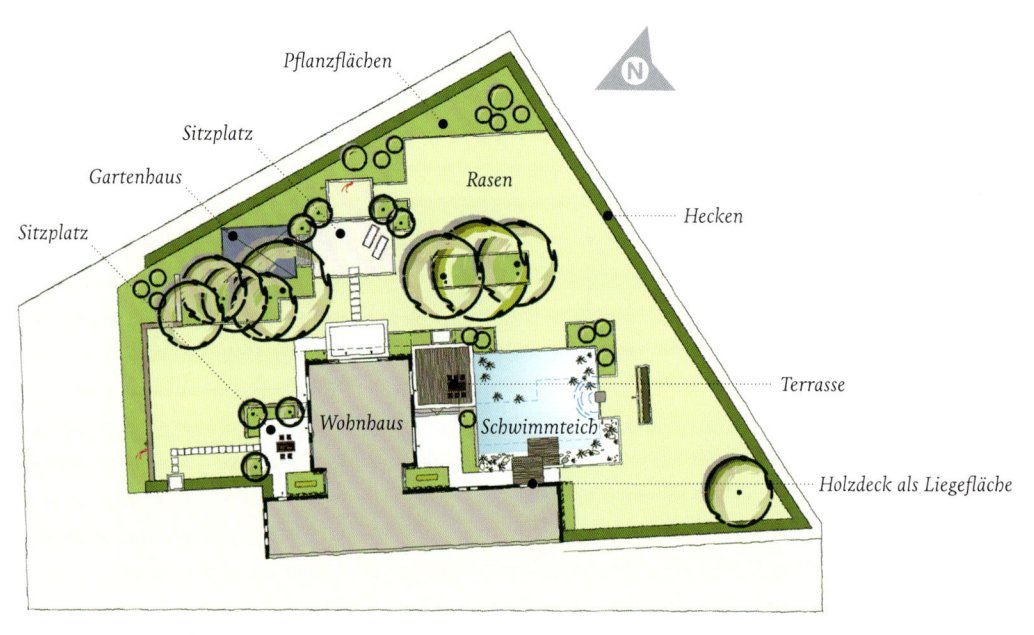

Planung: *Büro für Grünplanung Margarete Hoberg-Klute*
Ausführung: *Klute Garten- und Landschaftsbau GmbH & Co. KG*

Dieser Idee konnten die Besitzer dieses Gartens voll und ganz folgen. Sie wünschten sich ohnehin einen Garten, der einerseits vielfältige Aufenthaltsmöglichkeiten für sie und ihre Kinder bietet und andererseits mit dem modernen und klaren Interieur ihres Hauses harmoniert – umso wichtiger, als der moderne Bau mit gleich mehreren großflächigen Fenstern auf den Garten blickt und die 365-Tage-Bilder dementsprechend groß ausfallen. So entstand ein abwechslungsreicher Familiengarten, der ganz der Geradlinigkeit der Architektur des Hauses verpflichtet ist, aber gleichzeitig warmherzig und einladend wirkt. Ein gelungenes Beispiel dafür, wie harmonisch sich Naturnähe und Designanspruch verbinden lassen, ist der Schwimmteich, der in seiner Form eher einem klassischen Pool ähnelt, aber voll und ganz auf natürliche Wasserreinigung setzt und dessen Regenerationszone mit ihren Findlingen und den sich sanft im Wind wiegenden Wasserpflanzen einen schönen Kontrast zur ansonsten vorherrschenden Geradlinigkeit bildet. Gut platziert ist auch das Saunahaus gleich neben dem Teich, sodass der Weg zum Abkühlen und auch zur anschließenden Erholung auf dem Holzdeck denkbar kurz ist.

Nach dem Essen geht's in die gemütliche Sofaecke – ganz so, als sei man im Haus

Auf dem Holzdeck am Schwimmteich kann man sich wie auf einer schwimmenden Insel fühlen

FAKTEN

Baubeginn: *Dezember 2009* **Fertigstellung:** *September 2010*
Grundfläche Garten: *1.720 m²* **Anspruch:** *Moderner Familiengarten*
Materialien: *Grauwacke, Diabas, Granitfindlinge, Kies, Bangkirai*
Außergewöhnliches: *Haus an drei Seiten offen zum Garten*

57

Für Designfreunde

ANZIEHENDE GEGENSÄTZE

EINEN GARTEN ZUM ENTSPANNEN, FEIERN UND GENIESSEN WÜNSCHTE SICH DIE FAMILIE – UND DAS DESIGNORIENTIERT UND MIT LOKALEM CHARME.

Planung: *Grobkonzept: Alexander Oberndorfer; Detailplanung: freiraum**
Ausführung: *freiraum* Gärtner von Eden*

Florida trifft Steiermark. Dieser Poolgarten vereint zwei scheinbar gegensätzliche Bereiche zu einem harmonischen Ganzen. Der klassische Pool ist Blickfang und Anziehungspunkt zugleich für die vierköpfige Besitzerfamilie, das türkisblaue Becken lockt an heißen Tagen zum Sprung ins kühle Nass und erhält seine besondere Strahlkraft auch durch die großformatigen Betonsteinplatten in heller Travertin-Optik, mit denen es eingefasst ist. Rund um den Pool ist reichlich Platz zum Sonnenbaden und etwas erhöht auf einer zweiten Ebene auch für große gemütliche Runden und zum Feiern. Einen interessanten Kontrast zum geradlinigen Schwimmbecken und seiner Umgebung mit dem rechtwinkligen Fugenbild bilden Rasenfläche, Beete und Wege ringsum. Hier sind die Konturen weich geschwungen, die Winkel spitz und die Bodenbeläge kleinformatig und aus Naturstein. Blütenhartriegel, Gräser, Hortensien, Lavendel und Salbei sind die vorherrschenden Pflanzen und unterstreichen den ländlichen Charakter dieses Gartenteils.

Der Sitzplatz am Pool gehörte ausdrücklich zu den Wünschen der Gartenbesitzer

Der geschwungene Weg vermittelt Weitläufigkeit

FAKTEN

Baubeginn: *November 2010* **Fertigstellung:** *Juni 2011* **Grundfläche Garten:** *1.000 m²* **Anspruch:** *Poolgarten mit mehreren großzügigen Sitzplätzen* **Materialien:** *Großformatige Betonsteinplatten, Dietfurter Kalkstein* **Außergewöhnliches:** *Verlegung von Großformatplatten auf zwei Ebenen mit exaktem Fugenbild*

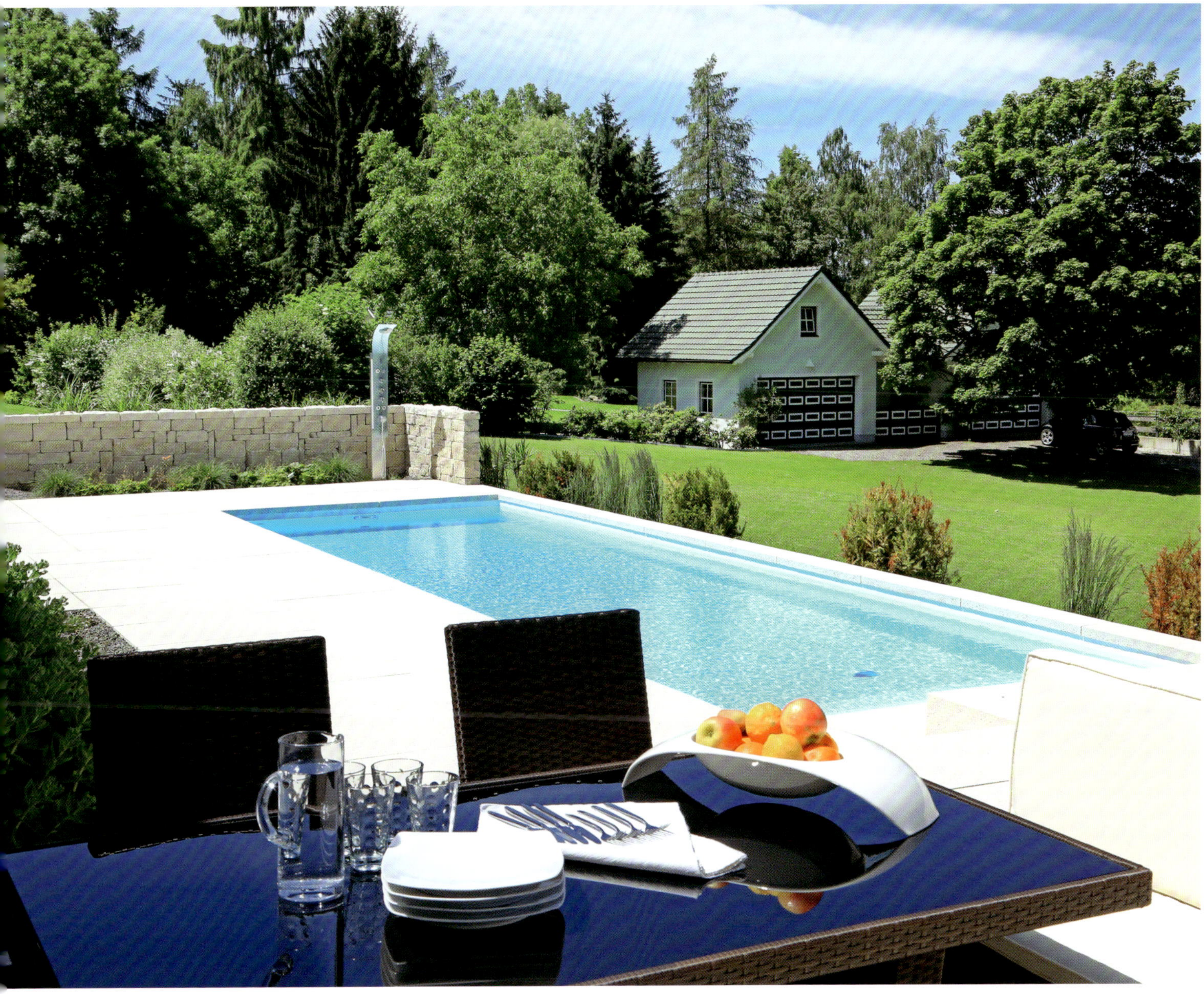

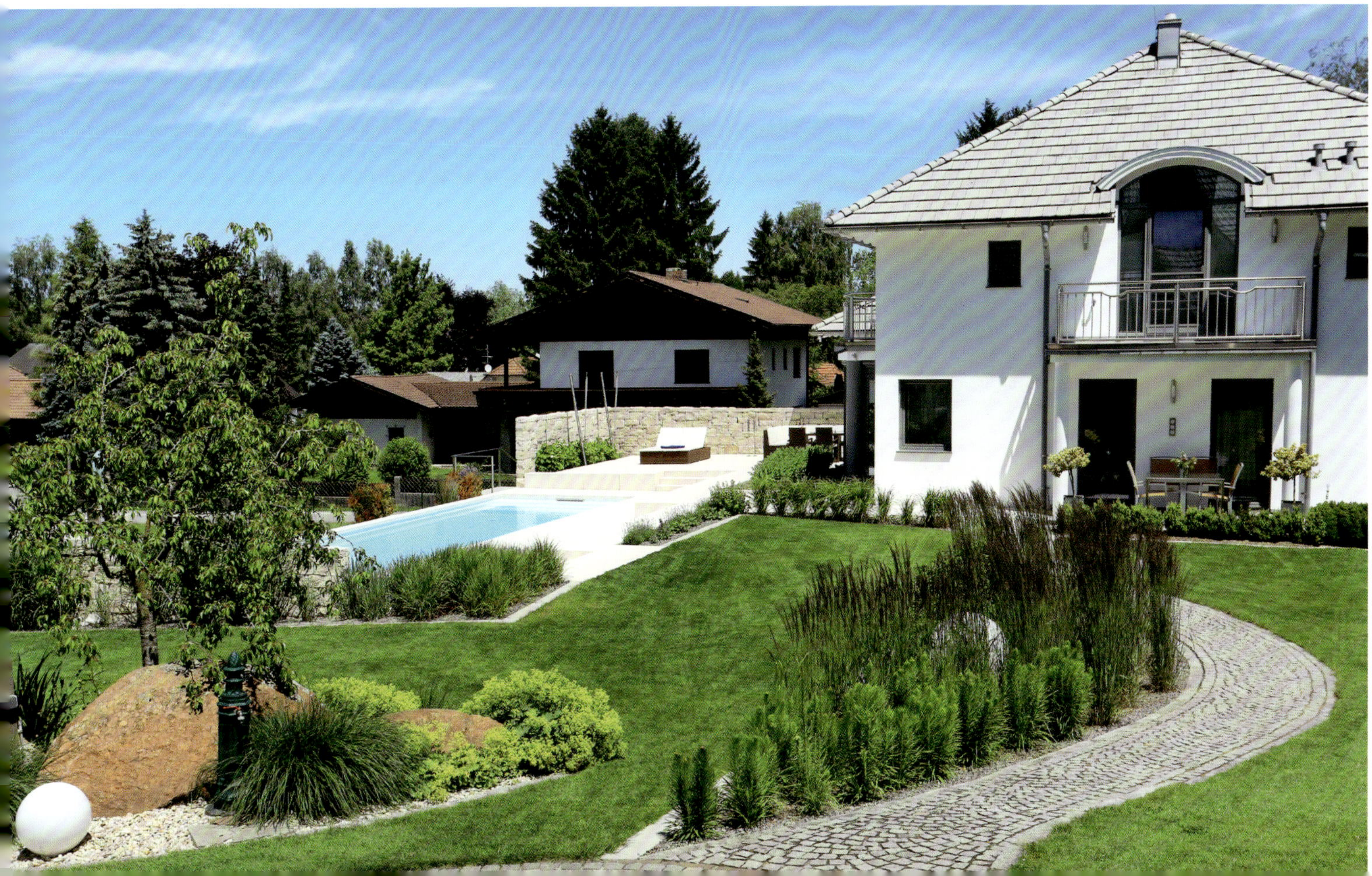

Für Designfreunde

FREILUFTAUSSTELLUNG

DURCH DIE WINKELFORM DES HAUSES HAT DIESER GARTEN VON VORNHEREIN DEN CHARAKTER EINES ATRIUMS. DIESEN ARBEITETEN DIE GARTENGESTALTER NOCH WEITER HERAUS UND MACHTEN IHN ZUM LEITGEDANKEN IHRES KONZEPTS.

Gerade einmal 90 Quadratmeter misst dieser Stadtgarten, den die Besitzer in eine Freiluftverlängerung ihres Wohnzimmers verwandeln haben wollten. Mit der Entscheidung, sich bei Farben, Formen und Materialien auf einige wenige zu konzentrieren, erzielten die Gestalter eine enorme Wirkung. Entstanden ist ein geradlinig-aufgeräumter und dennoch intim-heimeliger grüner Platz mitten in der Stadt. Der Zaun aus schmalen Lärchenholzlatten sorgt für Sichtschutz, ohne zu massiv für den kleinen Garten zu wirken. Kubisch geschnittene Eiben und Buchsbäume unterstreichen ebenso wie ein Tulpenbaum mit seinen grafisch anmutenden Blättern und die quadratischen Trittsteine aus hellem Beton den Designcharakter des Gartens. Die Beeteinfassungen aus Bandstahl sind in ihrer klaren Geradlinigkeit ein interessanter Kontrast zu dem kleinteiligen Granitbruch, mit dem die meisten Flächen des Gartens belegt wurden. All das bildet die perfekte Kulisse für gleich mehrere Kunstwerke, die auf schlicht-weißen Betonsockeln den Garten prägen.

FAKTEN

Baubeginn: *Mai 2011* **Fertigstellung:** *Juli 2011* **Grundfläche Garten:** *90 m²* **Anspruch:** *Pflegeleichter Designgarten* **Materialien:** *Lärche, Ipe, Beton, Akrylglas, Bandstahl, Granitbruch* **Außergewöhnliches:** *Verzicht auf Blühpflanzen; mehrere Kunstwerke auf kleinstem Raum*

Esstisch, Sessel, Recamiere: Die Möblierung unterstreicht die Interpretation des Gartens als Wohnzimmer im Freien >

Kunstwerke sind eine spannende Möglichkeit, einen Garten noch individueller zu machen >>

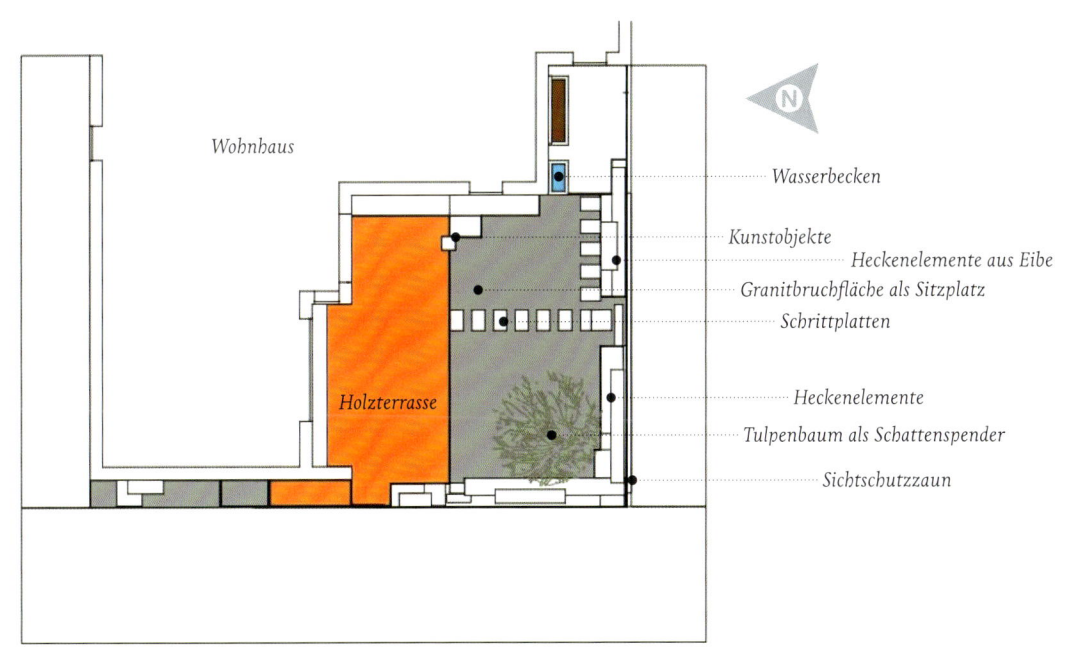

- Wohnhaus
- Wasserbecken
- Kunstobjekte
- Heckenelemente aus Eibe
- Granitbruchfläche als Sitzplatz
- Schrittplatten
- Holzterrasse
- Heckenelemente
- Tulpenbaum als Schattenspender
- Sichtschutzzaun

Planung: *Masterplan: Tom Huemer; Detailplanung: freiraum**
Ausführung: *freiraum* Gärtner von Eden*

Für Designfreunde

ÜBERLEITUNG IN DIE FERNE

DIESER GARTEN IST SO ANGELEGT, DASS ER DAS BINDEGLIED ZWISCHEN DER MODERNEN ARCHITEKTUR DES HAUSES UND DER LANDSCHAFT BILDET, DIE DAS GRUNDSTÜCK UMGIBT.

Mit der hier umgesetzten Planung eröffnen sich den Gartenbesitzern im wahrsten Sinne des Wortes Perspektiven, denn hier wurde ganz bewusst mit der Betonung der Hauptsichtachse gespielt. Diese präsentiert sich beim Blick aus dem Wohnzimmerfenster und reicht nun über die mit hochwertigem Maggiagranit ausgelegte Terrasse und den sich unmittelbar anschließenden neuen Pool. Ihre scheinbare Fortsetzung in die unendlichen Weiten des Himmels über dem Grundstück erhält die Sichtachse durch die steil aufragende abstrakte Steinskulptur, die an der vom Haus abgewandten Schmalseite des Pools als Blickfang platziert wurde. Mit ihrer Wellenform leitet sie das Auge aber nicht nur gen Himmel, sondern auch ins Grüne, denn hinter dem Pool geht der Garten allmählich in die umgebende Landschaft über. Großflächige Gräserpflanzungen begleiten diesen Übergang perfekt, haben sie doch gleichermaßen designorientierten wie naturnahen Charakter. Der Pool und seine Umgebung sind ebenso wie die Terrasse ganz auf die geradlinige Architektur des Hauses abgestimmt: kubusförmig geschnittene Eibenhecken umgeben das Schwimmbecken an drei Seiten, und auch eine Etage höher findet die architektonische Auffassung der Bepflanzung ihre Fortsetzung in Gestalt von kastenförmig geschnittenen Hainbuchen.

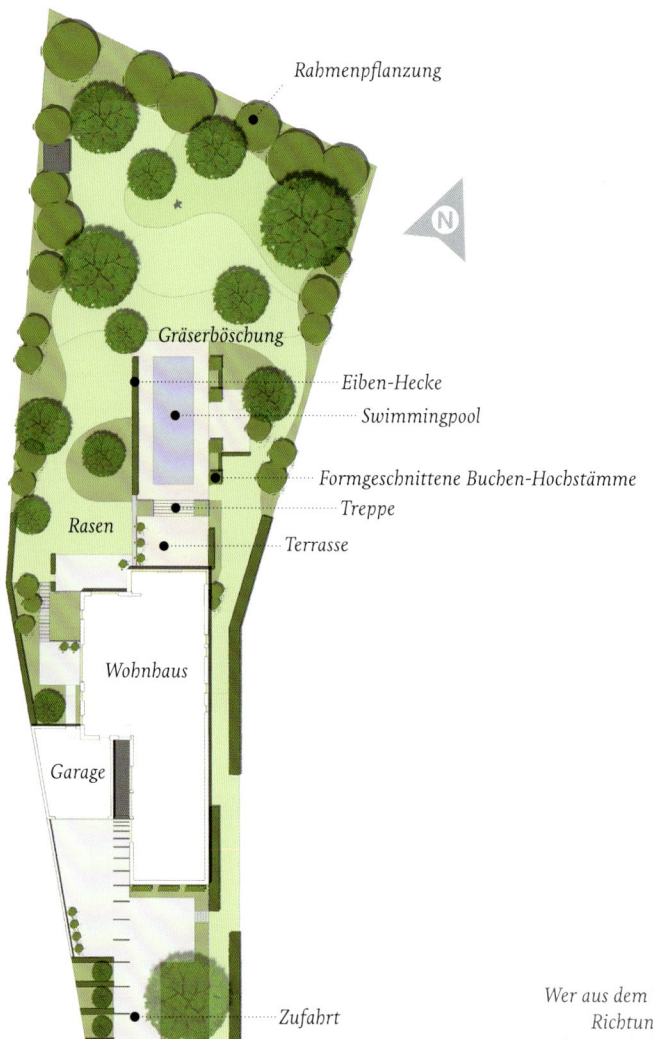

Planung: *Constanze Beckmann*
Ausführung: *Gartenplan Esken & Hindrichs GmbH*

Wer aus dem Wohnzimmer Richtung Pool schaut, dem erscheint die wellenförmige Skulptur als Verlängerung der Blickachse Richtung Ferne

FAKTEN

Baubeginn: *April 2009* **Fertigstellung:** *Oktober 2009* **Grundfläche Garten:** *1.830 m²* **Anspruch:** *Verknüpfung moderner Gartengestaltung mit naturnahen Elementen* **Materialien:** *Maggiagranit, Betonstein, Holz* **Außergewöhnliches:** *Skulptur als optische Verlängerung der Sichtachse*

»Die klaren Formen
des Gartens
sind so wunderbar
entspannend.«

Für Designfreunde

FAMILIENREICH MIT TEICH

HIER SPIELT WASSER DIE ABSOLUTE HAUPTROLLE – UND DAS IN ALLEN FACETTEN: ZUM SCHWIMMEN, PLANSCHEN, ABKÜHLEN.

Mutter, Vater und drei Kinder »bewohnen« diesen Garten und wollten bei der Umgestaltung vor allem eins: Urlaubsatmosphäre direkt vor der Terrassentür. Deshalb musste ganz klar eines her: eine ausgedehnte Wasserfläche. Die Wahl fiel auf einen Schwimmteich. In der Form wie ein Pool angelegt, greift er die geraden Linien von Haus und Grundstück auf. Neben einer langen Schwimmbahn für Trainingswillige bietet er auch Sprungkünstlern ein Betätigungsfeld: der hintere Teil des Teichs ist üppige drei Meter tief. Hier steht auch das Saunahaus direkt am Ufer, sodass es nach dem Aufguss nur einen großen Schritt braucht, um sich direkt ins kühlende Nass zu stürzen. Doch auch für das jüngste Familienmitglied ist gesorgt: eine sicher abgetrennte Flachwasserzone mit Wasserzulauf bietet reichlich Raum zum Planschen. So vielfältig wie die Teichgestaltung ist auch die Auswahl an Ruheplätzen an seinen Ufern. Holzdeck, Wiese und Terrasse mit Stufenanlage, die die unterschiedlichen Niveaus verbindet, bieten viel Raum zum Sonnenbaden. Besonderer Hingucker ist das Felsplateau aus Anröchter Stein – groß genug, um sich darauf auszustrecken, und hoch genug, um von hier aus mit Anlauf in den Teich zu springen.

FAKTEN

Baubeginn: *November 2009* **Fertigstellung:** *April 2010* **Grundfläche Garten:** *825 m²* **Anspruch:** *Erholungsraum für die gesamte Familie*
Materialien: *Anröchter Stein, Sandstein, Holz, Thermoholz Buche*
Außergewöhnliches: *Schwimmteich mit unterschiedlichen Tiefen, automatisches Sonnensegel, Außensauna mit Duschen*

Terrasse mit Sonnensegel

Zugang

Sauna-haus

Treppe

Schwimmteich

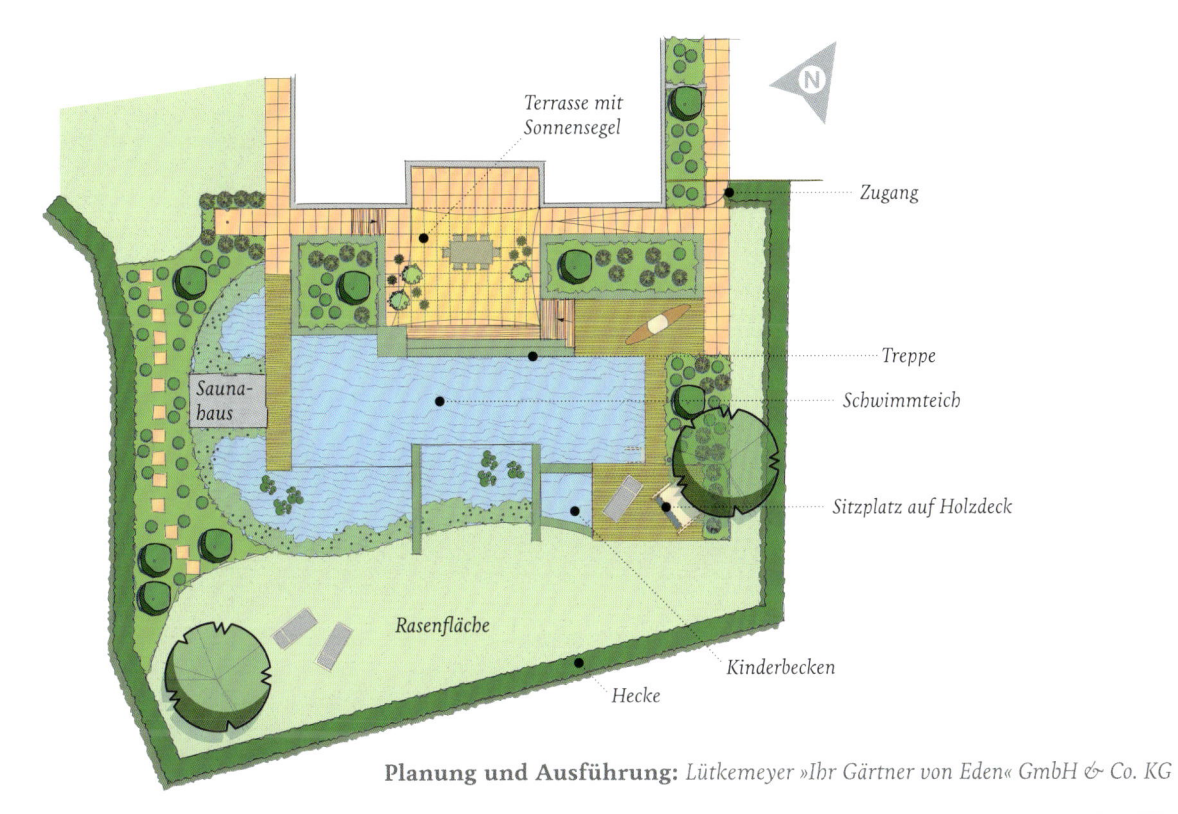

Sitzplatz auf Holzdeck

Rasenfläche

Kinderbecken

Hecke

Planung und Ausführung: *Lütkemeyer »Ihr Gärtner von Eden« GmbH & Co. KG*

∧   *Springen oder ausruhen? Das Natursteinplateau lädt zu beidem gleichermaßen ein*

<   *Nach umfangreicher Umgestaltung nimmt der Schwimmteich nun die gesamte Breite des Gartens ein*

Für Designfreunde

WOHNZIMMER-ERWEITERUNG

WER MEINT, DASS EIN GARTEN DIE GRÖSSE EINES PARKS HABEN MUSS, UM DAS ZEUG ZUM TRAUMGARTEN ZU HABEN, WIRD BEI DIESEM REIHENHAUSGARTEN EINES BESSEREN BELEHRT.

Gerade einmal 70 Quadratmeter misst dieser Reihenhausgarten und sollte dennoch – so der Wunsch der Besitzer – in unterschiedliche Zonen unterteilt werden. Vorher dunkel und beengt, ist durch die Umgestaltung tatsächlich ein grünes Kleinod entstanden, das dem Auge Abwechslung und dem Gartenfreund unterschiedliche Plätze zum Verweilen bietet. Der Niveauunterschied des Grundstücks, der vormals in einer platzraubenden Böschung ausgeglichen wurde, wird nun von Cortenstahlbecken und Hochbeet aufgefangen. Beide sind eigenständige Gestaltungselemente und verleihen dem Garten Tiefe. Da für die Beeteinfassung das gleiche Material wie für die Bodenplatten des davor gelegenen Sitzplatzes verwendet wurde, entsteht hier eine optische Einheit. Auch der Cortenstahl des Wasserbeckens findet sich im Sichtschutz wieder und leitet farblich über zum Holz, mit dem die Hauptterrasse gestaltet wurde. Bei der Bepflanzung setzt das Konzept auf Immergrünes wie kugelförmig geschnitten Buchs und im Kontrast dazu ungezähmt sprießenden Bambus. Hortensien und Rosen sorgen für farbliche Akzente.

FAKTEN

Baubeginn: *März 2007* **Fertigstellung:** *Juli 2009* **Grundfläche Garten:** *70 m²* **Anspruch:** *Schaffung mehrerer Gartenräume auf wenigen Quadratmetern* **Materialien:** *Jura, Hartholz, Cortenstahl* **Außergewöhnliches:** *Großzügiges Cortenstahlwasserbecken*

> *Edle Materialien und zurückhaltende Farbigkeit sorgen für einen eleganten Gesamteindruck*

>> *Die Bepflanzung setzt ganz auf das Spiel mit unterschiedlichen Blattformen und -strukturen*

Sichtschutz aus Cortenstahl

Wasserbecken aus Cortenstahl

Kiesfläche

Wohnhaus

Rahmenpflanzung

Terrasse

Hochbeete

Gartenkamin

Stützmauer

Terrasse mit Holzdielen

Planung und Ausführung: *Gartengestaltung Ralf Grothe GmbH*

Für Designfreunde

AUF DIE SPITZE GETRIEBEN

IN DIESEM GARTEN ZEIGT SICH, DASS SICH AUCH MIT KLAR DEFINIERTEN FORMEN SO SPIELERISCH UMGEHEN LÄSST, DASS DAS ERGEBNIS FÜR DEN BETRACHTER EIN WIRKLICHER AHA-EFFEKT IST.

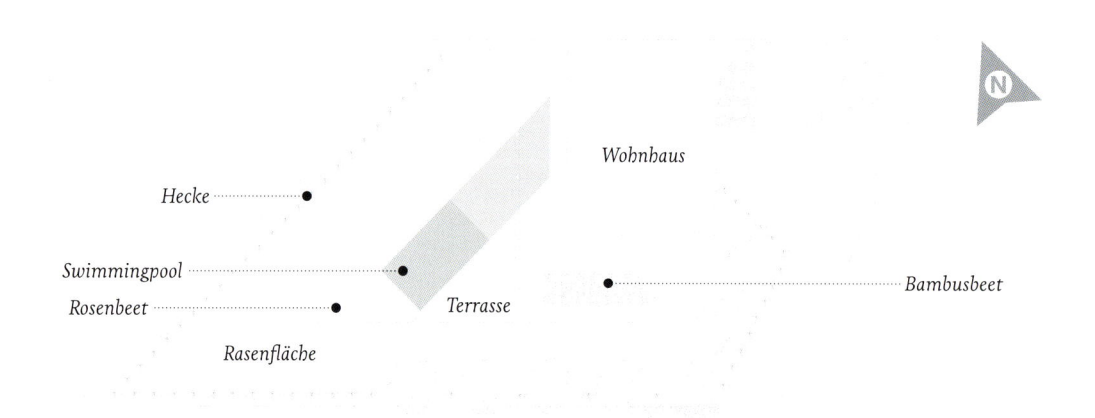

Planung: *brandl architekten . bda* **Ausführung:** *Majuntke oHG Haus und Garten*

Trotz aller gewünschten Geradlinigkeit und Schlichtheit ist in diesem Garten ausnahmsweise einmal nicht der rechte Winkel das Maß aller Dinge. Vielmehr dominieren hier Diagonalen. Das beginnt bereits mit dem Zuschnitt des Grundstücks. Diese Linienführung griff der Gartengestalter auf und legte sämtliche Gestaltungselemente als Parallelen zu diesen schrägen Grundstücksgrenzen an: Hecken, Beete, Holzterrasse. Ein bereits vor der Umgestaltung existierender Pool wurde auf Wunsch des Besitzers in ein Wasserbecken umgewandelt, und auch dies folgt selbstverständlich der diagonalen Linienführung. Im wahrsten Sinne des Wortes auf die Spitze getrieben wurde diese Idee bei der Holzterrasse aus Weißtanne: sie läuft spitzwinklig zu. Doch das ist nicht das einzig Außergewöhnliche an ihr: zum einen sind die gewählten Leisten ungewöhnlich schmal, zum anderen wurde das Holz weiß geölt. All diese Faktoren verleihen ihr eine enorme Leichtigkeit und machen sie zu einem echten Hingucker. Das gilt im Übrigen auch für die ungewöhnliche Platzierung der Bambushecke inmitten der Terrasse. Farblich geht es in diesem Garten vollkommen ruhig zu. Neben Grüntönen gibt es als einzige weitere Farbe Weiß.

Form und Farbe der Terrasse sind ebenso ungewöhnlich wie das Bambusbeet in ihrer Mitte

Die Natur erobert auch einen so geradlinigen Garten

Ganz in Weiß war die Devise für sämtliche Bauteile am Haus und im Garten

FAKTEN

Baubeginn: *Oktober 2010* **Fertigstellung:** *Mai 2011* **Grundfläche Garten:** *1.880 m²* **Anspruch:** *Garten in Weiß und Grün* **Materialien:** *Weißtanne, Carraramarmor* **Außergewöhnliches:** *Diagonale Linienführung sämtlicher Gestaltungselemente*

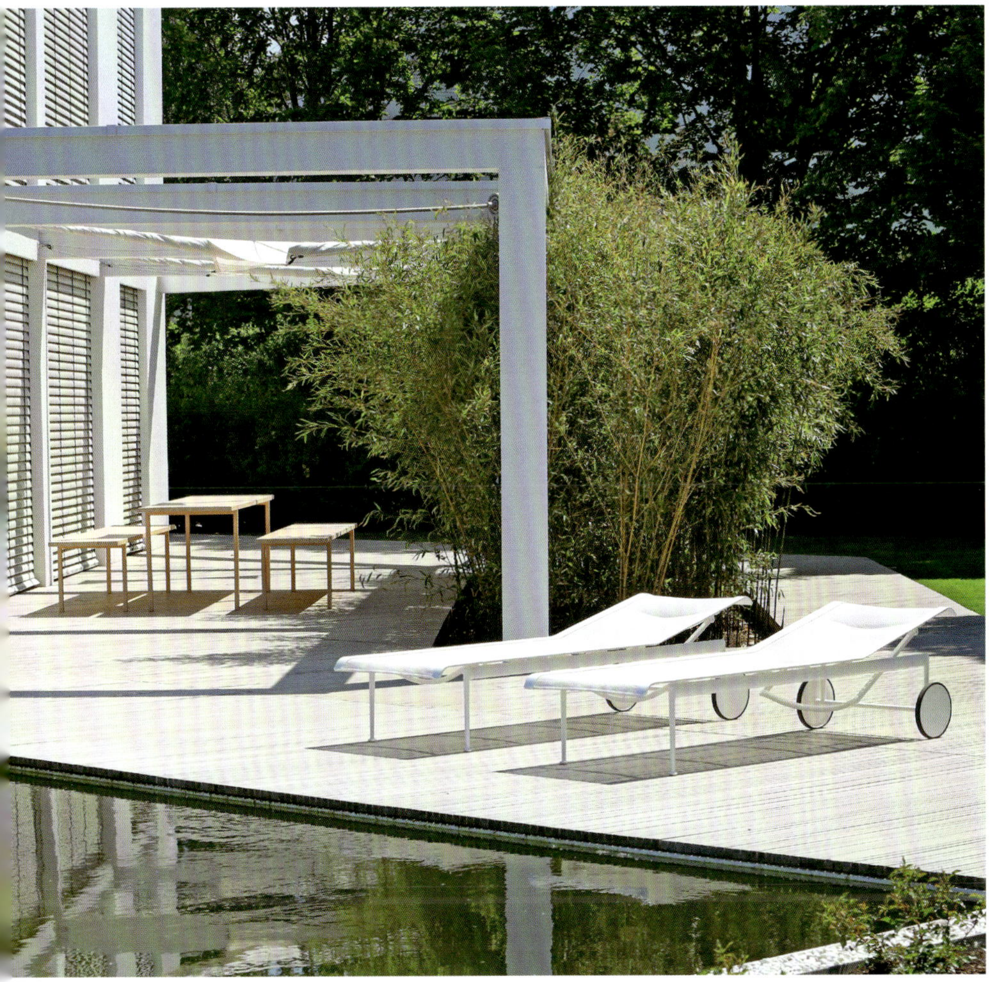
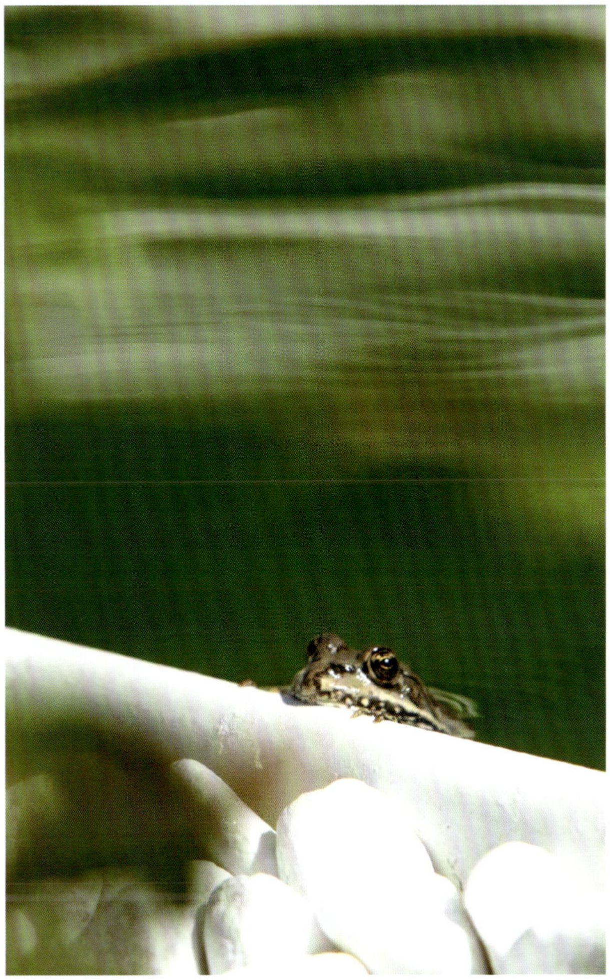
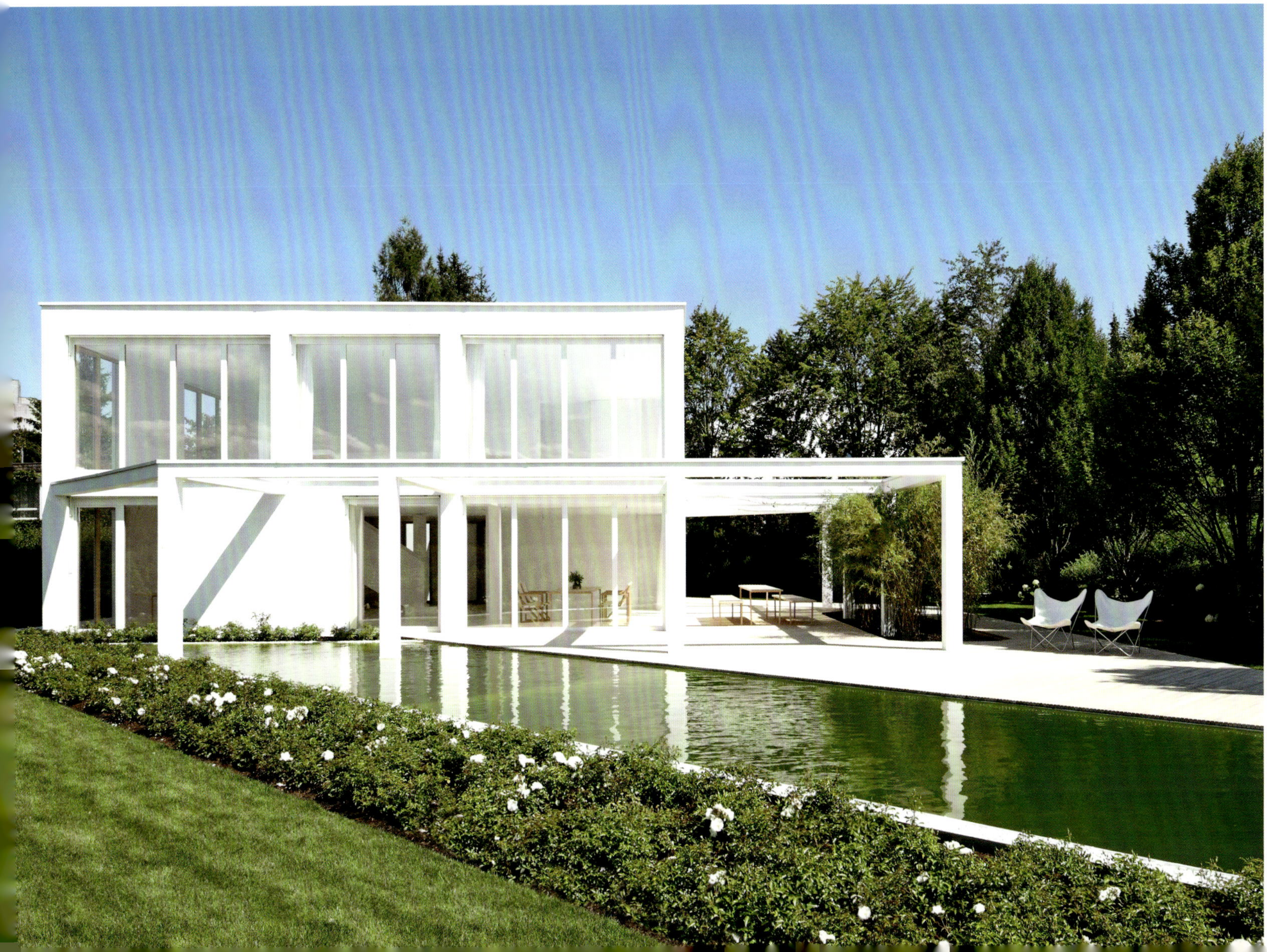

Für Designfreunde

IM EINKLANG MIT DER UMGEBUNG

DIESER GARTEN BIETET EINE GROSSE VIELFALT AN AUFENTHALTS- UND NUTZUNGS-MÖGLICHKEITEN – UND DAS IMMER STILSICHER AUF HAUS UND UMGEBUNG ABGESTIMMT.

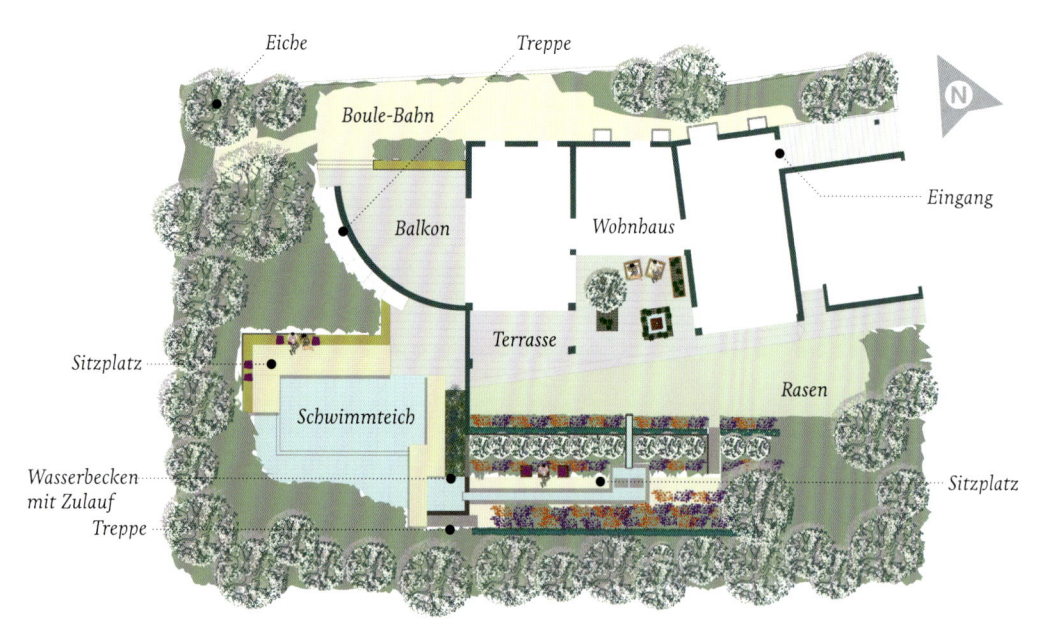

Planung: *Martin P. Abrahamse* **Ausführung:** *Forster Gartenbau AG*

Um die Einbettung des Gartens in die umliegende, sanft hügelige Wiesenlandschaft ging es bei diesem Beispiel. Erreicht wurde dies unter anderem durch die Pflanzenauswahl: So holen verschiedene Bäume und Sträucher den in der Ferne erkennbaren Waldsaum optisch an die Gartengrenze heran. Geschickt in die Planungen einbezogen wurden auch die topografischen Gegebenheiten des Grundstücks. Am höchsten Punkt des Gartens etwa symbolisiert eine große Eiche mit ihren ausladenden Ästen nicht nur Schutz und Beständigkeit, sie sorgt auch für ein farbenfrohes Wechselspiel im Verlauf der Jahreszeiten. Überhaupt wurde bei der Bepflanzung darauf geachtet, dass sich die Besitzer möglichst lange im Jahr an neuen Gartenbildern erfreuen können. Eine wichtige Rolle spielte bei der Gestaltung außerdem das Thema Bewegung. Und so befindet sich in einer tieferen, klimatisch sehr vorteilhaften Mulde ein nicht einsehbarer Schwimmteich, der in einer zweiten Bauetappe der formalen Geradlinigkeit des Hauses angepasst wurde. Ein besonderes Merkmal dieses Gartens ist zudem die gleich hinter dem Haus angelegte Bahn zum Boule-Spielen. Erfrischende Akzente an heißen Tagen setzen ein Wasserspiel am Sitzplatz vor dem Haus und ein mit China-Granitplatten ausgelegter Wasserkanalbereich.

FAKTEN

Baubeginn: *August 2007* **Fertigstellung:** *Juni 2010* **Grundfläche Garten:** *900 m²* **Anspruch:** *Ästhetischer Designgarten mit Schwimmteichbereich* **Materialien:** *China-Granit, Chromstahl, Lärche* **Außergewöhnliches:** *Boule-Bahn hinter dem Haus*

«   *Das Wasserband weist den Weg Richtung Schwimmteich*

<   *Hanglage als Gestaltungsaufgabe*

∨   *Hier verbinden sich Pflanze, Gartengestaltung und Architektur zu einer harmonischen Einheit*

Für Designfreunde

KLASSISCHE SCHÖNHEIT

HIER SOLLTE DER GARTEN EINES HISTORISCHEN STADTHAUSES SO UMGESTALTET WERDEN, DASS ER ZU ARCHITEKTUR UND MODERNEM LEBENSSTIL GLEICHERMASSEN PASST.

Fast wie ein arg in die Länge gezogenes Stück Torte wird dieses Grundstück schmal und immer schmaler, je weiter man sich vom Haus entfernt. Doch genau wegen seiner beachtlichen Länge verfügt dieser Garten trotz seiner Lage mitten in einer Großstadt über recht stattliche 500 Quadratmeter, sodass er einigen Raum für Gestaltung bietet. Die Herausforderung für den Planer bestand darin, den Geländestreifen in einen großzügig anmutenden Familiengarten zu verwandeln, der einerseits viel Rasenfläche und andere Möglichkeiten zum Spielen, andererseits aber auch Rückzugszonen für die Eltern bieten sollte. So entstanden verschiedene, in sich zwar abgeschlossene, aber dennoch sanft ineinander übergehende Gartenräume. Klassisch unmittelbar am Haus gelegen ist der Hauptsitzplatz, der genügend Raum für einen großen Esstisch bietet und auf gleicher Ebene liegt wie die sich unmittelbar anschließende Rasenfläche. Diese wird gesäumt von ebenso reichhaltig wie abwechslungsreich bepflanzten Beeten. Hier blüht es je nach Jahreszeit in sanft pastelligem Rosa oder Weiß, aber auch in kräftigem Blau, Violett oder Lila. Vorteil des lang gestreckten Grundstücks ist, dass sich zu fast jeder Tageszeit irgendwo ein sonniges Plätzchen finden lässt. So etwa am Ende des Gartens, wo sich nun ein zweiter Sitzplatz befindet, an dem sich die Nachmittagssonne genießen lässt.

FAKTEN

Baubeginn: *August 2010* **Fertigstellung:** *September 2010* **Grundfläche Garten:** *500 m²* **Anspruch:** *Familiengerechter Stadtgarten* **Materialien:** *Granit, Blaustein* **Außergewöhnliches:** *Sehr lang gezogenes Grundstück*

Die Bepflanzung setzt farblich auf das Zusammenspiel unterschiedlicher Grüntöne >

Schöner Effekt: Die Schrittplatten verdichten sich erst allmählich zu einer geschlossenen Fläche. Das sorgt für einen sanften Übergang >>

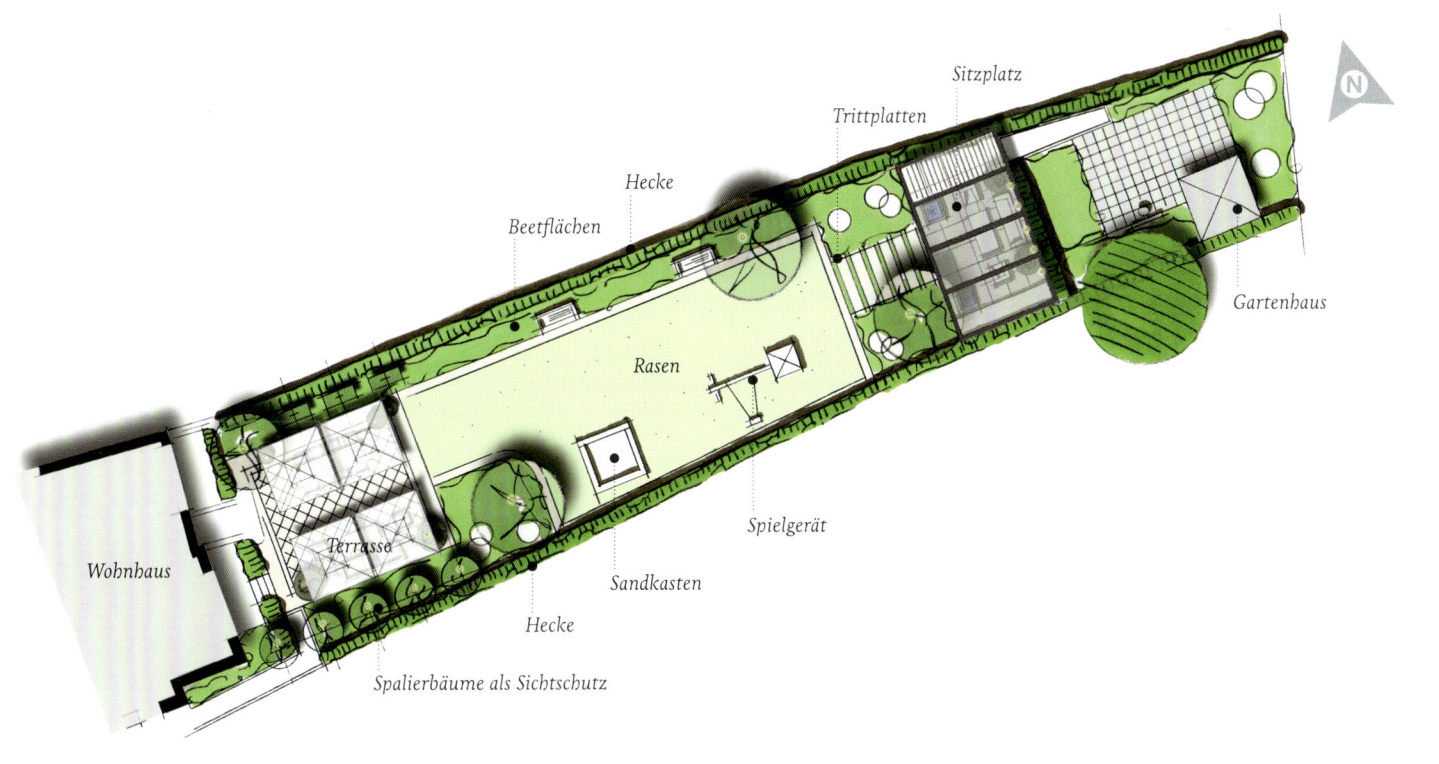

Sitzplatz
Trittplatten
Hecke
Beetflächen
Gartenhaus
Rasen
Spielgerät
Sandkasten
Hecke
Terrasse
Wohnhaus
Spalierbäume als Sichtschutz

Planung: *G&B Gartendesign* **Ausführung:** *Bahl Gärtner von Eden*

Für Designfreunde

HÜBSCH AUFGERÄUMT

DER EIGENTLICHE HAUPTDARSTELLER DIESES GARTENS BEFINDET SICH AUSSERHALB DER GRUNDSTÜCKSGRENZEN UND HEISST AUSSICHT.

Der Garten liegt leicht erhöht auf der Kuppe eines Hügels und gibt den Blick frei über eine sanft gewellte Landschaft, in der sich Felder und Wiesen abwechseln. Nicht allzu weit entfernt beginnt der Wald. Diese Idylle richtig in Szene zu setzen, galt es bei der Umgestaltung des Grundstücks. So entstand eine Anlage, die bewusst nicht in Konkurrenz tritt zur umliegenden Natur, sondern ihr mit wenig Grün und vielen geraden Linien einen Gegenpol bietet. Weitläufigkeit und Offenheit des Gartens leiten perfekt über in die Freiheit der Landschaft, versetzt verlegte helle Betonsteinplatten weisen den Weg Richtung Aussicht. Edelstahlrahmen fassen die Pflanzinseln im Kies rechtwinklig ein. So reduziert wie die Formensprache ist auch das Farbkonzept des Gartens: Beton und Kies sind ebenso weiß wie die Blüten von Hortensie, Rhododendron und Lorbeerschneeball. Die Pflanzen sind überwiegend immergrün und bilden einen reizvollen Kontrast zu den hellen Betonelementen und dem strahlenden Weiß der Fassade.

FAKTEN

Baubeginn: *November 2006* **Fertigstellung:** *Dezember 2006*
Grundfläche Garten: *300 m²* **Anspruch:** *Integration des Ausblicks auf die Landschaft in die Planung* **Materialien:** *Betonwerkstein, Kies, Holz*
Außergewöhnliches: *Schaffung großzügiger Flächen ohne Rasen*

Aussicht auf zwei Ebenen: Die Terrasse wird von einem großzügigen Balkon überdacht >

Die Kombination aus Immergrünen, weißen Blüten und Basalt verleiht dem Garten eine schlichte Eleganz >>

Rahmenpflanzung

Hecke

Sitzplatz

Kiesflächen mit formalen Pflanzinseln

Terrasse

Eingang

Zuweg

Wohnhaus

Planung und Ausführung: *Wildwuchs*

»Hier kann das Auge ausruhen und umherschweifen zugleich.«

Für Designfreunde

ZWEI IN EINS

HIER GALT ES, DEN WUNSCH DER BESITZERFAMILIE NACH EINEM MODERNEN GARTEN MIT IHRER SEHNSUCHT NACH REICHLICH BLÜHENDEN STAUDEN UND EINEM NUTZGARTEN IN EINKLANG ZU BRINGEN.

Bei der Neugestaltung dieses Familiengartens bekamen es die Planer mit einem Grundstück zu tun, auf dem das Haus so platziert ist, dass es den Garten fast in zwei Teile teilt. Das eröffnete zum einen die Möglichkeit, zwei in ihrem Charakter unterschiedliche Gartenteile zu konzipieren, brachte aber gleichzeitig die Herausforderung mit sich, diese beiden Teile harmonisch miteinander zu verbinden. Die Lösung ist eine zweigeteilte Terrasse. Statt den Hauptsitzplatz klassisch vor die zentrale Terrassentür zu legen und damit noch zu betonen, dass das Grundstück an dieser Stelle recht schmal ist, entstand hier lediglich ein Ausgang mit Treppenabgang. So ungewöhnlich wie diese Lösung ist auch die Platzierung des Wasserbeckens vor der Terrassentür. Doch auch dies ist Teil des Gesamtplans, die beiden Terrassen optisch zu verklammern. Denn das Becken, das zu der mit Holz ausgelegten Terrasse überleitet, hat sein Pendant in einem Holzsteg gleicher Größe, der zu der anderen Terrasse führt. Diese ist mit den gleichen Granitplatten ausgelegt wie der Bereich vor den Terrassentüren. So sorgen die verwendeten Materialien dafür, dass hier jeder sofort wahrnimmt, dass beide Bereiche zusammengehören, und unterstreichen gleichzeitig den unterschiedlichen Charakter. Denn rund um die Holzterrasse geht es reduziert modern zu: Hier wachsen Gräser und Buchskugeln. Auf der entgegengesetzten Seite des Gartens hingegen, jenseits der Granitterrasse, findet eine sanfte Überleitung zu ländlicheren Gestaltungselementen statt.

FAKTEN

Baubeginn: *Februar 2009* **Fertigstellung:** *Juli 2009* **Grundfläche Garten:** *1.810 m²* **Anspruch:** *Blühender Nutzgarten mit modernen Zügen* **Materialien:** *Betonhochbeet, Granit Padang Terrassenplatten, Kalksteinmauern, Thermische Esche Holzterrasse, Rieselwege* **Außergewöhnliches:** *Verbindung der beiden Gartenteile durch eine ungewöhnliche Terrassenlösung*

Das Wasserbecken wurde in die Terrasse eingelassen, die Holzfläche sorgt für den optischen Brückenschlag >

Nützlich und modern: Hochbeete aus Beton beherbergen den Kräutergarten >>

Terrasse

Garage

Wohnhaus

Rasen

Gartenhaus

Hochbeete

Wasserbecken

Planung und Ausführung: *Fuchs baut Gärten GmbH*

Für Designfreunde

DREIZIMMERWOHNUNG UNTER FREIEM HIMMEL

URRBAN UND TROTZDEM HEIMELIG PRÄSENTIERT SICH DIESER GARTEN NACH SEINER UMGESTALTUNG.

Hecken *Gartenhaus*

Japanischer Ahorn

Kiesfläche als Sitzplatz
Basaltplatten
Holz-Sichtschutz
Pflanzung mit Buchsbaumkugeln
Hecke
Pergola über Sitzplatz

Holzdeck als Terrasse

Wohnhaus

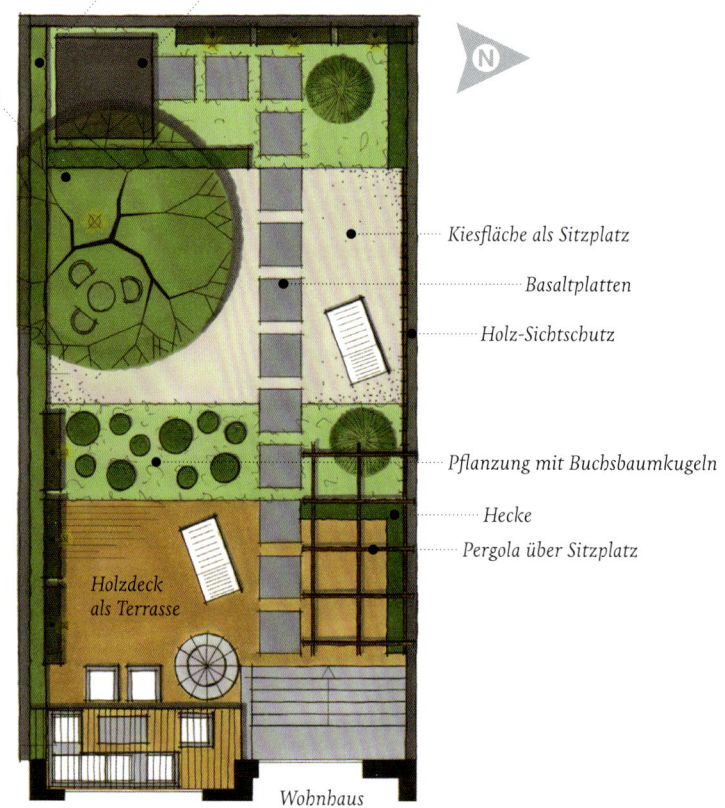

Planung: *Constanze Beckmann*
Ausführung: *Gartenplan Esken & Hindrichs GmbH*

Hier ist eine Oase mitten in der Großstadt, die durch Konzentration auf das Wesentliche dem Auge Ruhe und den Gartenbesitzern einen perfekten Rückzugsort mit gleich mehreren Gartenzimmern bietet. Herzstück des Hofgartens ist ein großes Holzdeck mit Loungemöbeln direkt am Haus. Daran schließt sich ein zweiter Gartenraum an. Die strenge Geometrie des Holzdecks wird hier von hellem Kies abgelöst, ein alter aus dem Bestand erhaltener Japanischer Ahorn spendet Schatten und Sichtschutz zugleich. Den Abschluss bildet ein Raum mit großem Beet und Gartenhaus. Der Eindruck von separaten Gartenzimmern entsteht einerseits durch die unterschiedlichen Bodenbeläge, andererseits durch die Verwendung von Hecken als Trennelementen. Kubisch geschnittene mannshohe Eiben ragen wie Mauervorsprünge in den Garten. Sie machen neugierig auf das, was sich hinter ihnen im nächsten Gartenzimmer verbirgt, gliedern die Fläche, ohne sie zu zerstückeln, sorgen aber auch für eine grüne Unterbrechung des ansonsten massiven Sichtschutzes an den Grundstücksgrenzen. Optischen Zusammenhalt bekommen alle drei Gartenzimmer durch den Weg aus großformatigen Basaltplatten, der sich über die gesamte Längsachse des Gartens erstreckt.

FAKTEN

Baubeginn: *Oktober 2010* **Fertigstellung:** *Juli 2011* **Grundfläche Garten:** *170 m²* **Anspruch:** *Schaffung mehrerer Gartenzimmer auf kleinem Raum* **Materialien:** *Basalt, Bangkirai* **Außergewöhnliches:** *Gestalterisches Spiel mit den vorhandenen umlaufenden Mauern*

< *Trotz dichter Bebauung ist dieser Ruheplatz mit Blick auf Lavendel und Buchs absolut sichtgeschützt*

∨ *Aus diesem Blickwinkel bleibt die gesamte Längsachse des Gartens sichtbar, sodass er trotz der Unterteilung in Gartenzimmer großzügig wirkt*

Für Designfreunde

GARTEN TO GO

DIESER GARTEN VEREINT EINE KLARE FORMENSPRACHE MIT DER HEIMELIGKEIT EINES MEDITERRANEN INNENHOFS.

Als das Besitzerehepaar den Garten seines neu erbauten Hauses planen ließ, brachte es klare Vorstellungen mit: Der Garten sollte bei der Wahl von Formen und Farben Zurückhaltung zeigen und vor allem: Er sollte sofort nutzbar sein, wenn seine Besitzer ihr neues Domizil beziehen. Für den Planer hieß das, einen Garten zu realisieren, der so aussieht, als habe er bereits mehrere Jahre Zeit gehabt zu wachsen. Entstanden ist ein Refugium mit dem Charme eines mediterranen Innenhofs, das trotz einer vom Start weg üppig wachsenden Vegetation Klarheit und Schlichtheit ausstrahlt – und damit perfekt zu der modernen und gleichzeitig traditionellen Holzverkleidung der Hausfassade passt. Vier Schirmplatanen auf dem Rollrasen spenden im Sommer Schatten und schlagen die Brücke zur Trauflinie des Hauses, deren Höhe sie aufnehmen. Die Bepflanzung ist eine Komposition aus verschiedenen Grüntönen, bestehend aus Bambus, der Lieblingspflanze der Hausherrin, sowie verschiedenen Gräsern, Efeu und Säulenbuchen. Dezente Farbakzente setzen Schneeball, Lavendel und weiße Rosen. Optische Klammer und Reminiszenz an den Mittelmeerraum zugleich ist der Bodenbelag aus hellem Maggia-Granit, der in langen Bahnen für sämtliche Terrassen und Wege sowie für die Einfassung des kubischen Wasserbeckens an der Hauswand verwendet wurde.

FAKTEN

Baubeginn: *Juli 2007* **Fertigstellung:** *Oktober 2007* **Grundfläche Garten:** *410 m²* **Anspruch:** *Pflegeleichter Garten mit klarer Struktur und zurückhaltendem Farbspiel* **Materialien:** *Maggia-Granit, Kies, Edelstahl* **Außergewöhnliches:** *Der Garten sollte bei Einzug sofort nutzbar sein*

Hier werden Pflanzen wie architektonische Bauteile eingesetzt

Holz, Sichtbeton und Edelstahl ergänzen sich im Designgarten perfekt

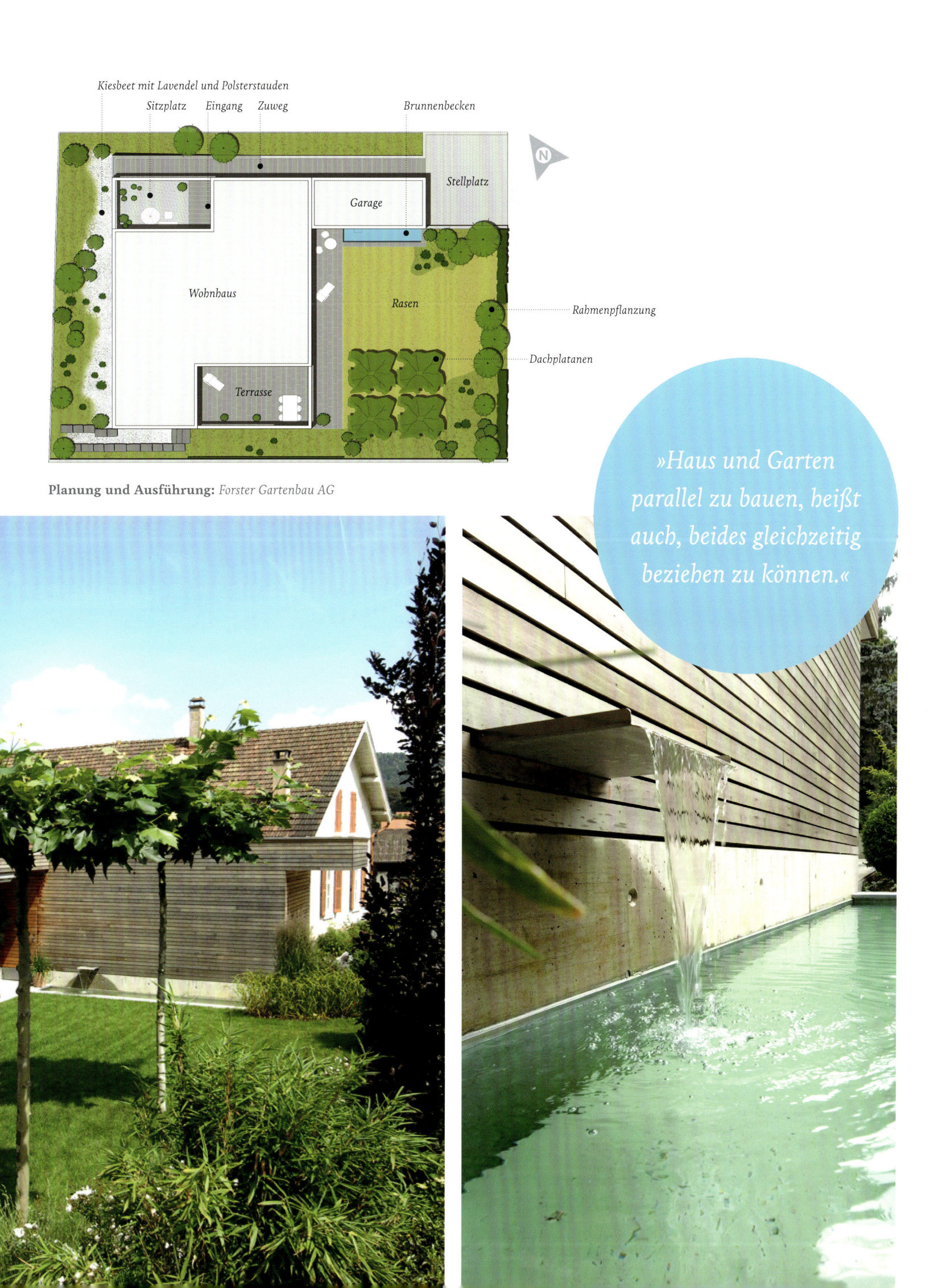

Kiesbeet mit Lavendel und Polsterstauden
Sitzplatz   Eingang   Zuweg   Brunnenbecken
Stellplatz
Garage
Wohnhaus
Rasen — Rahmenpflanzung
Dachplatanen
Terrasse

Planung und Ausführung: *Forster Gartenbau AG*

»Haus und Garten parallel zu bauen, heißt auch, beides gleichzeitig beziehen zu können.«

Für Designfreunde

EIN GARTEN ZUM ERWACHSENWERDEN

DIESER GARTEN IST EIN GUTES BEISPIEL DAFÜR, WIE SICH EIN GRUNDSTÜCK WEITERENTWICKELN KANN, WENN DIE KINDER GRÖSSER WERDEN.

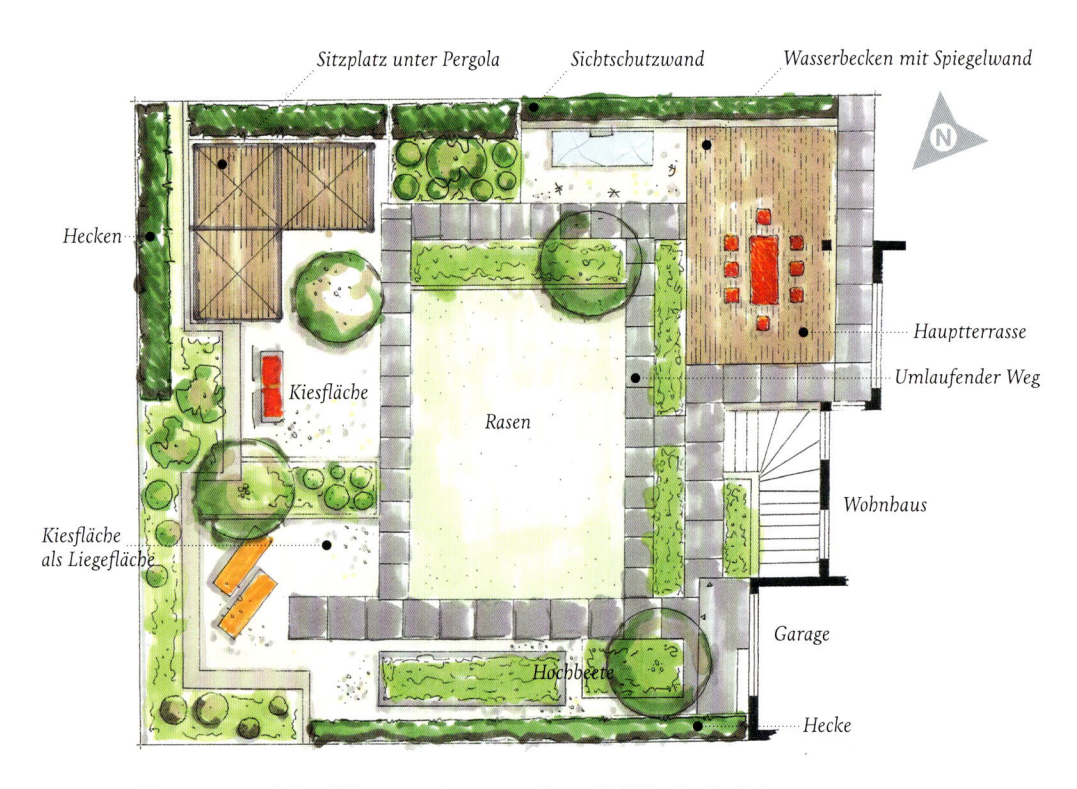

Planung und Ausführung: *Gartengestaltung Ralf Grothe GmbH*

Als die vier Kinder der Gartenbesitzer dem Schaukelalter entwachsen waren, fanden es die Eltern an der Zeit, die Neugestaltung ihres Gartens in Angriff zu nehmen. Anders als die alte Schaukel, die weichen musste, blieben vorhandene Gehölze wie Apfelbaum und Zierkirsche sowie die immergrüne Randbepflanzung erhalten. Der Garten wird nun geprägt von einem reichhaltigen Angebot an Sitzplätzen, die zu jeder Tageszeit und für alle Familienmitglieder als Rückzugsorte dienen und immer wieder neue Ausblicke auf die großzügige Rasenfläche bieten. Ein umlaufender Weg aus großformatigen Betonplatten erschließt den Garten. Als Hausbaum spendet eine Roteiche Schatten auf der Hauptterrasse, die mit Loungemöbeln und Stehlampe wie das nach außen verlagerte Familienwohnzimmer wirkt. Buchskugeln sorgen für ganzjährig grüne Akzente, Fächerahorn für filigranen Blattschmuck.

Wohnzimmeratmosphäre: Der Rasen erstreckt sich zwischen den unterschiedlichen Sitzplätzen wie ein grüner Teppich

Der Löwenkopf macht aus diesem Wasserbecken eine individuelle Installation

FAKTEN

Baubeginn: *Februar 2011* **Fertigstellung:** *April 2012* **Grundfläche Garten:** *250 m²* **Anspruch:** *Pflegeleichter Familiengarten mit Designcharakter* **Materialien:** *Betonstein, Douglasie, Granit, Rheinkies* **Außergewöhnliches:** *Hochbeete als pflegeleichter Nasch- und Nutzgarten*

83

Für Designfreunde

HANG ZUM WASSER

DIE REDUKTION AUF DAS WESENTLICHE IST DAS MARKENZEICHEN DIESES GARTENS AM HANG OBERHALB EINES SEES IN DER SCHWEIZ.

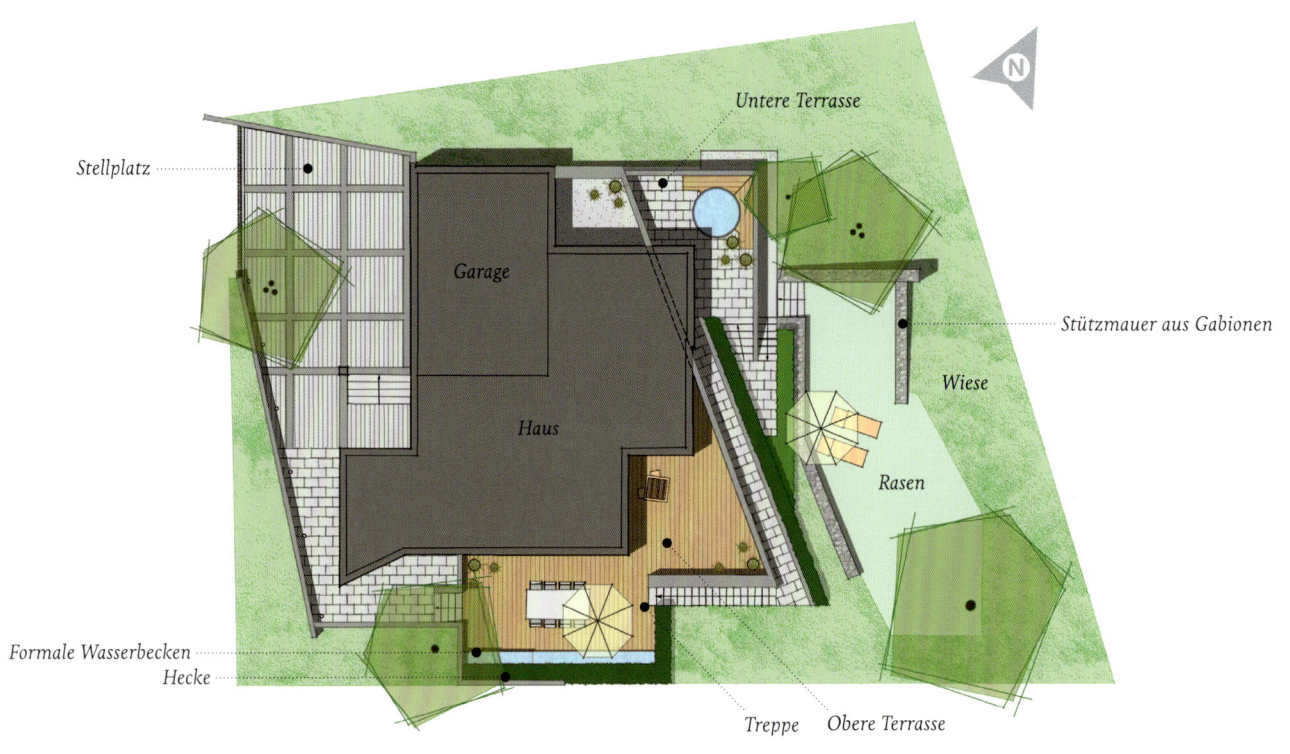

Planung und Ausführung: *Leuthold Gärten AG*

Schon das Haus besticht durch moderne Zurückhaltung, und das sollte sich nach Wunsch der Besitzer mit bereits erwachsenen Kindern auch im Garten fortsetzen. So haben dann auch sämtliche Gestaltungselemente nur ein Ziel: die Hauptattraktion des terrassierten Grundstücks – den weiten Blick über See und sattgrüne Hügel – perfekt in Szene zu setzen. Vor den großen Fensterfronten von Küche und Wohnbereich erstreckt sich an zwei Seiten des Hauses eine ausgedehnte Terrasse mit transparenter Brüstung zum Tal. Die in Längsrichtung verlegten Teakbohlen weisen den Weg Richtung Aussicht, und das Wasser in einem schmalen Becken aus rohem Stahl scheint direkt in den See zu fließen. Unterhalb der Terrasse befindet sich ein weiterer Sitzplatz, gefolgt von einer Rasenfläche. Auch Farbkonzept und Materialwahl sorgen dafür, dass dieser Garten sich harmonisch in die ihn umgebende Landschaft einfügt: Tief dunkelgrüne Pflanzen wie Buchsbäume schaffen die Überleitung zum Grün der umliegenden Hügel, dunkler Naturstein greift die Gebirgskulisse auf.

Die Terrasse fungiert als Bindeglied zwischen Haus und Landschaft

Zwei Formen von Natur: jenseits der Mauer natürlich ungezähmt, diesseits in Form gebracht

FAKTEN

Baubeginn: September 2009 **Fertigstellung:** Mai 2010 **Grundfläche Garten:** 664 m² **Anspruch:** Ästhetischer Designgarten mit großzügiger Terrasse **Materialien:** Maggia-Gneis, schwarzer Alpenkalk, Teakholz, roher Stahl **Außergewöhnliches:** Grundstück auf mehreren Ebenen

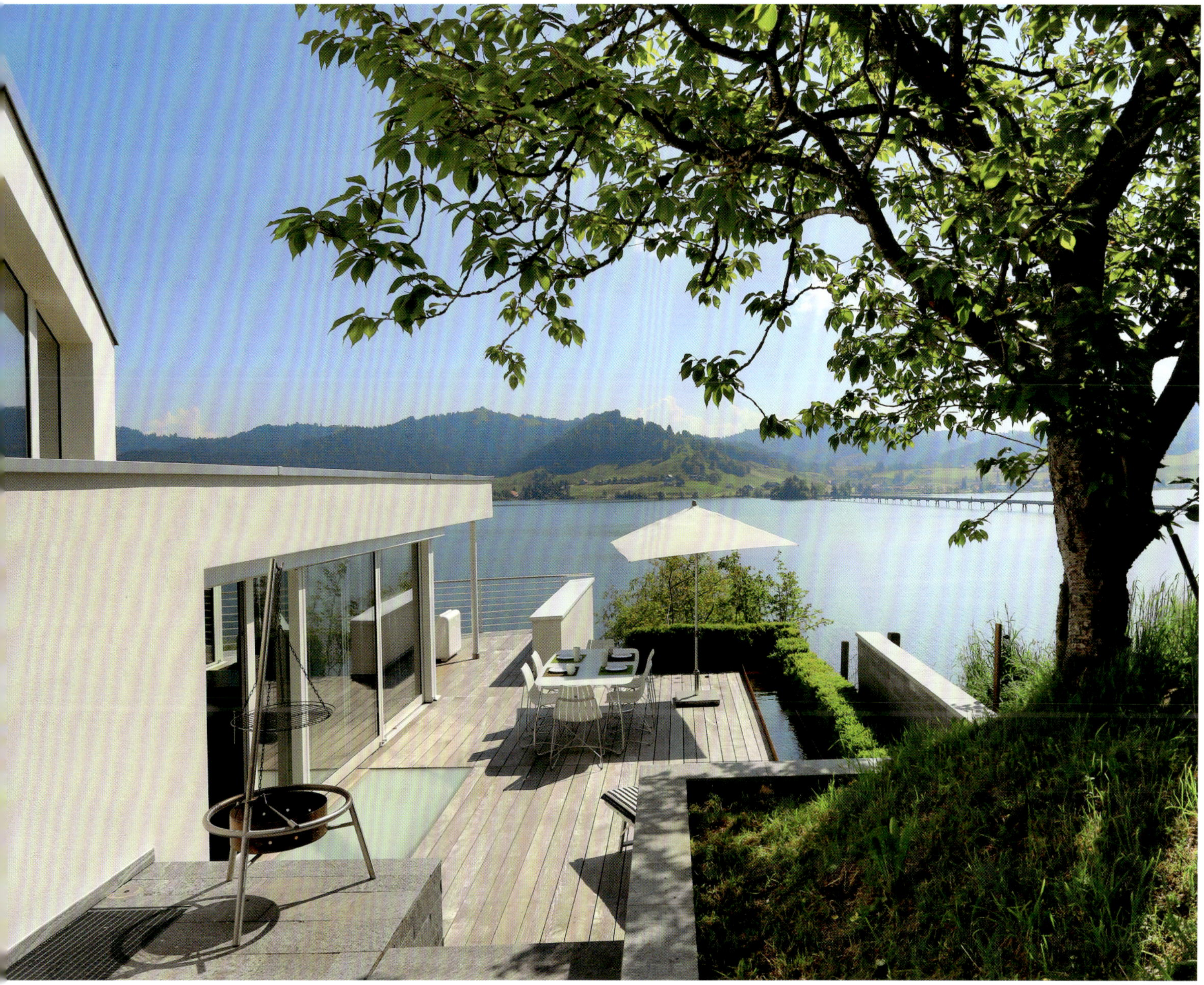

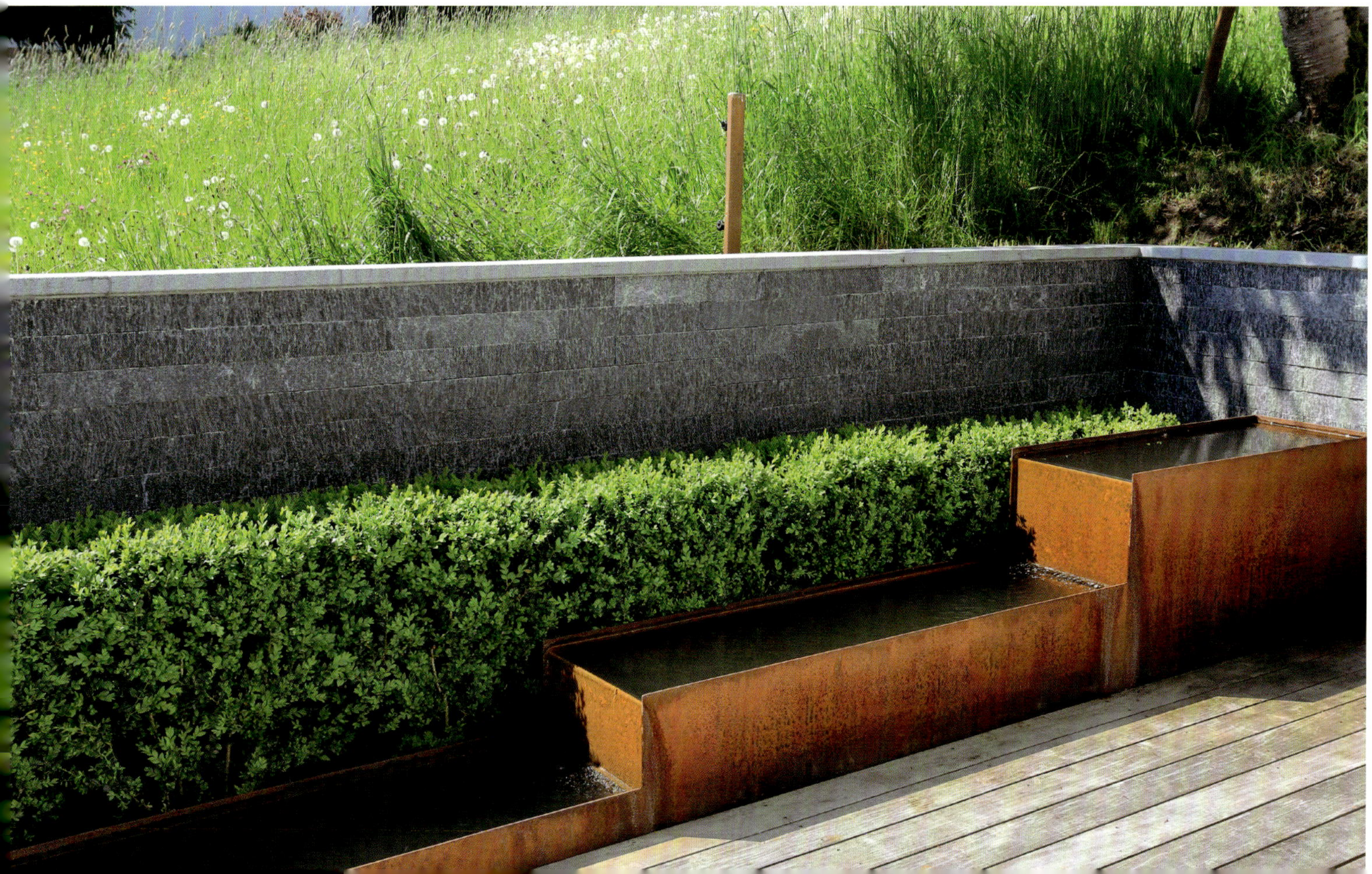

Für Designfreunde

ORDNUNG IM GRÜN

HIER LEBEN MENSCHEN, DIE ES MODERN UND GERADLINIG MÖGEN. DAS VERRÄT EIN EINZIGER BLICK AUF DAS HAUS MIT SEINEN VON GROSSZÜGIGEN FENSTERFLÄCHEN UNTERBROCHENEN SICHTBETONWÄNDEN.

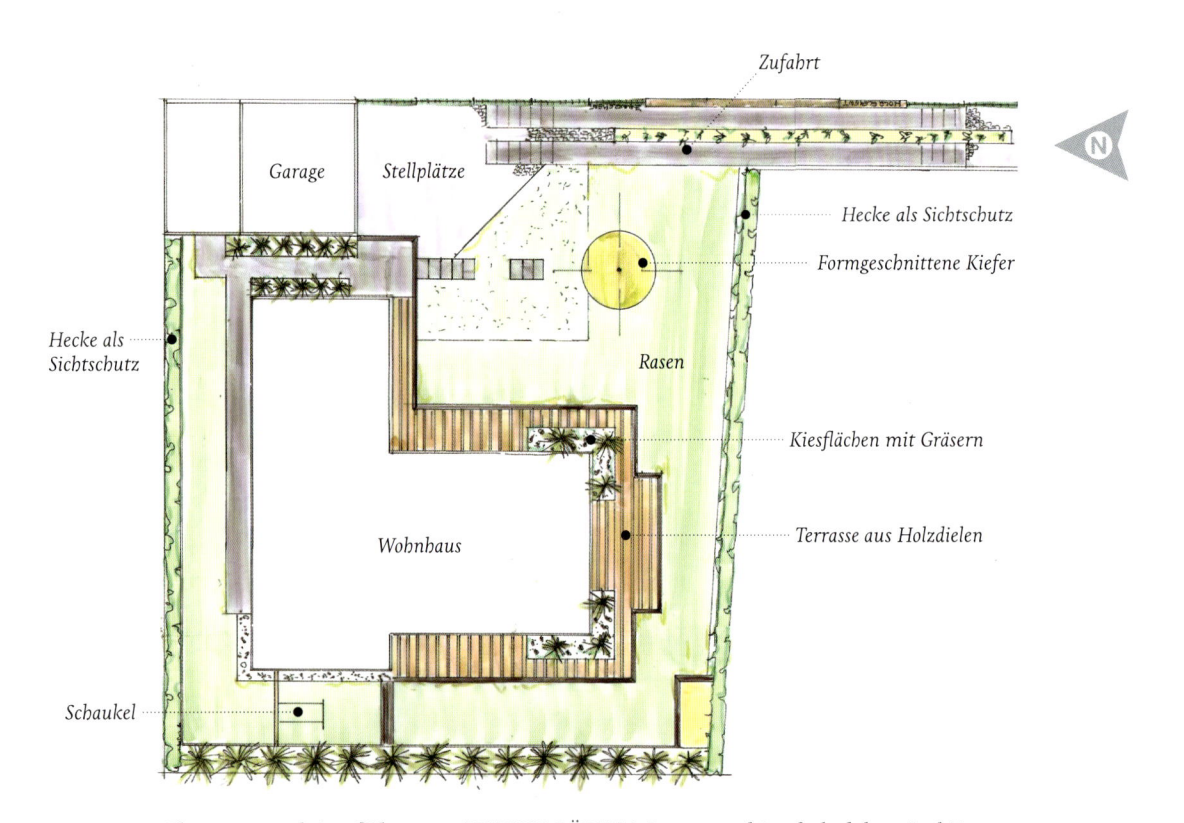

Zufahrt
Garage
Stellplätze
Hecke als Sichtschutz
Formgeschnittene Kiefer
Hecke als Sichtschutz
Rasen
Kiesflächen mit Gräsern
Terrasse aus Holzdielen
Wohnhaus
Schaukel

Planung und Ausführung: *LEUCHT GÄRTEN Garten- und Landschaftsbau GmbH*

Dass hier kein verträumter Landhausgarten entstehen konnte, versteht sich damit von selbst. Vielmehr verlangt die Architektur für ihren grünen Rahmen ebenfalls nach rechten Winkeln, klaren Strukturen, zurückgenommener Farbigkeit. Entsprechend fokussiert fallen Formensprache, Material- und Pflanzenauswahl aus: Rechtecke unterschiedlicher Größe addieren sich zum umlaufenden Holzdeck. Durch den Wechsel mit kleinteiligem Granitpflaster wirken die großformatigen Betonsteinplatten, die für Auffahrt und Wege zum Einsatz kommen, noch architektonischer. Bei den Pflanzen wurde ganz auf Blühpflanzen im herkömmlichen Sinne verzichtet, vielmehr setzt das Konzept auf den Wechsel unterschiedlicher Grüntöne. Unangefochtener Hingucker ist eine sage und schreibe zehn Meter hohe Bonsaikiefer, die mit ihren schirmartig ausgeformten Ästen selbst wie ein architektonisches Kunstwerk wirkt. Bei aller Liebe zur Aufgeräumtheit ist dies übrigens dennoch ein astreiner Familiengarten: Schließlich bietet die große Rasenfläche viel Raum zum Toben und Spielen für die Kinder der Besitzerfamilie.

Auch in einem Designgarten ist Raum für Spielgeräte

Die Bonsaikiefer ist so platziert, dass sie Abwechslung auf die Rasenfläche bringt

Der Außensitzplatz liegt zwischen zwei großen Fensterflächen, sodass man sich drinnen wie draußen ungestört fühlen kann

FAKTEN

Baubeginn: September 2009 **Fertigstellung:** Oktober 2009
Grundfläche Garten: 850 m² **Anspruch:** Familiengerechter Designgarten
Materialien: Granit, Beton, Holz, Cortenstahl **Außergewöhnliches:** *Lichtgraben in der Einfahrt*

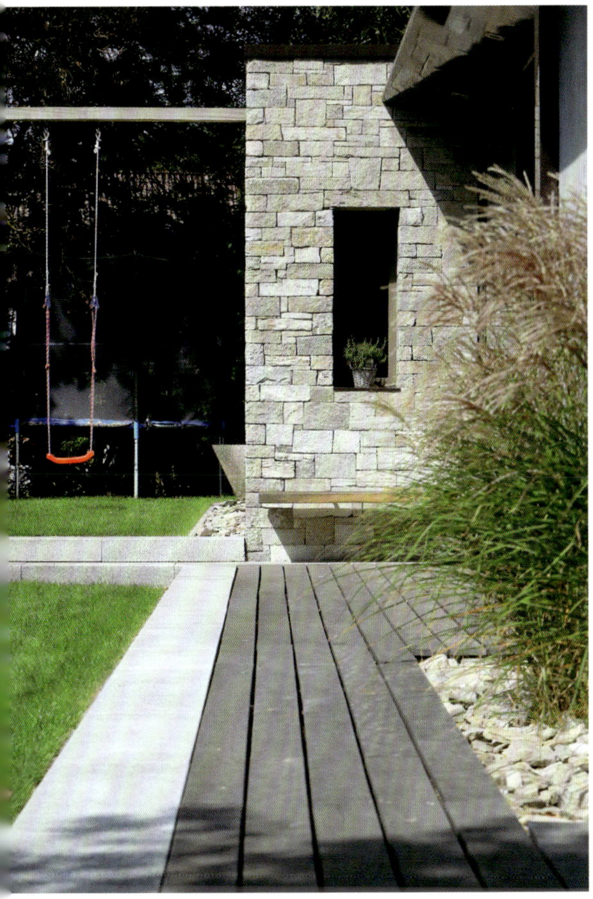
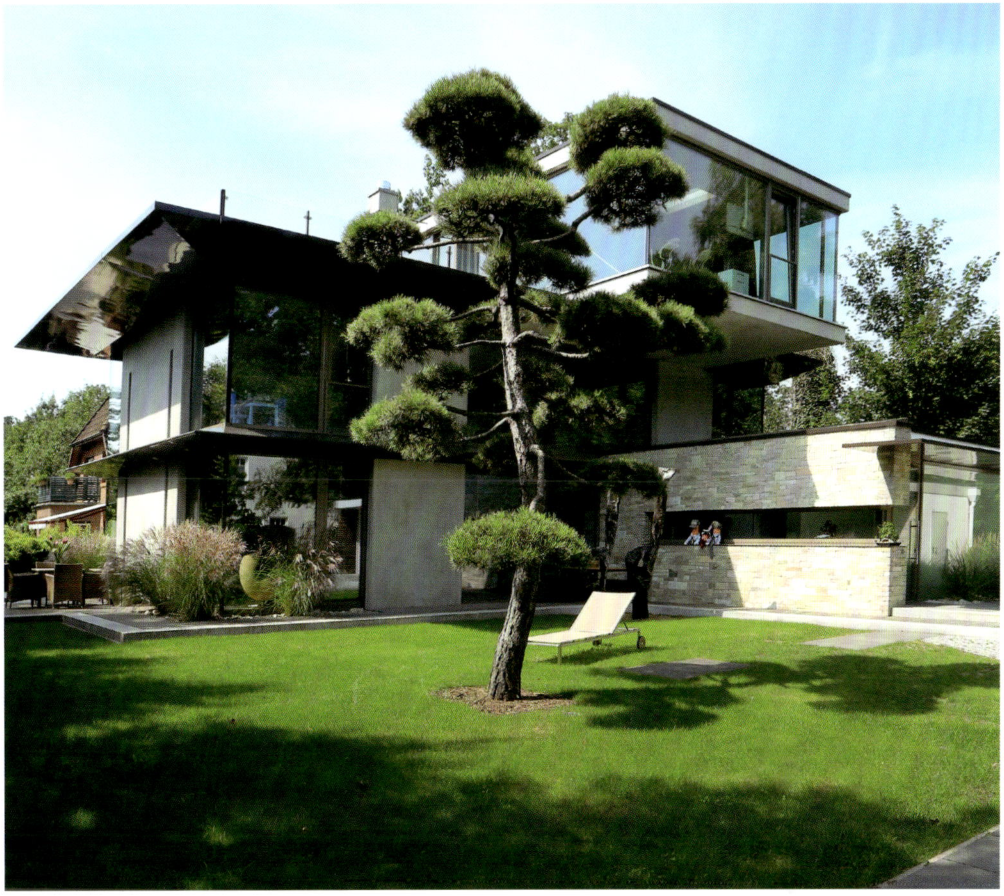
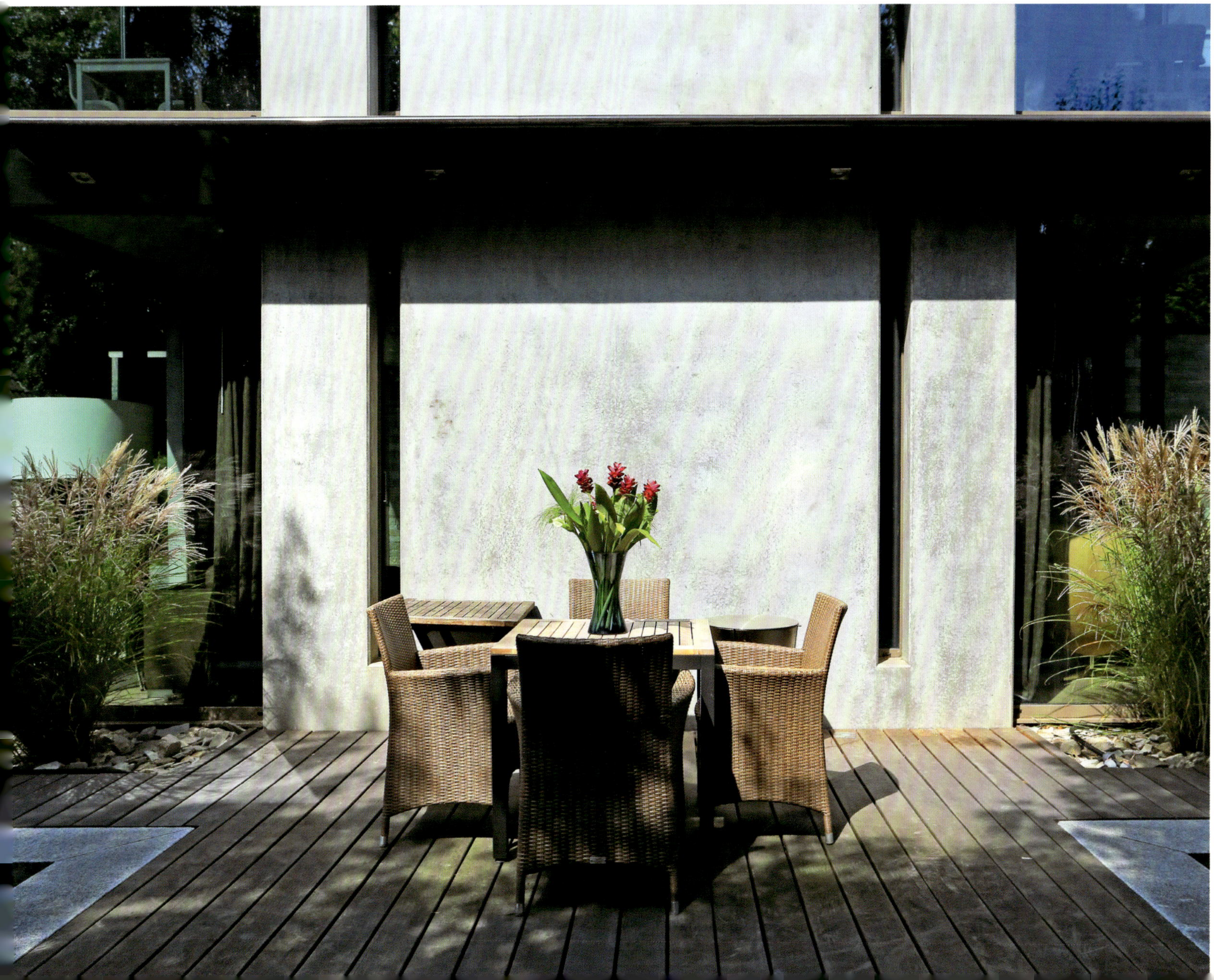

Für Designfreunde

ALLES KLAR

EINE KUNST DER GARTENGESTALTUNG BESTEHT AUCH DARIN ZU ERKENNEN, WANN WENIGER MEHR IST. HIER HAT DAS BESTENS FUNKTIONIERT.

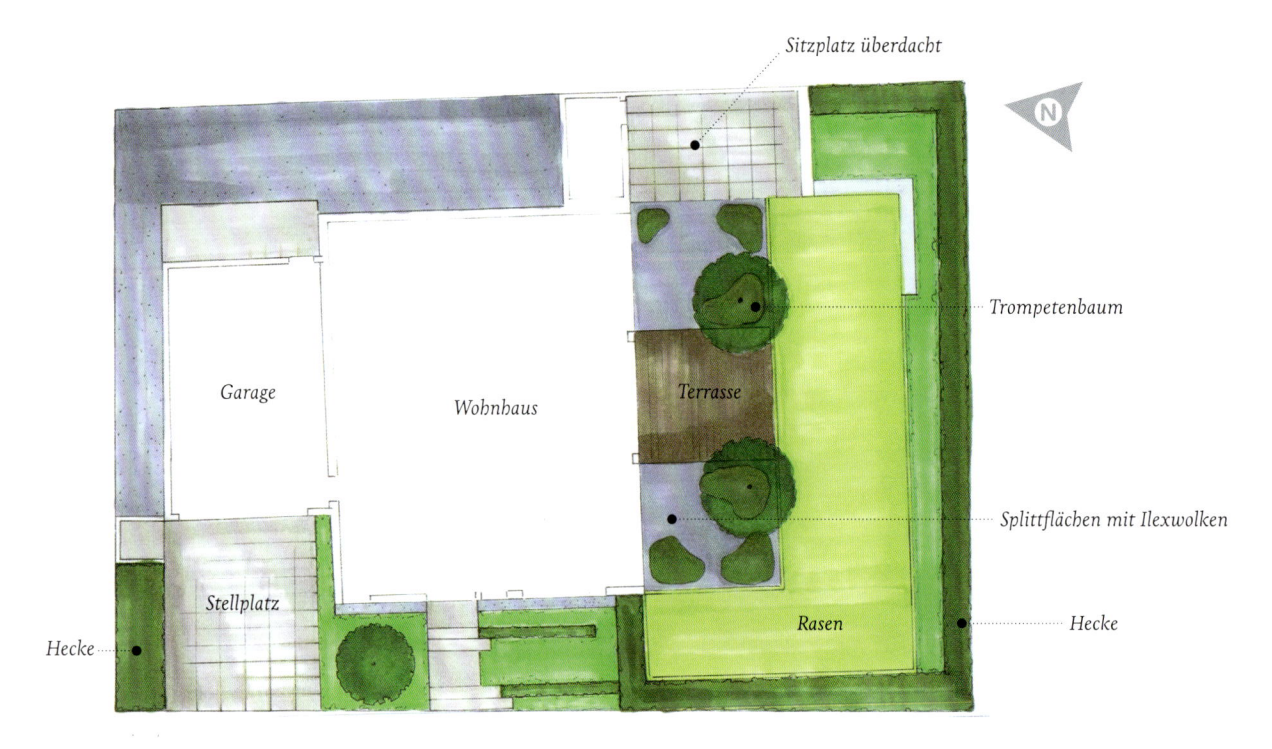

Sitzplatz überdacht

Garage — *Wohnhaus* — *Terrasse*

Trompetenbaum

Splittflächen mit Ilexwolken

Stellplatz — *Rasen* — *Hecke*

Hecke

Planung und Ausführung: *Jürgen Schöllmann*

Haus und Garten sollen zu einer Einheit verschmelzen, lautet ein Grundsatz guter Gartengestaltung. Zu dieser bauhausinspirierten Immobilie passte folglich nur ein ebenso geradliniger wie aufgeräumt-funktionaler Garten – und das war ganz im Sinne der Besitzerfamilie. Die Funktion der einzelnen Gartenteile sollte klar im Vordergrund stehen, Farbe nur in Gestalt weißer Blüten und grüner Blätter zum Einsatz kommen und die Struktur insgesamt klar und einfach gehalten sein. Dementsprechend fielen Material- und Pflanzenauswahl aus: Betonwerkstein und Kies in Anthrazit werden ergänzt von einer rechtwinkligen Terrasse aus geschliffenem Holz. Trompetenbäume mit ihren runden Kronen und den gerade wachsenden Stämmen passen bestens ins Spiel mit den geometrischen Formen, Gräser, Ilex und weitere Immergrüne bereichern den Garten mit unterschiedlichen Grünnuancen, Hortensien steuern die weißen Blüten bei.

Bauhausarchitektur trifft moderne Gartengestaltung

Die Terrasse nimmt die Symmetrie der Fassade auf

FAKTEN

Baubeginn: *April 2009* **Fertigstellung:** *Juni 2009*
Grundfläche Garten: *380 m²* **Anspruch:** *Schaffung einer Einheit aus Architektur und Garten* **Materialien:** *Betonwerkstein, Kies, Holz*
Außergewöhnliches: *Absolute Reduktion auf das Wesentliche*

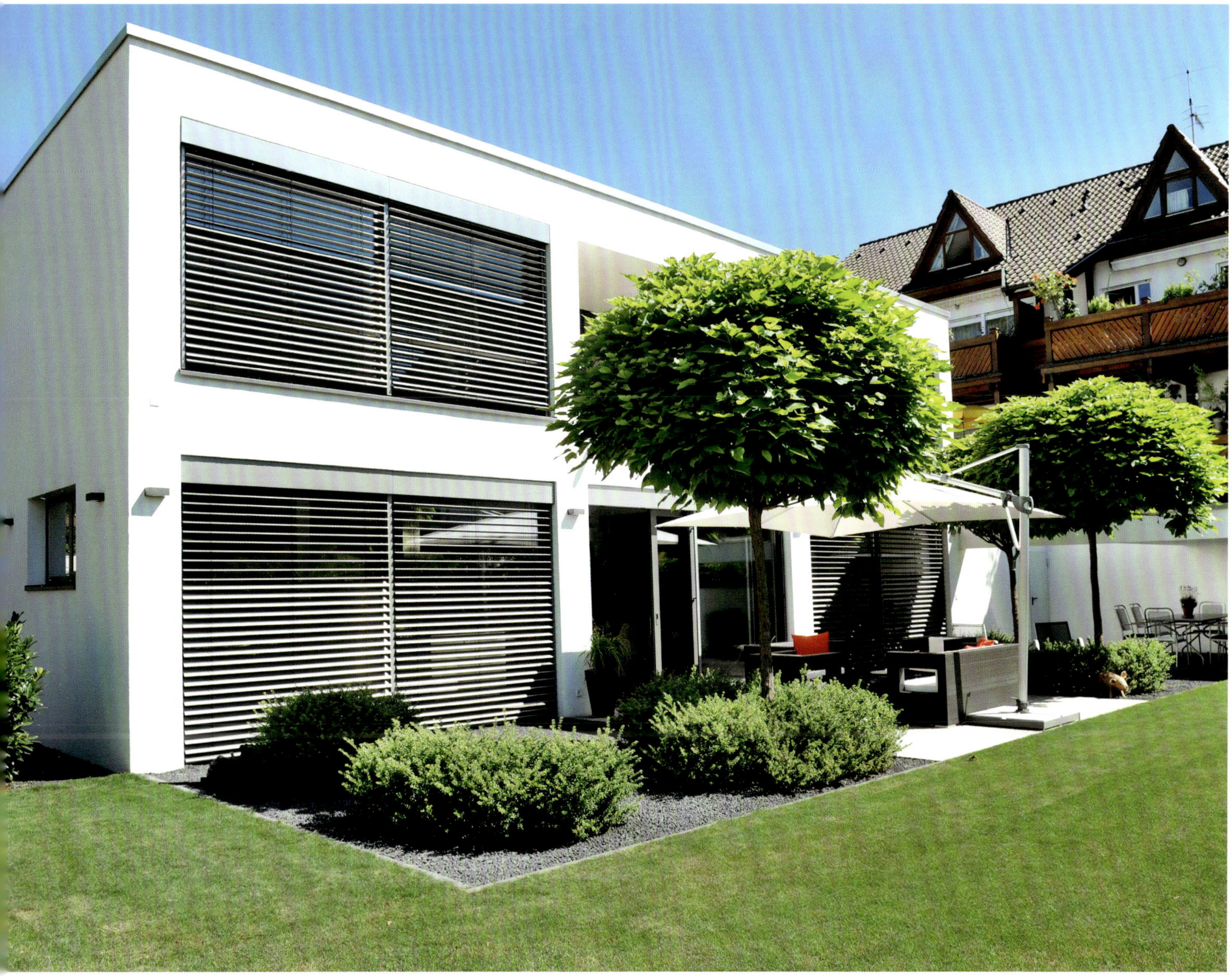

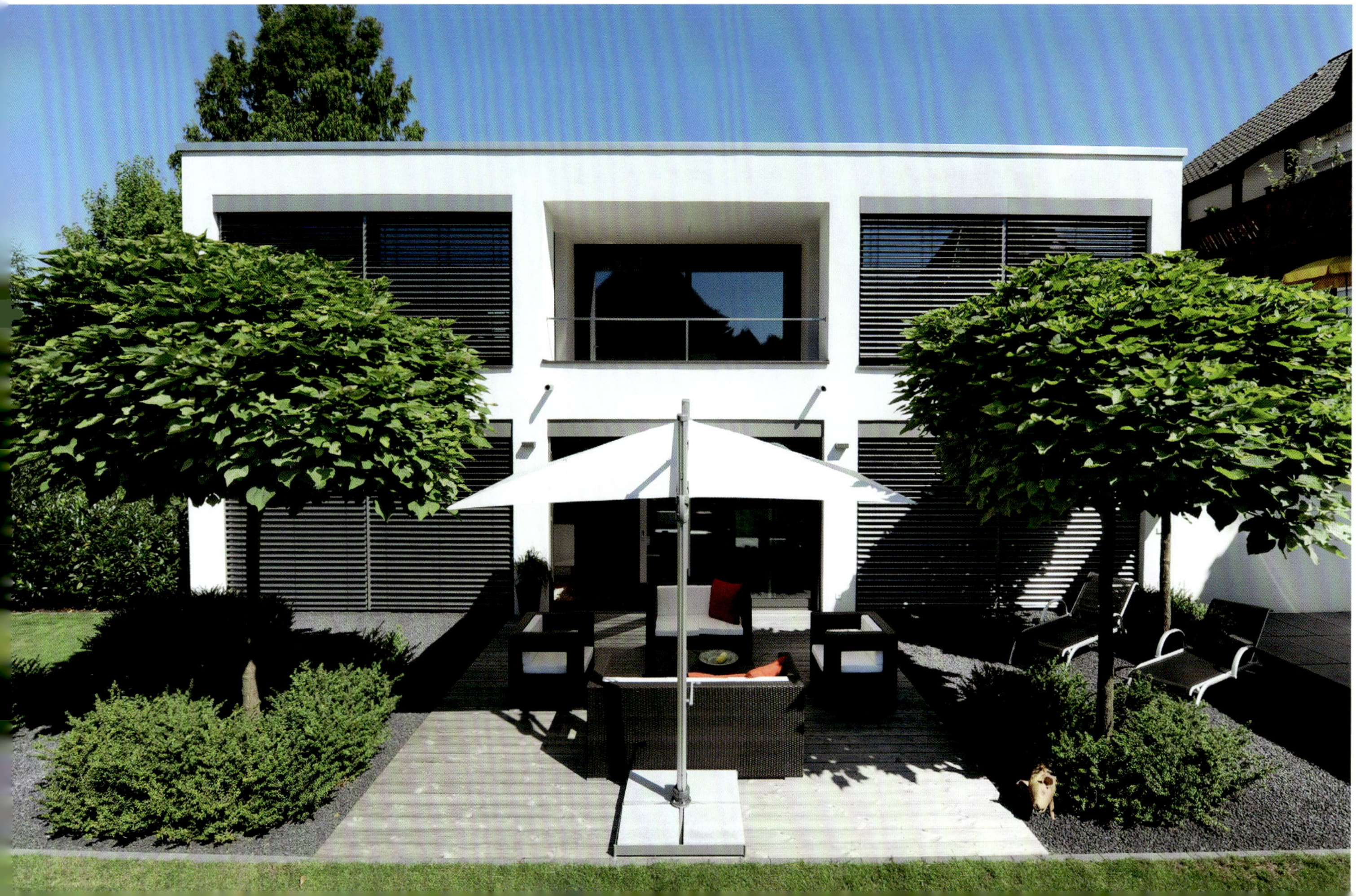

Für Designfreunde

WASSERFREUDE GANZ UND GAR

EIN POOL IST NICHT NUR SCHWIMMGELEGENHEIT, SONDERN ZAUBERT MIT DER RICHTIGEN BELEUCHTUNG AUCH NACHTS EINE BESONDERE ATMOSPHÄRE IN DEN GARTEN.

Planung und Ausführung: *Lütkemeyer »Ihr Gärtner von Eden« GmbH & Co. KG*

Ganz im Zeichen der Wasserleidenschaft seiner Besitzer steht dieser Garten. Die Bauherren wünschten sich eine eigene Schwimmgelegenheit – angesichts des recht begrenzten Platzangebots eine Herausforderung für den Planer. Der gesamte Bestand an Pflanzen und Gestaltungselementen musste für die Gartenrenovierung weichen. Das Ergebnis der Radikalkur kann sich sehen lassen: Der neue Livingpool ist der eindrucksvolle Mittelpunkt des Gartens. Eingefasst wird das 27 Quadratmeter große Becken von gelben Granitplatten, die auch für den Bau der den Pool umgebenden Hochbeete verwendet wurden und damit für eine harmonische Überleitung sorgen. Ebenfalls mit Granitplatten belegte Trittsteine trennen den Schwimmbereich von einer Poolzone mit Seerosen und Unterwasserpflanzen, die Filteranlage des Livingpools liegt unsichtbar unter einem Holzdeck. Gleich daneben betont eine Edelstahl-Wasserwand den designorientierten Charakter des Gartens und bildet mit ihrer glatten Oberfläche einen interessanten Kontrast zum dahinterliegenden Sichtschutz aus mit Quarzit gefüllten Gabionen. Nachts zaubern Lichtquellen im Pool und in den Hochbeeten eine mediterrane Atmosphäre in diesen westfälischen Wassergarten.

Geschickt platziert verleiht die Beleuchtung einem kleinen Garten Tiefe

Anziehende Gegensätze: Wasserwand aus Edelstahl und mit Quarzit gefüllte Gabionen

FAKTEN

Baubeginn: Mai 2010 **Fertigstellung:** Oktober 2010 **Grundfläche Garten:** 245 m² **Anspruch:** Wassergarten mit genügend Raum zum Schwimmen **Materialien:** Gelber Granit, Edelstahl, Holz für Pooldecks und Sichtschutzwände, Gabionen **Außergewöhnliches:** Starke Gegenstromanlage

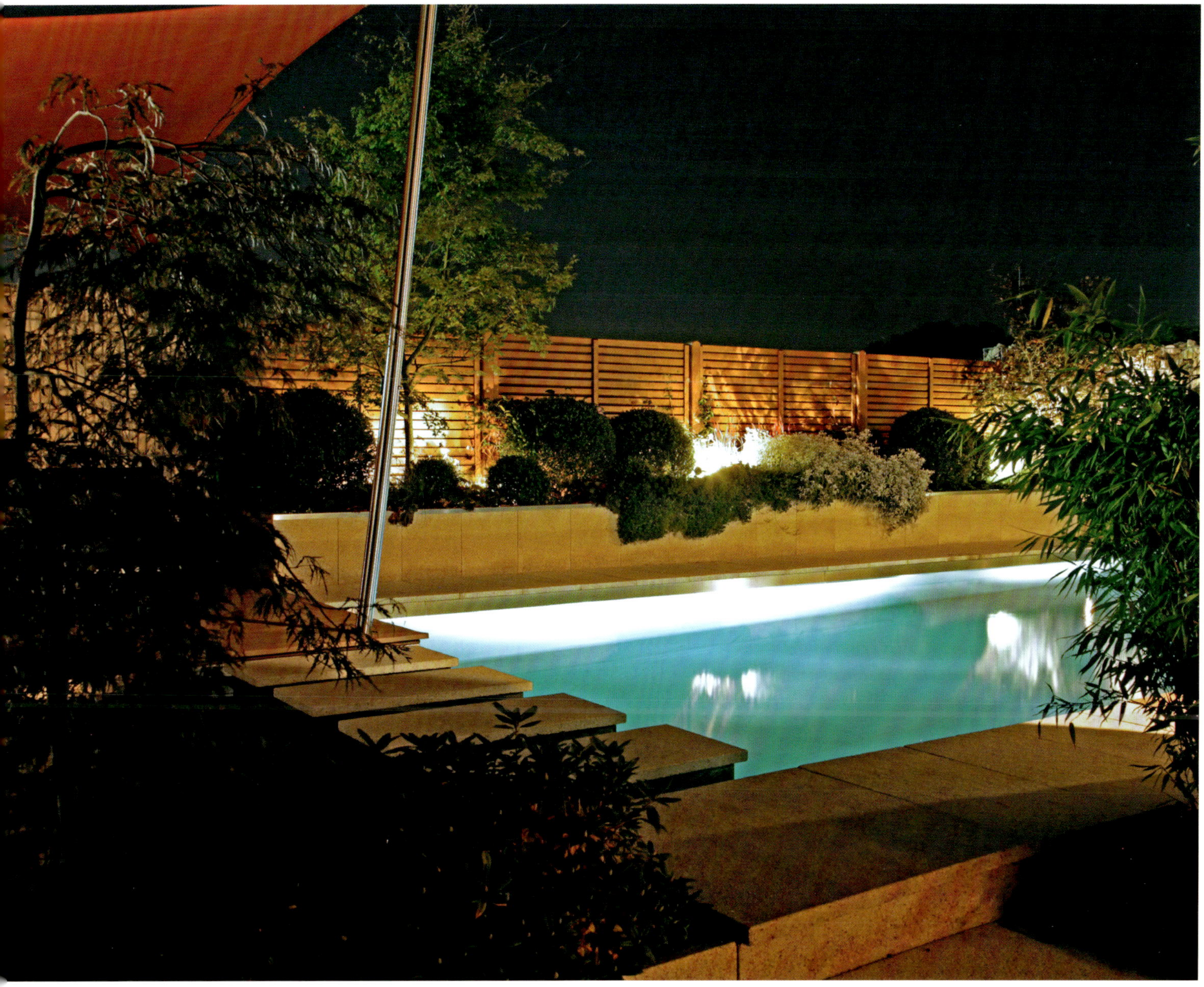

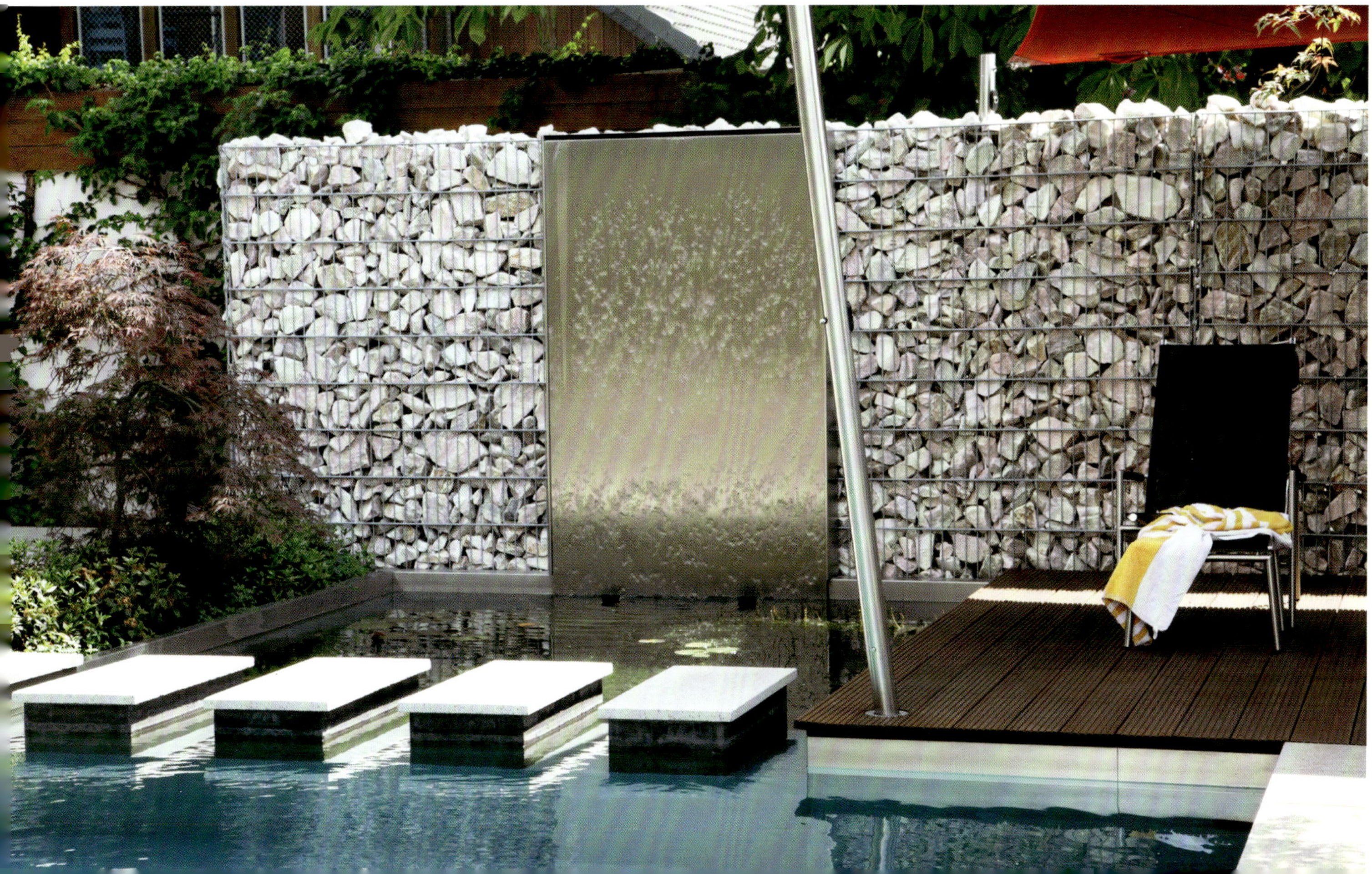

Für Designfreunde

REIZVOLLE KONTRASTE

HIER WURDEN DIE SITZPLÄTZE SO ANGELEGT, DASS SICH SÄMTLICHE VORZÜGE VON GARTEN UND UMGEBUNG GLEICHERMASSEN GENIESSEN LASSEN.

Dachplatanen

Zufahrt und Stellplätze

Garage

Wohnhaus

Zugang

Sitzplatz mit Kiesbelag und Schrittplatten

Terrasse

Liegefläche am Pool

Rasen

Swimmingpool

Sitzplatz mit Pergola und Beschattung

Planung und Ausführung: *Forster Gartenbau AG*

Dieser Garten scheint gewissermaßen zwischen zwei Welten zu schweben. Während auf der einen Seite Wohnhäuser und Zäune das Grundstück umschließen, erstreckt sich auf der anderen Seite freies Feld, das den Blick über die sich anschließenden sanften Hügelketten freigibt. Das Besitzerpaar wollte seinen Garten zu einer Wohlfühloase umgestalten lassen. Entstanden ist ein Designgarten mit reduzierter Formensprache. Wesentliches Gestaltungselement ist der Kontrast zwischen Hell und Dunkel. Anthrazitfarbene Pflanztröge aus pulverbeschichtetem Stahl stehen auf hellen großformatigen Betonsteinplatten. Diese wiederum werden unterbrochen von Flächen mit dunklem Alpenschotter. Eine zentrale Rolle spielt der Pool in unmittelbarer Nachbarschaft zum Feld. Er ist Blickfang, Abgrenzung und Übergang zur umgebenden Landschaft gleichermaßen. Abseits von Haus und Terrasse entstand ein weiterer Sitzplatz, der die Vorliebe der Gartenbesitzer für geradliniges Design widerspiegelt und sich gleichzeitig traditionell alpenländisch gibt: Stelen aus dunklem Maggia-Granit bilden eine Pergola, an der sich Wein emporrankt.

Gräser flankieren den Durchgang zum Poolbereich

Entspannung mit Aussicht

Wer in dieser Liege Platz nimmt, hat sämtliche Facetten des Gartens bestens im Blick

FAKTEN

Baubeginn: März 2009 **Fertigstellung:** Mai 2009 **Grundfläche Garten:** 480 m² **Anspruch:** Wohlfühlgarten mit Designanspruch **Materialien:** Maggia-Granit, Alpenschotter, Betonstein, pulverbeschichteter Stahl **Außergewöhnliches:** Spiel mit Kontrasten bei Materialien und Farben

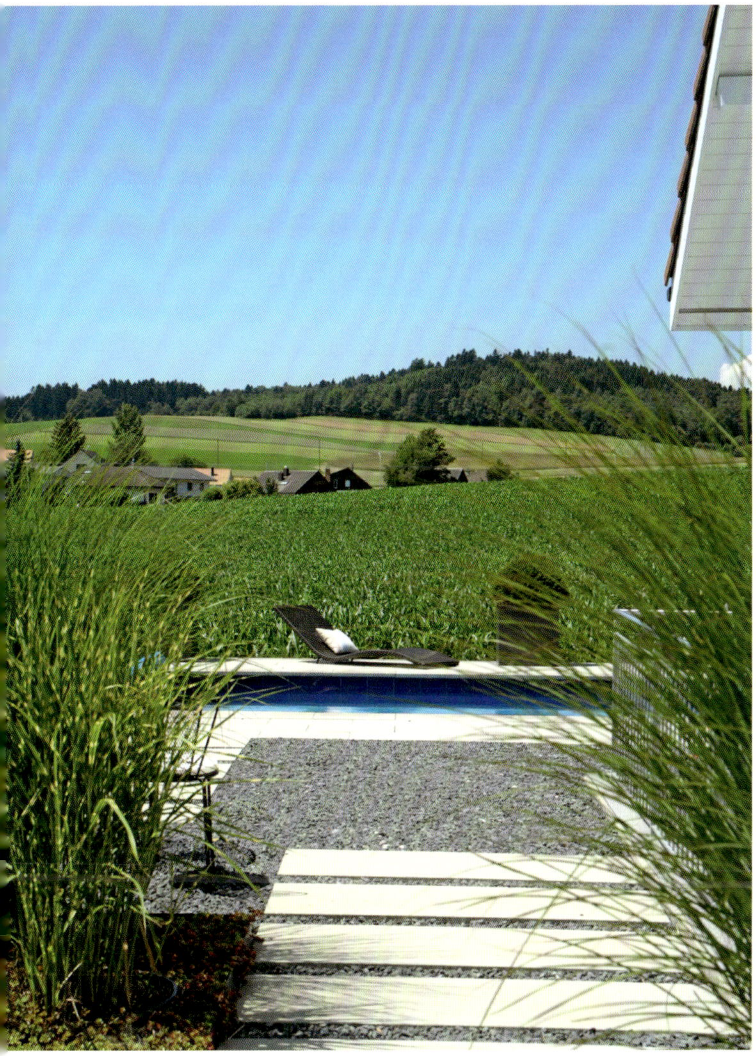
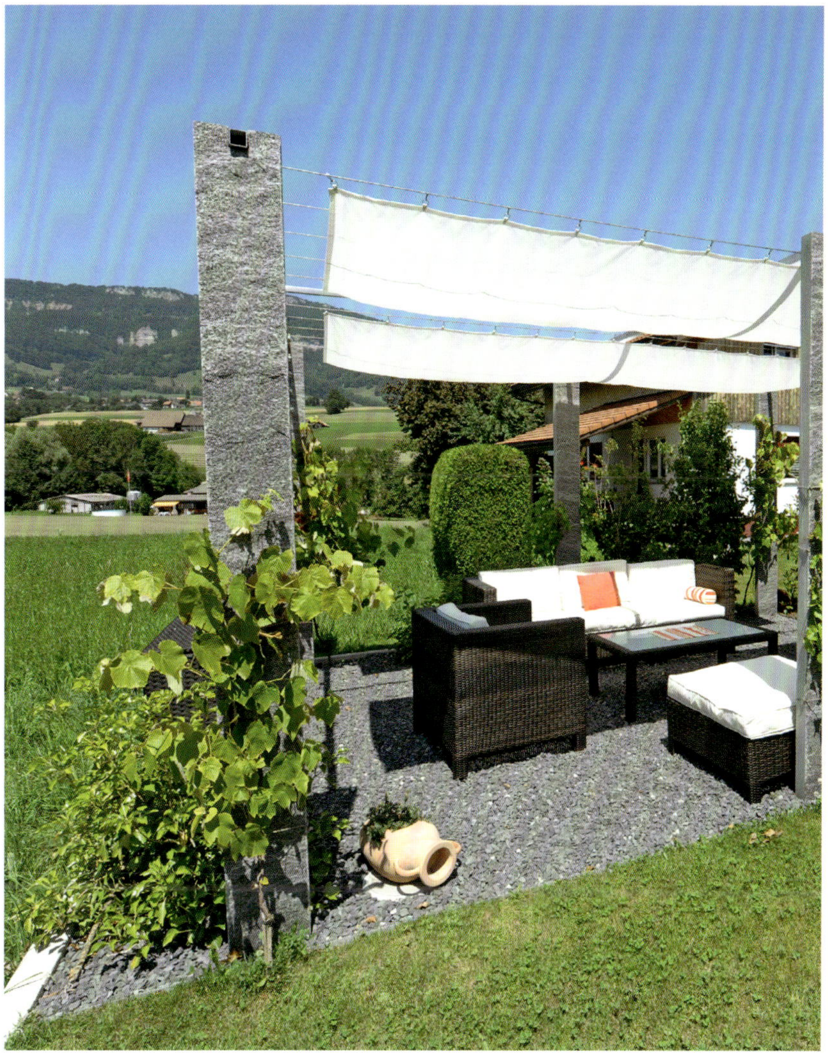
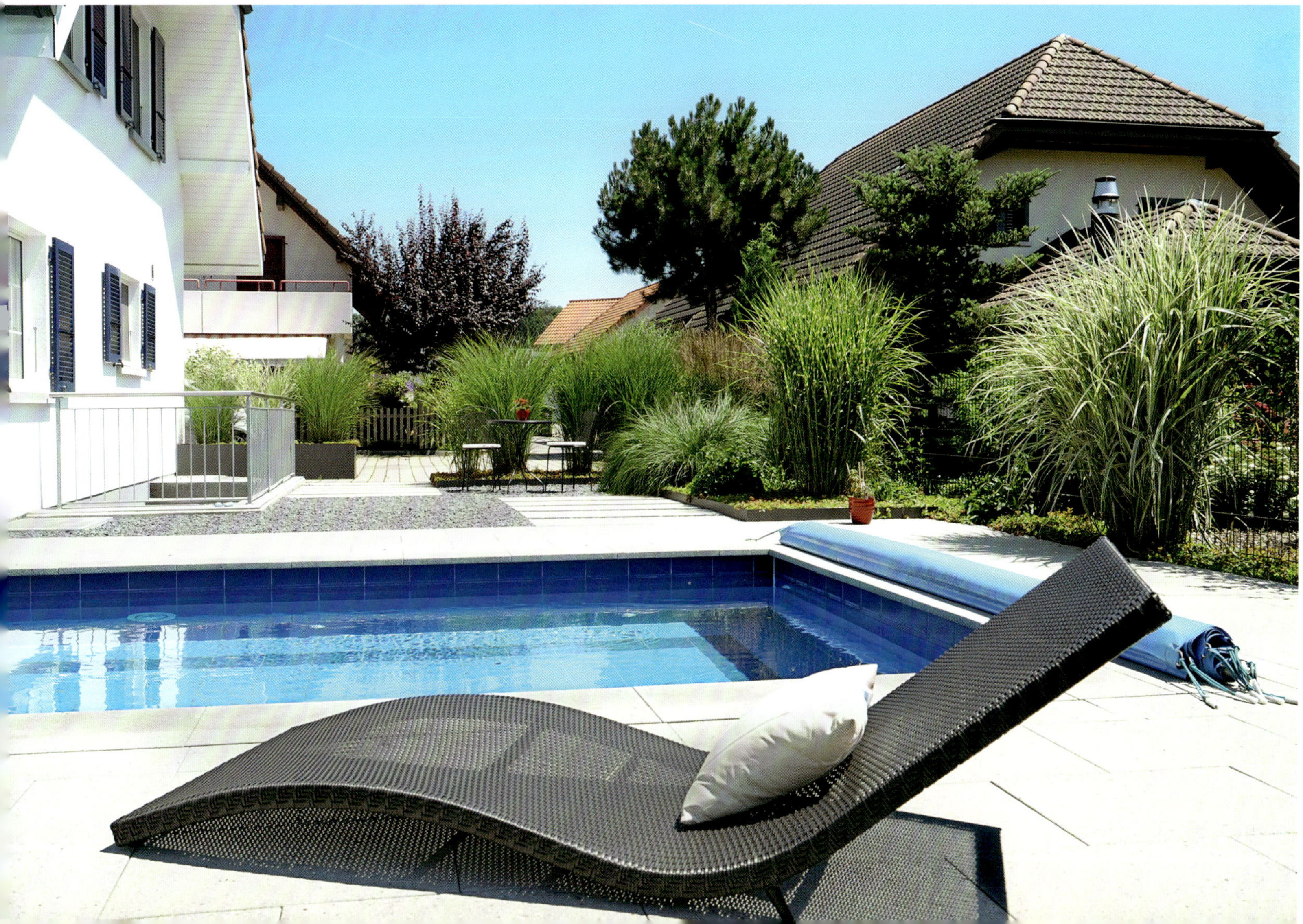

Für Designfreunde

BAUHAUSGARTEN

IN DIESEM GARTEN GEHT ES REDUZIERT, ABER KEINESFALLS NÜCHTERN ZU. VIELMEHR FOLGT ER DER MAXIME, SICH MIT AUSGESUCHTEN MATERIALIEN UND KLAREN FORMEN AUF DAS WESENTLICHE ZU KONZENTRIEREN.

Wer den Bauhausstil mag, wird diesen Garten lieben, denn passend zu der reduzierten Formensprache des bauhausinspirierten weißen Bungalows entstand ein Außenbereich, der ebenfalls ganz den Idealen des Neuen Bauens verpflichtet ist: gerade Linien, rechte Winkel, reduzierte Farben und glatte Oberflächen prägen das Bild. Großformatige Blausteinplatten bilden den Terrassenbelag, Schiefersplitt verleiht Wegen und Flächen eine puristische Anmutung und passt trotz seiner Kleinteiligkeit und Unordnung bestens ins Gesamtbild. Ein schmales Wasserbecken verbindet Terrasse und Beetflächen, an seinem Rand greifen schlichte Pflanzgefäße Form und Farbgebung anderer Gestaltungselemente auf. Immergrüne Stauden, Bambus und Gräser sind die idealen Pflanzen für diesen architektonisch geprägten Garten.

FAKTEN

Baubeginn: *März 2008* **Fertigstellung:** *April 2008* **Grundfläche Garten:** *140 m²* **Anspruch:** *Garten mit klarer Formensprache*
Materialien: *Blaustein, Schiefersplitt, Metall*
Außergewöhnliches: *Wunsch nach coolem Designgarten*

Farblich gehen die Pflanzgefäße mit dem Schiefersplitt eine harmonische Liaison ein, in Sachen Form korrespondieren sie bestens mit dem Wasserbecken >

Eine durchdachte Pflanzenauswahl zaubert auch ganz ohne Blüten farbige Akzente in den Garten >>

Hecke   Splittflächen als Sitzplatz   Pflanzflächen

Splittflächen

Wasserbecken

Terrasse   Wohnhaus

Planung: *Dipl.-Ing. Martin Hofmann, Landschaftsarchitekt* **Ausführung:** *TERRA Modellgärten*

Für Designfreunde

DIE TIEFE DES RAUMS

RÄUME SCHAFFEN UND TROTZDEM DAS GROSSE GANZE SICHTBAR LASSEN – DAS WAR DIE AUFGABE BEI DER NEUANLAGE DIESES GARTENS.

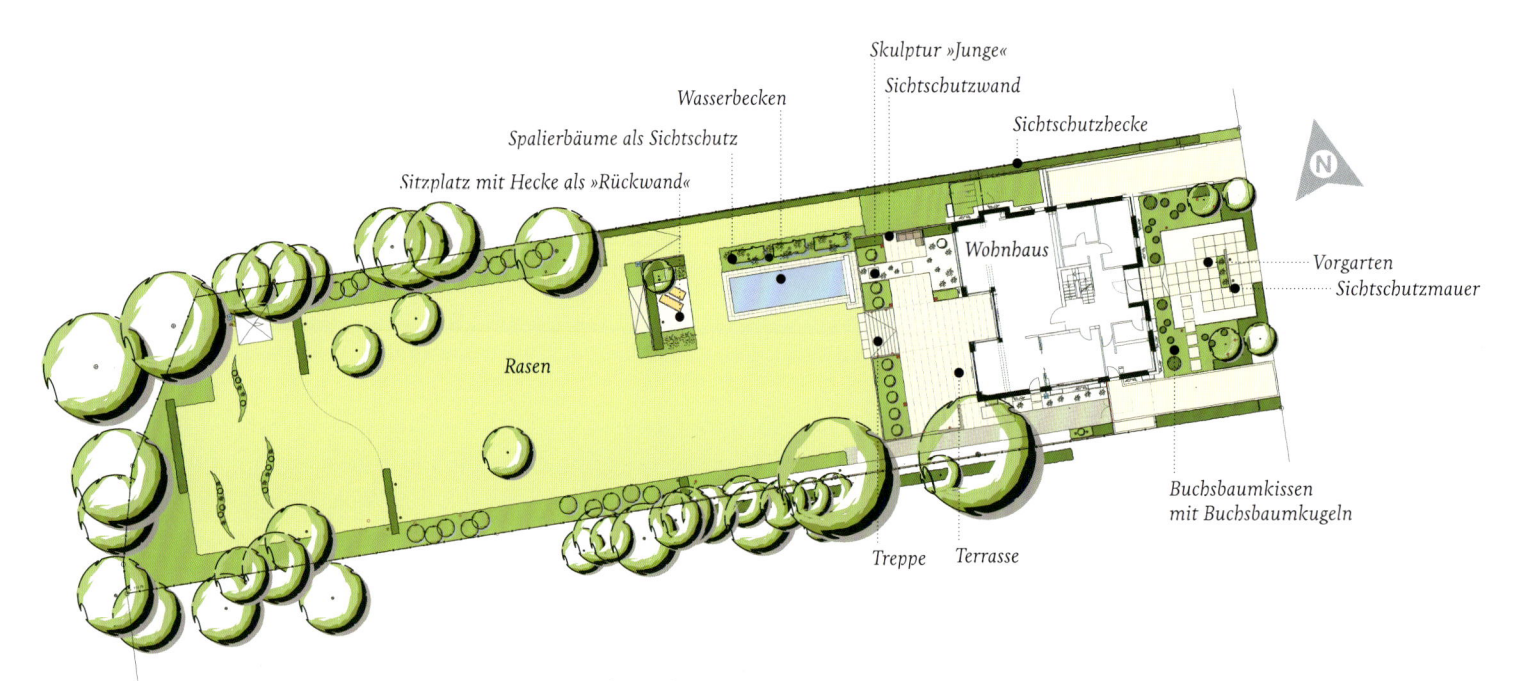

Planung: *Büro für Grünplanung Margarete Hoberg-Klute*
Ausführung: *Klute Garten- und Landschaftsbau GmbH & Co. KG*

Ein Garten, zwei Welten, könnte man beim Blick auf diese Anlage denken, denn sie teilt sich deutlich in zwei unterschiedliche Bereiche: oben und unten – oder Terrasse und Rasen. Erstere liegt ebenerdig zum Haus, thront aber mit diesem deutlich über dem Rest des Gartens und verdient allein durch ihre Größe die Wahrnehmung als eigenständiger Gartenteil. Diese exponierte Lage ist perfekt, um den Wunsch der Gartenbesitzer nach Erhalt des Blicks in die Tiefe des Gartens zu erfüllen. Von hier aus lässt sich das Grundstück bestens übersehen, obwohl der Gartengestalter auch die zweite Vorgabe der Besitzer – die Schaffung von Räumen – bei seiner Planung berücksichtigt hat. Diese Räume sind entstanden durch das Einziehen von Hecken, die aber nie so hoch sind, dass sie von der Terrasse aus nicht mehr überblickt werden könnten. Hier oben geht es vollkommen geradlinig und sehr modern zu: rechte Winkel treffen auf Loungemöbel, Edelstahlbeetkanten auf flächig gepflanzten Buchsbaum, Weiß auf Anthrazit. Eine sympathische Überleitung in den unteren Gartenbereich ist die Skulptur eines Jungen im Badekostüm, der auf der Terrassenmauer sitzt, die Beine baumeln lässt und darüber nachzudenken scheint, ob er den Sprung in den unter ihm liegenden Pool wagen soll. Schützenhilfe erhält er von der Skulptur einer dicken Dame, die bereits zum Sprung angesetzt hat. Und damit ist man mitten drin in der andren, der zweiten Gartenwelt. Hier bildet der Pool einen Mittelpunkt, umgeben von Rasen und gut übersehbar vom Freisitz in unmittelbarer Nähe oder aus der Hängematte, die auf dem Rasen steht.

Auf der Terrasse sitzt es sich wie im Wohnzimmer, allerdings mit Kiesteppich und mit Blick ins Grüne

Detailverliebt: Die Skulptur schafft auf ganz charmante Weise einen Übergang zwischen der höher gelegenen Terrasse und dem Pool

FAKTEN

Baubeginn: September 2009 **Fertigstellung:** April 2010 **Grundfläche Garten:** 2.100 m² **Anspruch:** *Designorientierter Familiengarten mit Parkatmosphäre* **Materialien:** *Granit, Betonstein, Kies, Edelstahl* **Außergewöhnliches:** *Anlage eines geschützten Freisitzes direkt an der Terrasse*

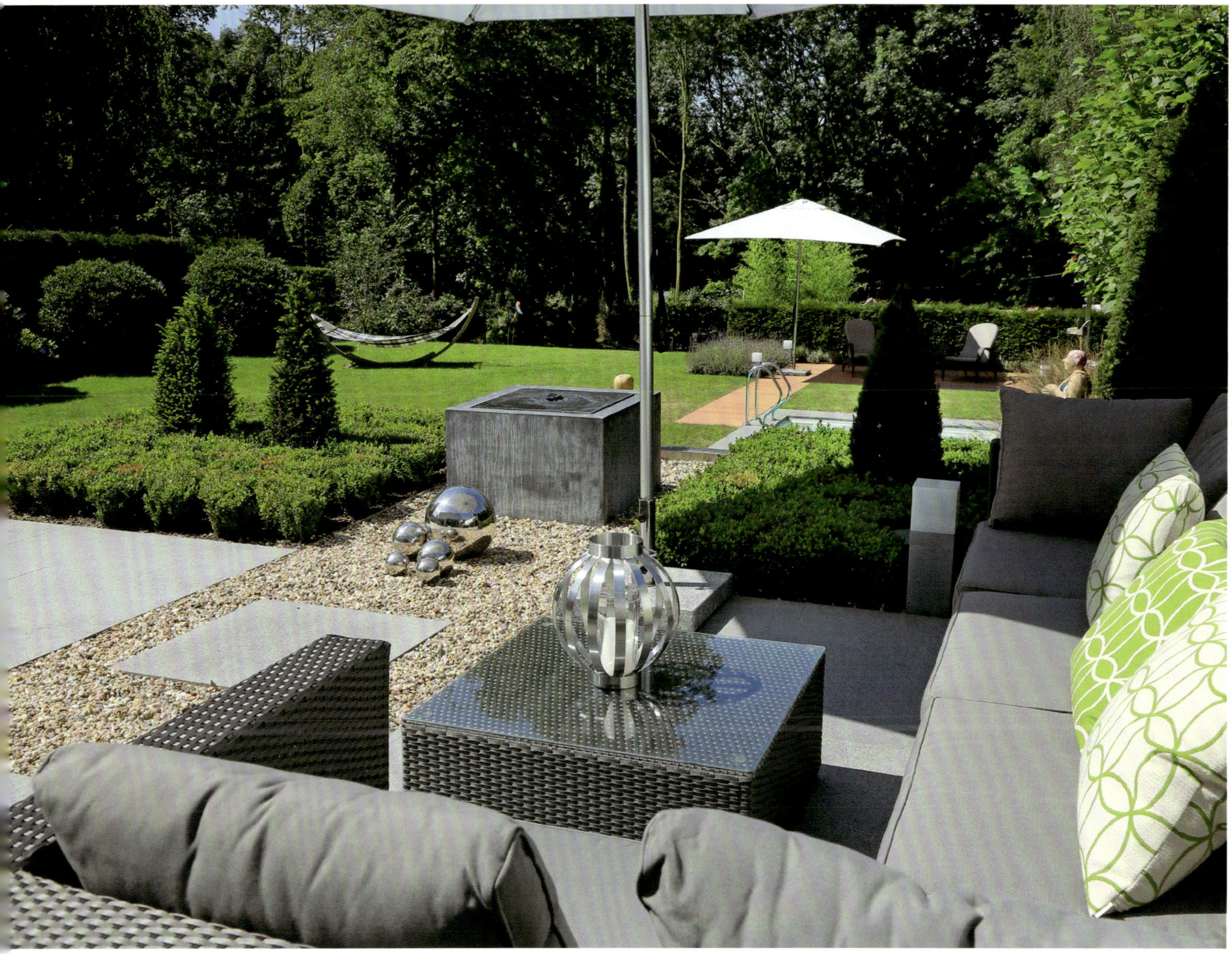

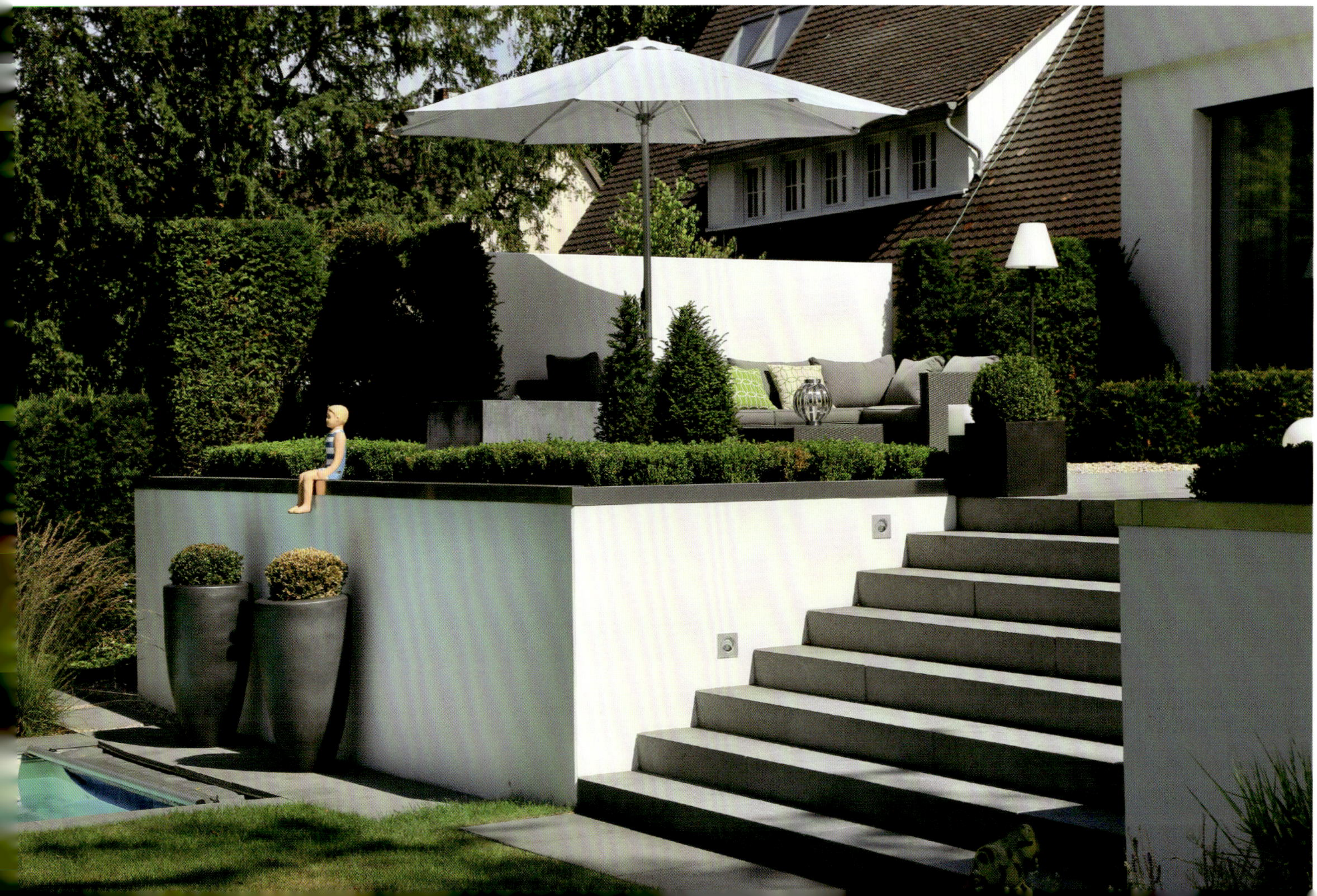

Für Designfreunde

IMMER IM BLICK

GANZ GLEICH, OB DRINNEN ODER DRAUSSEN: HIER GIBT ES IMMER FREIE SICHT AUFS WASSER, DAS IN GESTALT EINES MODERN AUSGEFORMTEN SCHWIMMTEICHS DAS BESTIMMENDE ELEMENT IN DIESEM GARTEN IST.

Am, im oder lieber über dem Wasser sitzen? Alles ist möglich in diesem Garten, der ganz auf den Genuss der Wasseroase zugeschnitten ist. Schon die gartenseitig voll verglaste Fassade des Hauses lädt zu einem entspannten Blick auf die Badegelegenheit, und wer draußen ist, hat die Qual der Wahl: direkt hinein ins kühle Nass oder lieber einen der Sitzplätze ansteuern? Auf gleich drei Seiten vom Wasser umgeben ist die kleine Steinterrasse, die wie eine Landzunge in den Schwimmteich ragt. Sie markiert den Übergang von Schwimm- und Regenerationsbereich und damit auch einen sanften Wechsel in der Formensprache. Während nämlich der dem Haus zugewandte Schwimmbereich vollkommen geradlinig im Stile eines klassischen Pools und damit passend zur Fassade gestaltet ist, folgt der gartenwärts gelegene Regenerationsbereich einer organisch geschwungenen Linienführung, die bestens zur naturnahen Uferbepflanzung passt. Auch bei der Materialwahl für die Bodenbeläge ist dieser durchdachte Stilwechsel abzulesen: Großformatige Steinplatten unmittelbar am Haus werden abgelöst von Holzbohlen, die sowohl zu designorientierten als auch zu naturnahen Gärten passen, und schließlich in den Kies der Uferzone übergehen.

FAKTEN

Baubeginn: *April 2010* **Fertigstellung:** *Oktober 2011* **Grundfläche Garten:** *2.000 m²* **Anspruch:** *Moderner Hausgarten mit Bezug zur Landschaft* **Materialien:** *Granit, Kies, Betonstein, Edelstahl, Holz* **Außergewöhnliches:** *Integration des am Hang gebauten Hauses in die Gartengestaltung*

Sitzen oder liegen? Für beide Optionen bietet die Teichterrasse reichlich Platz

Als Steingarten präsentiert sich die abgestufte Mauer zum Ausgleich des Höhenunterschieds, die die spektakuläre Architektur begleitet

Wohnhaus

Zuweg

Terrasse

Schwimmteich

Holzdeck als Sitzplatz

Rahmenpflanzung

Planung und Ausführung: *Rupert Halbartschlager Garten- u. Landschaftsbau GmbH & Co*

»Der Schwimmteich ist zu jeder Tageszeit Treffpunkt.«

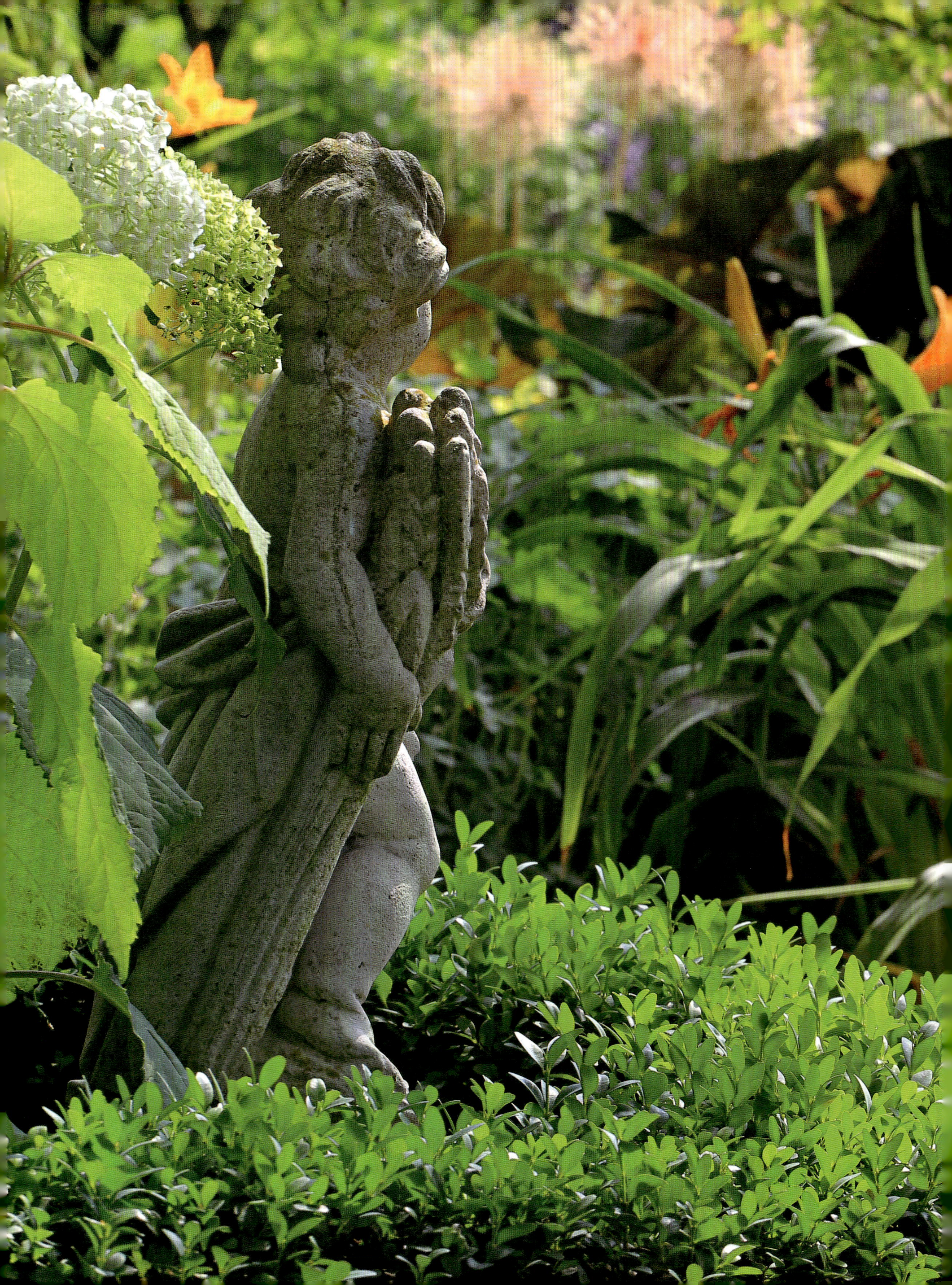

FÜR GENIESSER

ÜPPIGES WACHSTUM & OPULENTE FÜLLE

*farbenfroh · formenreich · sinnlich · heiter
klassisch · bunt*

Für Genießer

GUT BESCHIRMTER BLÜTENRAUSCH

HIER WIRD MIT GEGENSÄTZEN GESPIELT, DIE IN DER ZUSAMMENSTELLUNG BESTENS HARMONIEREN UND EINEN EBENSO STILVOLLEN WIE FARBENFROHEN GARTENTRAUM ERGEBEN.

Schirmplatane trifft Spalierhainbuche, das heißt: Baum mit breiter flacher Krone neben Baum mit schmaler hoher Krone. Beide Formen sind ästhetisch hoch ansprechend, verleihen dem Garten einen Hauch von französischem Schlosspark und übernehmen zudem noch praktische Aufgaben. Die Kronen der in zwei Reihen gepflanzten Schirmplatanen haben sich zu einem natürlichen Sonnensegel vereint, die Spalierhainbuchen schirmen den Garten vor allzu neugierigen Blicken aus den oberen Etagen der Nachbarhäuser ab. Dadurch, dass ihre Kronen so flach sind, werfen sie keinen unnötigen Schatten, wirken zudem leicht und schlank. Zu ihren Füßen – auch da ist dieser Garten ganz Parkanlage – findet sich flächig gepflanzter Buchs, aus dem die eleganten Bäume herausragen. Überhaupt fällt in diesem Garten gleich die Großzügigkeit bei der Pflanzenverwendung auf, denn zwischen Rasen und Grundstücksgrenze wurden nicht weniger als vier Pflanzzonen angelegt – farblich, nach Wuchshöhe und Pflanzenart sortiert. So ergibt sich ein üppiges, aber dennoch ganz und gar aufgeräumtes Bild. Üppig ist auch das Wort, das einem unwillkürlich durch den Kopf schießen muss, wenn man die Pflanzungen in der Mitte des Gartens betrachtet: Das gilt für die Vielzahl der Blüten der hier verwendeten Strauchrosen genauso wie für ihre Farbe: In kräftigem Pink leuchten sie mit violettem Lavendel um die Wette – ein starkes Farbspektakel, das umso besser wirkt, als es sich vor dem schlicht sattgrünen Hintergrund einer sauber geschnittenen immergrünen Hecke abspielt.

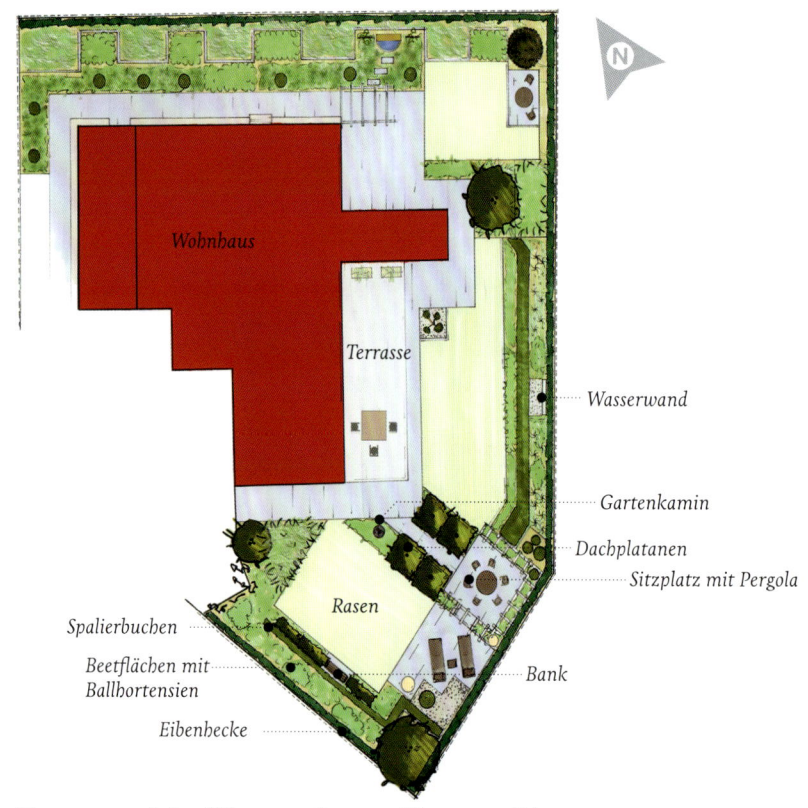

Planung und Ausführung: *Goroncy Gärtner von Eden*

FAKTEN

Baubeginn: *Juni 2010* **Fertigstellung:** *Juli 2011* **Grundfläche Garten:** *400 m²* **Anspruch:** *Schaffung von Räumen und Strukturen* **Materialien:** *Granit* **Außergewöhnliches:** *Verwendung vorhandener Materialien*

<   *Die Randbepflanzung ist sorgfältig komponiert*

v   *Bei so viel Grün wirken die üppig blühenden Strauchrosen und der Lavendel wie eine Farbexplosion*

Für Genießer

AUSBLICK AUF TEICH UND TAL

DIE HERAUSFORDERUNG BEI DER UMGESTALTUNG DIESES GARTENS BESTAND IN DER HANGLAGE DES GRUNDSTÜCKS. IMMERHIN GIBT ES ZWISCHEN HAUS UND HINTERER GRUNDSTÜCKSGRENZE EINEN HÖHENUNTERSCHIED VON NEUN METERN.

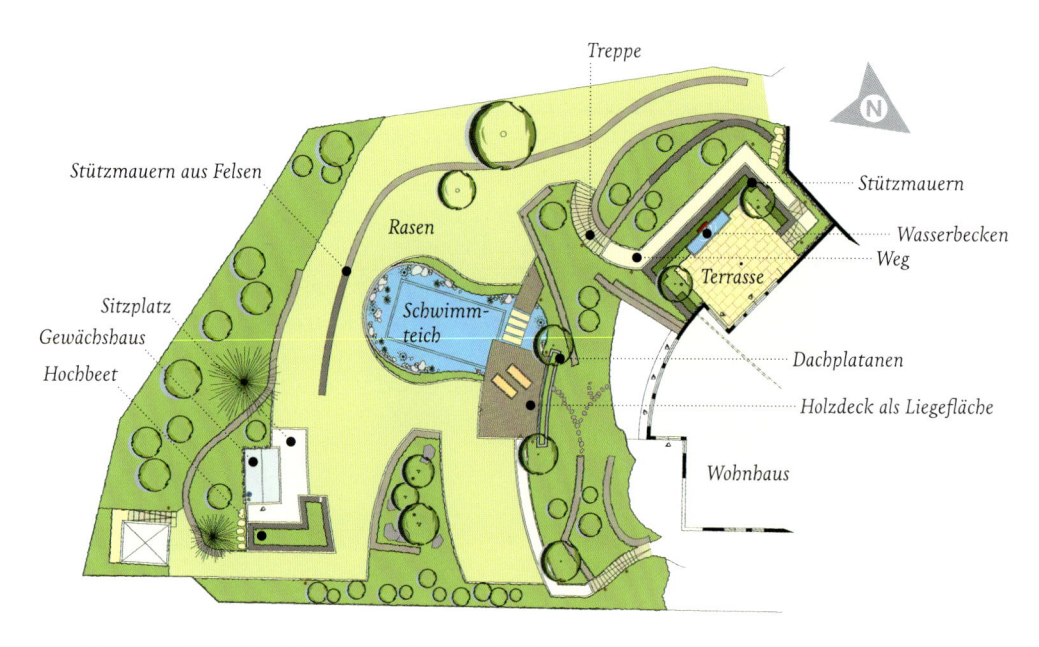

Planung: *Büro für Grünplanung Margarete Hoberg-Klute*
Ausführung: *Klute Garten- und Landschaftsbau GmbH & Co. KG*

Über drei Ebenen erstreckt sich dieser Garten und jede hat ihren ganz eigenen Charakter. Die Terrasse gleich am Haus gab es bereits vor der Umgestaltung, allerdings war sie damals deutlich kleiner. Um dem Wunsch der Besitzer nach mehr Raum nachzukommen, war es nötig, Stützmauern auf dem abschüssigen Baugrund zu errichten, die die Terrassenerweiterung tragen. Dieser Sitzplatz ist heute eingebettet in ein großes Beet, das den Höhenunterschied zur zweiten Gartenebene überbrückt. Beide verbindet ein geschwungener Kiesweg, der von einer Reihe Dachplatanen im Stile einer Promenade begleitet wird und am Holzdeck des neu entstandenen Schwimmteichs mündet. Dieser ist so geschickt platziert, dass man vom Haus aus zwar den Blick auf den Teich genießen kann, Sonnenanbeter auf dem Holzdeck aber sicht- und windgeschützt unterhalb des großen Beets entspannen können. Die Bepflanzung der Regenerationszone des Schwimmteichs geht sanft in die der Uferzone über, und durch eine bogenförmige Steineinfassung wirken Teich und Uferzone wie ein eigenständiges Beet. Noch ein Stück weiter hangabwärts entstand auf einer dritten Ebene eine großzügige Kiesterrasse, die auf zwei Seiten von einem Hochbeet eingefasst wird.

Hinuntergehen oder doch lieber den Blick auf Stauden und Landschaft genießen?

Fast wie ein Waldschwimmbad liegt der Schwimmteich unterhalb des Hauses mit Blick ins dichte Grün

FAKTEN

Baubeginn: *Juni 2010* **Fertigstellung:** *Juli 2011* **Grundfläche Garten:** *400 m²* **Anspruch:** *Schaffung von Räumen und Strukturen* **Materialien:** *Granit* **Außergewöhnliches:** *Verwendung vorhandener Materialien*

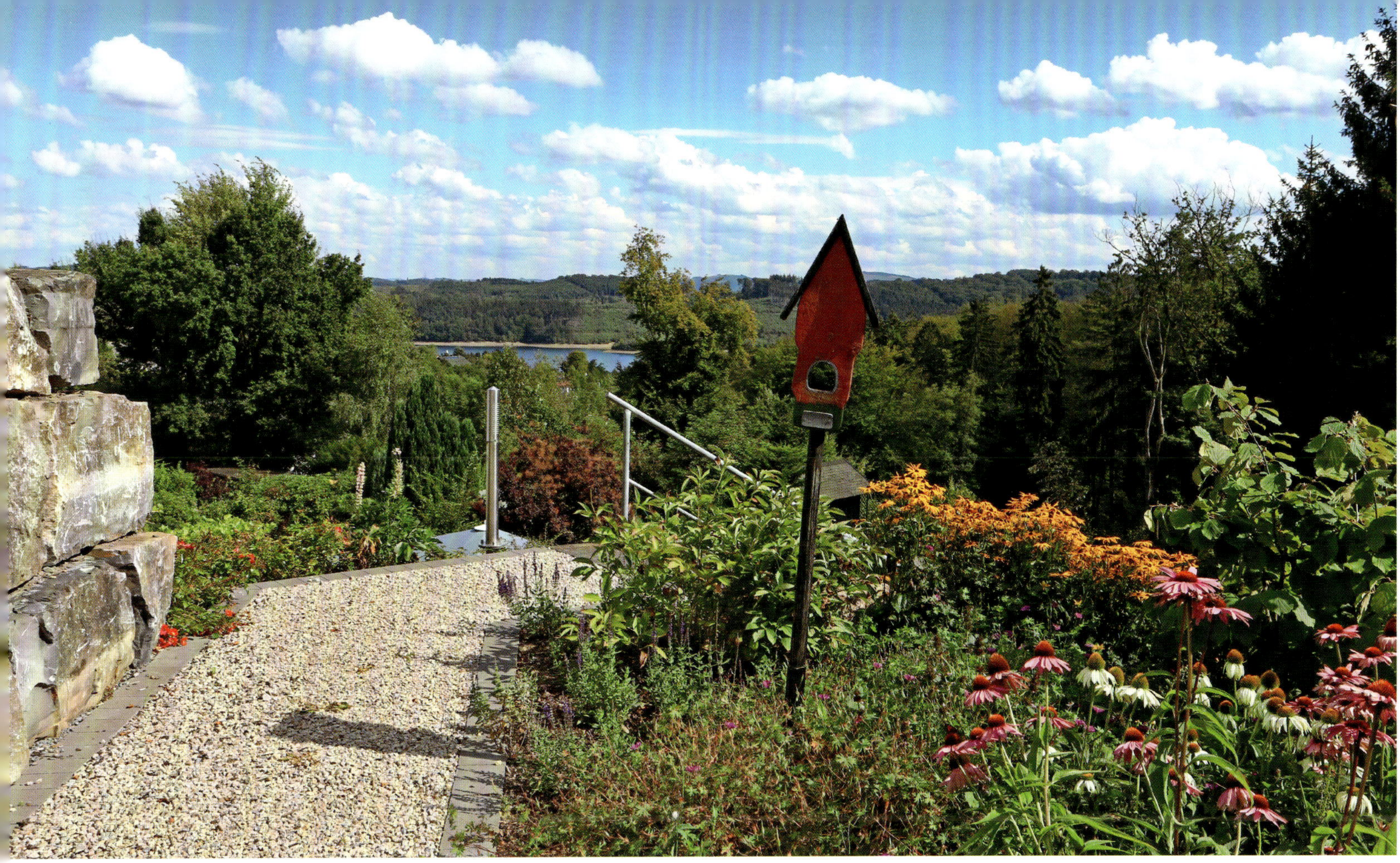

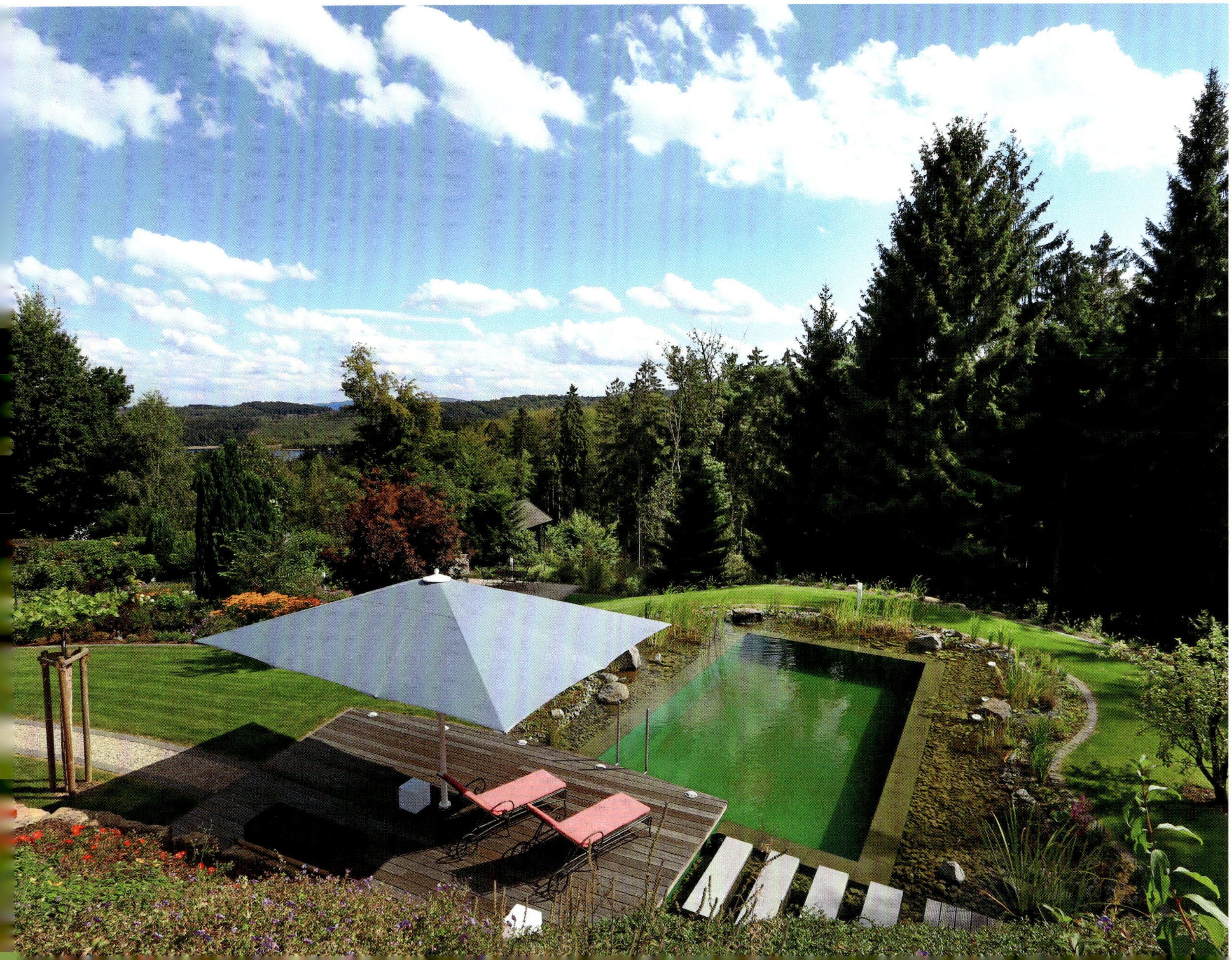

Für Genießer

BLÜHENDER KINDERGARTEN

ARTENGESTALTUNG UND RAUM FÜR KINDER – DAS SIND ALLES ANDERE ALS GEGENSÄTZE. DAFÜR IST DIESER GARTEN EIN EINDRUCKSVOLLER BEWEIS.

Den Mittelpunkt des Gartens bildet eine ausgedehnte Rasenfläche, die ausdrücklich dazu da ist, intensiv bespielt zu werden. Eingefasst wird dieser naturnahe Spielplatz von einer beetgewordenen Reminiszenz an den englischen Landschaftsgarten, die durch ihre fein aufeinander abgestimmte Pflanzenvielfalt beeindruckt: Schneeball- und Rispenhortensien wetteifern mit Rosen, Rhododendren und Azaleen um die Gunst des Betrachters, Chinaschilf, Bambus, Eibe und Buchsbaum sorgen für die grünen Akzente, und Felsenbirne, Zierapfel und Säulen-Hainbuche setzen die Grüngestaltung in der Vertikalen fort. Die große Terrasse am Haus mit ihrem Bodenbelag aus hellem Naturstein findet ihre Entsprechung in einem zweiten Sitzplatz auf der entgegengesetzten Seite der Rasenfläche. Rückwärtig und an den Seiten schmiegt sich diese zweite Terrasse in die üppige Bepflanzung, und auch die Möblierung mit einem gemütlichen Loungesofa unterstreicht den heimelig-geborgenen Charakter dieses Plätzchens.

Die Rahmenpflanzung schwelgt in Pastelltönen und ist geschickt in der Höhe gestaffelt

Durch die Verwendung desselben Materials für den Bodenbelag entsteht ein Bezug zwischen beiden Terrassen

FAKTEN

Baubeginn: *Juli 2008* **Fertigstellung:** *April 2009* **Grundfläche Garten:** *1.200 m²* **Anspruch:** *Bespielbarer Garten mit gestalterischem Anspruch* **Materialien:** *Naturstein, Betonstein, Kies*
Außergewöhnliches: *Schaffung von Räumen für alle Familienmitglieder*

Trampolin	Sichtschutzhecke	Terrasse	
Sichtschutzhecke	Rasen	Wohnhaus	Vorgarten
Sitzplatz		Garage	Eingang
	Rahmenpflanzung	Stellplätze	

Planung und Ausführung: *Bahl Gärtner von Eden*

Für Genießer

O SOLE MIO

ARIOSO HEISST AUF ITALIENISCH »GROSSZÜGIG« – UND DAMIT IST BEREITS EINE MENGE ÜBER DIESEN GARTEN GESAGT.

Wasserspiel
Trampolin
Rasen
Lavendelbeete
Terrasse
Swimmingpool
Balkon
Wohnhaus

Planung und Ausführung: *Wandrey Garten- und Landschaftsbau GmbH*

Der Garten bildet sowohl gestalterisch als auch in seinen Dimensionen das Pendant zum Wohnhaus, und das ließ die vierköpfige Besitzerfamilie im toskanischen Stil und mit ganz viel Platz errichten. Fensterbänder über zwei Etagen blicken auf die ausgedehnte Rasenfläche, die den jüngsten Familienmitgliedern jede Menge Platz zum Spielen und Toben gewährt. Die Erwachsenen können dem munteren Treiben entweder aus den stilvollen Deckchairs vom Rasen aus oder in größerer Runde vom Essplatz auf der Terrasse aus zuschauen. Doch auch für intime Ruhezonen ist gesorgt: Verborgen hinter Hecken aus Eibe und Lorbeer finden sich gemütliche Rückzugsorte. Die Terrasse direkt am Haus ragt halbkreisförmig in die Rasenfläche und bildet mit dieser Form genauso wie mit ihrem Material eine harmonische Ergänzung zu der dem Haus vorgelagerten Loggia mit ihren Rundbogenarkaden. Diese sorgen ebenso für mediterranes Flair wie die Pflanzenauswahl. Die Beete rund um Terrasse und Loggia sind über und über mit duftendem Lavendel bepflanzt. Zwar liegt diese toskanische Idylle mitten in einem Wohngebiet, doch hat der Blick reichlich Raum zu schweifen, denn ein Knickwall mit zahlreichen großen Buchen und Eichen fasst den Rasen in respektvoller Entfernung in einem grünen Rahmen ein.

Für mediterranes Flair sorgen unter anderem die ausgedehnten Lavendelpflanzungen

Auch der weitläufige Rasen passt bestens zum Toskanastil des Hauses, auch wenn der für das sonnig-trockene Mittelitalien sicher nicht typisch ist

FAKTEN

Baubeginn: *Juli 2009* **Fertigstellung:** *November 2009* **Grundfläche Garten:** *20.000 m²* **Anspruch:** *Großzügiger Familiengarten mit mediterranem Flair* **Materialien:** *Kalkstein, Bangkirai-Holz* **Außergewöhnliches:** *Gestaltung des großen Gartens in mehreren Bauabschnitten*

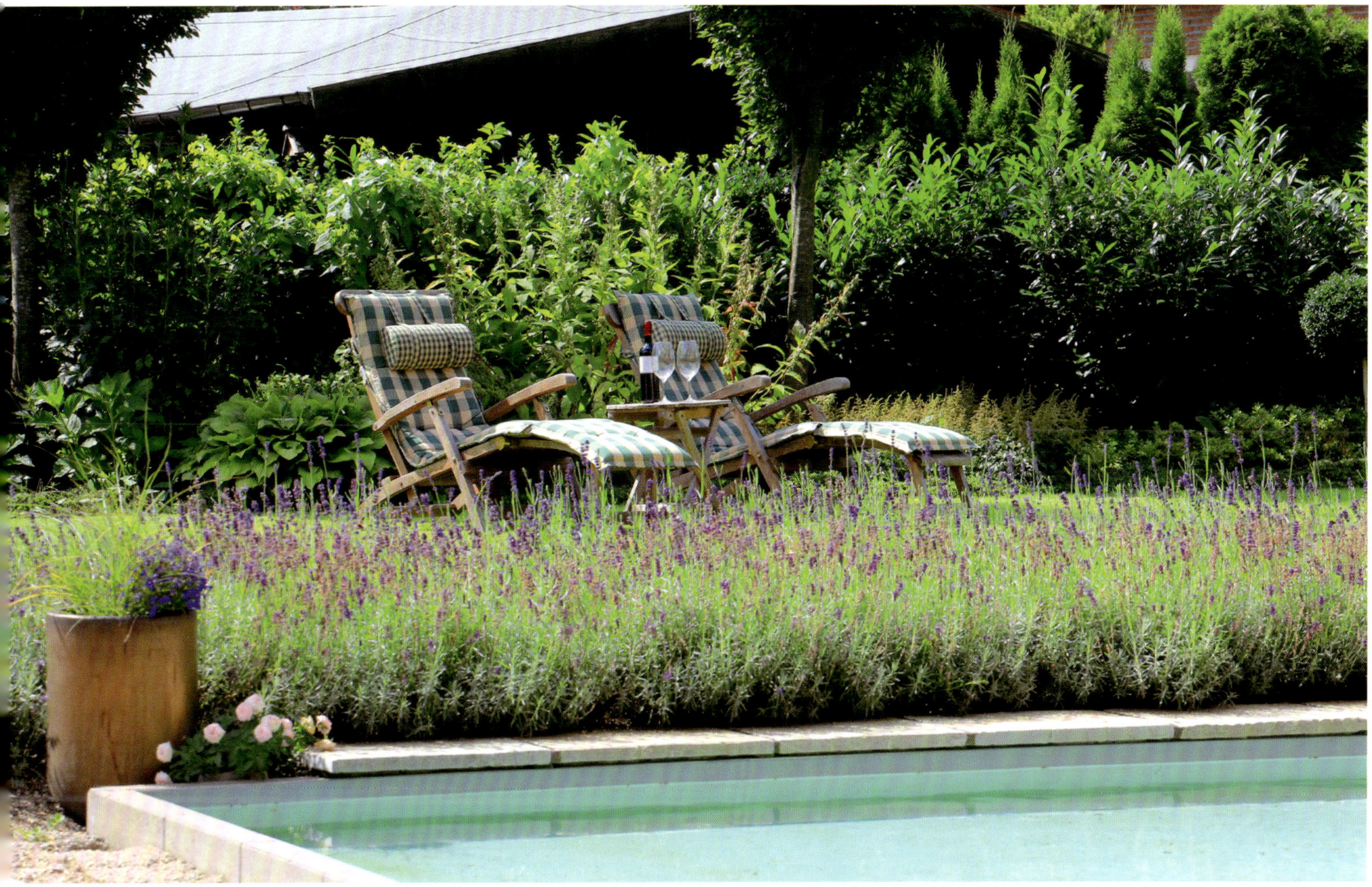

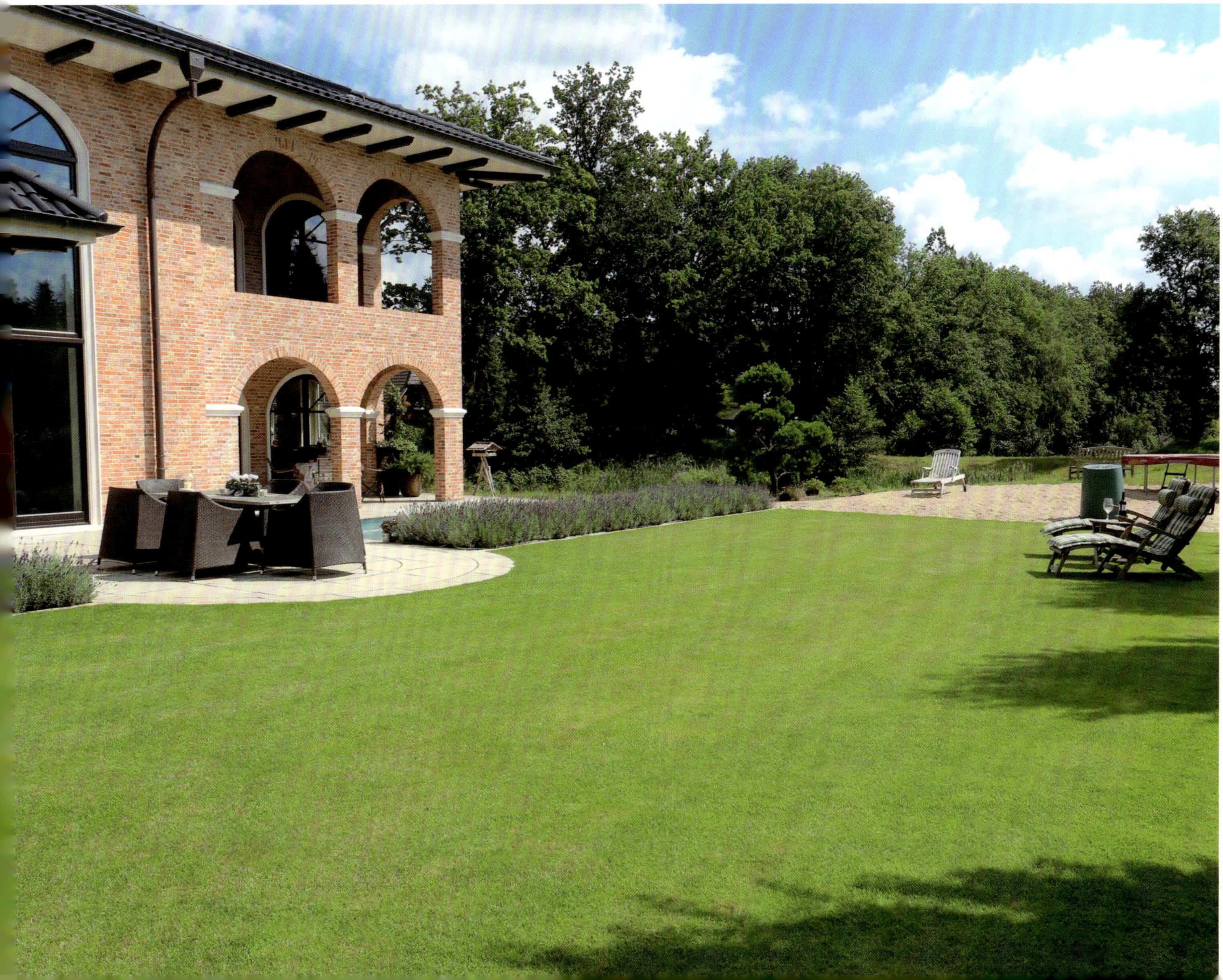

Für Genießer

BLÜTENMEER AM WASSER

DIESES GROSSE GRUNDSTÜCK BIETET REICHLICH RAUM FÜR EIN HARMONISCHES MITEINANDER VON WASSER-, ZIER- UND AUSGEDEHNTEM NUTZGARTEN.

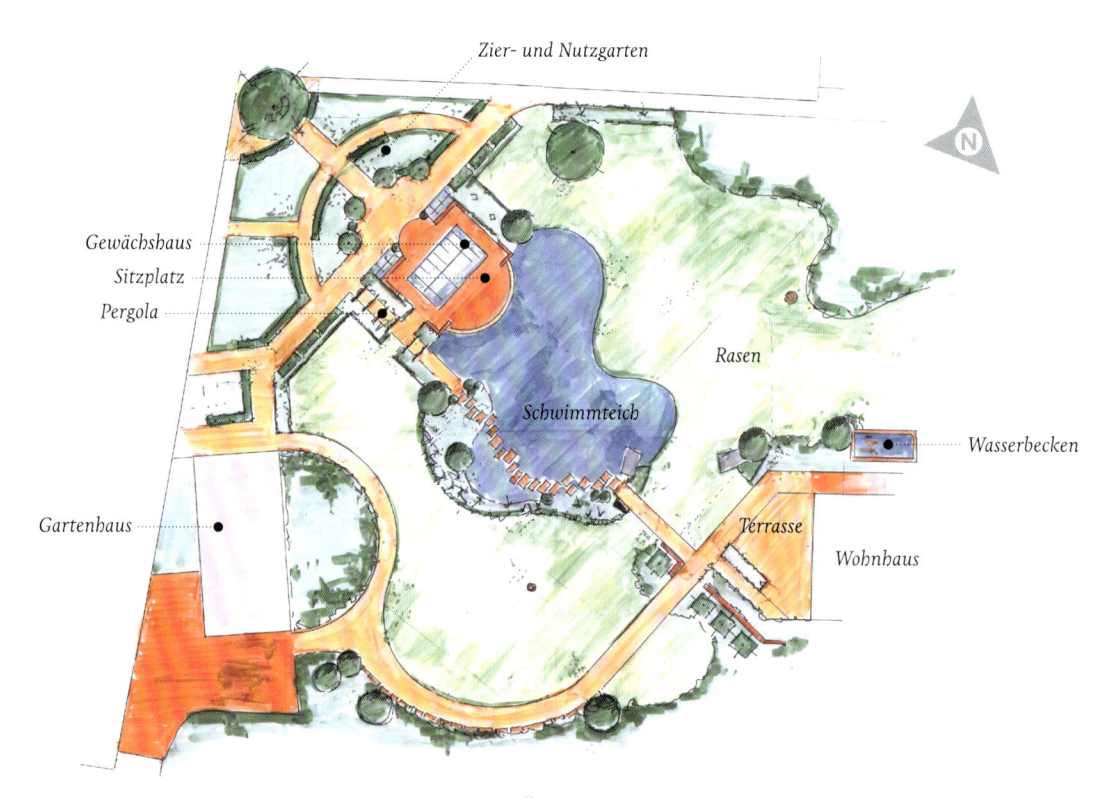

Planung und Ausführung: *LEUCHT GÄRTEN Garten- und Landschaftsbau GmbH*

Wasser, so weit das Auge reicht. Diesen Eindruck könnte bekommen, wer seinen Blick über diesen Garten schweifen lässt. Dabei liegt das vor allem an der geschickten Platzierung des Schwimmteichs in der Mitte des Grundstücks. Von nahezu allen Standorten im Garten ist er gut zu sehen und folglich eines der stilbildenden Elemente. Das zweite herausstechende Charakteristikum der Anlage ist ihr ländlicher Charakter. Zu dem passt natürlich die alles andere als klassische, weil organisch geschwungene Form des Schwimmteichs, aber es sind vor allem die ebenso umfang- wie artenreichen Staudenpflanzungen mit ihrem Blütenmeer in Blau, Rot, Gelb und Rosa, die dies unterstreichen. Und natürlich der ausgedehnte Nutzgarten mit Obstspalieren, Gemüsebeeten und sogar einem Laufentenstall. Das große Gewächshaus unmittelbar am Ufer des Teichs fast wie auf einer Insel gelegen, spricht ebenfalls eine deutlich ländliche Sprache. Stilecht sind auch die mit Klinkerriemchen belegten Wege, die vom reetgedeckten Haus in sanftem Schwung durch den Garten führen und die große Rasenfläche einfassen – natürlich immer mit Blick auf den Schwimmteich.

Charmantes Detail: Die Stehleuchte sorgt für Heimeligkeit im Beet

Auch im Nutzgarten darf es dekorativ blühen

Wer will, kann nach der Arbeit im Gewächshaus direkt in den Schwimmteich hüpfen

FAKTEN

Baubeginn: März 2012 **Fertigstellung:** Juni 2012 **Grundfläche Garten:** 5.500 m² **Anspruch:** Harmonische Verbindung aus Zier- und Nutzgarten **Materialien:** Quarzit, Klinker, Granit, Holz **Außergewöhnliches:** Aufwendige Pflanzenplanung sowie Abriss eines vorhandenen Pools

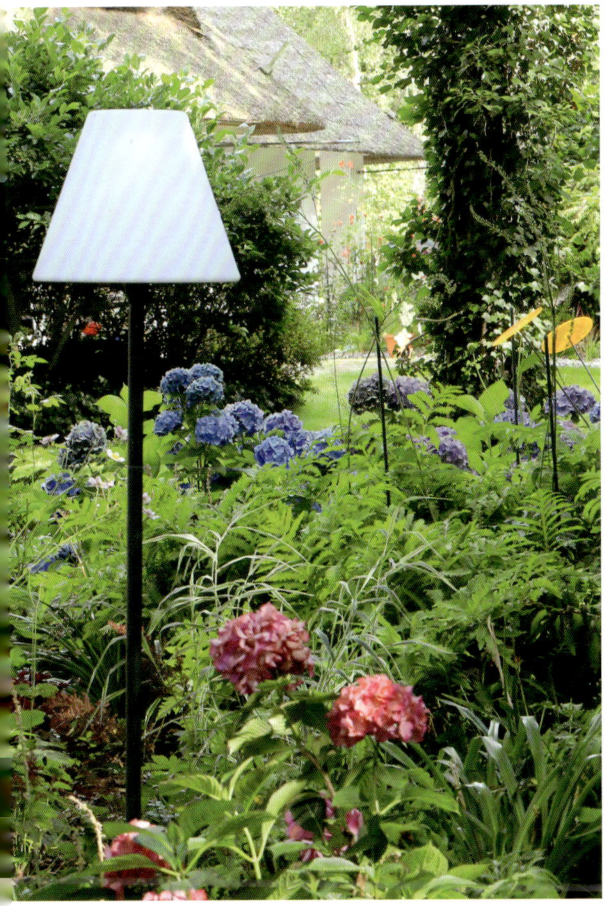
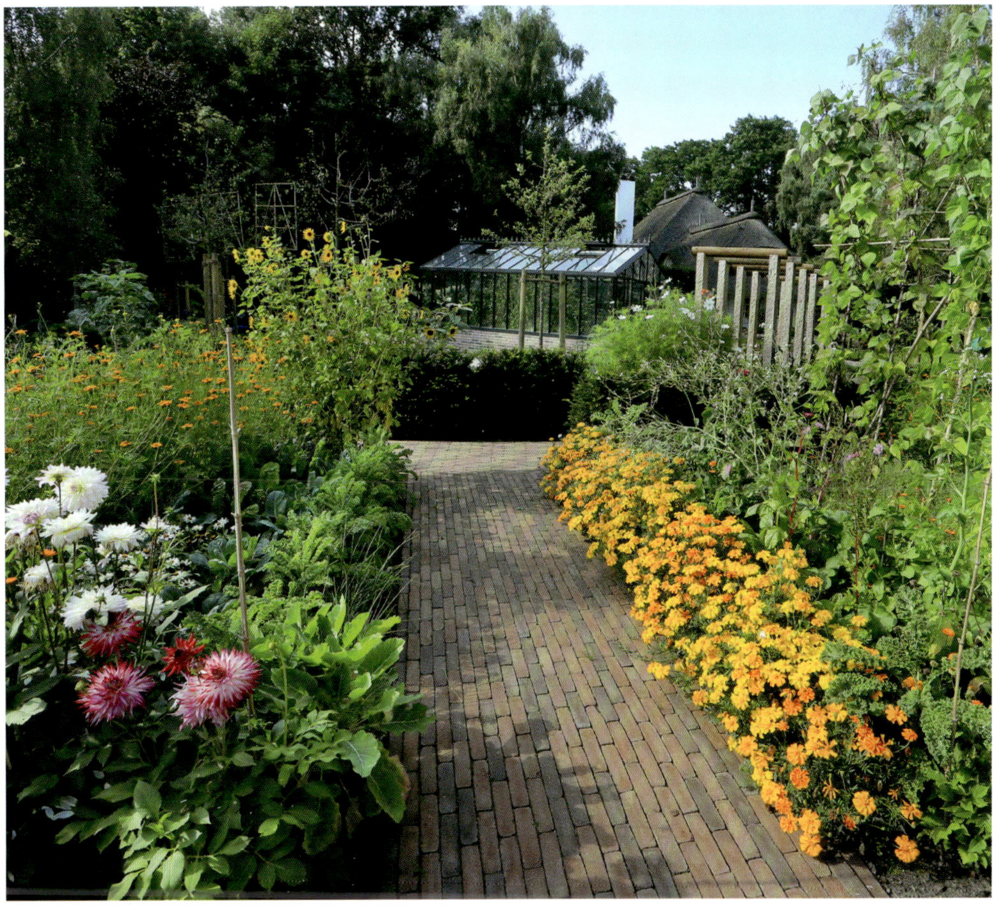
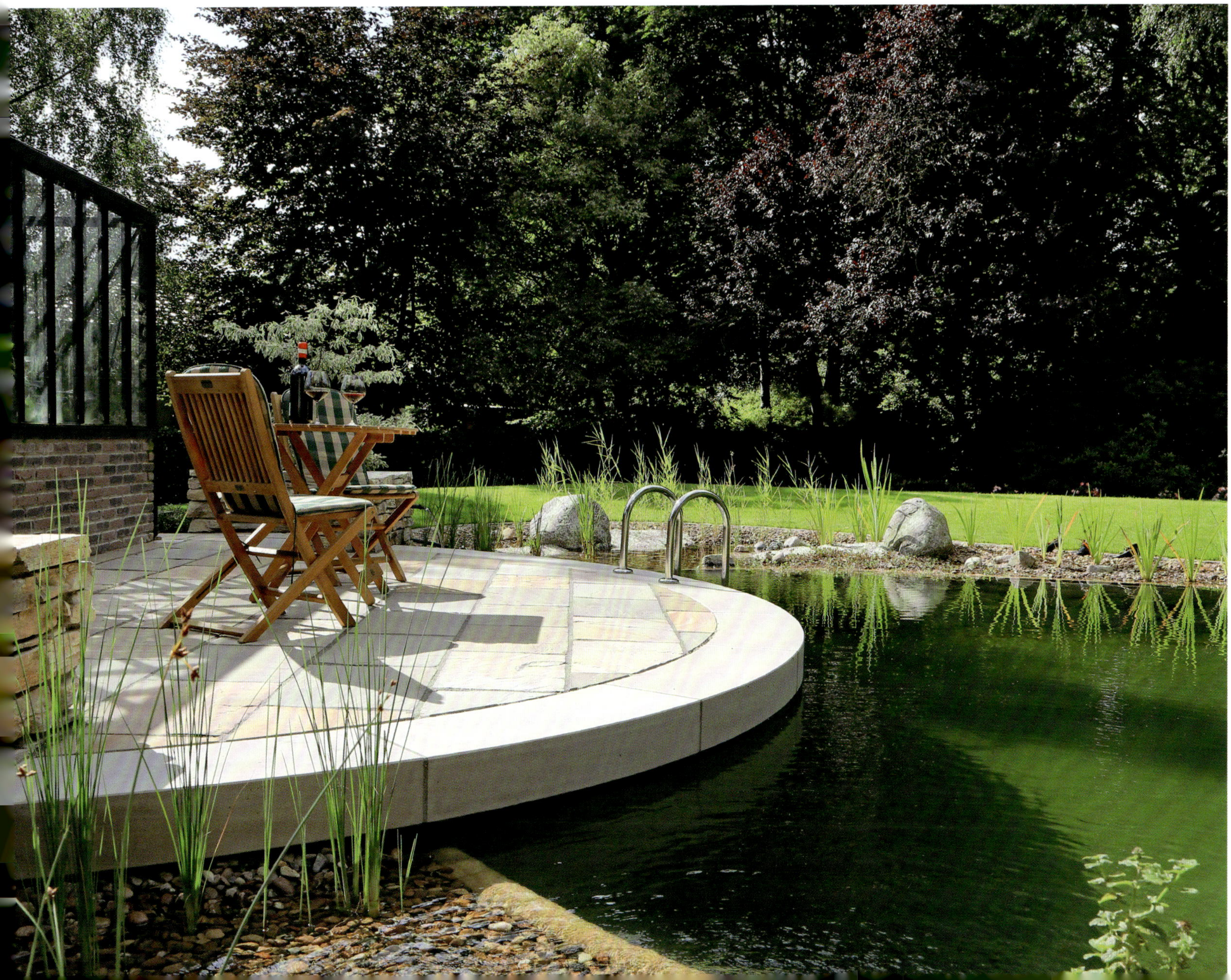

Für Genießer

STEIN AUF STEIN

DIESER GARTEN IST IN JEDER HINSICHT ABWECHSLUNGSREICH. SO GIBT ES HIER ETWA BEI DER BEPFLANZUNG IMMER WIEDER NEUES ZU ENTDECKEN – VOM TRADITIONELLEN STAUDENBEET BIS ZUM GROSSBONSAI.

Gleich mehrere heimische Natursteinarten kamen bei der Umgestaltung dieses Familiengartens zum Einsatz: für Trockenmauern, Wege, Treppen, Terrassen. Was steinig klingt, ist doch in erster Linie eine grüne Oase, denn die steinernen Elemente wurden nur sparsam verwendet, behutsam integriert und überlassen die Hauptrolle weiterhin den Pflanzen. Und davon gibt es eine Menge verschiedene in diesem Garten: Buchskugeln, rotlaubige Ahornsorten, Bonsaikiefern, Rosen, Bambus, Spalierlinden. Vieles davon war bereits vor der Umgestaltung vorhanden und sollte – so der Wunsch der Gartenbesitzer – seinen Platz auch in dem neuen Garten finden. Außerdem auf der Anforderungsliste: eine Vergrößerung des Sitzplatzes. Der ist nun großzügig angelegt und liegt etwas tiefer als die restliche Gartenfläche, sodass, wer sich hier niedergelassen hat, mit den Pflanzen der umliegenden Beete auf Augenhöhe ist. So kann man gemütlich das Farbenspiel, das die vielfältige Bepflanzung das ganze Jahr über bietet, auf sich wirken lassen. Die Trockenmauern rund um die Terrasse stützen dabei nicht nur die Beete, sie dienen auch als Wärmespeicher. Wie sich Praktisches in ästhetisch Ansprechendes verwandeln lässt, zeigt auch die Stufenanlage, die vom Sitzplatz auf den Rasen führt. Wie ein Wasserfall im Miniaturformat fließt das kühle Nass, gespeist aus einer Rinne, die durch den Rasen verläuft, über die Stufen in ein kleines Becken zu Füßen der Treppe.

FAKTEN

Baubeginn: *November 2011* **Fertigstellung:** *März 2012* **Grundfläche Garten:** *1.200 m²* **Anspruch:** *Umgestaltung unter Beibehaltung vorhandener Pflanzstrukturen* **Materialien:** *Basalt, Grauwacke, Schiefer* **Außergewöhnliches:** *Harmonische Mischung verschiedener Natursteinarten*

Wasserlauf *Sitzplatz*

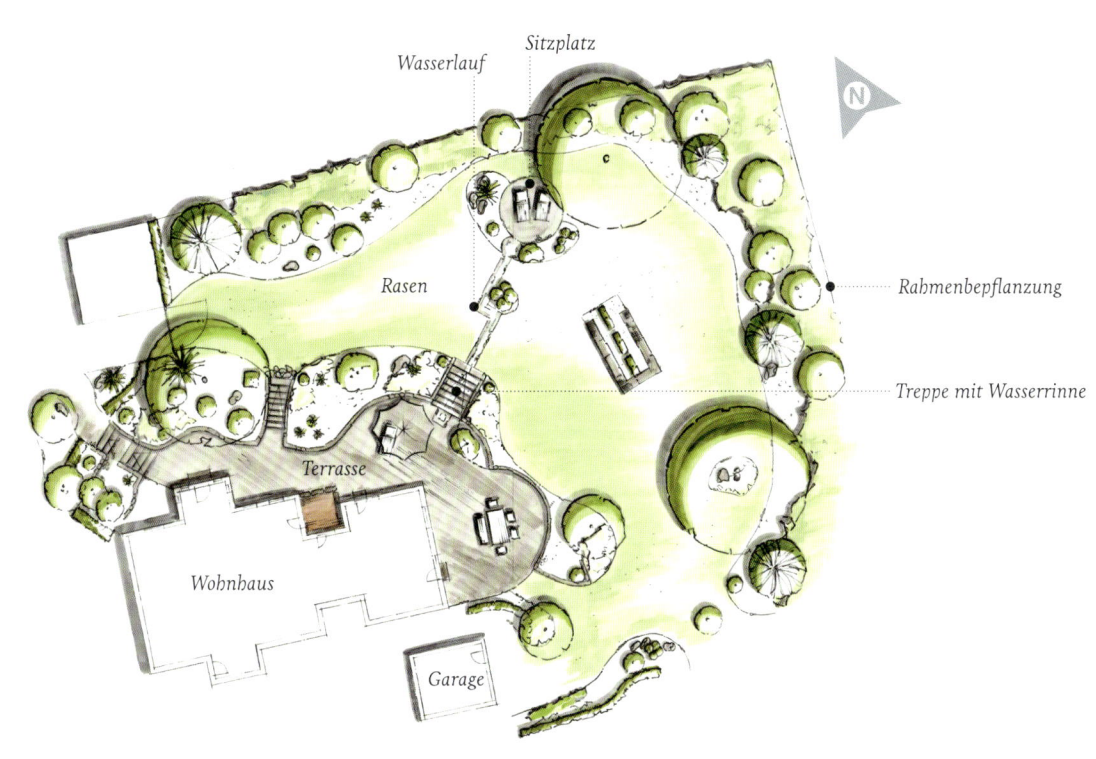

Rasen

Rahmenbepflanzung

Treppe mit Wasserrinne

Terrasse

Wohnhaus

Garage

Planung: *Lena de Vries, FH Osnabrück* **Ausführung:** *H.-C. Eckhardt GmbH & Co. KG*

∧ *Diese Stufen bereiten einem kleinen Wasserlauf den Weg von einer Ebene des Gartens auf eine andere*

< *Dank des Höhenunterschieds zwischen Rasen und Terrasse ist ein wunderbar geschützter Sitzplatz entstanden*

113

Für Genießer

FLANIEREN UNTER HOHEN BÄUMEN

EIN BESONDERES HAUS VERLANGT NACH EINEM BESONDEREN GARTEN – ODER SOLLTE MAN BESSER SAGEN PARK?

Einen durchaus fürstlichen Anblick bietet die Fassade dieses Hauses mit ihren reichen Stuckdetails und der schweren eichenen Doppeltür. Der dazu passende Garten konnte sich in Formensprache, Farb- und Pflanzenauswahl eigentlich nur ebenfalls bei herrschaftlichen Vorbildern bedienen, damit ein harmonisches Ganzes entsteht. Also eher Park als Garten, und so flankieren jetzt kegelförmig geschnittene Eiben die Treppe zur Eingangstür, flächig gepflanzter Buchs erstreckt sich rechts und links der sanft geschwungenen Pflasterwege, große Rhododendren bilden im Frühsommer reich blühende, aber ansonsten überaus dezente Inseln. Andere Farben als das vornehme Dunkelgrün der Immergrünen sucht man in diesem Garten weitgehend vergebens – auch das eine bewusste Reminiszenz an den würdevoll parkartigen Charakter der Anlage. Die vorhandenen großen alten Bäume wurden geschickt in die Planung einbezogen, spenden Flaneuren bei einem Rundgang Schatten und schützen Haus und Garten weiterhin vor neugierigen Blicken.

Wie aufeinander geschichtete Scheiben wirken die Stufen der Treppe, die zur Eingangstür führt

Die Kreisbogenform der Treppe wurde auch für den Weg durch den Garten aufgenommen

FAKTEN

Baubeginn: *Januar 2007* **Fertigstellung:** *April 2007* **Grundfläche Garten:** *2.080 m²* **Anspruch:** *Parkartige Anlage mit historischem Charakter* **Materialien:** *Natursteinpflaster* **Außergewöhnliches:** *Klare Betonung der Architektur durch Grüngehölze*

Garten-Zuweg

Pflanzung aus Eibe, Rhododendron und Buchsbaum mit altem Baumbestand

Garage

Wohnhaus

Zufahrt und Stellplätze

Eingang

Planung und Ausführung: *Gartenplan Esken & Hindrichs GmbH*

»Der Gang durch den Garten ist wie eine kleine Zeitreise.«

Für Genießer

STAUDENMEER AM SEE

AUF EINEM GROSSEN GRUNDSTÜCK GEHEN ZIER- UND NUTZGARTEN EINE WUNDERBAR ABWECHSLUNGSREICHE SYMBIOSE EIN.

Zufahrt — *Wohnhaus* — *Kiesrondell als Sitzplatz mit Feuerstelle*

Rasen

Alter Baumbestand

Stellplätze
Garagen
Gemüsebeete mit Buchsbaumeinfassungen
Gewächshaus
Wasserfläche

Planung: *Jensen Landschaftsarchitekten*
Ausführung: *Reinhard Schäfer Garten- und Landschaftsbau GmbH*

Prächtige alte Bäume prägten das Bild dieses Gartens vor seiner Umgestaltung. Und das sollte auch so bleiben, beschlossen Besitzer und Gartengestalter. So entspann sich das Konzept für den neuen Garten rund um die Baumriesen: sie geben den Stil vor, sind Hingucker und Strukturbildner. Entstanden ist in mehreren Bauabschnitten ein Garten, der alle Register in Sachen Landidylle zieht: Das abschüssige Seegrundstück wurde durch eine Terrassierung neu strukturiert, eine Trockenmauer aus Ruhrsandstein stützt ein großes Beet rund um die Terrasse, von der aus es nun einen wunderbaren Blick über die pastellige Staudenpracht, eine ausgedehnte Rasenfläche und in die Ferne gibt. Für die heißen Nachmittagsstunden entstand ein zweiter Sitzplatz unter einer großen alten Trauerweide. Er ist wie die Wege mit Kies ausgestreut, verfügt über einen wunderbaren Seeblick und vermittelt eine Atmosphäre perfekter Ruhe. Der große Nutzgarten nimmt einen ganzen Gartenteil ein und wurde ebenfalls mit viel Liebe zum Detail gestaltet, sodass sich aus jeder Perspektive das Bild des perfekten ländlichen Gartens ergibt.

Trauerweide und Hochbeetbepflanzung sorgen für einen Rundum-Grün-Effekt

Trockenmauer und Pflaster aus dem gleichen Material schaffen sanfte Übergänge zwischen Vertikaler und Horizontaler

Wer träumt sich nicht in diesen Liegestuhl?

FAKTEN

Baubeginn: Juli 2007 **Fertigstellung:** März 2012 **Grundfläche Garten:** 6.000 m² **Anspruch:** Schaffung unterschiedlicher Gartenbereiche
Materialien: Ruhrsandstein, Lausitzer Granit, Basalt, Kies, Sibirische Lärche
Außergewöhnliches: Nutzbarmachung des teils steilen Hangs

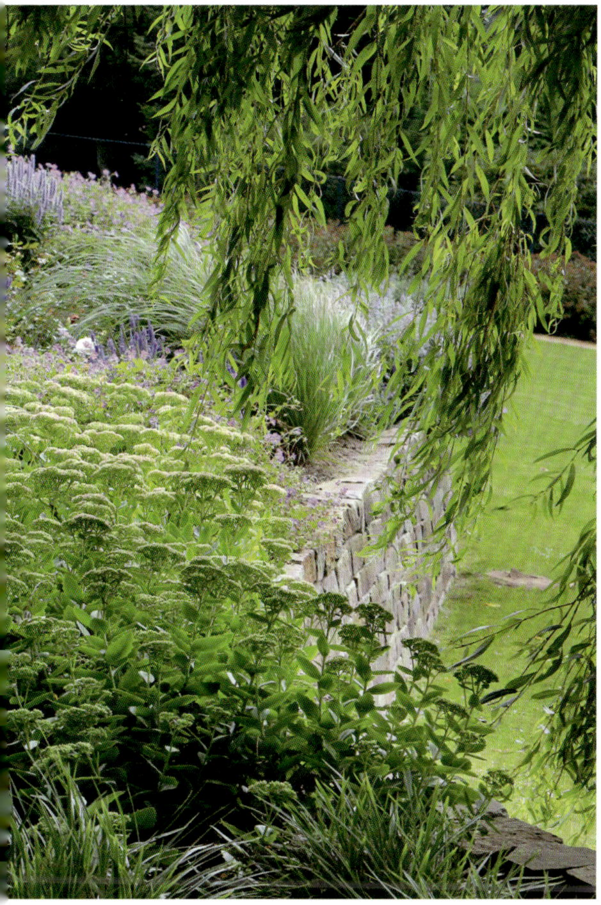
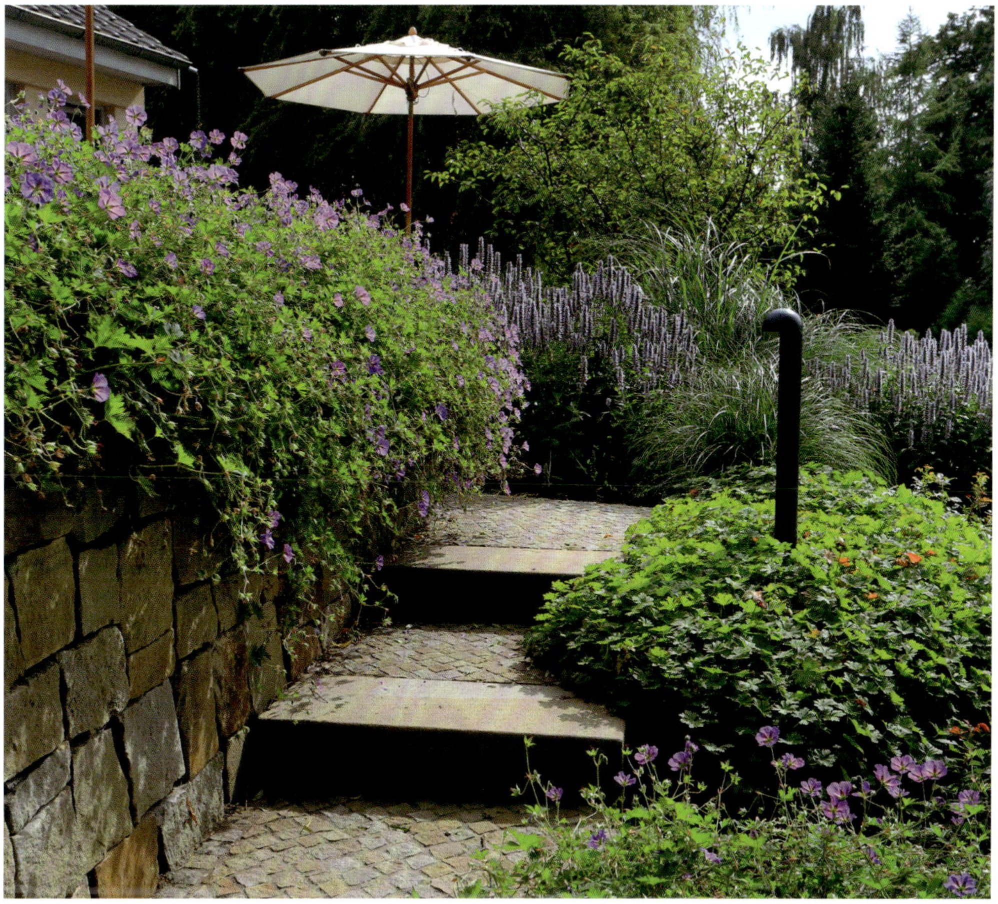
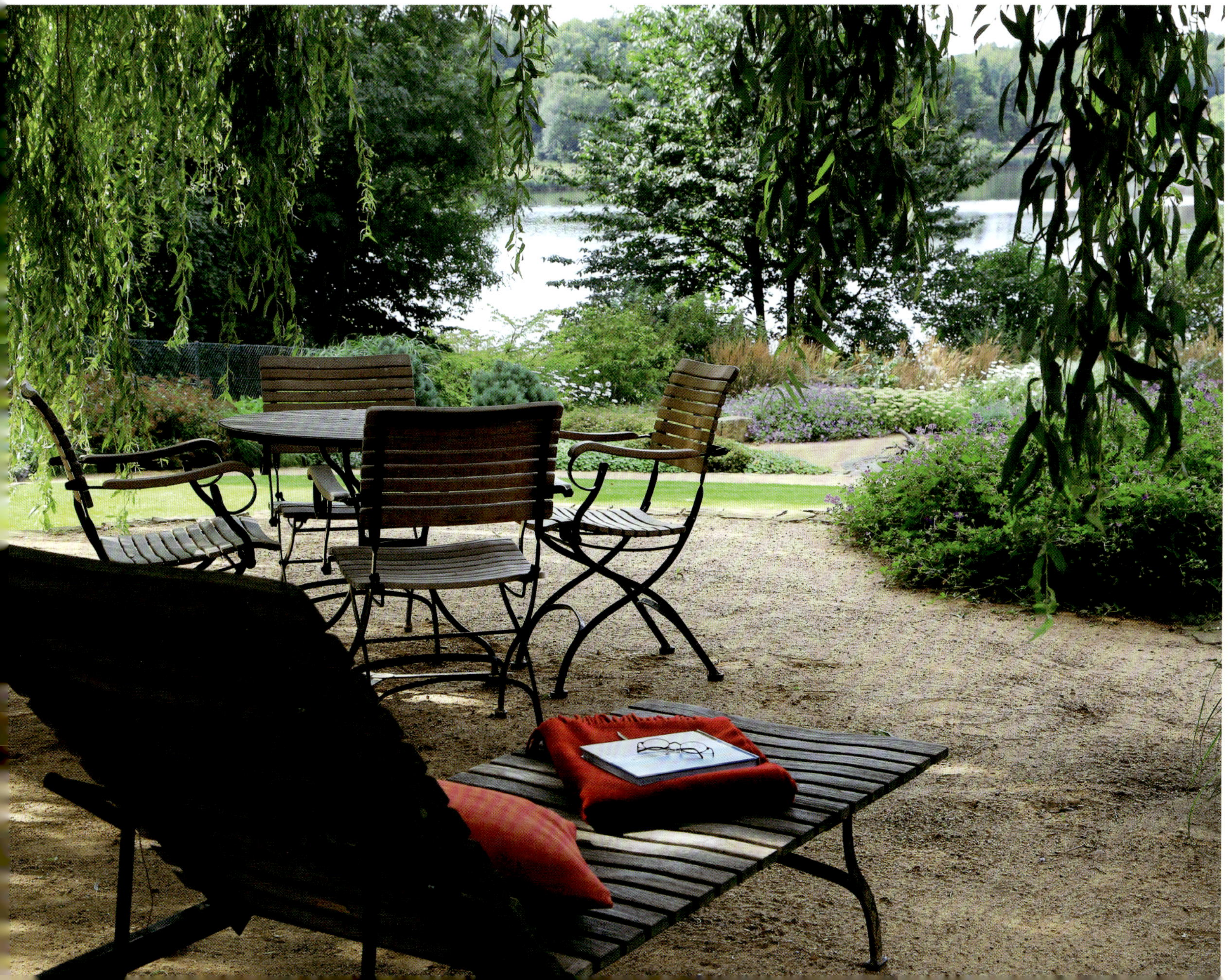

Für Genießer

MIT VIEL WASSER

PRIVATES REFUGIUM UND RAUM FÜR BEGEGNUNG GLEICHERMASSEN IST DIESER GARTEN FÜR SEINE BESITZER. HIERHIN ZIEHEN SIE SICH ZUR ENTSPANNUNG ZURÜCK UND LADEN IHRE FREUNDE EIN.

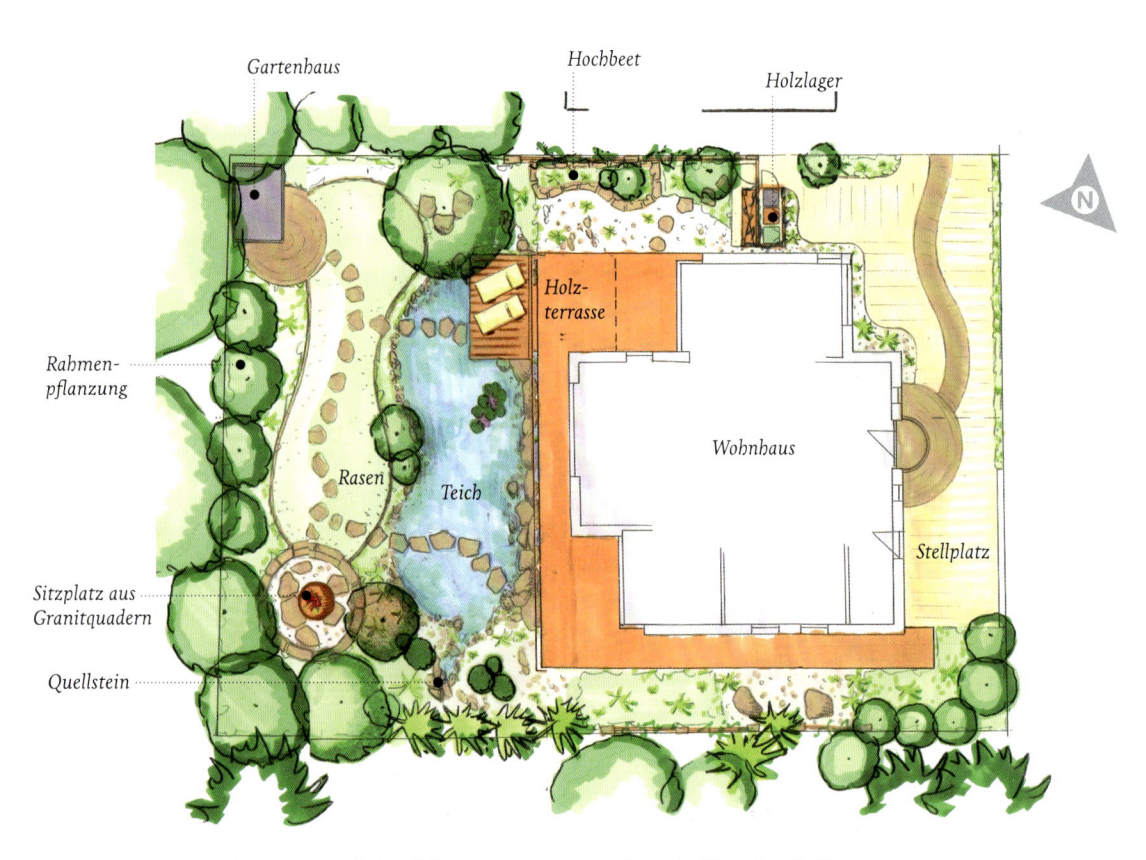

Gartenhaus — *Hochbeet* — *Holzlager*
Rahmenpflanzung
Holzterrasse
Rasen — *Teich* — *Wohnhaus* — *Stellplatz*
Sitzplatz aus Granitquadern
Quellstein

Planung und Ausführung: *Gartengestaltung Ralf Grothe GmbH*

Naturnähe und Wasser standen ganz oben auf der Wunschliste der Besitzer dieses Gartens, eines Ehepaars mit erwachsenen Kindern. Auf ihrem Neubaugrundstück sollte ein großzügiger Teich Einzug halten. Dessen Naturnähe unterstreichen der mit Rheinkies ausgelegte Uferbereich und die Findlinge im flachen Wasser. Ein Holzdeck aus Hartholz ist Terrasse und Steg zugleich und fasst das ebenfalls holzverkleidete Haus an zwei Seiten ein. Die Bepflanzung setzt auf den Kontrast zwischen rot- und grünlaubigen Gehölzen und unterstreicht mit Gräsern ebenfalls den naturnahen Charakter der Anlage. Natürlich und zugleich von Menschenhand gestaltet wirken die für Sitzquader und Hochbeeteinfassung verwendeten grob behauenen Granitblöcke.

Erholen oder feiern: Die Terrasse am Teich lädt zu beidem gleichermaßen ein

FAKTEN

Baubeginn: *November 2008* **Fertigstellung:** *April 2009* **Grundfläche Garten:** *300 m²* **Anspruch:** *Naturnaher Wassergarten* **Materialien:** *Granit, Rheinkies, Hartholz* **Außergewöhnliches:** *Sitzplatz aus Granitquadern*

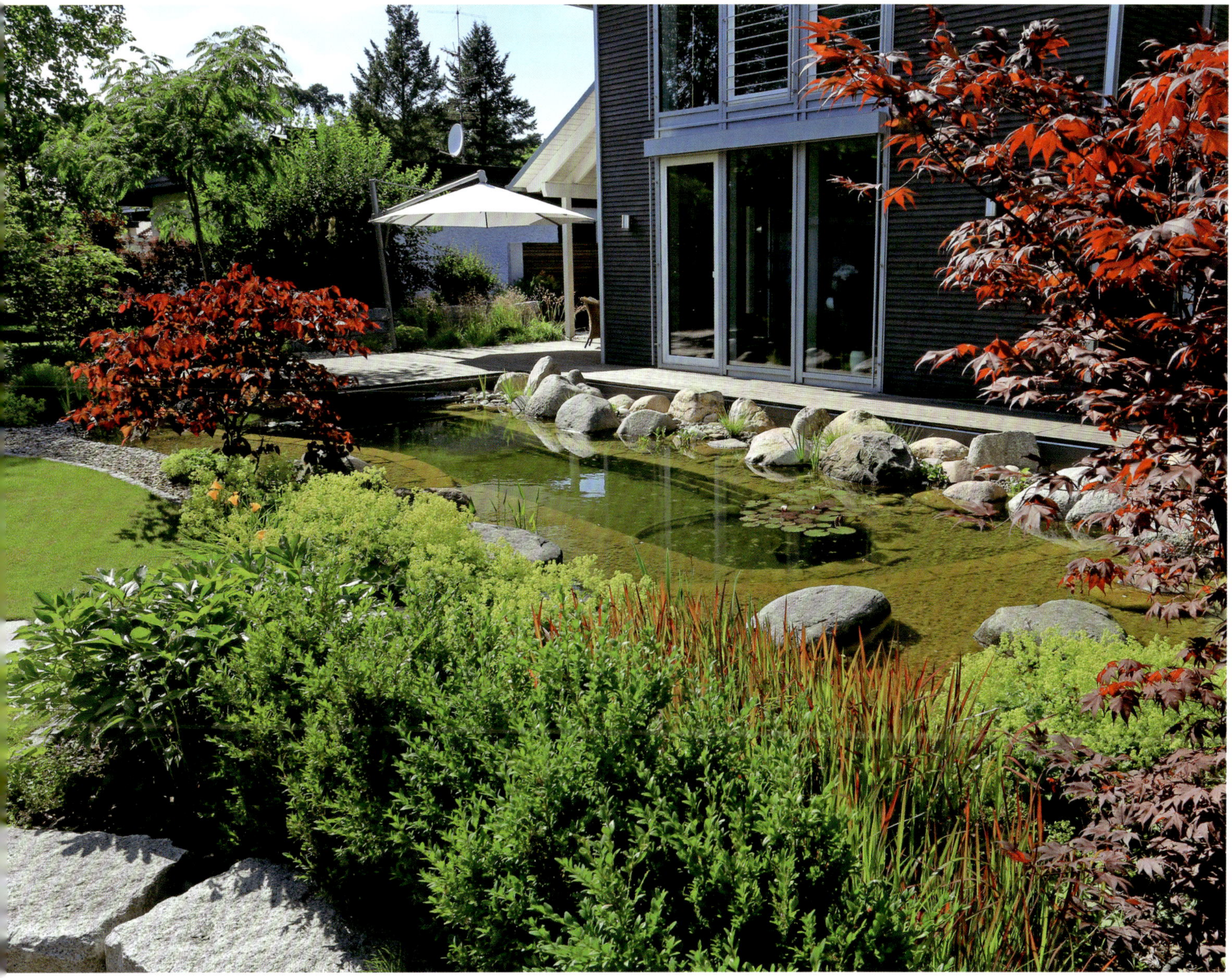

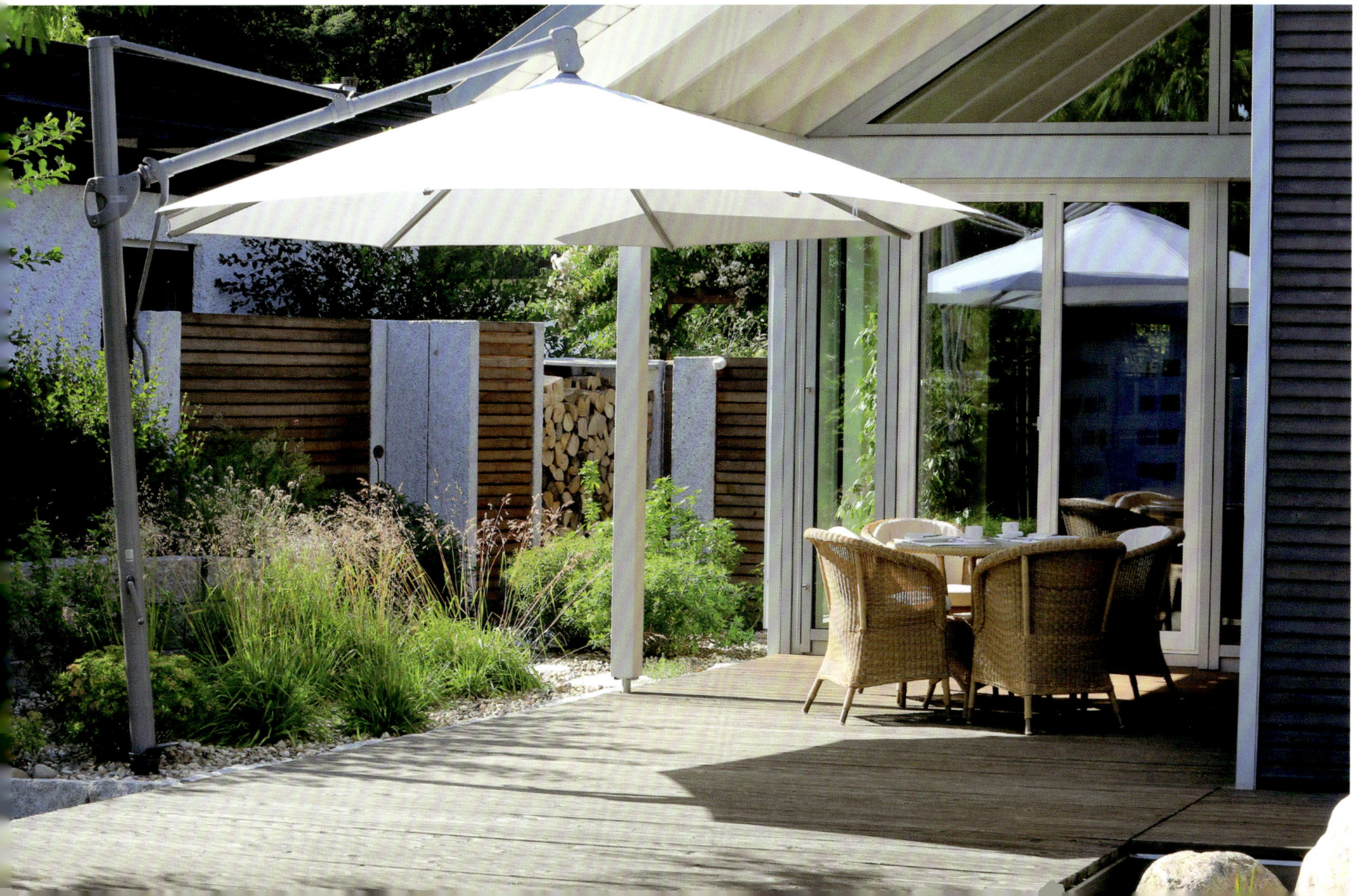

Für Genießer

TRADITION & MODERNE

IN DIESEM GARTEN KOMMEN REGIONALTYPISCHE ELEMENTE MIT MODERNEN FORMEN UND MATERIALIEN ZUSAMMEN.

Ein Garten, der für Mensch und Natur gleichermaßen gemacht ist – das war der Wunsch der Besitzer dieses Grundstücks mit Wochenendhaus mitten im Allgäu. Traditionelle Elemente sollten auf harmonische Art und Weise mit modernen Materialien und Akzenten verbunden werden. Schon auf den ersten Blick fällt auf, dass sich der Garten behutsam in die umgebende Landschaft einfügt. Dafür sorgen zum einen viele Gräser und üppige Stauden, die einen sanften Übergang vom Gartenbereich zu den benachbarten Wiesen schaffen. Zum anderen achtete die Planerin bei der Umgestaltung auf die Integration vorhandener Elemente wie der alten Obstbäume, eines lichten Fichtenhains sowie eines historischen Holzschuppens. Die großzügige Terrasse mit Holzbelag bietet freien Blick auf die umliegende Bergwelt und reichlich Platz für die ganze Familie. Den finden die Kinder außerdem auf der Rasenfläche, die sich gleich angrenzend erstreckt. Der naturnah gestaltete Bereich des Waldgartens mit seiner Schattenstaudenpflanzung und Kleinbiotopen bietet der heimischen Tierwelt viele Rückzugsorte. Ein echter Hingucker ist das Metallwasserbecken mit kaskadenartigem Überlauf, das wie eine moderne Interpretation der traditionellen Brunnen alter Bauernhäuser anmutet. Für die Wege wurde Betonpflaster in Natursteinoptik gewählt, weitere Flächen sind mit Kies und Thermoesche aus der Region ausgelegt.

FAKTEN

Baubeginn: *November 2009* **Fertigstellung:** *Mai 2010*
Grundfläche Garten: *600 m²* **Anspruch:** *Garten für die ganze Familie*
Materialien: *Heimischer Kalkstein, Metall, Holz, Kies*
Außergewöhnliches: *Alte Bauernhütte*

Wohnhaus

Wasserbecken aus Cortenstahl
Sitzplatz auf Holzdeck mit Pergola

Sitzplatz auf Kiesfläche mit Feuerstelle

Rasen

Gartenhaus

Waldgarten

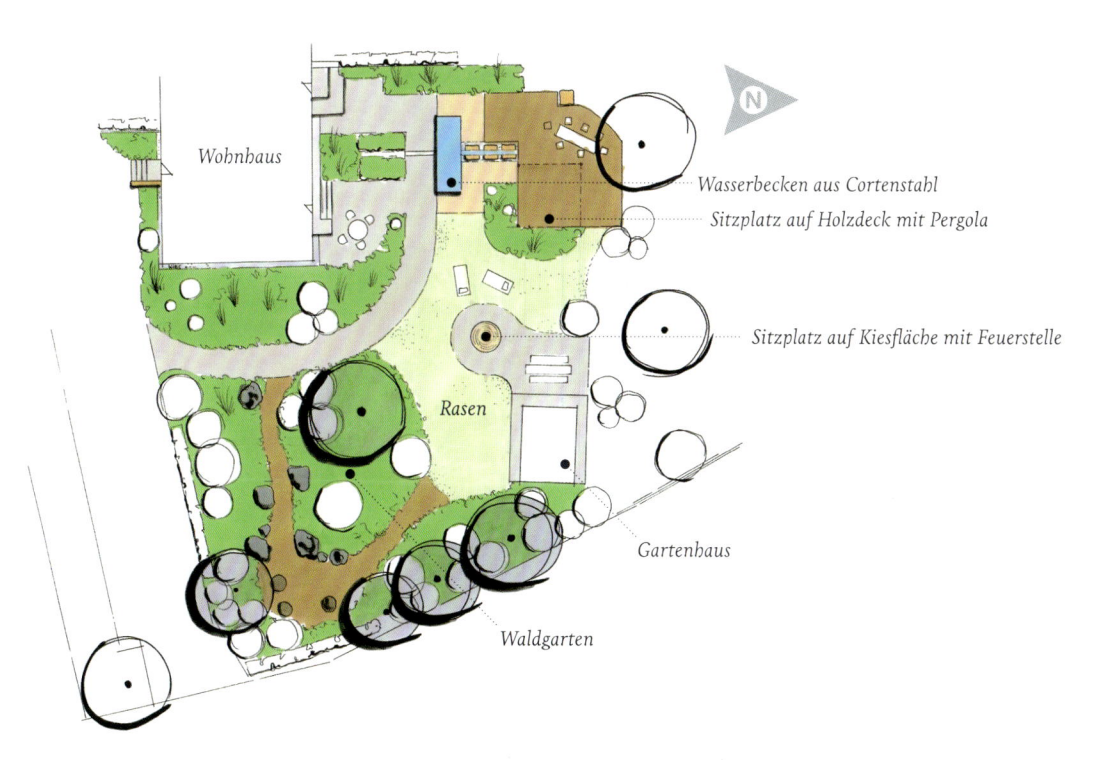

Planung: *Dipl.-Ing. Simone Kern, Landschaftsarchitektin* **Ausführung:** *Herrhammer Gärtner von Eden*

∧ Mehr als ein Relikt: Der alte Holzschuppen passt perfekt ins Gestaltungskonzept mit seiner Verbindung aus Tradition und Moderne

< Einen betörenden Blick ins Tal und das entspannende Geplätscher des Wasserbeckens gibt es am Sitzplatz unter der Pergola gleichermaßen

121

Für Genießer

DER RUND-UM-DIE-UHR-GARTEN

WANN AUCH IMMER ES DIE WITTERUNG ZULÄSST, SPIELT SICH DAS FAMILIENLEBEN DER BESITZER DIESES GARTENS IM FREIEN AB. DESHALB LIESSEN SIE SICH IHREN GARTEN SO WOHNLICH WIE MÖGLICH GESTALTEN.

Planung und Ausführung: *LEUCHT GÄRTEN Garten- und Landschaftsbau GmbH*

Der Garten als Verlängerung des Wohnraums nach draußen: diese Aussage wird gern bemüht, um zu verdeutlichen, welche Bedeutung ein gut geplanter Garten im Leben seiner Besitzer haben kann. Bei diesem Beispiel wurde die Idee vom Leben unter freiem Himmel ganz konsequent umgesetzt, denn es wurde sogar ein Platz zum Übernachten eingeplant. Am Ufer des Schwimmteichs entstand ein überdachter Bereich, der mit seinen Loungemöbeln zu jeder Tageszeit zu gemütlichen Runden einlädt und sich des Nachts in einen Schlafplatz verwandeln lässt. Auch sonst geht's auf diesem Grundstück wohnlich zu: Wer baden will, springt in den Schwimmteich, zum Sonnenbaden lädt das große Holzdeck am Ufer ein. Die ausgedehnte Rasenfläche steht zum Spielen, Kicken und Toben zur Verfügung, und die große Terrasse bietet reichlich Platz zum Grillen, Essen und Schnacken, wenn im Hintergrund dezent der Quellstein plätschert. Große alte Bäume spenden angenehm lichten Schatten, Immergrüne wie Buchs, Eibe und Rhododendron gedeihen in den darunter gelegenen Beeten bestens, und Glyzinien, Sommerflieder und Rosen sorgen gemeinsam mit Hortensien und Japanischem Hartriegel für farbliche Akzente in Violett, Rosa und Weiß.

Als Essplatz mit Blick ins Grüne präsentiert sich die großzügige Terrasse

Schwimmen, chillen, schlafen: das alles geht im und am Schwimmteich

FAKTEN

Baubeginn: *März 2011* **Fertigstellung:** *Juli 2011* **Grundfläche Garten:** *1.950 m²* **Anspruch:** *Wohnlicher Familiengarten* **Materialien:** *Sandstein, Holz* **Außergewöhnliches:** *Überdachter Loungebereich mit Übernachtungsmöglichkeit*

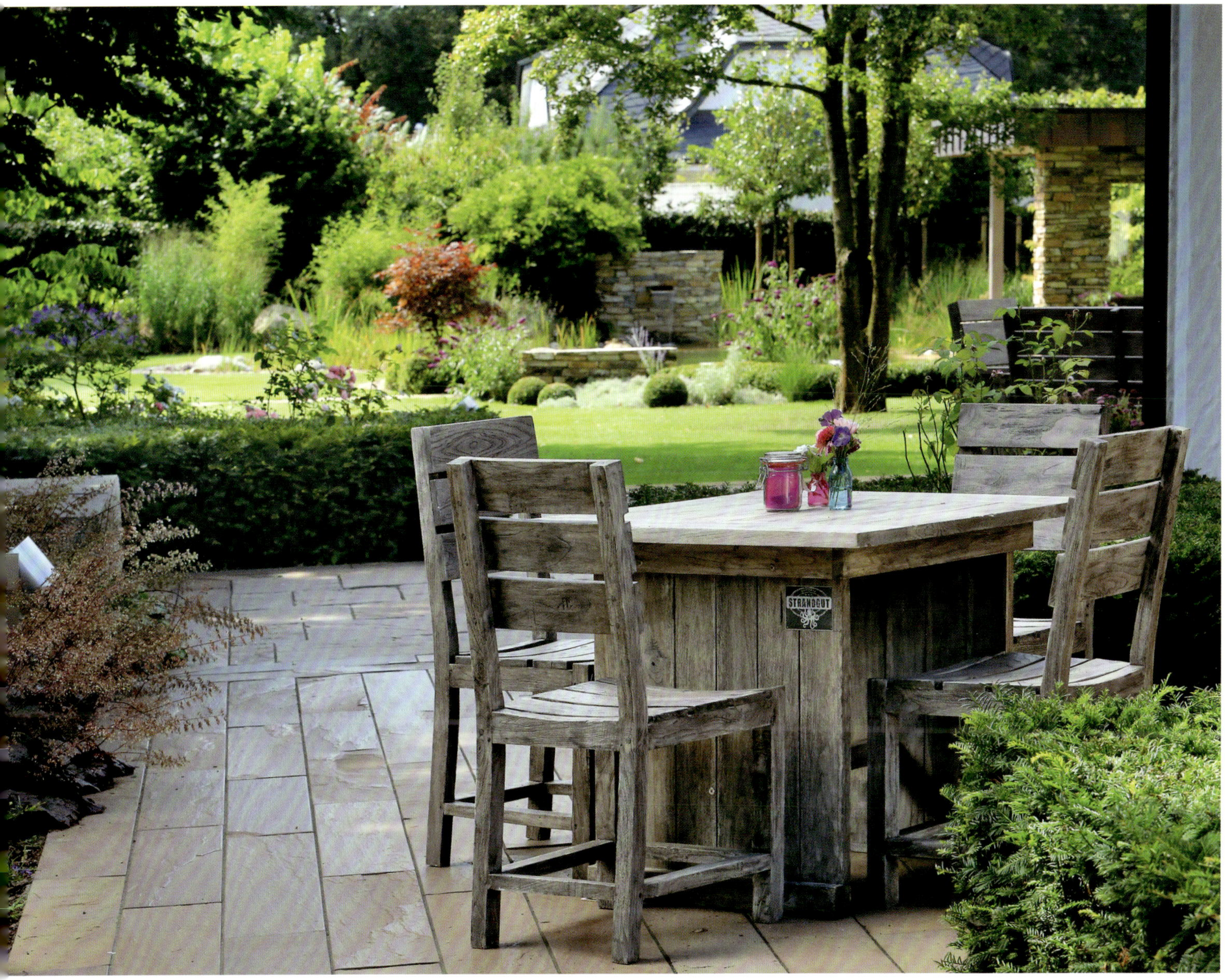
STRANDGUT

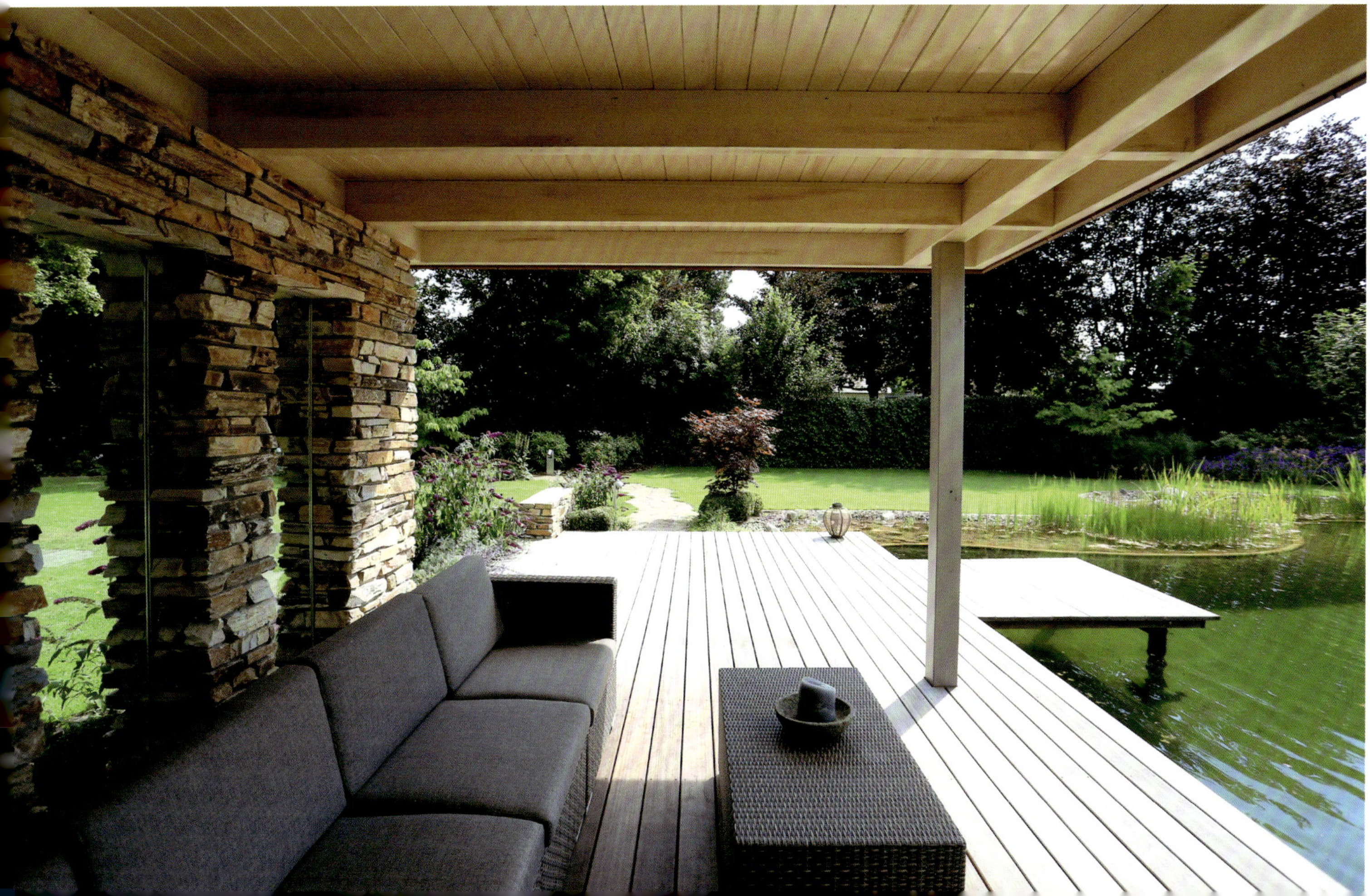

Für Genießer

HANSEATISCH

MIT VIEL UNDERSTATEMENT UND STILBEWUSSTSEIN WURDE BEI DER UMGESTALTUNG DIESES GROSSZÜGIGEN VILLENGARTENS ZU WERKE GEGANGEN.

Holzdeck mit Whirlpool
Treppe mit Buchsbaumwürfeln
Sitzplatz mit Pavillon
Hortensien
Alter Baumbestand
Vorgarten mit Buchsbaumhecken und -kugeln
Terrasse
Wohnhaus
Rasen
Rosenbeet

Planung: *Hilde Lena Burke; Flora Toskana Gartengestaltung*
Ausführung: *Wandrey Garten- und Landschaftsbau GmbH*

Hanglage macht ein Grundstück nicht unbedingt begehrenswert. Normalerweise. Hier liegen die Dinge allerdings ganz anders, denn der Hang, auf dem sich dieser großzügige Garten erstreckt, liegt unmittelbar an der Elbe und ist damit ein absolutes Filetstück. Trotzdem galt es bei der Umgestaltung des Gartens, diesen Hang ein wenig zu zähmen. Begehbar sollte er nach Wunsch des Besitzerehepaars werden, klar strukturiert und zum Wohnraum im Freien. So entstand eine mehr als großzügige Terrasse unmittelbar am Haus, von der aus sich der Garten in all seiner Pracht bestens überblicken lässt. Hier ist reichlich Platz für gemütliche Runden, aber auch zum Bad in der Sonne oder dem eigens eingebauten Whirlpool. Als Bodenbelag für die Terrasse und die Wege wählten die Gestalter Bohus, einen robusten Naturstein aus Schweden, der mit seiner hellen Oberfläche und dem klaren Fugenbild sehr zum hanseatischen Understatement beiträgt, das diese Anlage ausstrahlt. Unaufdringlich edel wirkt sie mit der großen Rasenfläche, den akkurat gestutzten Buchsbaumblöcken und den wunderbar üppig blühenden Rosen rund um die Terrasse. Unter den hohen alten Bäumen, die das Grundstück säumen, finden Hortensien in allen Varianten einen idealen Standort und sorgen stilsicher für reiche Farbigkeit.

Die Terrasse bietet Raum für viele Gäste und den Überblick über den Garten

Nicht nur, weil sich Hortensien im Halbschatten wohl fühlen, passen sie so wunderbar in diesen stilvollen Garten mit seinen alten Bäumen

FAKTEN

Baubeginn: *Oktober 2010* **Fertigstellung:** *Juli 2011* **Grundfläche Garten:** *4.500 m²* **Anspruch:** *Klar strukturierter Garten mit hanseatischem Flair* **Materialien:** *Bohus-Naturstein* **Außergewöhnliches:** *Nutzbarmachung des teils steilen Hangs*

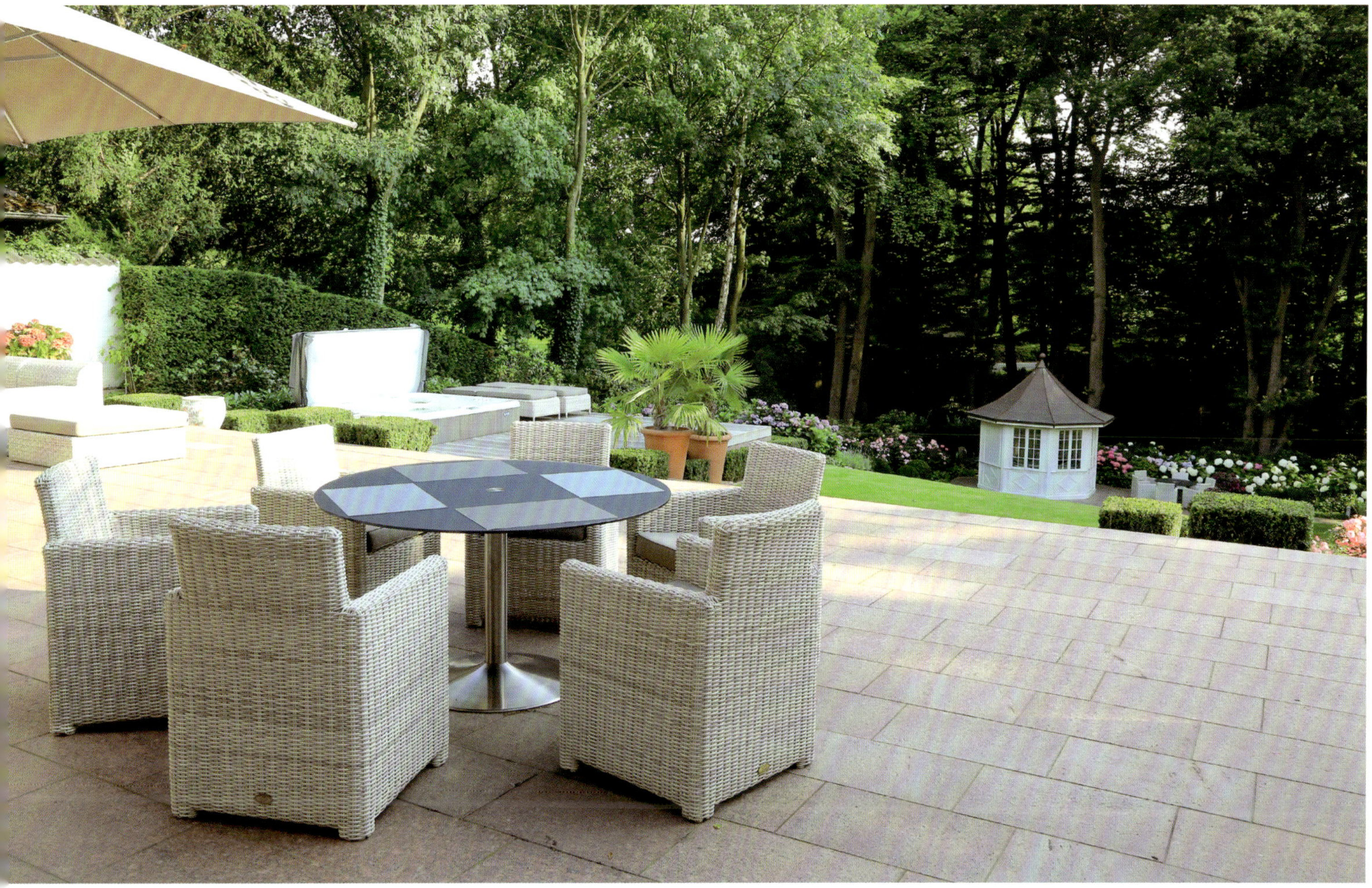

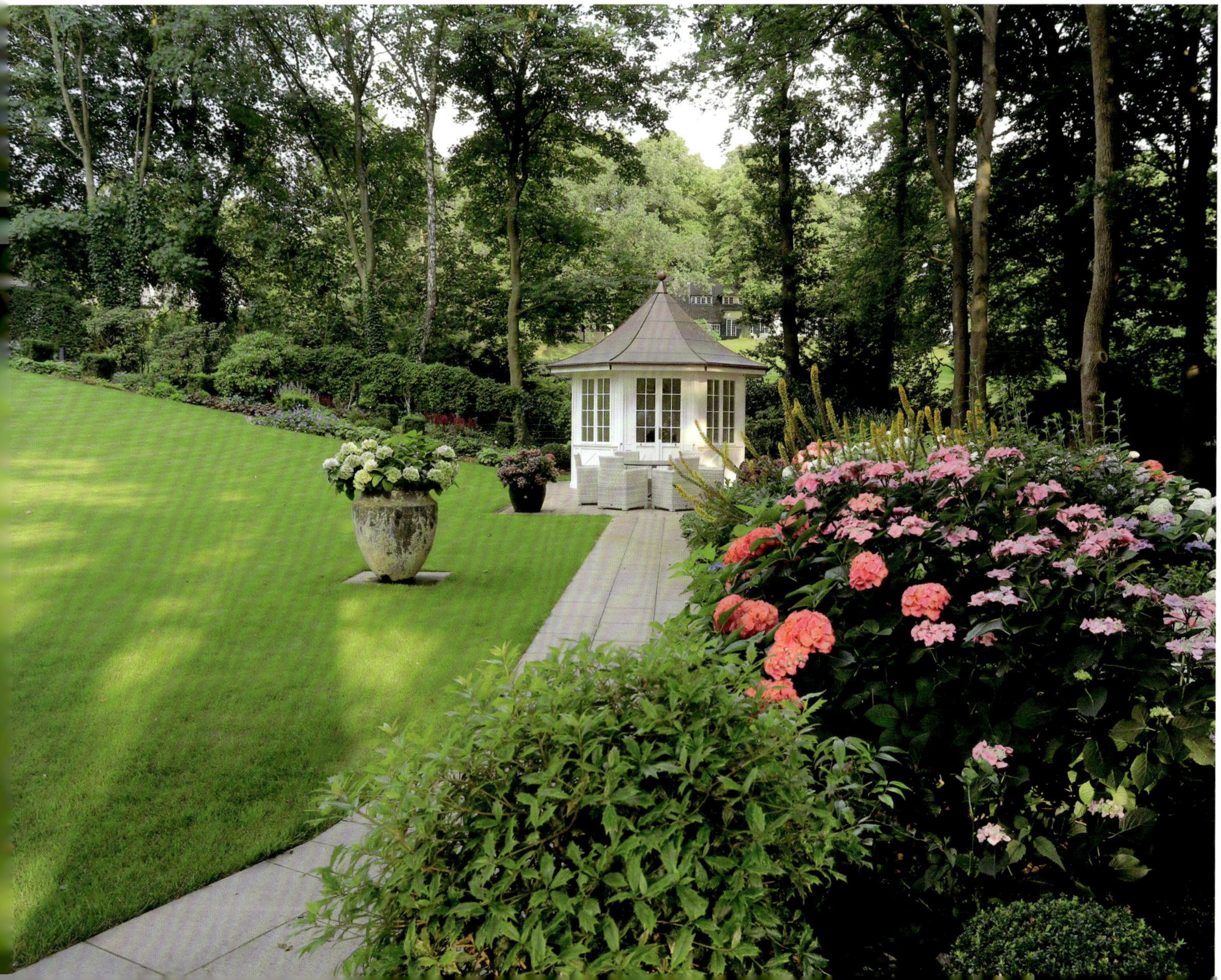

Für Genießer

NAH AM WASSER

DER TRAUM VOM EIGENEN SCHWIMMTEICH WAR DIE TRIEBFEDER FÜR DIE UMGESTALTUNG DIESES GARTENS – MIT DEM ERGEBNIS, DASS DAS GESAMTE GRUNDSTÜCK EIN GANZ NEUES FLAIR BEKOMMEN HAT.

Wohnhaus
Wintergarten
Schwimmteich
Überdachte Sitzfläche
Terrasse mit Holzbelag
Rasenfläche

Planung und Ausführung: *Jochen Helmreich Garten- und Landschaftsbau GmbH*

So harmonisch kann es aussehen, wenn in einen bestehenden, gut eingewachsenen Garten ein neues Gestaltungselement Einzug hält. In diesem Falle ist der Schwimmteich der Neuling, der sich bestens mit Wintergarten, Rasenfläche und vorhandener Bepflanzung zu einem Wohlfühlgarten verbindet. Mit dem Wasser hielt auch eine Erweiterung der Holzterrasse Einzug in den Garten. Sie fasst die Bereiche vor Wintergarten und Sitzplatz zusammen und bildet gewissermaßen die Klammer, die Alt und Neu verbindet. Findlinge unterstreichen den naturnahen Charakter des Schwimmteichs, Hortensien, Blütenhartriegel, Zwergflieder und Gartenbambus sorgen für die farbenfrohe Kulisse, die mit einem ausgeklügelten Lichtsystem aus Bodenstrahlern im Holzdeck und Erdspießstrahlern am Teich auch nachts effektvoll in Szene gesetzt wird.

Der Teich schließt sich unmittelbar ans Haus an. So lässt er sich auch von drinnen genießen

FAKTEN

Baubeginn: *Mai 2010* **Fertigstellung:** *August 2010* **Grundfläche Garten:** *800 m²* **Anspruch:** *Harmonische Integration eines Schwimmteichs in bestehendem Garten* **Materialien:** *Bangkirai, Granit, Findlinge* **Außergewöhnliches:** *Baustelle nur mit Kettenfahrzeugen über Steilhang zugänglich*

126

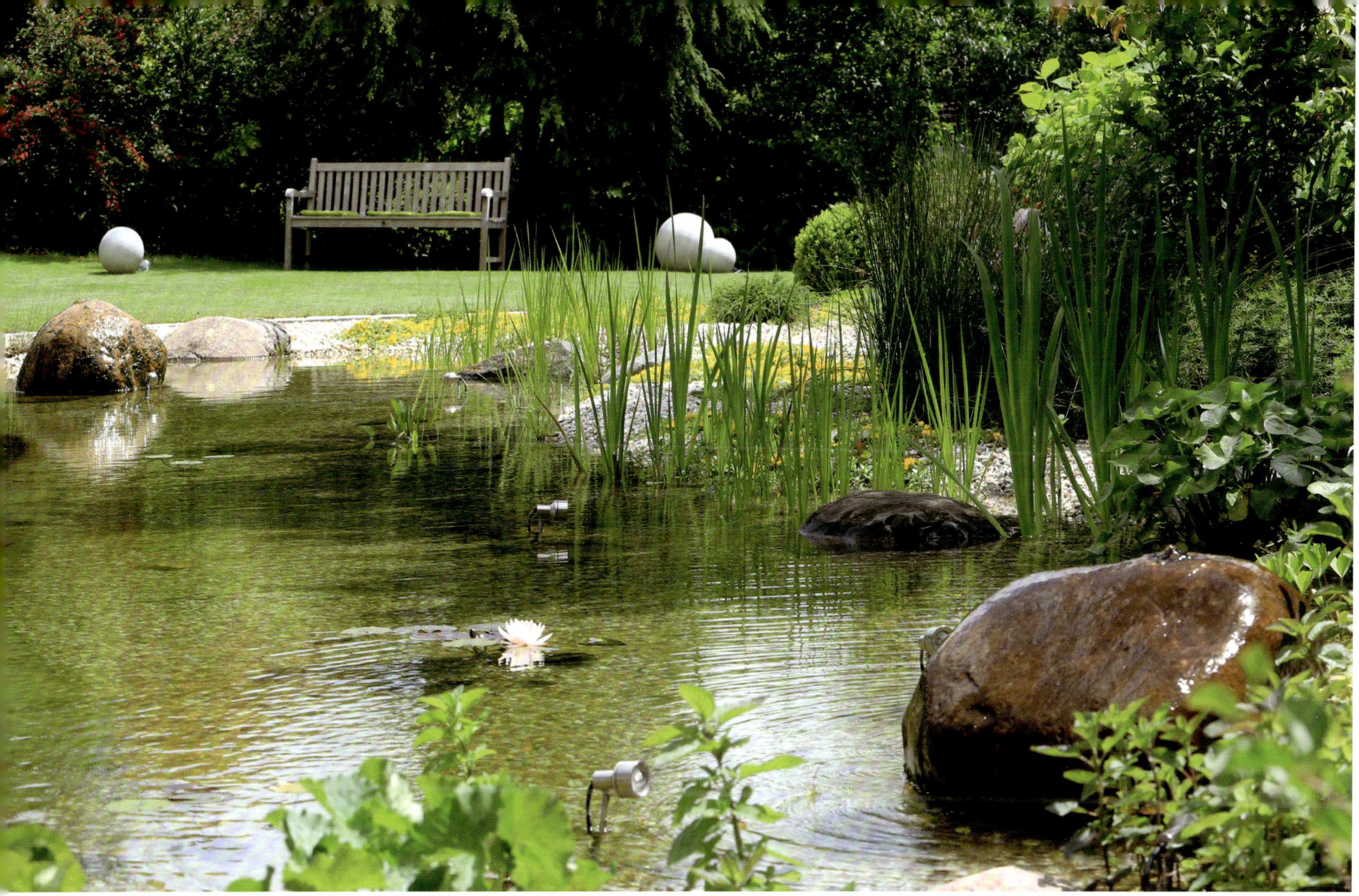

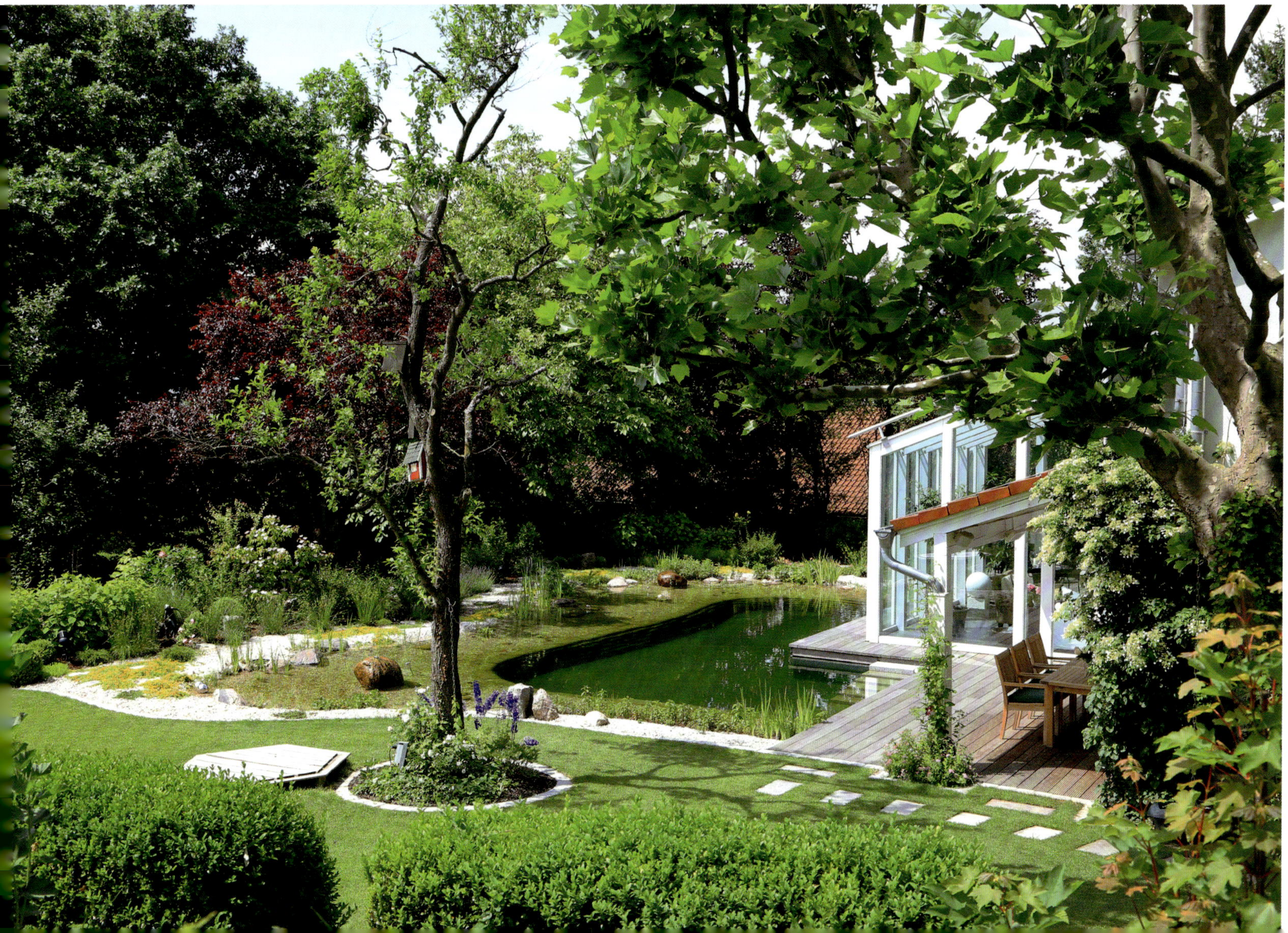

Für Genießer

GROSSFAMILIEN-GARTEN

VIER SÖHNE UND EIN HALBER GARTEN – MIT DIESER KONSTELLATION BEGINNT DIE GESCHICHTE DER UMGESTALTUNG DIESES GARTENS.

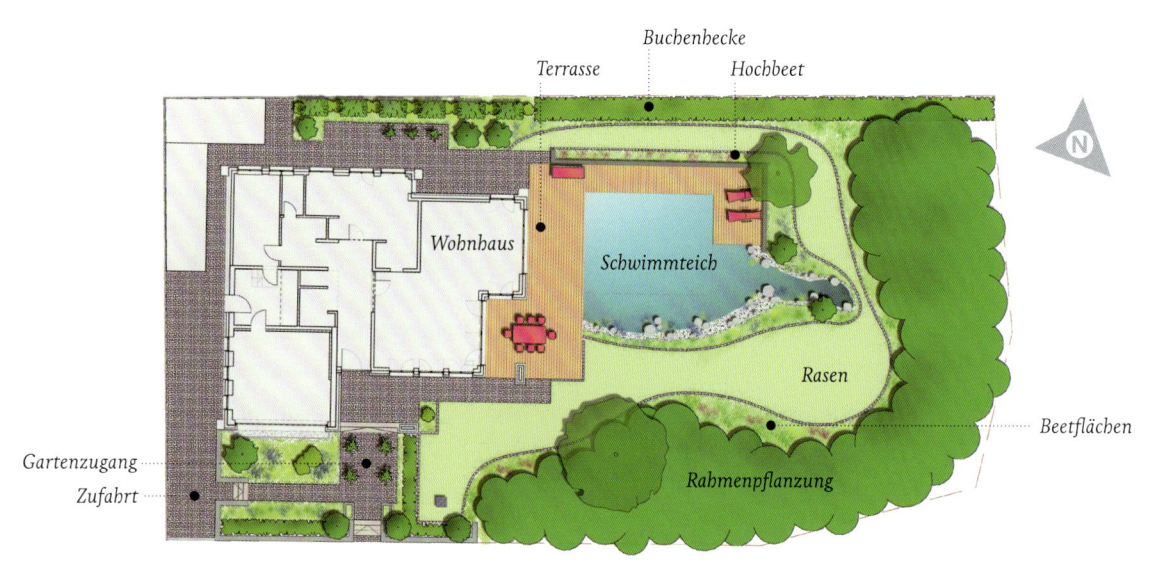

Planung und Ausführung: *Gartenarchitektin Claudia Schaaf, Fa. ingo beran*

Das Grundstück der insgesamt sechsköpfigen Familie war geteilt worden, sodass zwar gärtnerische Strukturen vorhanden waren, diese jedoch nicht mehr zu den aktuellen Dimensionen des Gartens passten. Es musste also dringend umstrukturiert werden. Diese Gelegenheit nutzte die Familie, um sich die intime grüne Oase schaffen zu lassen, die sie immer schon haben wollte – inklusive Schwimmgelegenheit und reichlich Platz zum Spielen, Entspannen, gemütlichem Beisammensein und Genießen im Grünen. Der Charme des Grundstücks liegt unter anderem darin, dass es zum Haus hin leicht abfällt, sodass sich der gesamte Garten dem Betrachter von der Terrasse aus wie auf einer Bühne präsentiert. Der Wasserlauf, der in den der Terrasse vorgelagerten Schwimmteich mündet, kommt so besonders gut zur Geltung. Niedrige Mauern aus Basaltsteinen fassen die Beete rund um den Schwimmteich ein und schaffen eine intime Atmosphäre. Das Hellgrau des Holzdecks aus Garapa erscheint fast wie eine Symbiose aus dem dunklen Grau des Basalts und dem strahlenden Weiß der Hausfassade. Herrscht bei den Bauelementen farblich eine gewisse Zurückhaltung, wurde bei der Bepflanzung aus dem Vollen geschöpft: Lavendel und Rosen, Rotbuchen, Azaleen, Hortensien und im Frühjahr zahlreiche Zwiebelblüher sorgen für eine fröhlich bunte Mischung aus Blau, Weiß, Rot und Gelb.

Das Lila des Lavendels bringt die rotlaubigen Gehölze zum Leuchten

Sogar beim Essen kann man den Blick auf den Teich genießen

Da der Schwimmteich etwas tiefer liegt als das seitliche Gelände, ist man auf dem Holzdeck sehr geschützt

FAKTEN

Baubeginn: *Juni 2010* **Fertigstellung:** *Mai 2012* **Grundfläche Garten:** *1.000 m² * **Anspruch:** *Intime Stadtoase für Genießer* **Materialien:** *Basalt, Holländischer Pflasterklinker, Garapaholz* **Außergewöhnliches:** *Schaffung neuer Strukturen nach Grundstücksteilung*

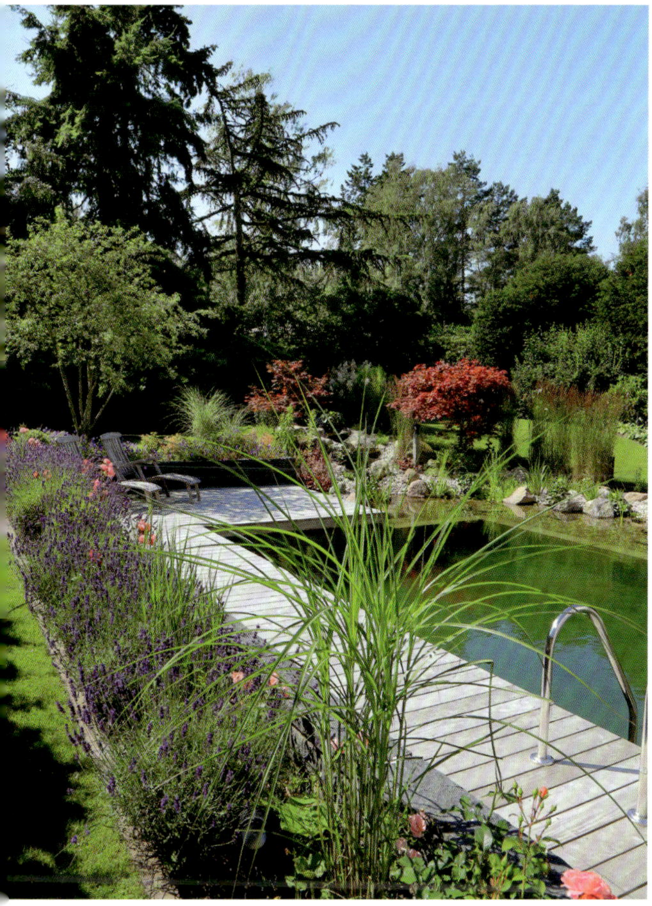

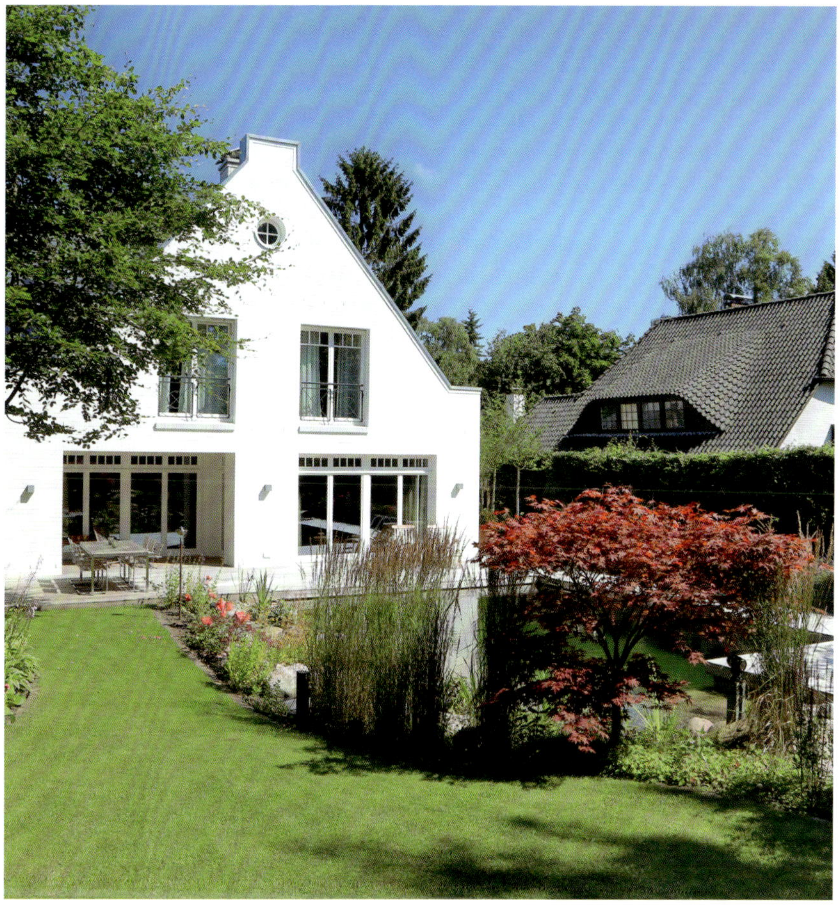

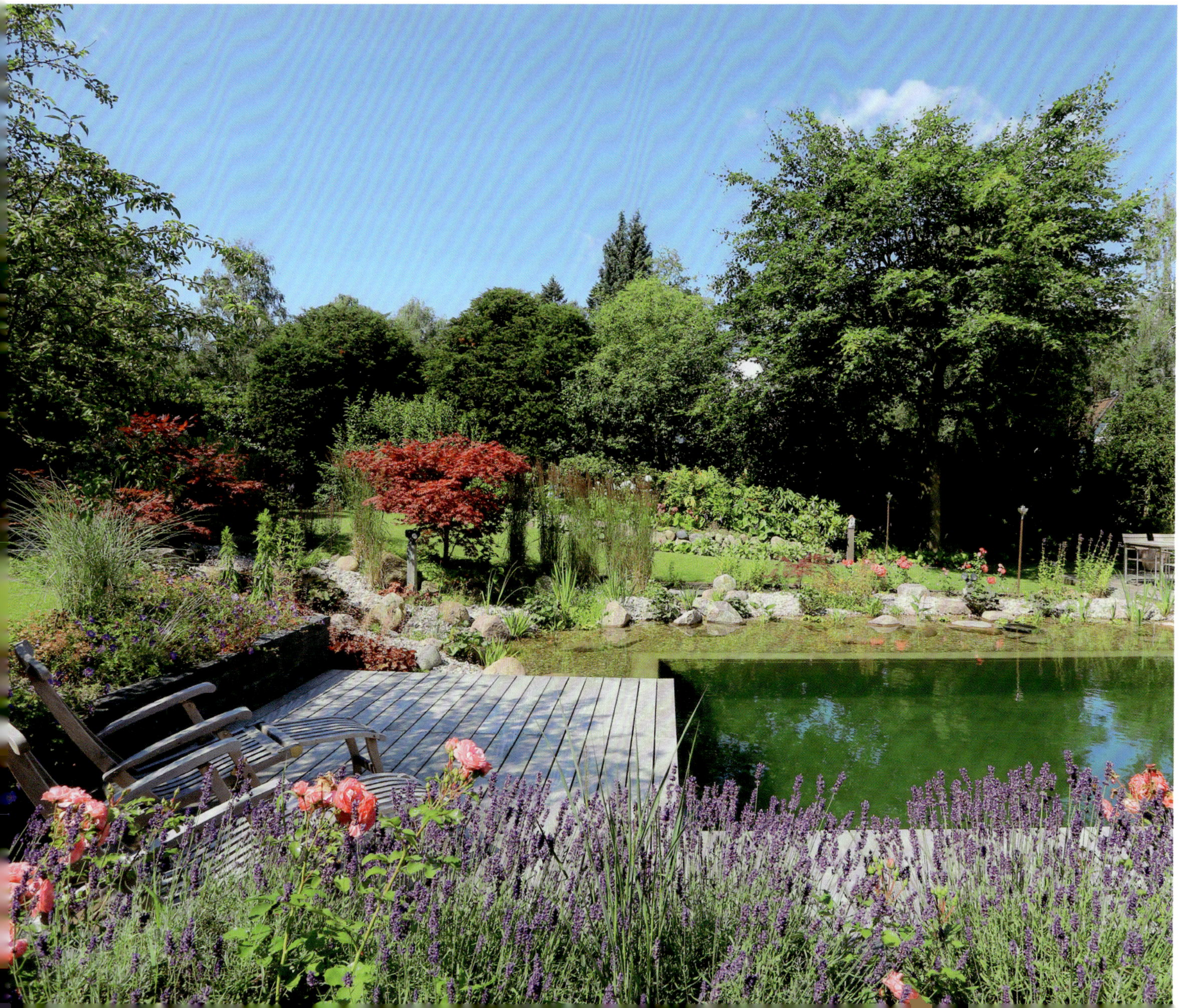

Für Genießer

TRÈS FRANÇAIS

EIN LANDHAUS IM STILE EINER FRANZÖSISCHEN VILLA UND EIN HANGGRUNDSTÜCK MIT AUSSICHT ÜBER DEN FLUSS SIND DIE HAUPTDARSTELLER IN DIESER GARTENGESCHICHTE.

Planung und Ausführung: *LEUCHT GÄRTEN Garten- und Landschaftsbau GmbH*

Hier passen Haus und Garten so perfekt zusammen, dass sich wohl allein anhand der Bilder des Gartens eine Skizze der dazugehörigen Immobilie anfertigen ließe. Denn was sich hier oberhalb der Weser entfaltet, ist eine einzige Hommage an den klassischen französischen Villengarten. Die großen Bäume, Spalier- und Formgehölze, Rosen und Magnolien – sie alle würden einer historischen Villa auf dem Lande in Frankreich bestens zu Gesicht stehen und bilden auch im Weserland eine perfekte Ergänzung der Architektur. Der hinter dem Haus gelegene kleinere Teil des Gartens zelebriert die wunderbare Aussicht über das Flusstal, gleichsam, als ob man ihr hier einen grünen Teppich ausgerollt hätte. Um den Höhenunterschied zwischen Haus und Grundstücksgrenze zu überwinden, wurde der Garten terrassiert, breite, auf die Mittelachse des Hauses ausgerichtete Stufenanlagen, unterbrochen von Rasenflächen, zitieren ebenso klassische Gartenarchitektur wie die symmetrisch angelegten und mit niedrigen Natursteinmauern eingefassten Beete, die mächtigen Pflanzamphoren und das Brunnenbecken aus Sandstein. Bei aller Großzügigkeit in den Dimensionen bleibt dieser Garten in seiner Farbigkeit zurückhaltend: Weiß und Grün sind die dominierenden Farben, und auch das unterstreicht den klassischen Charakter des Ensembles.

Das Grundstück gliedert sich in mehrere Terrassen und von jeder bietet sich ein toller Blick ins Tal

Wie die Fassade des Hauses ist auch dieser Gartenteil ganz symmetrisch aufgebaut

FAKTEN

Baubeginn: Dezember 2008 **Fertigstellung:** Juli 2009 **Grundfläche Garten:** 5.000 m² **Anspruch:** Klassischer Villengarten in französischem Stil **Materialien:** Sandstein **Außergewöhnliches:** Rund 15 Meter Höhenunterschied

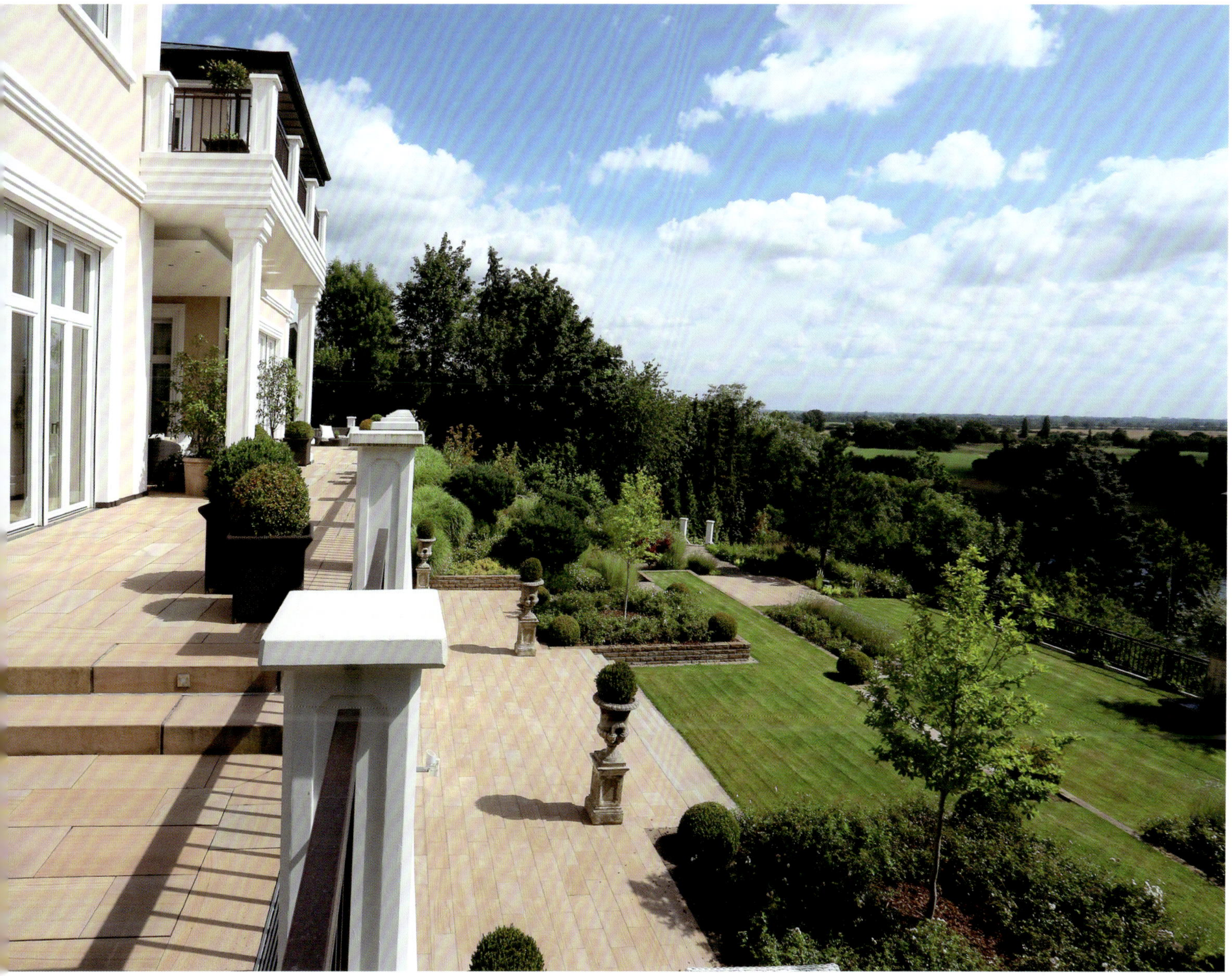

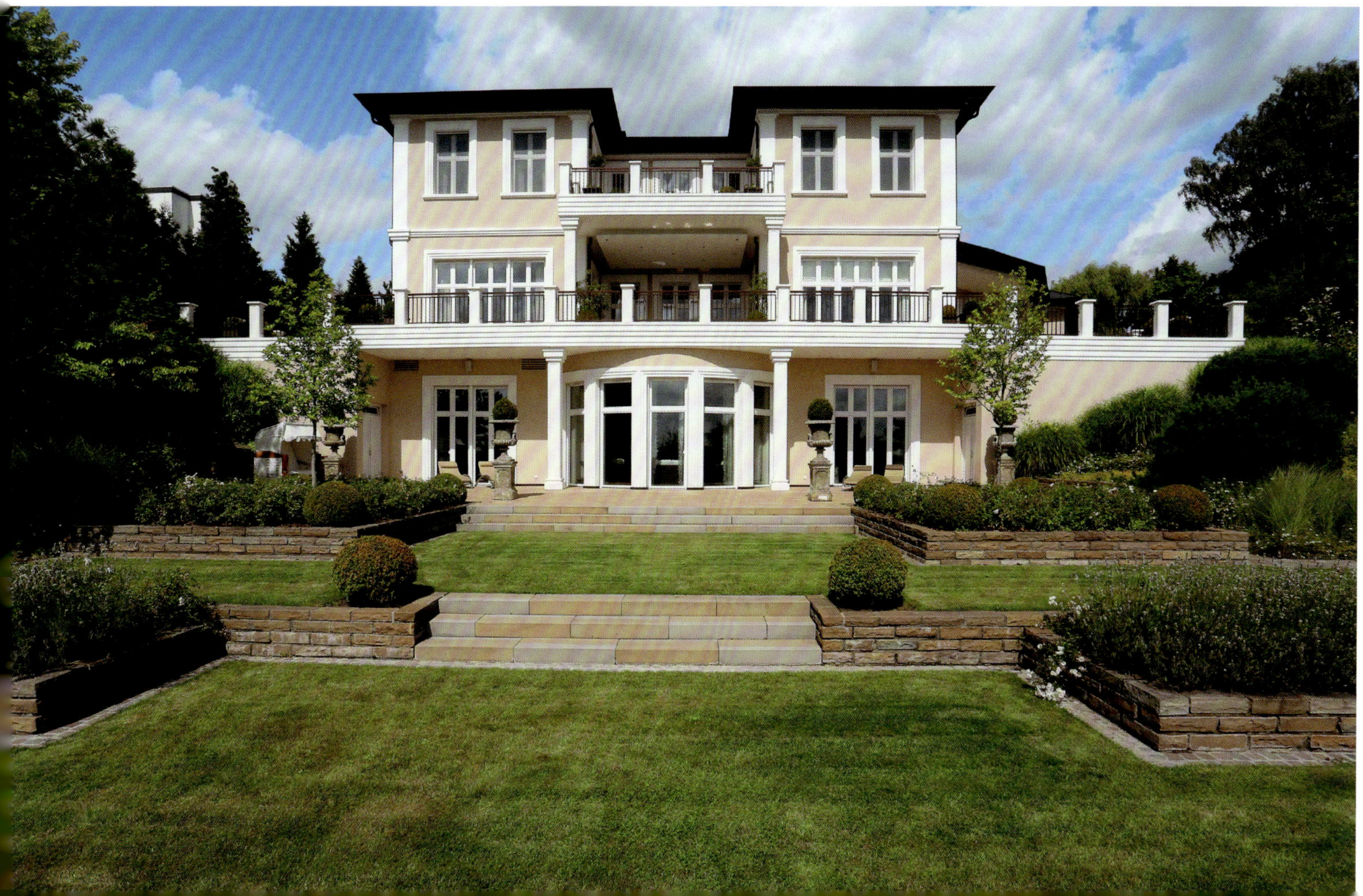

Für Genießer

ALLES KLAR

DIE KLAREN LINIEN DER INNENARCHITEKTUR IHRES HAUSES WOLLTEN DIE BESITZER IN IHREN GARTEN ÜBERTRAGEN HABEN.

Planung und Ausführung: *Gartenplan Esken & Hindrichs GmbH*

Hier ist der Weg in den Garten schon gewissermaßen das Ziel, denn bevor man Haus und Garten erreicht, gilt es, eine sehr lange Auffahrt zu passieren, und deren Aufwertung war einer der zentralen Wünsche der Gartenbesitzer. Gleichzeitig sollten der parkähnliche Charakter des Gartens und die lange, die Auffahrt säumende Hainbuchenhecke erhalten bleiben. Spannung bekommt der schmale Weg nun dadurch, dass vor die Hainbuchen eine zweite Heckenebene aus geradlinig geschnittenen Eiben angelegt wurde. Wie grüne Quader in unterschiedlichen Höhen sorgt er für immergrüne Abwechslung in Farbe und Struktur. In Verbindung mit flächig gepflanztem Buchsbaum säumen die Eibenquader auch eine ausgedehnte Holzterrasse. So werden bei diesem Gestaltungskonzept die Pflanzen selbst zu Designobjekten. Passend zur geradlinig zurückhaltenden Architektur des Hauses ist auch der Pool schlicht rechteckig, aber mit den aus dem Holzdeck scheinbar emporwachsenden Schirmplatanen trotz aller Geradlinigkeit spannungsreich. Das Farbkonzept des Gartens inklusive Poolhaus greift die Vorgaben des Wohnhauses auf und beschränkt sich auf einige wenige Komponenten: weiße Hortensien leuchten den ganzen Sommer über besonders intensiv vor dem dunklen Eibengrün und lösen die Rhododendren beim Blühen ab. Rotlaubige Gehölze fungieren als Farbtupfer.

In Blockform geschnittene Eiben rahmen den Sitzplatz ein und leiten über zur geradlinigen Architektur des Hauses

Die Schirmplatanen wachsen scheinbar direkt aus dem Holzdeck hervor und sorgen für natürlichen Sonnenschutz am Pool

FAKTEN

Baubeginn: *April 2007* **Fertigstellung:** *April 2008* **Grundfläche Garten:** *2.320 m²* **Anspruch:** *Designgarten, bei dem die Pflanze im Mittelpunkt steht* **Materialien:** *Bangkirai* **Außergewöhnliches:** *Aufwertung der langen Auffahrt*

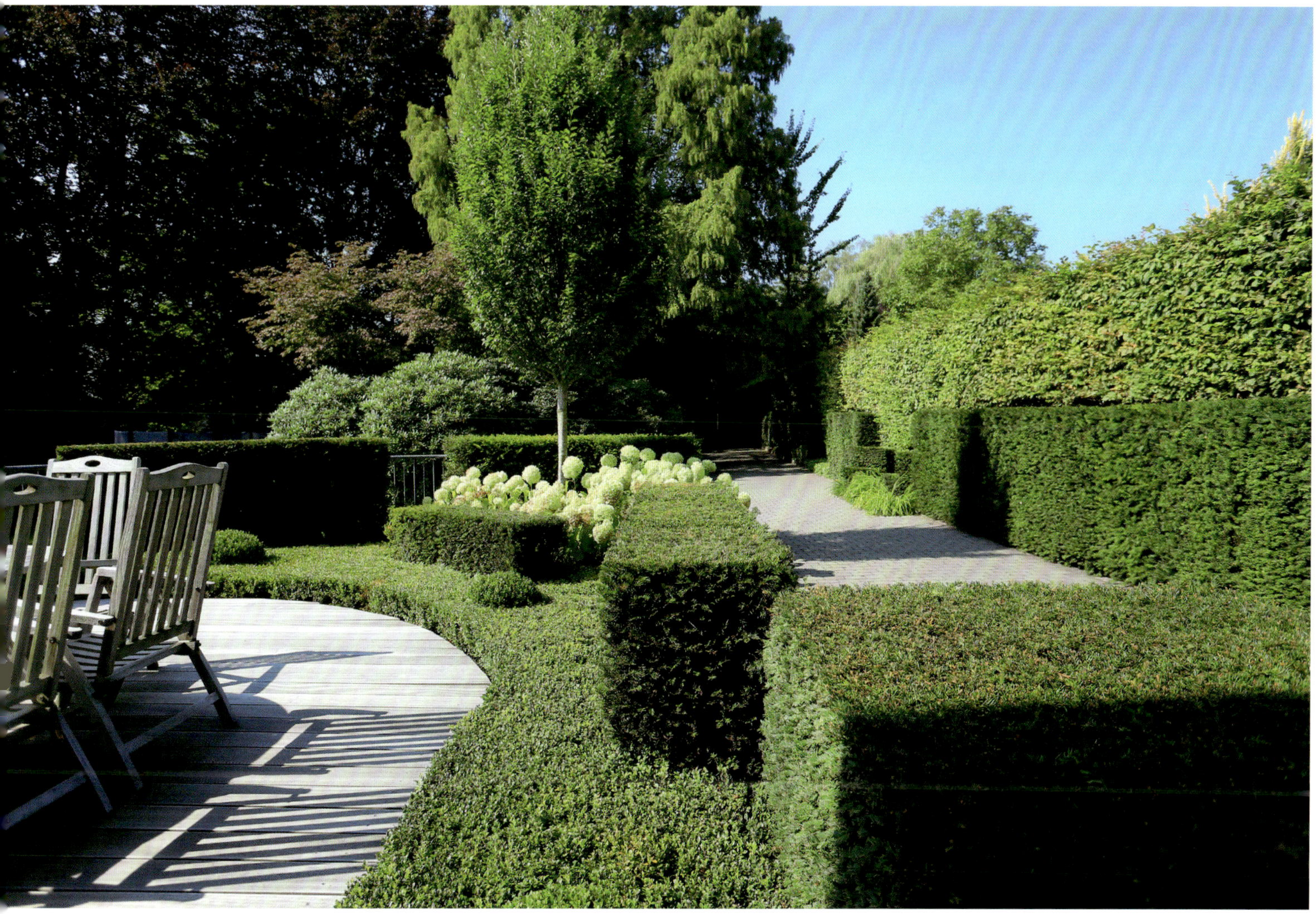

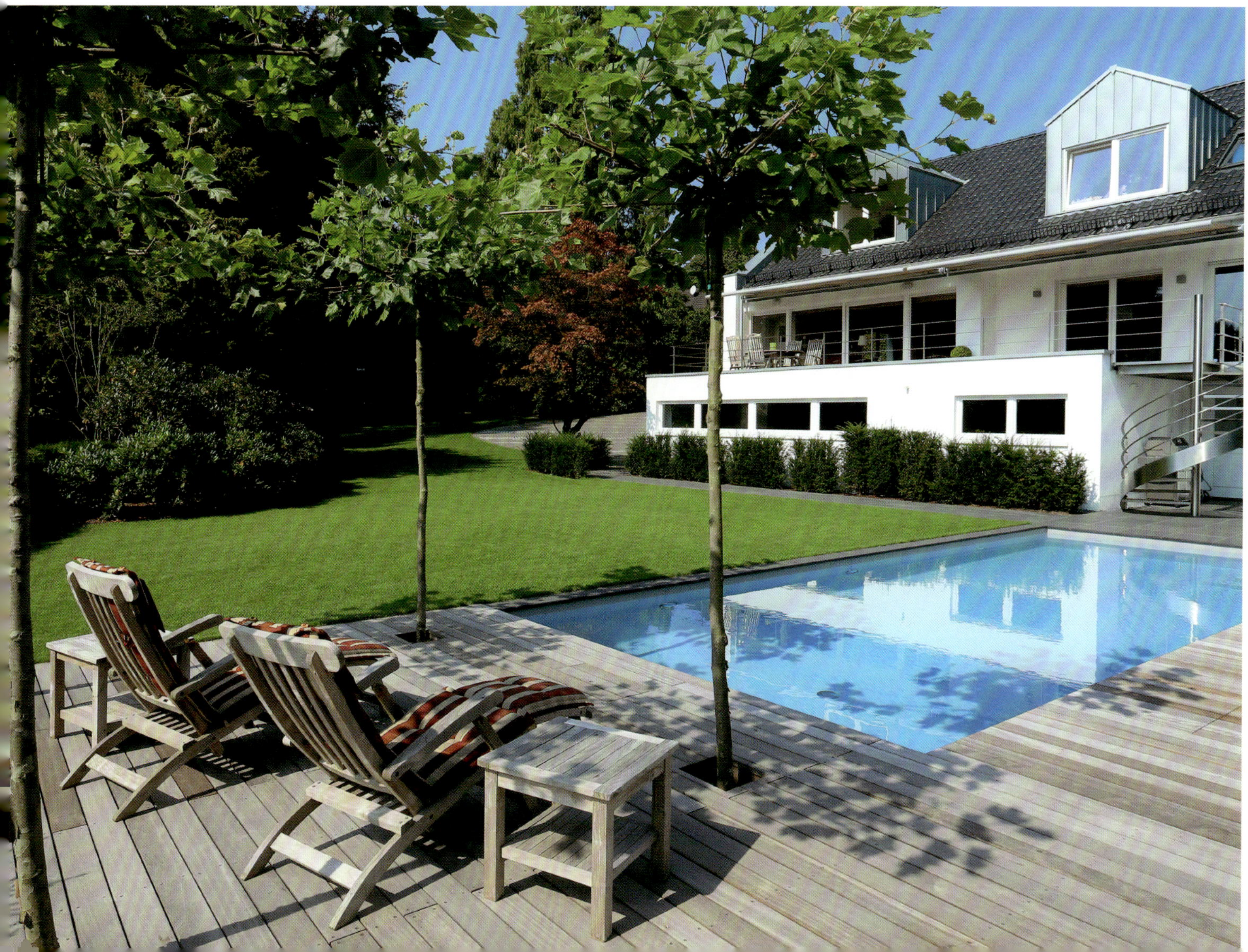

Für Genießer

REIN INS VERGNÜGEN

HIER WIRD DER WEG DURCH DEN GARTEN SCHNELL ZU EINEM MITTLEREN SPAZIERGANG, SO WEITLÄUFIG IST DAS GRUNDSTÜCK MIT SEINEM WUNDERBAREN BLICK INS GRÜNE. ENTSPRECHEND GROSSZÜGIG IST AUCH DER SCHWIMMTEICH, DER DEN MITTELPUNKT DES GARTENS BILDET.

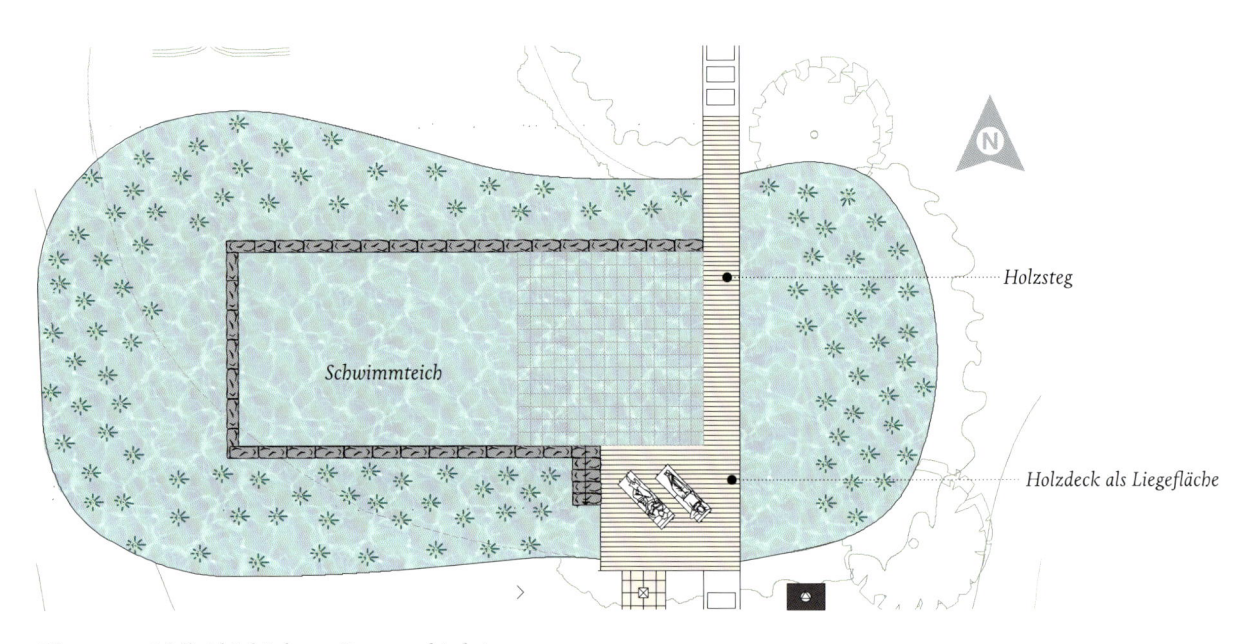

Holzsteg

Holzdeck als Liegefläche

Planung: *Adelheid Schönborn, Gartenarchitektin*
Ausführung: *Rupert Halbartschlager Garten- u. Landschaftsbau GmbH & Co*

Wer es in diesem Garten eilig hat, ins Wasser zu kommen, nimmt einfach die Abkürzung über den Holzsteg. Der führt direkt zur Teichterrasse, an der sich auch der Einstieg ins kühle Nass befindet. Und dieser Schwimmteich ist wahrlich für mehr als nur eine kleine Erfrischung geeignet. Nicht weniger als 15 Meter misst der Schwimmbereich, sodass hier, wer will, richtig trainieren kann – und das bei bester Fernsicht und mit dem Gefühl, mitten in der Natur zu baden. Die dafür notwendige Regenerationszone ist so angelegt, dass ihre Bepflanzung für eine natürliche Wasserfilterung sorgt und gleichzeitig zur naturnahen Anmutung des Teichs beiträgt. So ist der Schwimmteich nicht nur Badeparadies, sondern auch naturnahe Landschaftsergänzung und Lebensraum für zahlreiche Tier- und Pflanzenarten. Ebenso selbstverständlich wie der organisch geformte Schwimmteich mitten in der großen Rasenfläche liegt, steht neben dem Holzdeck auch die dazugehörige Edelstahldusche. Die bildet in Form und Material den maximalen Kontrast zum Teich und passt vielleicht gerade deswegen so gut dorthin.

Die vergrauende Oberfläche des Holzes und die Edelstahldusche bilden ein absolut stimmiges Ensemble

Wie ein Laufsteg führt der Holzweg über den Teich zur Terrasse

FAKTEN

Baubeginn: *März 2008* **Fertigstellung:** *September 2009* **Grundfläche Garten:** *10.000 m²* **Anspruch:** *Schwimmteich als Ruhezone integrieren*
Materialien: *Naturstein, Kies, Edelstahl* **Außergewöhnliches:** *Kombination aus naturnahen und designorientierten Elementen*

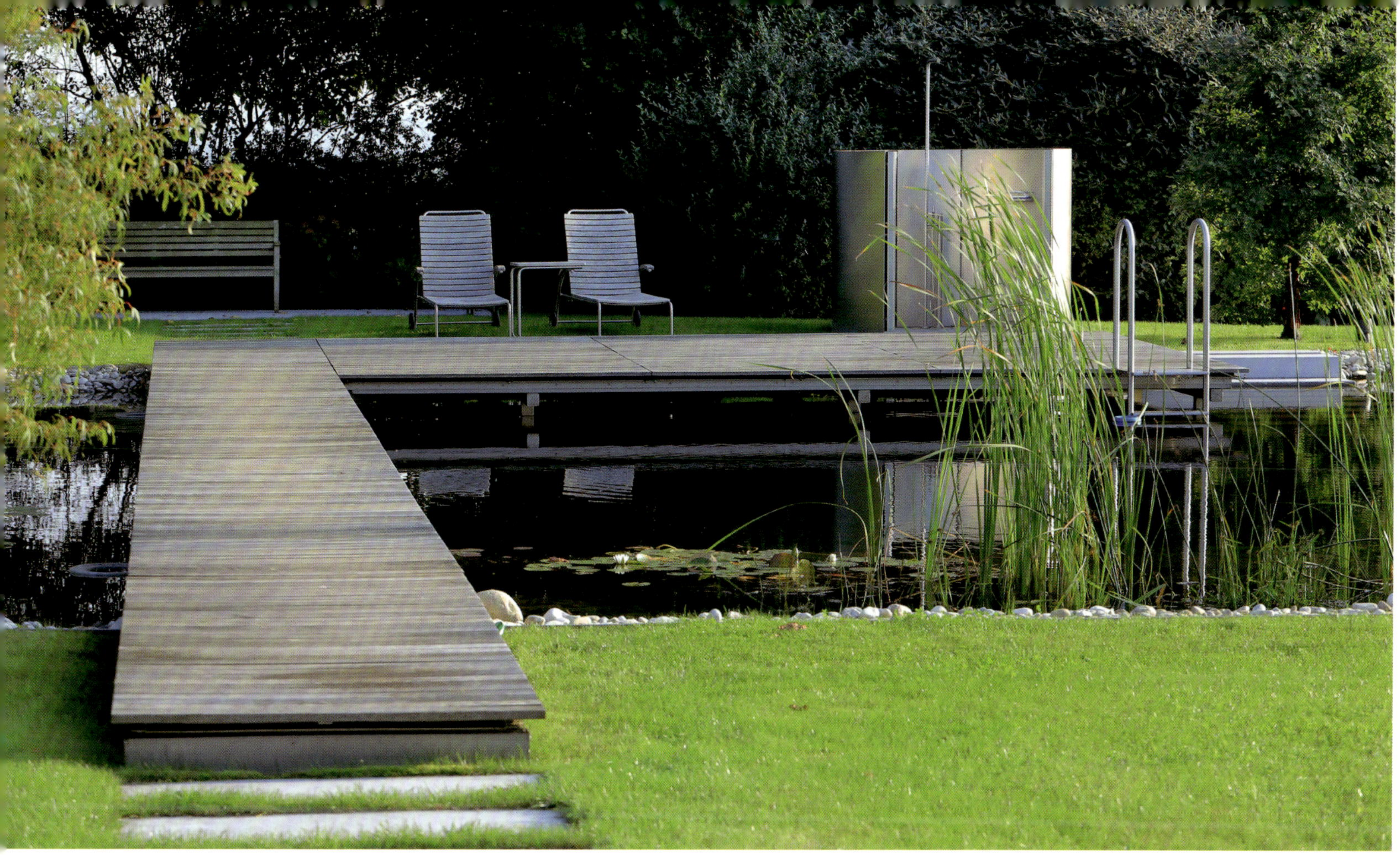

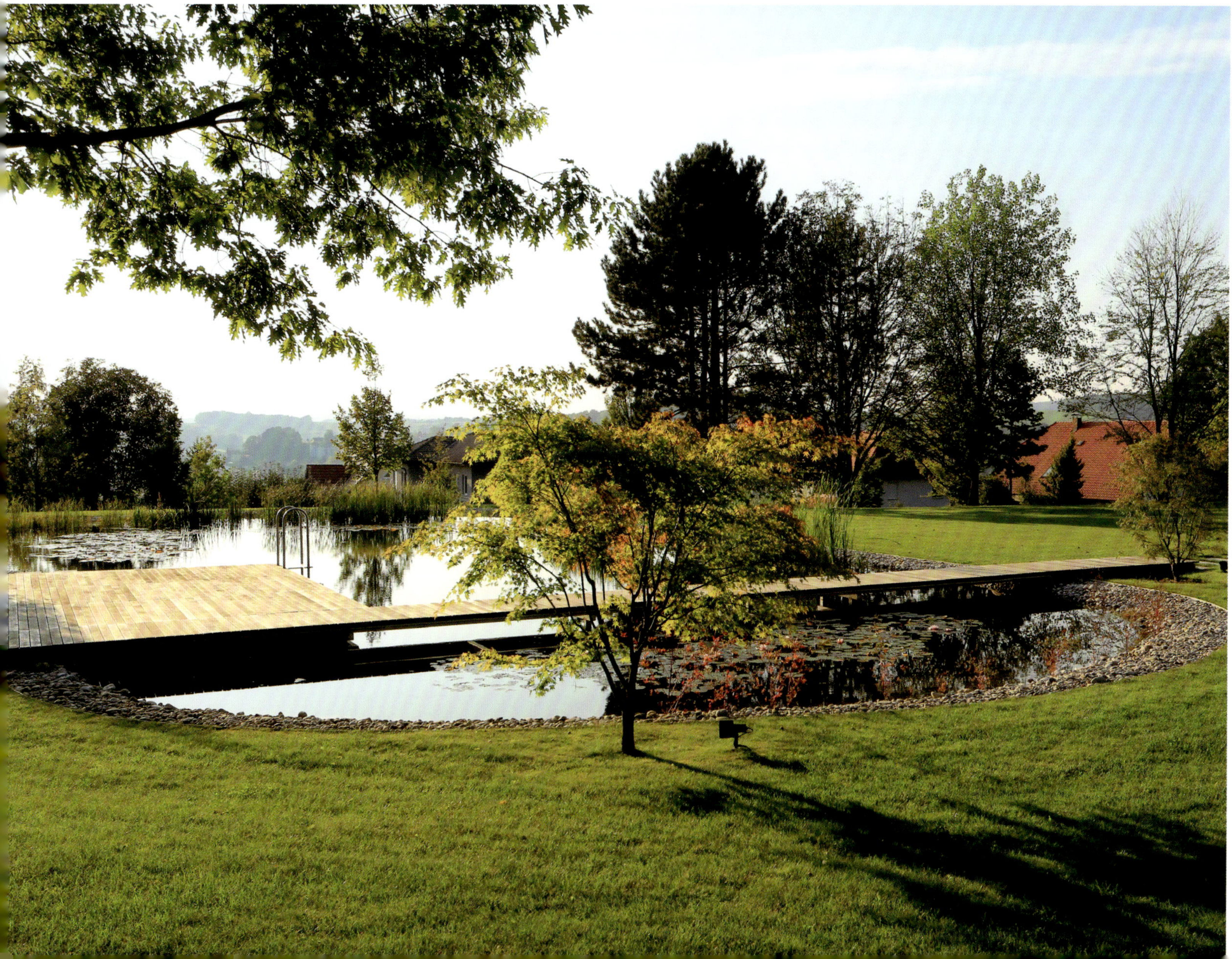

Für Genießer

GARTEN MIT BESTAND

JAHRZEHNTEALTE GEHÖLZE, EIN POOL, EIN SICHTSCHUTZ AUS PFLANZEN – HIER GAB ES BEREITS EINE GANZE REIHE VON ELEMENTEN, DIE EINEN GARTEN WOHNLICH MACHEN. AUF DER BASIS DIESES BESTANDS SCHUF DER GARTENGESTALTER NEUE RÄUME UND EINE RÜCKZUGSZONE.

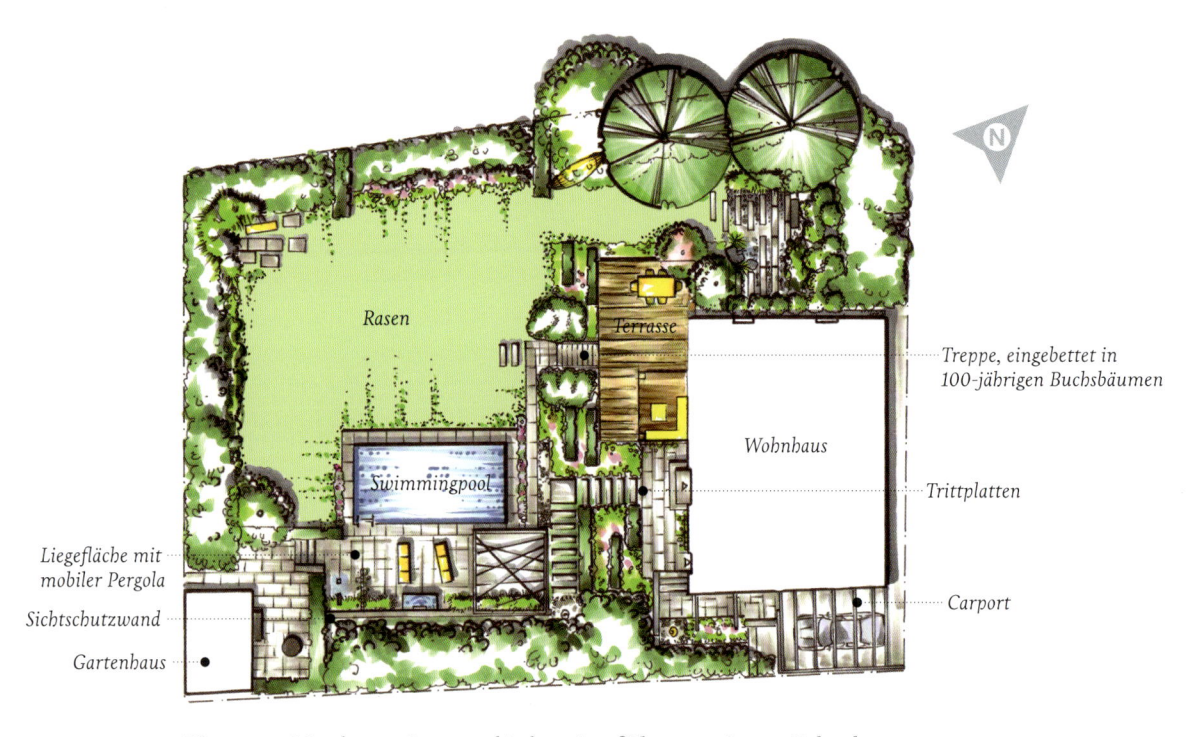

Planung: *Monsberger Gartenarchitektur* **Ausführung:** *Garten Dolezal*

Immer einen Schattenplatz am Pool gibt es in diesem zurückhaltend geradlinig gestalteten Garten – und das, obwohl die Poolumgebung vollkommen aufgeräumt und offen gehalten ist. Des Rätsels Lösung: die Pergola aus leichtfüßigen Stahlprofilen ist beweglich und betätigt sich so als mobiler Schattenspender. Ihr Dach besteht aus grobem Kunststoffgewebe. Das hält UV-Strahlen, nicht aber Licht und Luft ab, sodass es unter der Pergola stets hell und luftig bleibt. Mit ihren puristischen Materialien harmoniert die Pergola bestens mit der sonstigen Poolumgebung: Natursteinplatten bilden die Umrandung des strahlend blauen Wasserbeckens, Gräser, Immergrüne und Duftkräuter sorgen für ein zurückhaltendes Farbenspiel in Grüntönen. Ein echter Hingucker ist die Treppe mit ihren Edelstahlhandläufen, die von der Terrasse Richtung Rasen überleitet, denn sie scheint im eigentlichen Wortsinne durch den Garten zu führen, wachsen doch rechts und links von ihr große, uralte Buchsbaumkissen, die die Treppe regelrecht einbetten. Bei aller Klarheit gehört zum Konzept des Gartens auch eine klare Gliederung in unterschiedliche Räume, die sich stilistisch oder funktionell unterscheiden. So ist ein Gartenteil im asiatischen Stil gestaltet, ein anderer voll und ganz der Ruhe vorbehalten. Hecken sorgen auf natürliche Weise für eine räumliche Trennung.

Mit ihrem Glasdach ist die Terrasse hell und geschützt zugleich

Eine Mauerscheibe mit Wasserauslauf ist der Anker für die bewegliche Pergola

FAKTEN

Baubeginn: Juli 2010 **Fertigstellung:** August 2010 **Grundfläche Garten:** 750 m² **Anspruch:** Schaffung von Gartenräumen unter Erhalt weiter Teile des Pflanzenbestands **Materialien:** Sandstein, Sichtbeton, Stahl **Außergewöhnliches:** Mobile Pergola

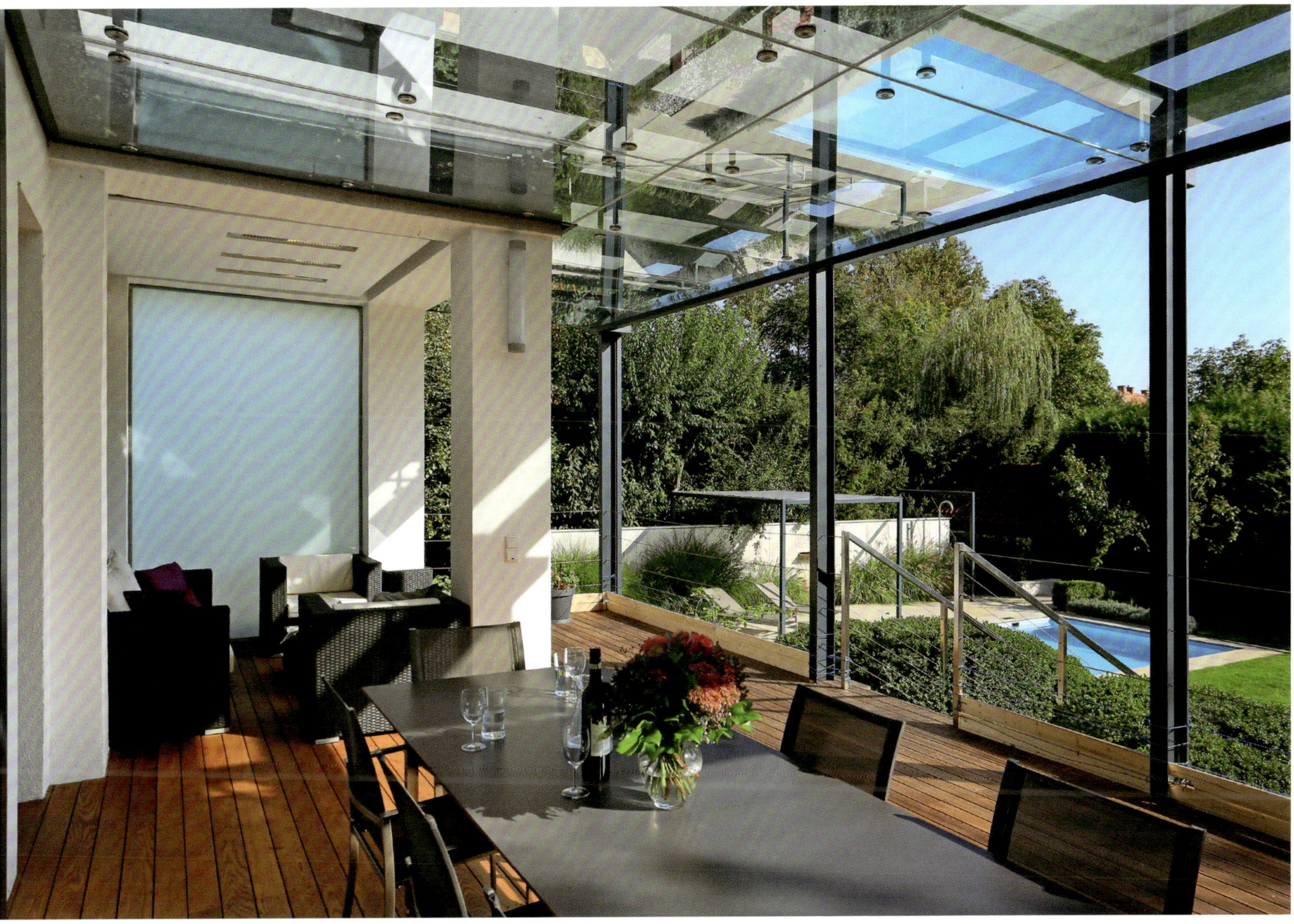

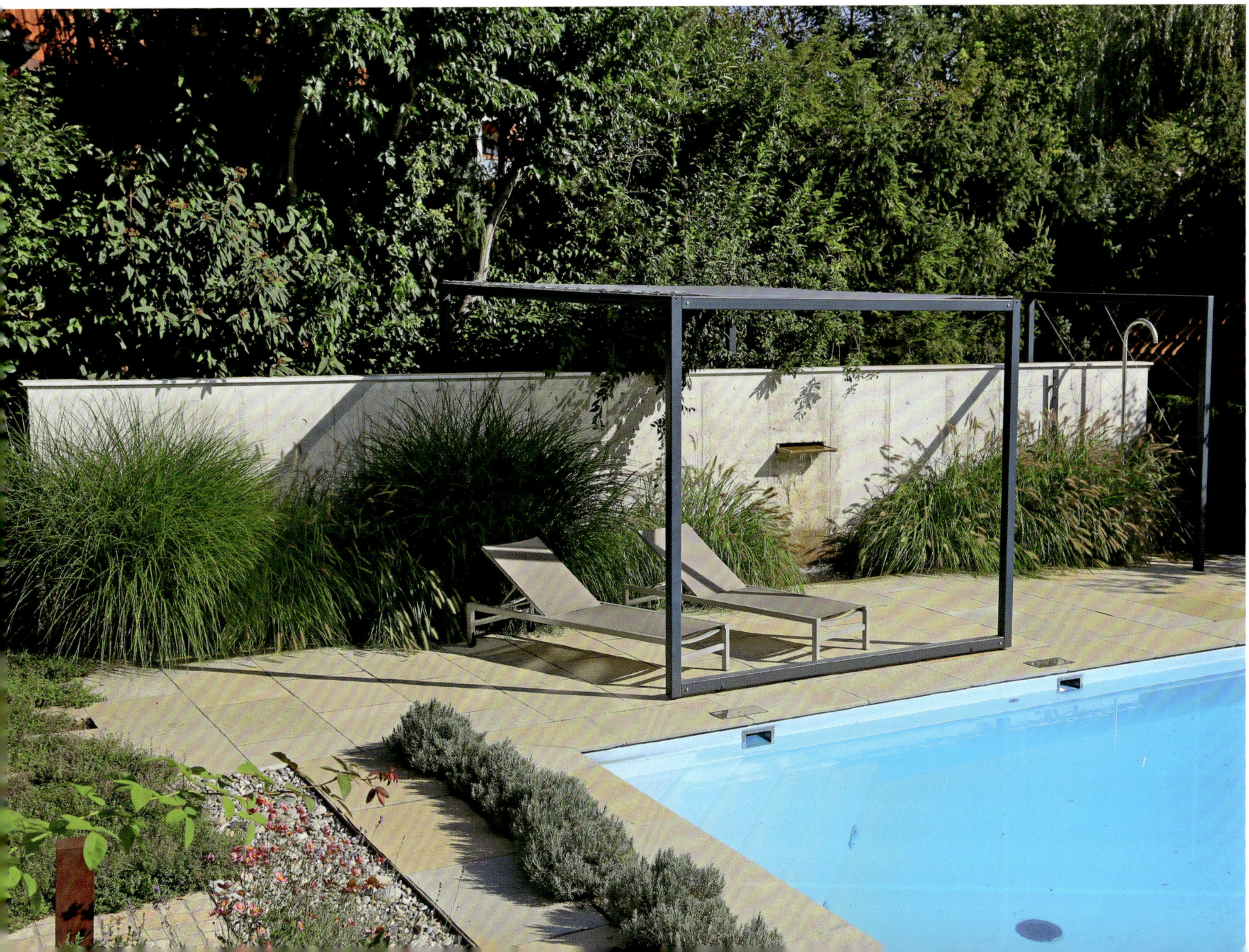

Für Genießer

SEEBLICKGARTEN

HIER GALT ES, DEN GRANDIOSEN BLICK AUF VORALPEN UND SEE GEBÜHREND IN SZENE ZU SETZEN, ABER AUCH DEN GROSSEN HÖHENSPRUNG DES GRUNDSTÜCKS GESCHICKT ZU GESTALTEN.

Für manch einen Garten ist seine Lage am Hang eher hinderlich, wenn es darum geht, ihn ansprechend zu gestalten. In diesem Falle aber ist es genau andersherum: Die Elemente, die die Gestaltung dieses Gartens so besonders machen, funktionieren nur, weil das Grundstück am Hang liegt. Da ist zum einen das Schwimmbecken, das als sogenannter Infinity-Pool angelegt ist, das heißt, wer auf Höhe des Wasserspiegels ist, bekommt den Eindruck, unmittelbar hinter der Poolwand gehe es steil bergab. Auch mit den von Stützmauern eingefassten Pflanzterrassen, die den Übergang vom Haus zum Pool bilden, machte der Gartengestalter aus der Not eine Tugend. Schließlich passt der für die Mauern verwendete Naturstein perfekt zur Architektur des Hauses und in die voralpine Landschaft und ruft den Eindruck hervor, das Haus throne auf einem trutzigen Fels. Während die Terrasse oben am Haus den unverstellten Blick auf See und Berge freigibt, ist die Poolterrasse durch ihre tiefere Lage und die dichte, jenseits des Rasens umlaufende Hecke vollkommen sichtgeschützt. Mit der Verwendung von Brasilianischem Quarzit für den Bodenbelag rund um das Schwimmbecken entstand hier eine geradezu mediterrane Atmosphäre. Weitaus ländlicher geht es in dem ebenfalls neu angelegten Nutzgarten zu, der mit seinen Kräuter- und Tomatenbeeten und umgeben von einem Staketenzaun aus Kastanienholz ganz wie ein ortstypischer Bauerngarten wirkt.

FAKTEN

Baubeginn: *Oktober 2010* **Fertigstellung:** *Februar 2012* **Grundfläche Garten:** *2.500 m²* **Anspruch:** *Hanggarten mit Aussicht und Pool* **Materialien:** *Brasilianischer Quarzit, Kalkbruchsteinmauern, Halleiner Mauerstein, Granit, Kies, Kastanienholz* **Außergewöhnliches:** *Großer Höhensprung des Grundstücks*

Der Pool ist so angelegt, dass man von ihm aus scheinbar direkt in den im Tal liegenden See schwimmen kann >

Von der Terrasse aus hat man einen grandiosen Blick auf die Landschaft; da würde allzu aufwendige Gartengestaltung nur ablenken >>

Terrasse aus Brasilianischem Quarzit

Outdoordusche

Kiesfläche

Pool

Rasen

Kalkbruchsteinmauer

Wohnhaus

Planung und Ausführung: *Fuchs baut Gärten GmbH*

»Man könnte meinen, der Infinity-Pool wurde für Grundstücke wie dieses erfunden.«

Für Genießer

GARTEN, AHOI!

DIESER GARTEN WURDE FÜR ZWEI MENSCHEN KONZIPIERT, DIE ZEIT HABEN, DIE GRÜNE OASE MITTEN IN DER STADT UND MIT ZUGANG ZUM WASSER AUSGIEBIG ZU GENIESSEN.

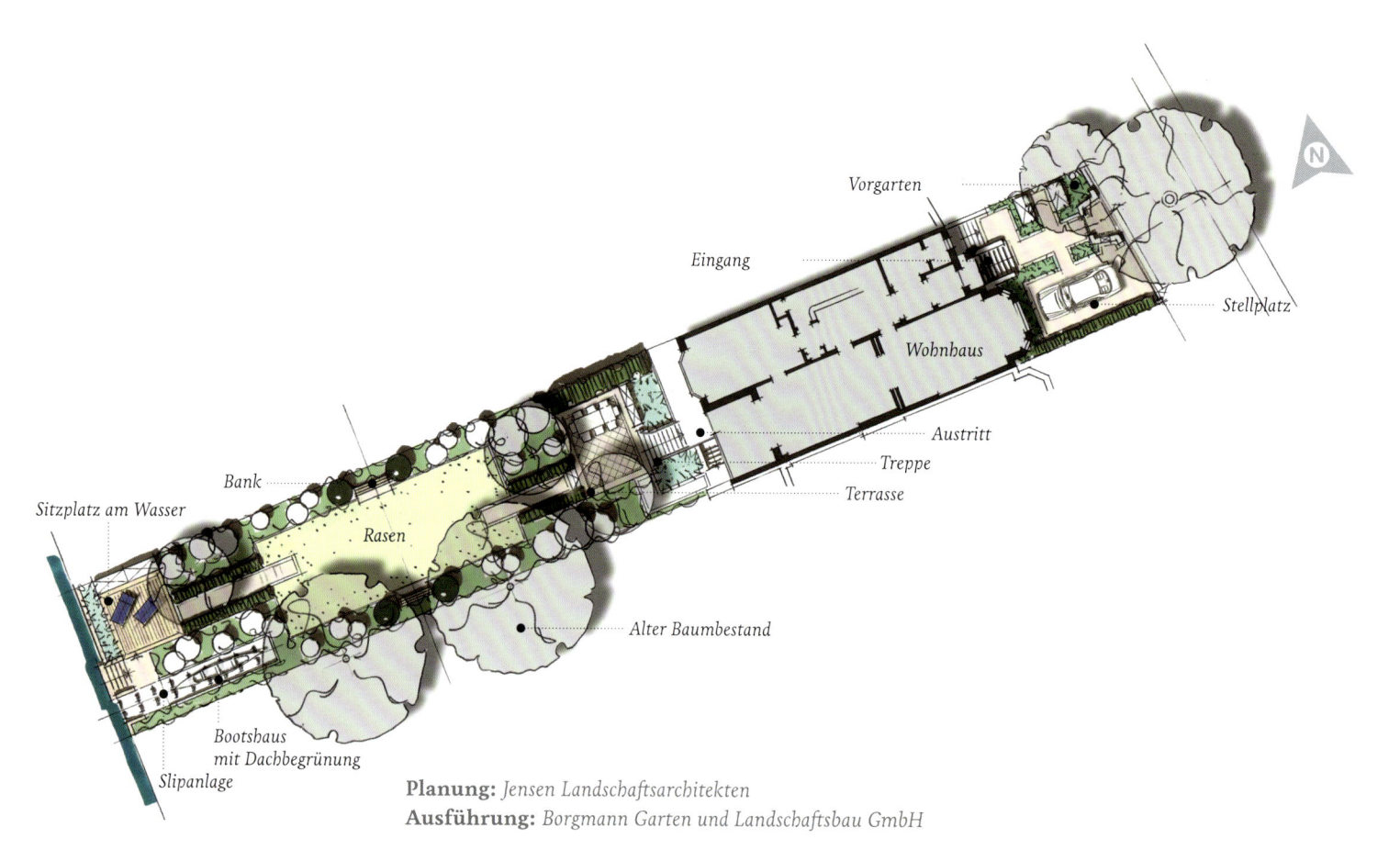

Planung: *Jensen Landschaftsarchitekten*
Ausführung: *Borgmann Garten und Landschaftsbau GmbH*

Wie eine Showtreppe führen die Stufen von der Terrasse des Gründerzeitbaus hinunter auf das Rasenparterre. Das erstreckt sich als ein weicher grüner Teppich Richtung Wasser, denn dieses Grundstück grenzt unmittelbar an einen kleinen Kanal. Den Rasen fasst üppiges Grün mitsamt zahlreichen bunt blühenden Stauden ein, das so konzipiert ist, dass es den dramatischen Effekt der Terrassentreppe noch unterstreicht. Der Garten selbst ist klassisch symmetrisch angelegt, und die beiden weißen Holzbänke, die auf dem nicht allzu langen Weg gen Wasser zum Verweilen einladen, dienen ganz der Betonung des hanseatischen Understatements, das dieser Garten pflegt. Am Ufer des Kanals entstand ein zweiter Sitzplatz mit Slipanlage und Bootshaus unter lichten Bäumen und mit hellem Sandsteinbelag. Ein Staketenzaun sorgt für rustikale Abgrenzung Richtung Kanal, ohne die Sicht auf die Wasseridylle zu versperren. Hier führt eine weitere Stufenanlage nach unten zum hauseigenen Bootssteg. Die Pflanzenauswahl stimmt ebenfalls ein ins Konzert der klassischen Töne, die hier angeschlagen wurden: Hortensien in unterschiedlichen Farben, kugelförmig geschnittener Buchs, Clematis, Eiben und zahlreiche blühende Stauden bevölkern diesen Garten.

Dass sich der Rasen hier tatsächlich wie ein grüner Teppich ausnimmt, ist dem regelmäßigen Einsatz eines Mähroboters zu verdanken

Kunstvoller Empfang: Wer sich dem Grundstück vom Wasser aus nähert, wird von einer lebensgroßen Skulptur begrüßt

FAKTEN

Baubeginn: *April 2011* **Fertigstellung:** *November 2011* **Grundfläche Garten:** *400 m²* **Anspruch:** *Klassischer Villengarten zum Genießen* **Materialien:** *Sandstein, Granit* **Außergewöhnliches:** *Bootssteg, Bootshaus, Slipanlage und Bewässerung als Teil der Planung*

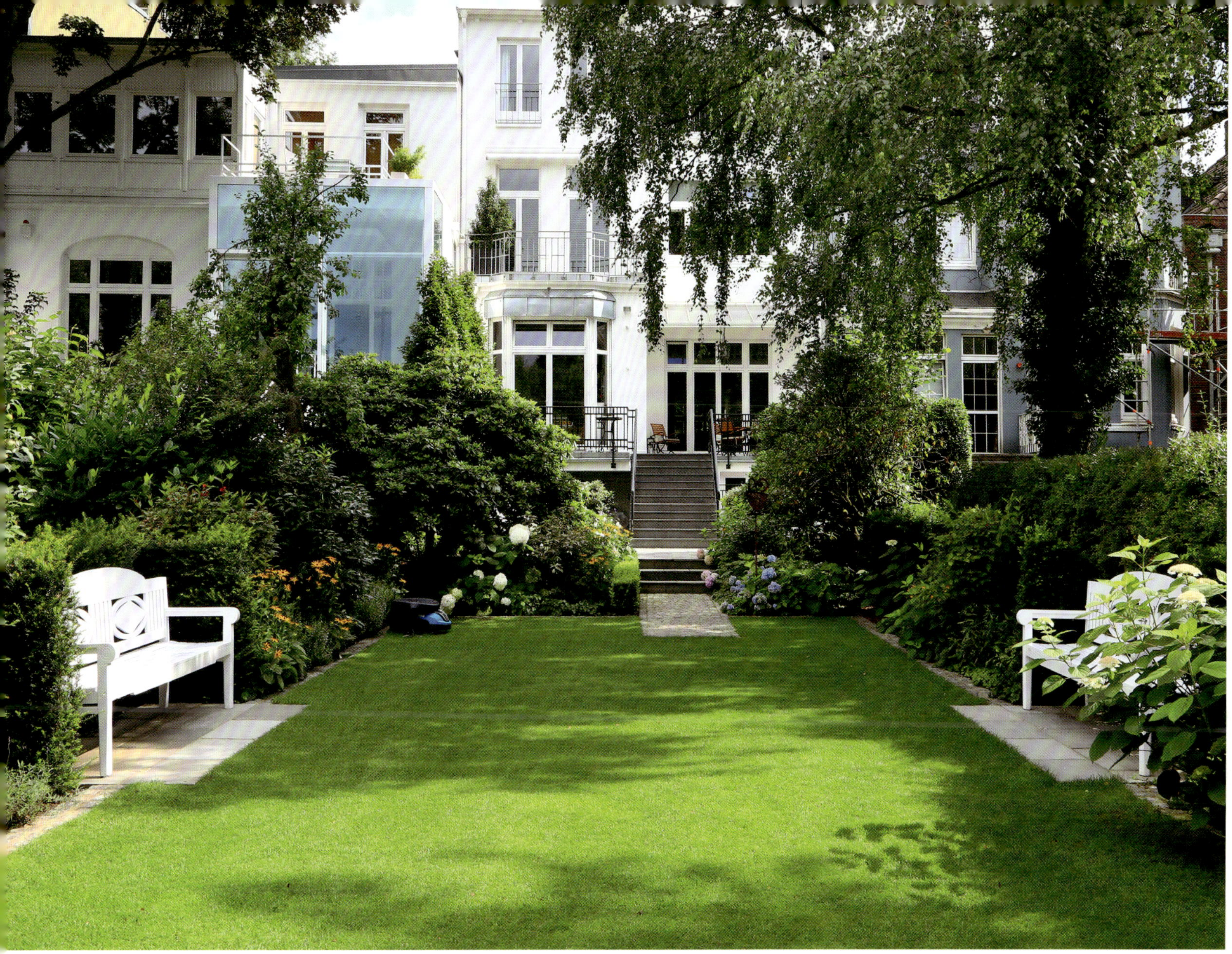

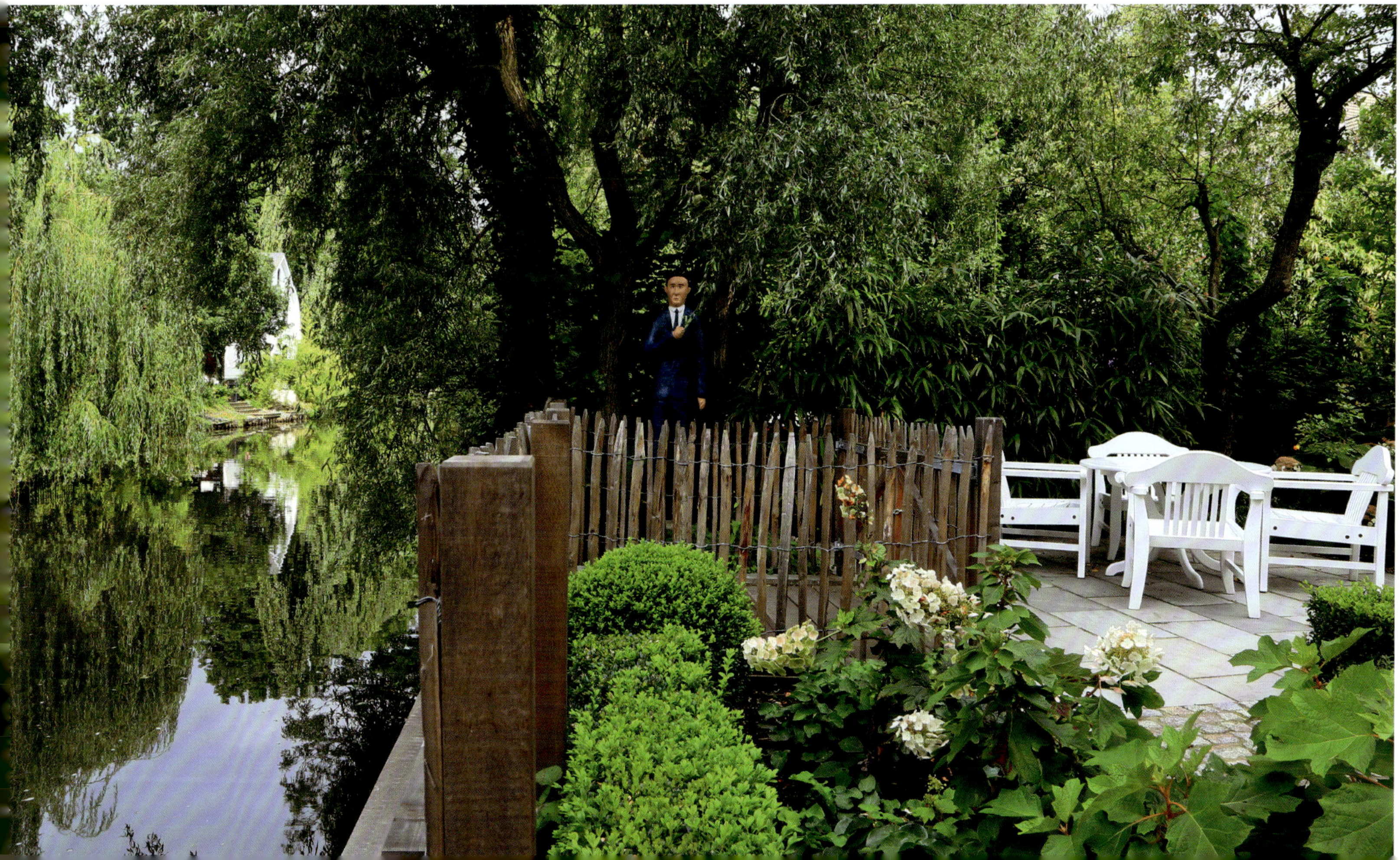

Für Genießer

WEITERENTWICKLUNG

EINE GARTENPLANUNG SOLLTE, WENN SIE DURCHDACHT IST, IMMER AUCH ZUKÜNFTIGE ENTWICKLUNGSMÖGLICHKEITEN EINSCHLIESSEN. DANN SIND UMGESTALTUNGEN JEDERZEIT MÖGLICH, WIE IN DIESEM FALL.

Bereits 1999 hatten die Gartengestalter diesem Grundstück ein neues Gesicht verliehen. Zwölf Jahre später ging es nun darum, den Wunsch der inzwischen vierköpfigen Besitzerfamilie nach der Integration eines Pools in den kleinen Garten umzusetzen. Der gut eingewachsene hintere Gartenteil mit seiner Metallpergola, den Loungemöbeln und dem Buchsbaumgarten blieb erhalten. Passend zum Stil dieses Gartenteils entstand in unmittelbarer Nähe des Hauses eine neue Terrasse aus großformatigen dunkelgrauen Natursteinplatten, in die trotz des begrenzten Raums in dem Reihenhausgarten der gewünschte Pool integriert wurde. Für optische Tiefe sorgen hinter dem Becken zwei senkrecht stehende Cortenstahlplatten zwischen Bambusstauden. Rund um Terrasse und Pool sind klare Linien und kühle Materialien vorherrschend, die angrenzenden Beete allerdings locken mit reichhaltiger Blütenpracht in den unterschiedlichsten Farben und bilden die stilistische Brücke zum älteren Teil des Gartens.

Unter der Stahlpergola befindet sich der gemütlich abgeschirmte zweite Sitzplatz

Der Bodenbelag verbindet Terrasse und Pool zu einer Einheit

FAKTEN

Baubeginn: *November 2011* **Fertigstellung:** *Dezember 2011*
Grundfläche Garten: *200 m²* **Anspruch:** *Großzügige Anmutung trotz begrenztem Raum* **Materialien:** *China-Black-Granit, Cortenstahl*
Außergewöhnliches: *Integration eines Pools in einen kleinen Garten*

Sitzplatz mit Pergola

Swimmingpool

Rasenfläche

Terrasse

Planung und Ausführung: *Zinsser KG*

»Mit dem Pool ist der Garten noch mehr zum Lieblingsort geworden.«

Für Genießer

KUNST IM GRÜNEN RAHMEN

EIN GRUNDSTÜCK MIT PARKARTIGEN AUSMASSEN WURDE ALS HARMONISCHE ÜBERLEITUNG IN DIE UMGEBENDE LANDSCHAFT INSZENIERT UND BIETET GLEICHZEITIG RAUM FÜR KUNST- UND PFLANZENFREUNDE.

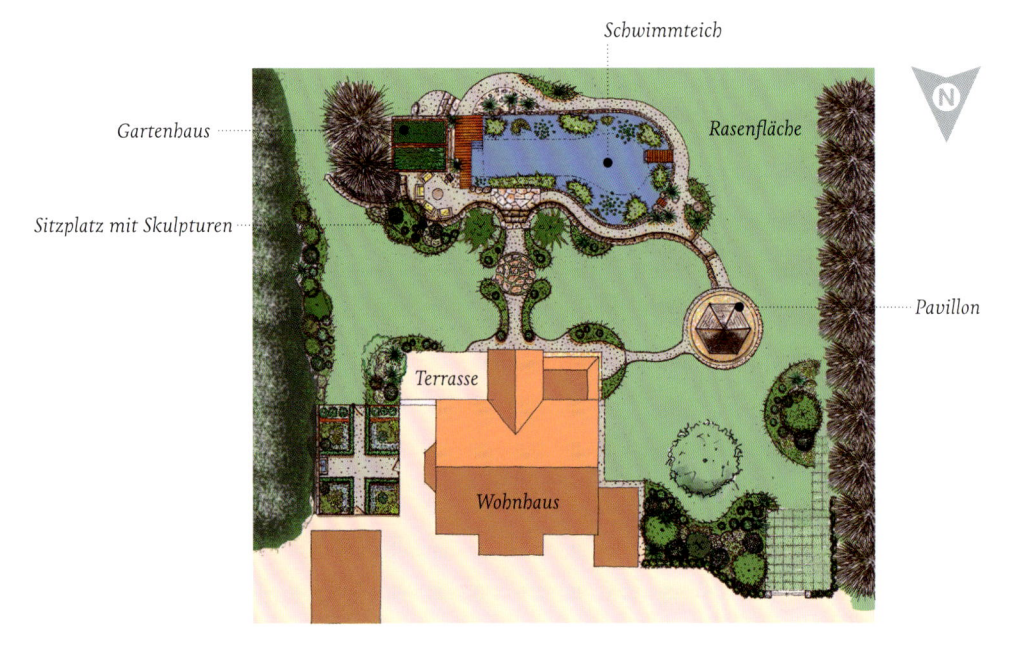

Schwimmteich
Gartenhaus
Rasenfläche
Sitzplatz mit Skulpturen
Pavillon
Terrasse
Wohnhaus

Planung und Ausführung: *Fuchs baut Gärten GmbH*

Zwei lebensgroße Skulpturen aus Draht hocken auf der Mauer aus Natursteinquadern. Ihre durchsichtigen Körper geben den Blick frei auf die im dahinterliegenden Beet üppig wachsenden Stauden. Hier passen Kunstwerk und Gartengestaltung so perfekt zusammen, dass sich unmöglich bestimmen lässt, was es zuerst gab: die Mauer oder die Skulpturen. Letztere jedenfalls bekommen von Zeit zu Zeit höchst lebendige Gesellschaft, denn die Mauer, auf der sie ihren Platz haben, dient den Gartenbesitzern als Sitz- und Aussichtsplatz. Schließlich befindet sie sich unmittelbar am Ufer des großzügigen Schwimmteichs und ist ein idealer Ort, um den Blick über den Garten schweifen zu lassen. Die Drahtkameraden sind im Übrigen bei Weitem nicht die einzigen Kunstwerke in diesem Garten, und wie die beiden kommen auch alle anderen Skulpturen und Installationen dadurch so gut zur Geltung, dass an ihren Standorten bewusst Plätze zum Verweilen und Betrachten eingerichtet wurden. So wirkt es, als sei der Garten gewissermaßen um sie herumgewachsen. Doch geht es in diesem Garten nicht nur um die Inszenierung von Kunst. Auch Pflanzen und Natur wird hier viel Aufmerksamkeit zuteil, etwa wenn einzelne Bereiche mit ihrer Blütenpracht ganz einem eigenen Farbkonzept folgen.

Mulitfunktionales Wasser: Natürlich ist der Teich zum Baden da, aber auch als Blickfang

Dieser Blick zeigt ein stimmiges Ensemble aus Landschaft, Gartengestaltung und Kunst

FAKTEN

Baubeginn: *März 2011* **Fertigstellung:** *August 2011* **Grundfläche Garten:** *6.750 m²* **Anspruch:** *Kultivierter Garten mit Anschluss an die Landschaft* **Materialien:** *Riesel, Kalkbruchsteine, Holzterrasse Ipe* **Außergewöhnliches:** *Zahlreiche Kunstwerke*

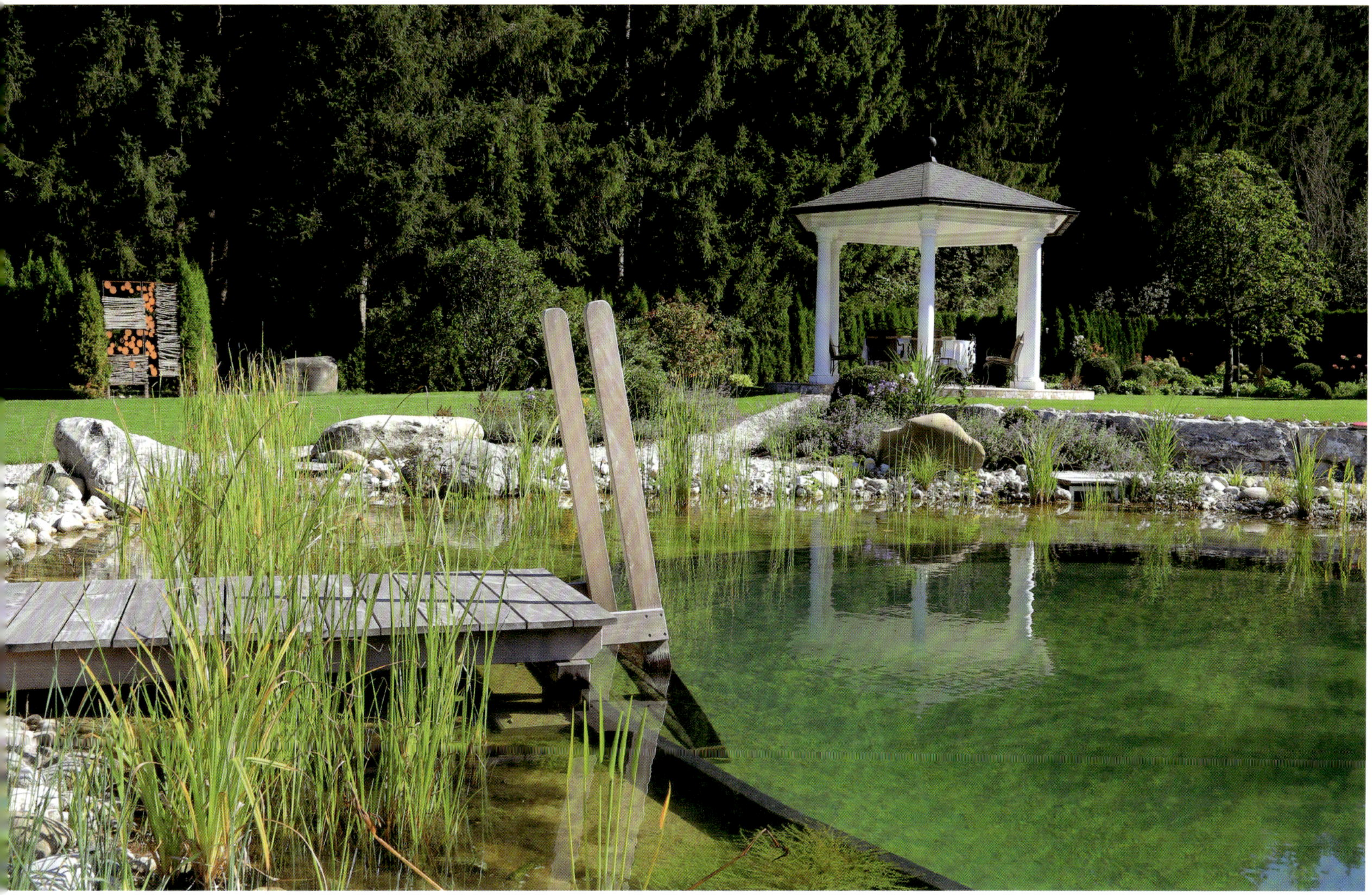

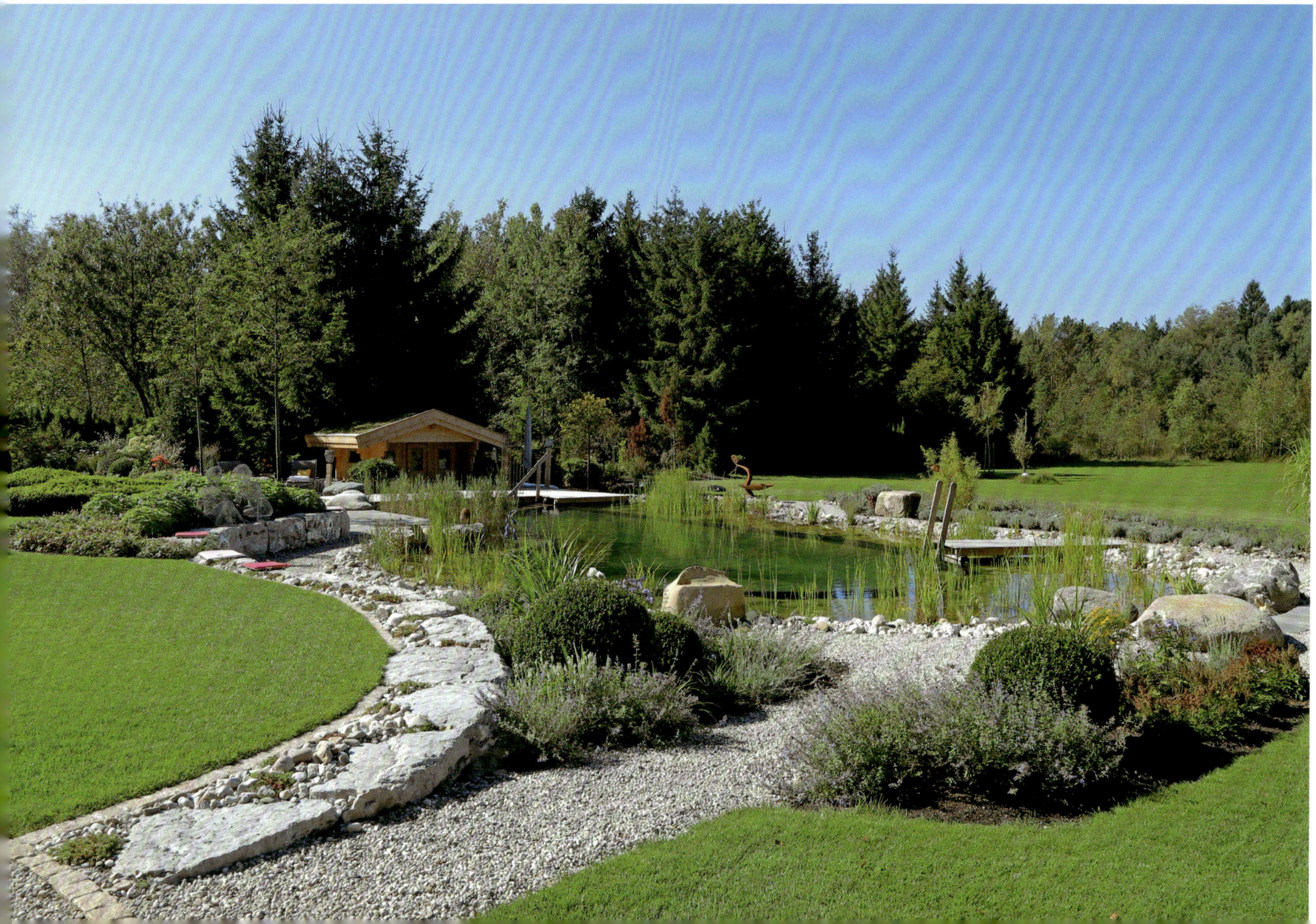

Für Genießer

GUT STRUKTURIERT

ALLES HAT SEINE ZWEI SEITEN – AUCH EIN GARTEN. IN DIESEM FALLE KÖNNEN SICH DIE BESITZER DES GRUNDSTÜCKS EINERSEITS AN DER TIEFE IHRES GARTENS FREUEN, WOLLEN ABER ANDERERSEITS VERMEIDEN, DASS ER WIE EIN SCHLAUCH WIRKT.

Sobald es dunkel wird, scheint dieser Garten wie durch Zauberhand seine Dimensionen zu verändern. Verantwortlich für diesen erstaunlichen Effekt sind einige wenige gestalterische Kunstgriffe, die hier ganz gezielt zum Einsatz kamen. Zum einen sorgen die Verwendung unterschiedlicher Bodenbeläge und das Einziehen von Hecken für eine Unterteilung des Grundstücks in mehrere Gartenräume. Zum anderen blieb aber der freie Blick über die gesamte Längsachse des Gartens erhalten, da die Hecken einen breiten Durchgang freilassen. Bricht nun die Nacht herein, geht auch die Gartenbeleuchtung an, und die lässt diesen Garten im wahrsten Sinne des Wortes in einem anderen Licht erscheinen. Sie betont die Raumteiler des Gartens, indem sie die Eibenhecken von unten anleuchtet, sodass diese besonders präsent und nah erscheinen. Desweiteren verwandelt sich die Längsachse des Gartens mit ihren in den Rasen eingelassenen Granittrittplatten in eine Art Laufsteg, der sich in weiter Ferne zu verlieren scheint. Dort, wo der Weg endet, werden die Dachplatanen des zweiten Sitzplatzes von unten angestrahlt, was ihnen ein fast unwirkliches Aussehen verleiht und den Eindruck noch verstärkt, man blicke in unbestimmte Weiten. Bei Tage ist der Platz unter den Dachplatanen wunderbar schattig, bietet einen entspannten Blick über Rasen, Buchsbaumkugeln und Hortensien hin zur Hauptterrasse am Haus. Dort findet der Bodenbelag aus Kies auch seine Entsprechung in einer gekiesten Fläche vor der Terrasse.

FAKTEN

Baubeginn: *September 2011* **Fertigstellung:** *November 2011* **Grundfläche Garten:** *750 m²* **Anspruch:** *Schaffung kleiner behaglicher Gartenräume mit Betonung der Längsachse* **Materialien:** *Granit, Kies, Bangkirai* **Außergewöhnliches:** *Effektvolle Gartenbeleuchtung*

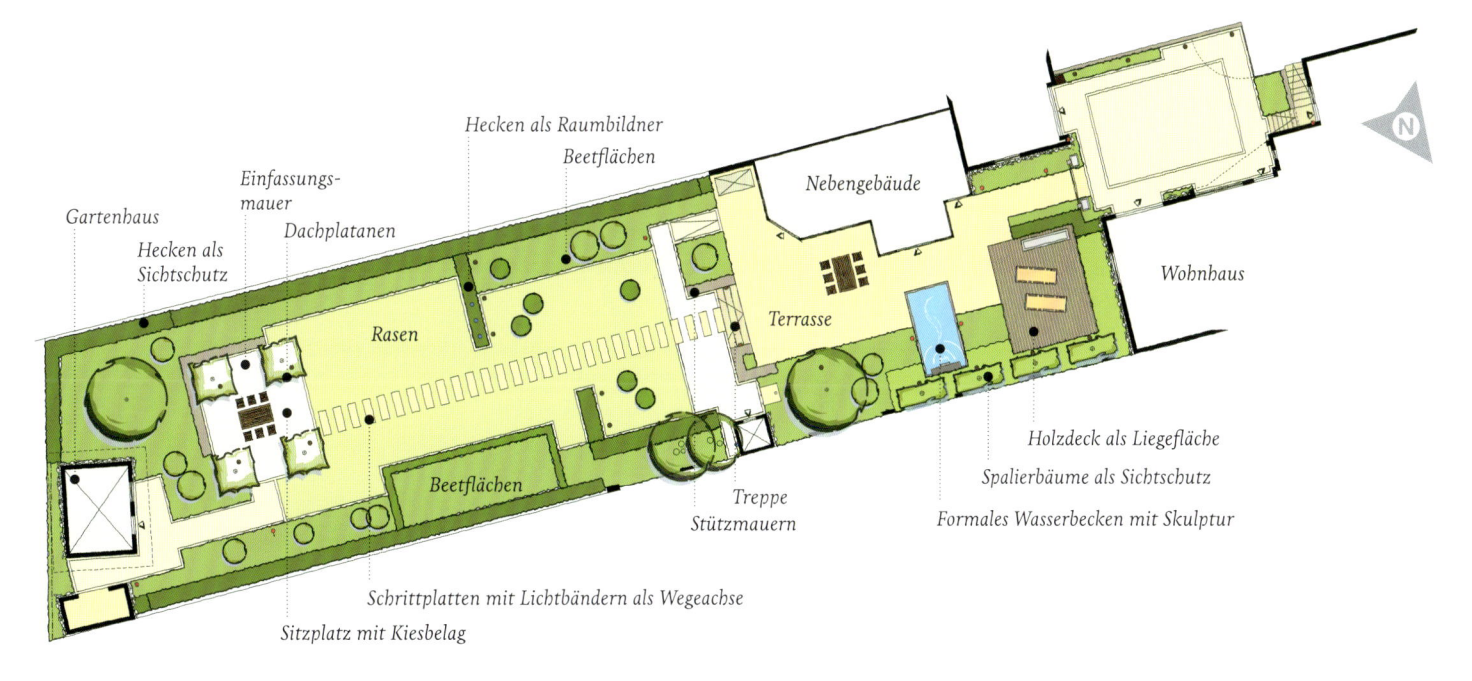

Gartenhaus
Hecken als Sichtschutz
Einfassungsmauer
Dachplatanen
Hecken als Raumbildner
Beetflächen
Nebengebäude
Rasen
Terrasse
Wohnhaus
Beetflächen
Treppe
Stützmauern
Holzdeck als Liegefläche
Spalierbäume als Sichtschutz
Formales Wasserbecken mit Skulptur
Schrittplatten mit Lichtbändern als Wegeachse
Sitzplatz mit Kiesbelag

Planung: *Büro für Grünplanung Margarete Hoberg-Klute*
Ausführung: *Klute Garten- und Landschaftsbau GmbH & Co. KG*

∧ *Zum Perspektivwechsel lädt der Sitzplatz an der hinteren Grundstücksgrenze ein*

< *Hier zeigt sich, wie wichtig eine gute Lichtplanung für die Raumwirkung des Gartens ist*

Für Genießer

EINLADUNG ZUM LUSTWANDELN

BEI DIESEM PROJEKT GEHÖRTE ES ZU DEN AUFGABEN DES GARTENGESTALTERS, GARTEN UND LANDSCHAFT SANFT INEINANDER ÜBERGEHEN ZU LASSEN.

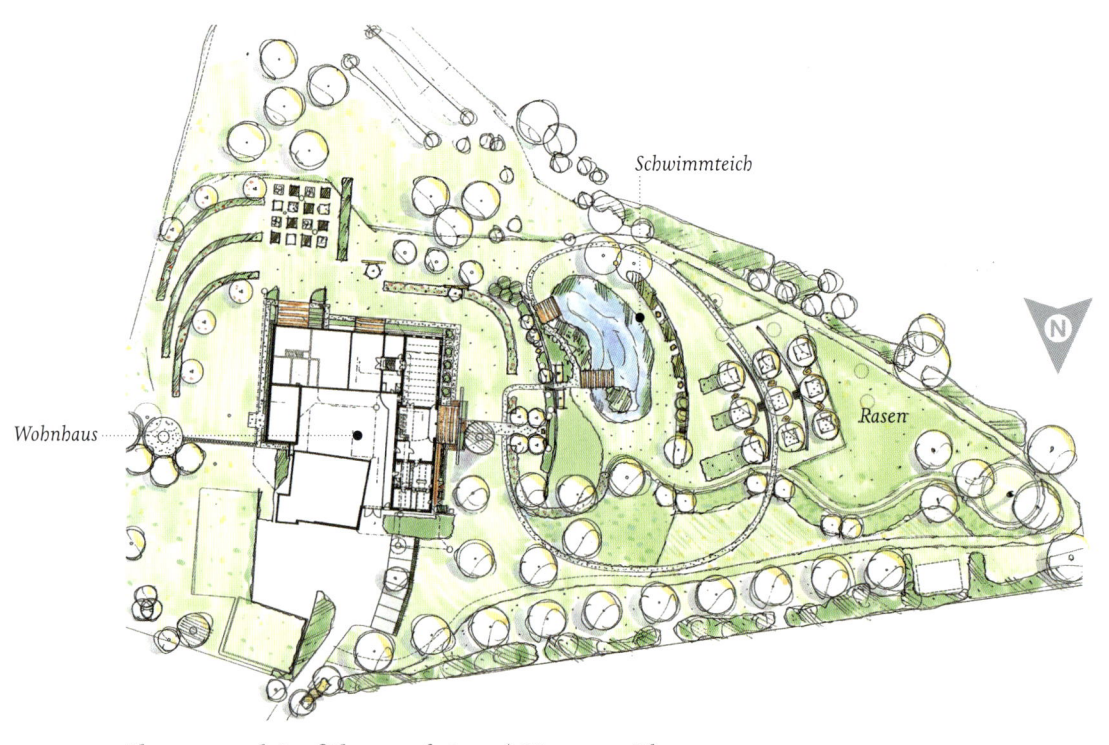

Schwimmteich

Wohnhaus

Rasen

Planung und Ausführung: *freiraum* Gärtner von Eden*

Hier verschwimmen die Grenzen zwischen Garten und Landschaft. Das liegt zugegebenermaßen an den beträchtlichen Ausmaßen des Grundstücks, zum anderen aber auch an der ausgefeilten Gartengestaltung. Sie sorgt für eine harmonische Einbettung des Gartens in die Umgebung und hat den Wunsch der Besitzerfamilie nach repräsentativer Großzügigkeit verwirklicht. Den ausgedehnten Rasen teilen organisch geschwungene Wege in großzügige Flächen. So entsteht eine regelrechte Spazierroute durch den Garten, auf deren Verlauf es immer wieder Neues zu entdecken gibt: einen weiteren Sitzplatz etwa unterhalb der riesigen Hauptterrasse und in unmittelbarer Nachbarschaft zum Schwimmteich. Ein Materialmix aus kleinteiligem Granitpflaster für die Wege und Ipe für Terrasse, Sitzplätze und Schwimmteicheinfassung wirkt spannungsreich und trägt gleichzeitig dem Wunsch der Besitzerfamilie nach natürlichen Materialien Rechnung. Natursteinmauern aus Stainzer Gneis bringen einen warmen Braunton in den Garten und harmonieren bestens mit dem alten Obstbaumbestand.

Naturnah und designorientiert zugleich ist der Schwimmteich

Viel Platz für Feiern unter freiem Himmel und das bei atemberaubender Aussicht bietet die Terrasse

FAKTEN

Baubeginn: *Mai 2011* **Fertigstellung:** *Juli 2011* **Grundfläche Garten:** *5.000 m²* **Anspruch:** *Repräsentativer Garten mit großzügiger Raumstruktur* **Materialien:** *Stainzer Gneis, Granit, Ipe* **Außergewöhnliches:** *Große repräsentative Terrasse; Skulpturenpark in Planung*

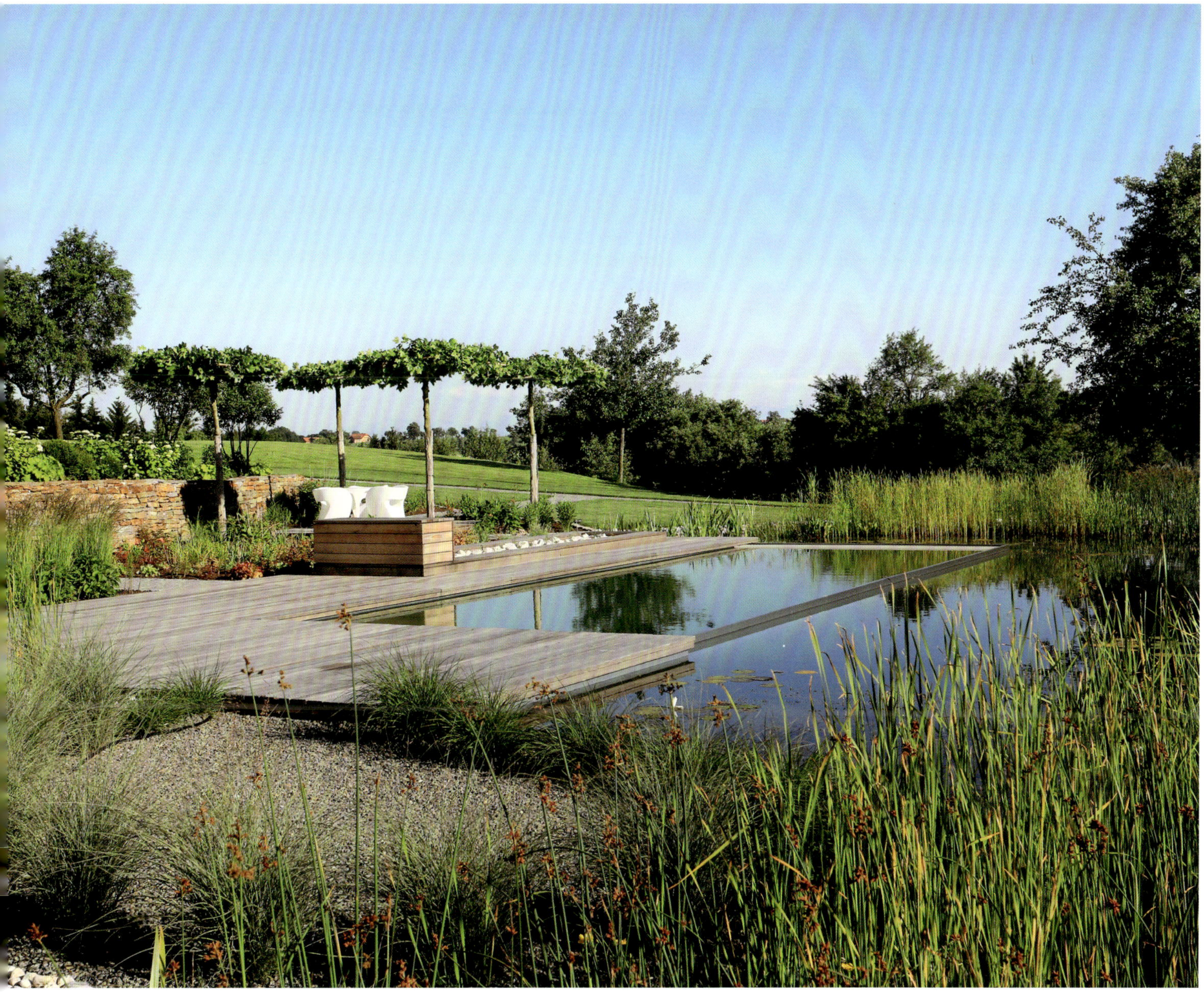

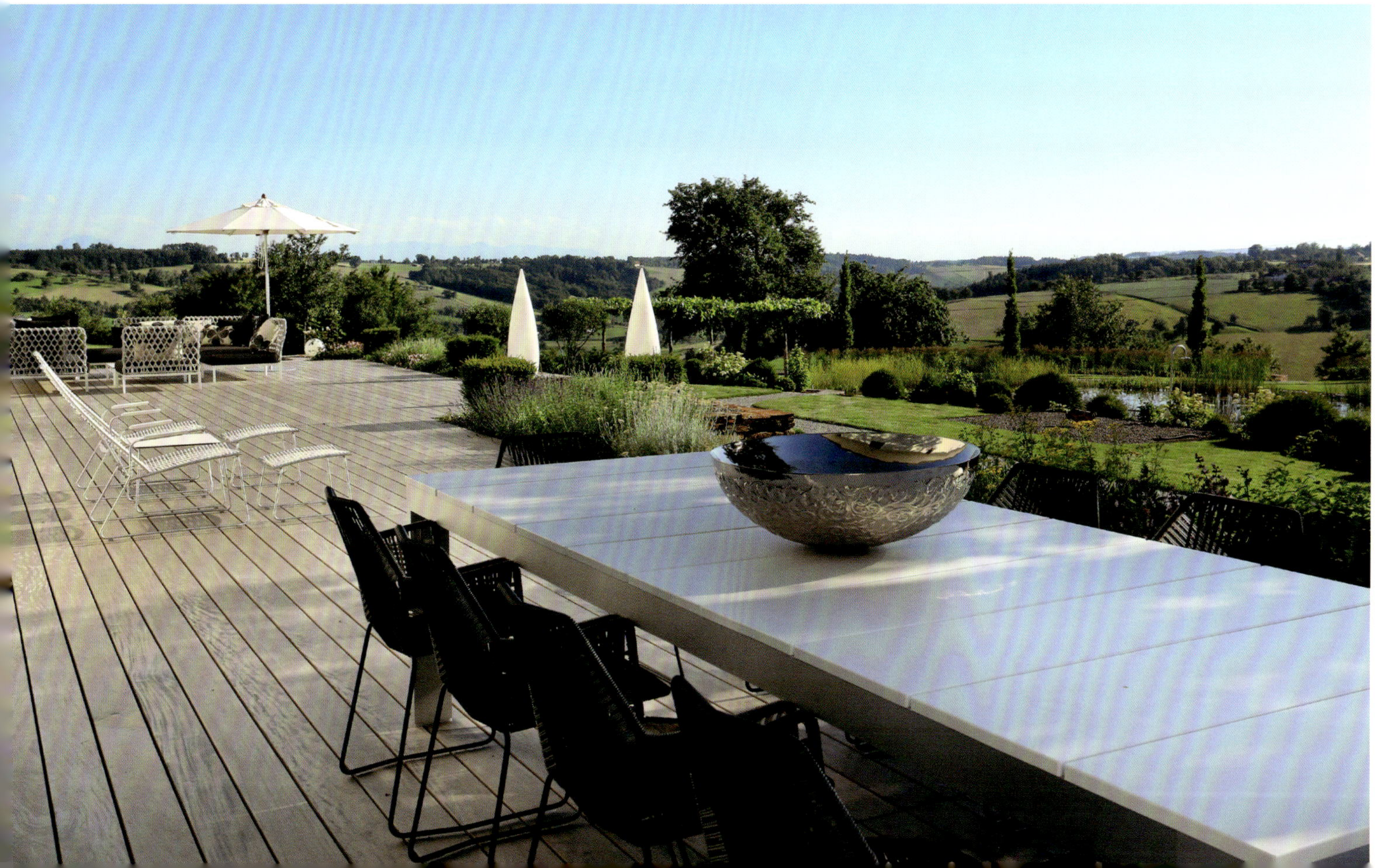

Für Genießer

KUNSTGARTEN

IN DIESEM GARTEN GEHEN KUNSTWERKE UND GARTENGESTALTUNG EINE HÖCHST FRUCHTBARE VERBINDUNG EIN.

Gartenhaus

Senkgarten

Terrasse

Beetflächen

Schrittplatten

Holzsteg

Sitzplatz

Rasen

Teich

Rahmenbepflanzung

Skulptur

Planung und Ausführung: *Fuchs baut Gärten GmbH*

Hier zeigt sich, dass gute Gartengestaltung nicht nur dazu da ist, Haus und Grundstück bestmöglich in Szene zu setzen. Denn nachdem der Gartenplan stand, gingen Gestalter und Besitzer des Gartens gemeinsam daran, zu überlegen, welche Kunstobjekte aus der Sammlung des Eigentümers an welchem Ort besonders gut zur Geltung kämen. Mit verblüffendem Ergebnis, denn heute präsentieren sich Garten und Kunstwerke als wunderbar einheitliches Ensemble. Gleichzeitig bietet das große Grundstück genügend Raum für zahlreiche Gestaltungsideen, die den Garten selbst in den Rang eines Kunstwerks erheben. Das gilt allein schon für die spannungsreiche Kombination aus landschaftstypischen und damit eher naturnah traditionellen Elementen mit Bereichen, in denen eine klare, schnörkellose und moderne Ästhetik vorherrscht. So passt etwa der Fischteich mit seiner sanft geschwungenen Uferzone bestens ins ländliche Idyll. Holzsteg und -terrasse am Ufer sind allerdings rechtwinklig und sorgen dafür, dass der Teich in Teilen eher wie ein klassischer Pool wirkt.

Die Loungemöbel auf der Terrasse tun ein Übriges für eine moderne Wirkung genauso wie das angrenzende Beet mit seinen ordentlich geschnittenen, verschieden großen Buchskugeln. Und auch der Weg zu Teich und Terrasse aus in den Rasen eingelassenen großformatigen Granitplatten spricht eine ganz und gar zeitgemäße Sprache. Ganz anders auf den ersten Blick der Senkgarten neben dem Haus: Hier bestimmen Trockenmauern aus Naturstein das Bild. Allerdings sind die rechteckigen Beete auf verschiedenen Ebenen so angeordnet, dass ein alles anderer als traditioneller Eindruck entsteht.

Diese Skulptur scheint Bäume und Himmel auf ihren Armen zu tragen

Die Stützmauern aus Naturstein sorgen für Lokalkolorit

Die moderne Form des Nutzgartens findet sich hier in Hochbeeten aus Holz

FAKTEN

Baubeginn: *August 2010* **Fertigstellung:** *Mai 2011* **Grundfläche Garten:** *2.500 m²* **Anspruch:** *Garten als Ausstellungsfläche für diverse Kunstwerke* **Materialien:** *Granit gebraucht Großstein, Granit gebraucht Antikplatten, Muschelkalk Mauersteine, Ipe Holzsteg, Kies* **Außergewöhnliches:** *Offenheit und Sichtschutz in Einklang bringen*

151

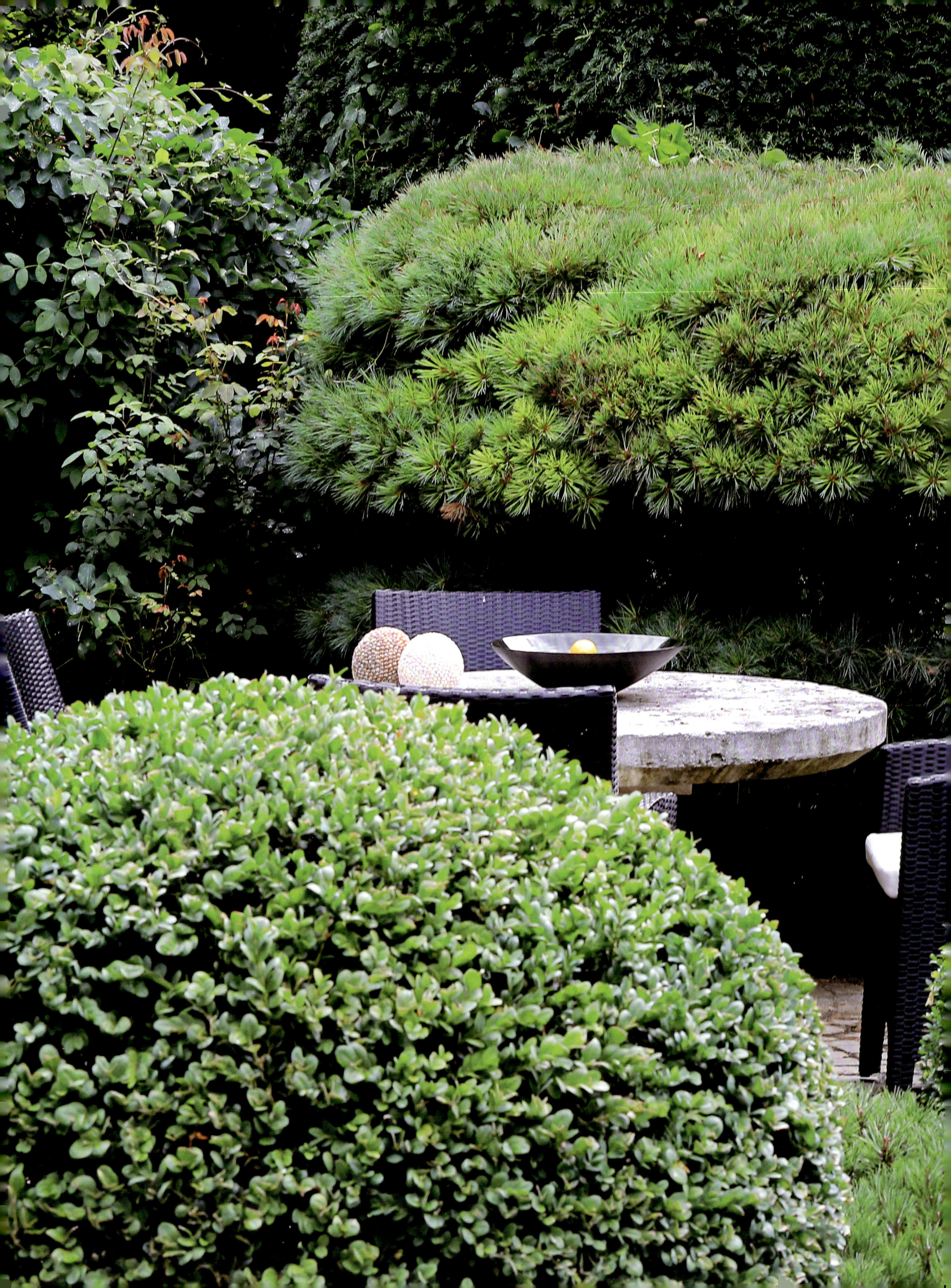

FÜR ÄSTHETEN

INTIME RÄUME
& HARMONISCHE FORMEN

kreativ · künstlerisch · kontemplativ · vielseitig
emotional · fein

Für Ästheten

HARMONIE AUF ALLEN EBENEN

ES WAR EINMAL EIN HANGGRUNDSTÜCK, DESSEN EINZIGE EBENE FLÄCHE AUS DER TERRASSE AM HAUS BESTAND. DOCH DANN VERWANDELTE EINE GARTENGESTALTERIN DIESEN HANG IN EINEN WUNDERBAR VIELFÄLTIGEN GARTEN AUF MEHREREN EBENEN.

Rahmenpflanzung
Sitzplatz auf Holzdeck
Rasen
Swimmingpool
Sitzplatz
Treppenlauf
Wohnhaus
Terrasse

Planung und Ausführung: *Firmengruppe Kulmann-Robkemper*

Hier wird der Pool zum sinnlichen Ganzjahreserlebnis. An warmen Tagen lädt er selbstverständlich zum Sprung ins kühle Nass, aber auch wenn es kalt oder regnerisch ist, lässt er sich genießen – nur eben auf andere Art. Denn er wurde ganz bewusst unmittelbar vor die Wohnzimmerfenster platziert, sodass die Gartenbesitzer sich auch dann ganz nah am Wasser aufhalten können, wenn sie nicht draußen sind. Die großformatigen Betonsteinplatten rund um den Pool unterstreichen den ruhigen Charakter dieses Gartenbereichs und leiten bestens über zur benachbarten, eine Ebene tiefer liegenden Terrasse. Die wird an zwei Seiten von Beeten gerahmt, in denen, wie auch rund um den Pool, die Farben Grün und Weiß dominieren – ein weiterer Kunstgriff, der die Ruhe dieses Gartens betont. Neben einem Loungebereich mit Sonnensegel am Ende des Pools entstand bei der Umgestaltung noch ein weiterer, wunderbar heimeliger Sitzplatz: als intime Ruhezone nach dem Saunagang.

Der Sichtschutz wirkt natürlich und modern

Die Saunaterrasse entstand durch Ausschachtung des Souterrains

Am Pool wächst üppig weißer Sonnenhut

FAKTEN

Baubeginn: *April 2011* **Fertigstellung:** *Mai 2011* **Grundfläche Garten:** *560 m² * **Anspruch:** *Neugestaltung mit Anlage unterschiedlicher Ebenen, um das Hanggrundstück nutzbar zu machen* **Materialien:** *Betonstein, Cumaru-Holz, Edelstahl* **Außergewöhnliches:** *Ausschachtung des Souterrains zur Schaffung eines Sauna-Ruhebereichs*

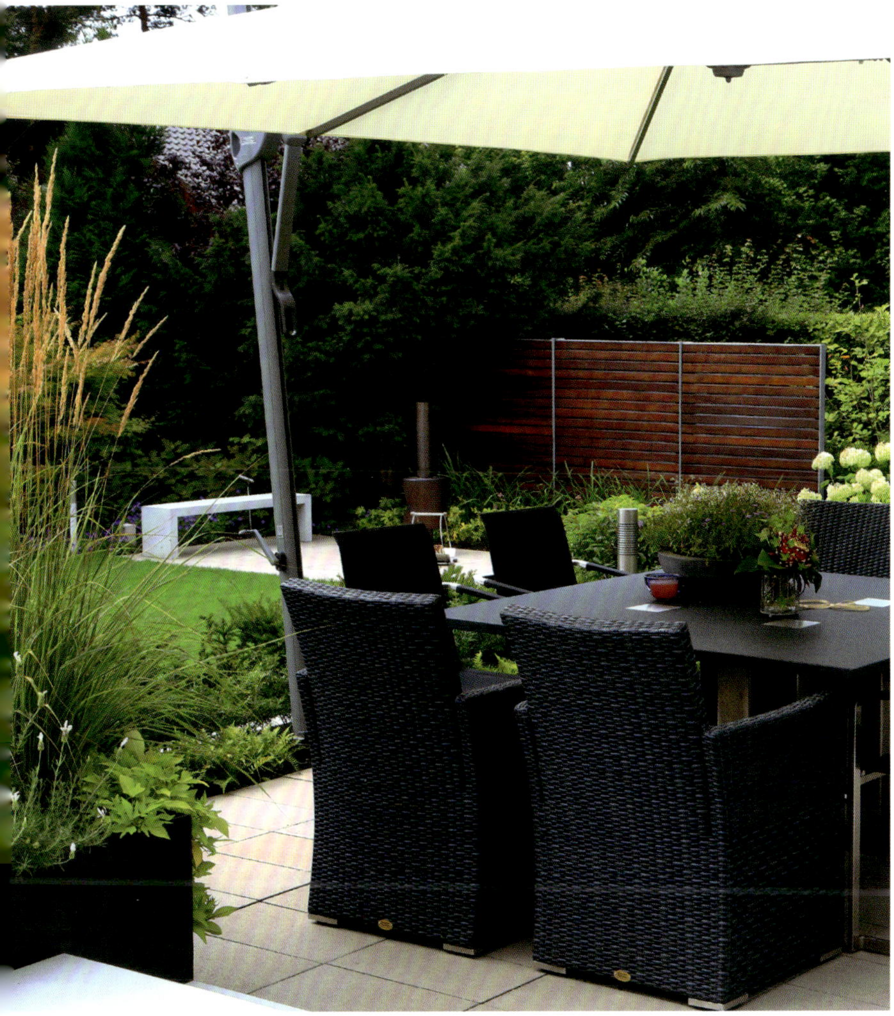
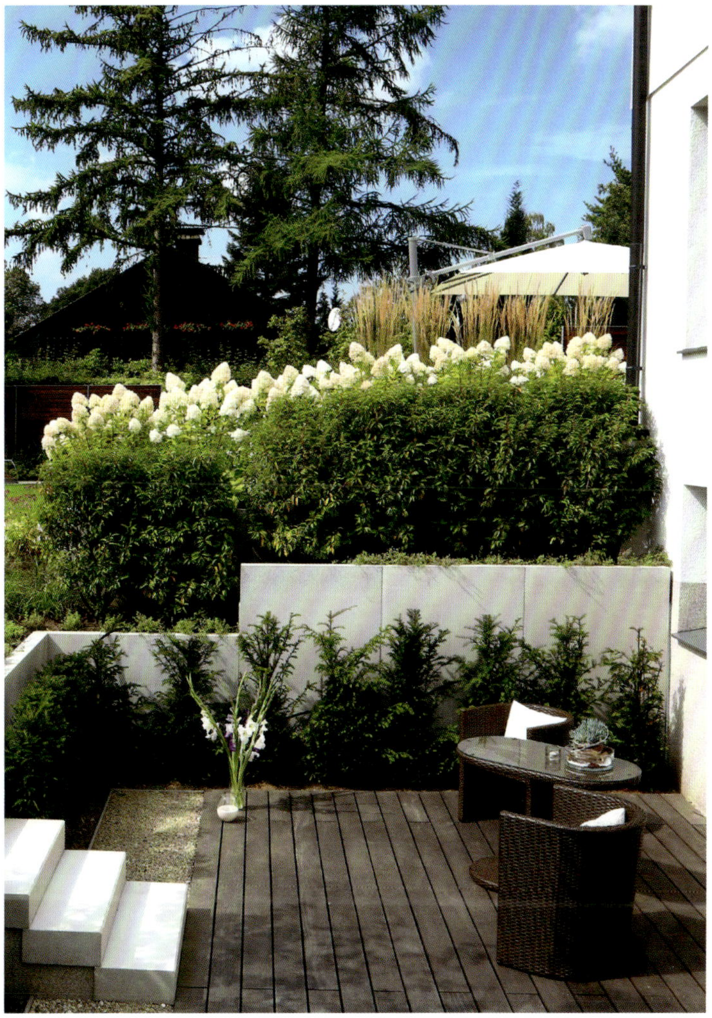
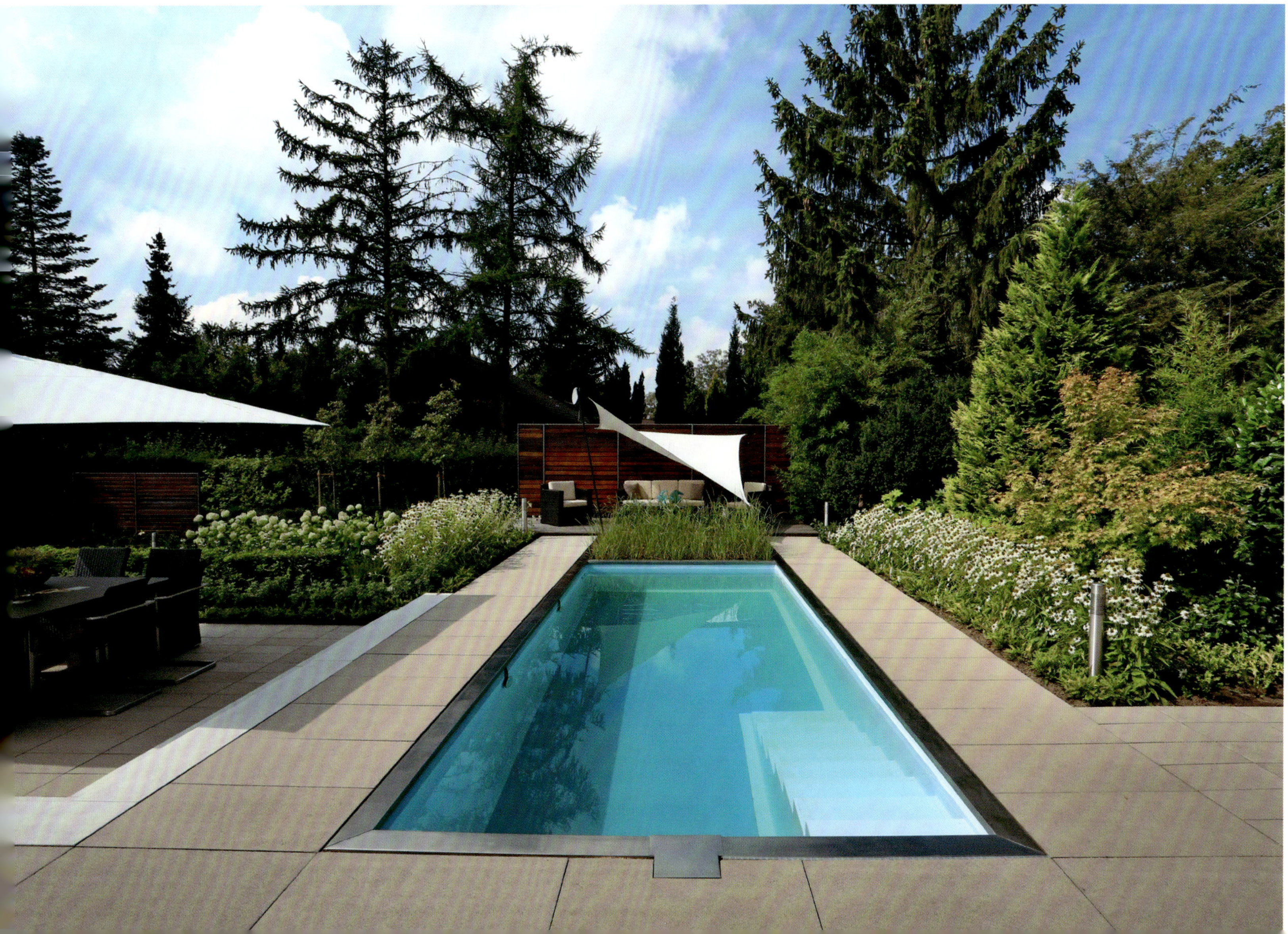

Für Ästheten

GRÜNE INSEL

BRITISCHES FLAIR WÜNSCHTEN SICH DIE BESITZER FÜR IHREN FERIENHAUSGARTEN, ELEGANZ SOLLTE ER VERSPRÜHEN, ÄSTHETIK UND WERTIGKEIT – ABER AUCH GENUSS.

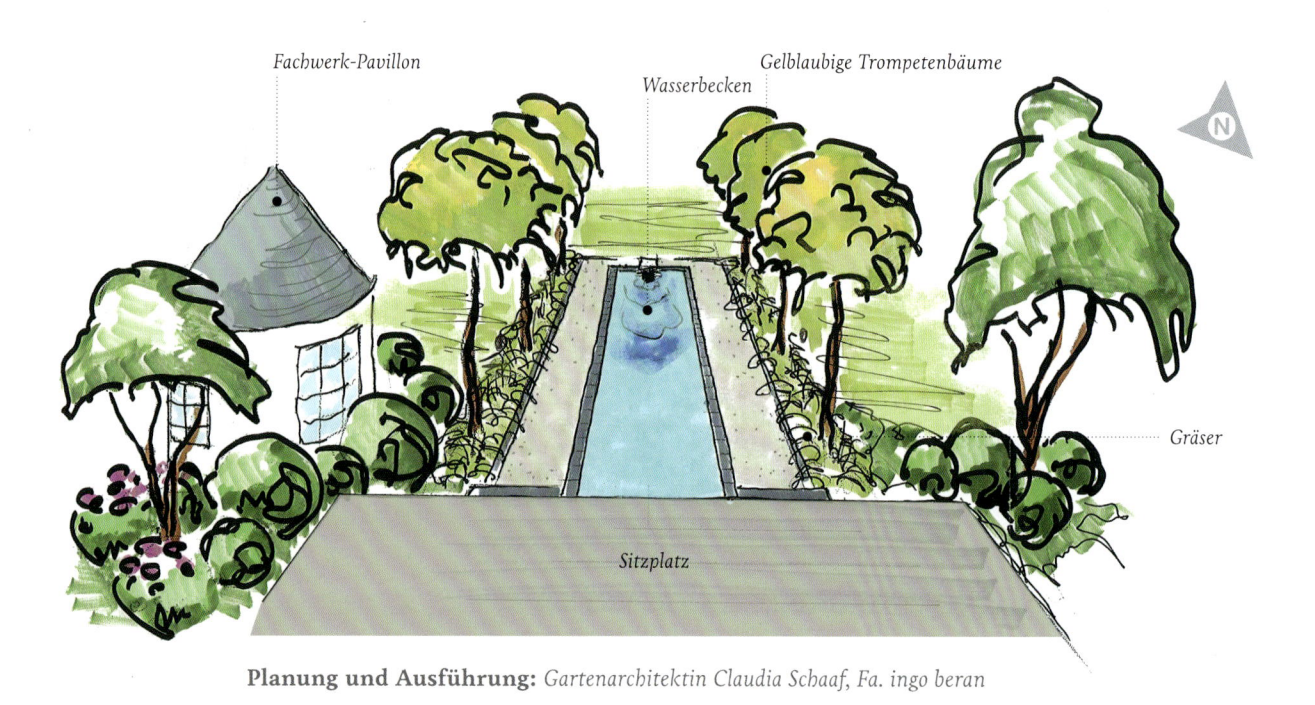

Fachwerk-Pavillon — *Wasserbecken* — *Gelblaubige Trompetenbäume* — *Gräser* — *Sitzplatz*

Planung und Ausführung: *Gartenarchitektin Claudia Schaaf, Fa. ingo beran*

Um die gewünschte Wirkung zu erzielen, setzte die Gestalterin auf eine Kombination aus üppiger Bepflanzung und eleganten und gleichzeitig zurückhaltenden Gestaltungselementen. Zentraler Blickfang ist nun ein Wasserbecken aus Basalt, das mit seiner klaren rechteckigen Form für Ruhe und Struktur im Garten sorgt. Beschirmt wird es von zwei Reihen von Trompetenbäumen. Darunter wachsen Gräser, die zwar in Reih und Glied parallel zum Wasserbecken angepflanzt sind, aber durch ihre Wuchsform einen reizvollen Kontrast zur ansonsten geometrischen Anlage bilden. Ein ähnliches Spannungsfeld bilden auch die Terrasse samt Möblierung und die sie umgebende Bepflanzung: Anthrazitfarbene, großformatige Bodenplatten mit klarem Fugenbild sind umgeben von die ganze Saison über bunt blühenden Stauden und mannshohem Gras. Das wiederum passt perfekt zum ländlichen Charakter des Fachwerkhauses. Einen grünen Rahmen erhielt der bereits vorhandene reetgedeckte Gartenpavillon, durch dessen viele Fenster sich dieser Garten auch bei eher englischen Wetterverhältnissen ausgiebig genießen lässt.

Mit ihrem hellgrünen Blattwerk sorgen die Trompetenbäume am Wasserbecken für eine luftige Atmosphäre

Als Achse zwischen Haus und Rasen präsentieren sich Terrasse und Wasserbecken

FAKTEN

Baubeginn: *April 2011* **Fertigstellung:** *Juli 2011* **Grundfläche Garten:** *1.200 m² * **Anspruch:** *Einzug britischer Eleganz in einen vorhandenen Landhausgarten* **Materialien:** *Basalt, Kleinpflaster, Splitt* **Außergewöhnliches:** *Hervorhebung vorhandener Highlights wie des Gartenpavillons mithilfe der Gartengestaltung*

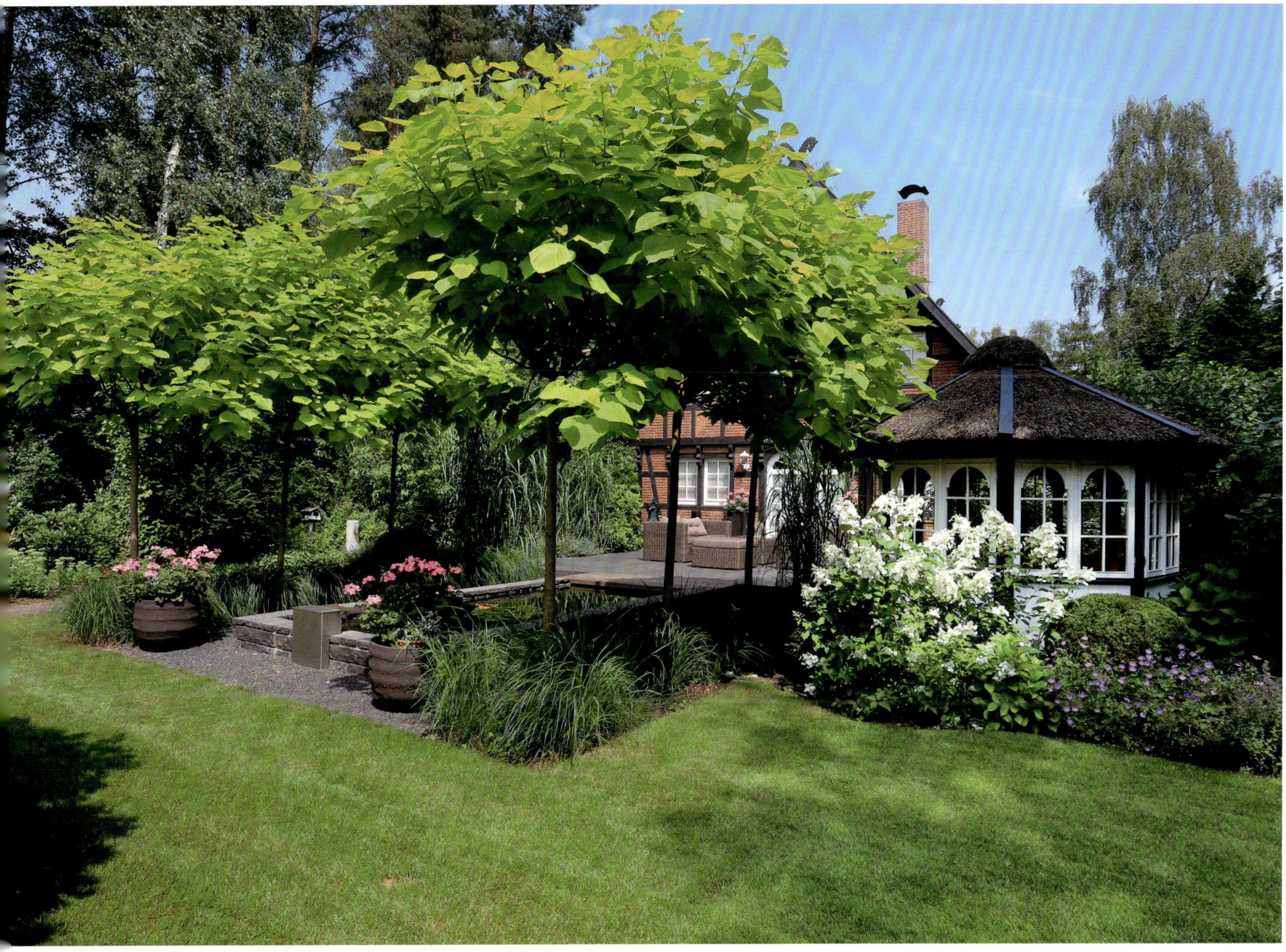

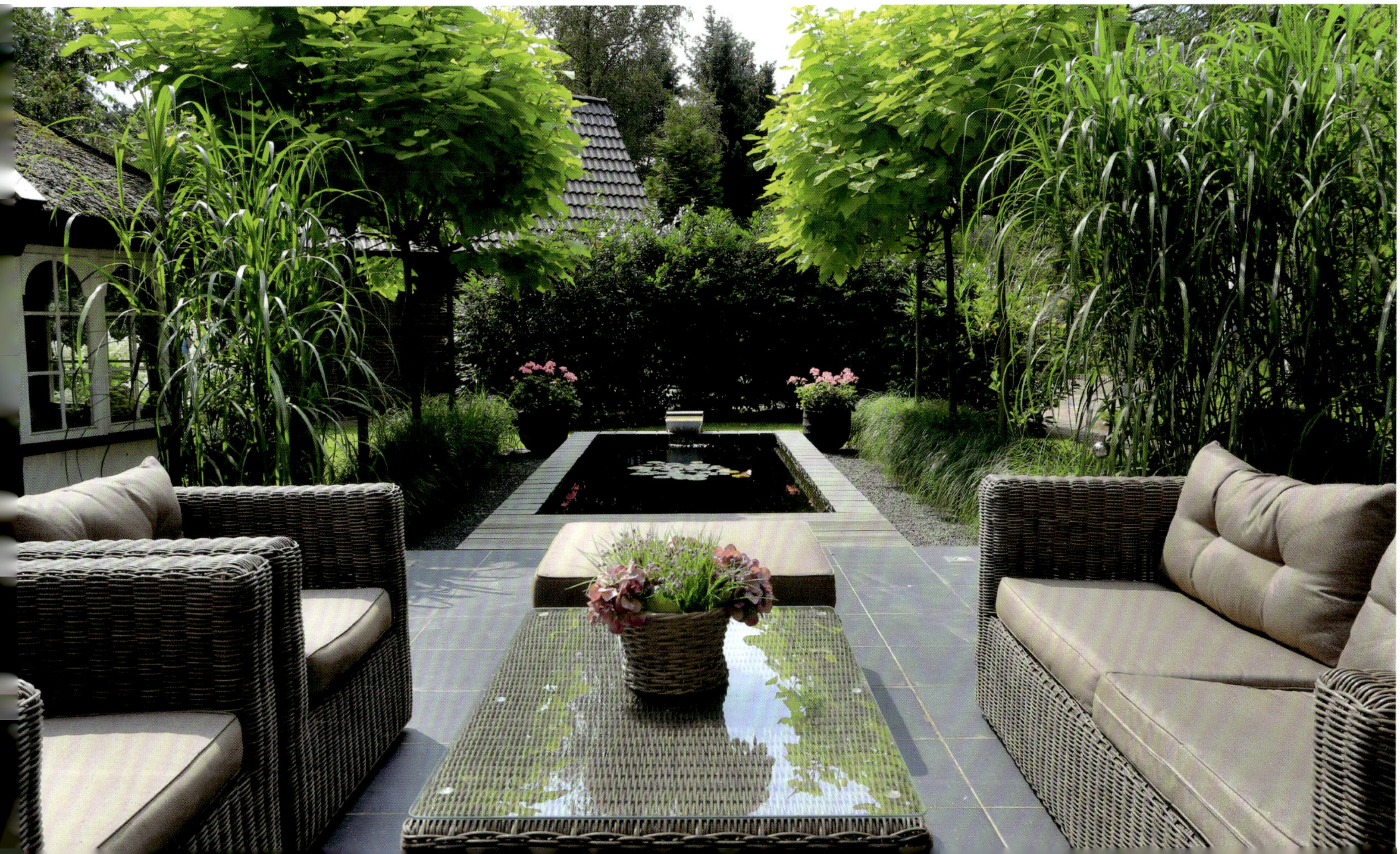

Für Ästheten

RUHE FÜR ALLE

IN DIESEM GARTEN GIBT ES GENÜGEND PLATZ, DAMIT JEDES DER DREI FAMILIEN-
MITGLIEDER SICH BEI BEDARF ZURÜCKZIEHEN UND ENTSPANNEN KANN.
ZUM BEISAMMENSEIN IN GROSSER RUNDE LÄDT DIE GESCHÜTZTE TERRASSE AM HAUS.

Rahmenpflanzung
Schrittplatte
Sitzplatz
Dusche
Swimmingpool
Windspiel
Alter Baumbestand
Wohnhaus
Holzdeck als Liegefläche
Terrasse
Gabionenwände
Lichthof Souterrain

Planung: *Büro für Grünplanung Margarete Hoberg-Klute*
Ausführung: *Klute Garten- und Landschaftsbau GmbH & Co. KG*

Rechte Winkel und perfekte Kugeln bestimmen diesen Garten und betonen trotz ihrer Gegensätzlichkeit seinen designorientierten Charakter. Die Rechtwinkligkeit beginnt bei der Fassade des Hauses, die hier, wie in den meisten Fällen, die Gestaltungsrichtung für den Garten vorgegeben hat. Ihr schließt sich ein Pool in klassischer Rechteckform an. Auch die Lauf- und Liegeflächen rund um den Pool aus Holz ohne die sonst übliche Rillung zielen eindeutig auf das Thema Klarheit ab. Doch schon der Wasserzulauf des Pools durchbricht die bis hierhin so konsequent beibehaltene Geradlinigkeit. Zwar ist er aus Edelstahl und damit aus einem Material, das mit Vorliebe in designorientierten Gärten zum Einsatz kommt. Doch schwingt er sich schlicht, aber kühn über den Beckenrand. Auch das Windspiel im dahinterliegenden Beet setzt ganz auf Rundungen, und selbst die Bepflanzung in diesem Gartenteil präsentiert sich alles andere als eckig: Buchskugeln dominieren die Beete, und im Frühsommer setzen große Alliumblüten lila Akzente in Kugelform. Eingefasst wird dieser Garten von hohen Gabionenzäunen, die für vollkommenen Sichtschutz sorgen. Der wurde auch deshalb angelegt, damit sich die Gartenbesitzer nach dem Saunagang ungestört in einem separaten Gartenteil abkühlen können.

Das Holz der Pooleinfassung ist nicht geriffelt und passt mit dieser glatten Oberfläche besonders gut zu den großformatigen Betonsteinplatten der angrenzenden Terrasse

FAKTEN

Baubeginn: *Oktober 2010* **Fertigstellung:** *Februar 2011* **Grundfläche Garten:** *1.200 m²* **Anspruch:** *Moderner Familiengarten* **Materialien:** *Betonstein, Edelstahl, Gabionen, Hartholz* **Außergewöhnliches:** *Sitzblöcke aus Beton*

»Hier kann man vollkommen ungestört sein.«

Für Ästheten

ZUM ANBEISSEN SCHÖN

EIN SCHRITT IN DIESEN GARTEN GENÜGT, UND ES SETZT DIE VOLLKOMMENE ENTSPANNUNG EIN, DENN HIER EMPFÄNGT EINEN DIE VOLLKOMMENE HARMONIE, UND NIEMAND KÄME AUF DIE IDEE, DASS DIESE OASE NICHT IN EINEM RUTSCH ENTSTANDEN IST. DOCH GENAU DAS IST DER FALL.

Großes Wasserbecken
Sitzplatz
Treppe
Sitzplatz am Haus
Rasen
Kleine Wasserbecken
Rasen

Planung und Ausführung: *Firmengruppe Kulmann-Rohkemper*

Wo sich heute Koiteich und Loungeecke befinden, gab es zwar auch schon vor der Umgestaltung eine Schwimmgelegenheit für die asiatischen Karpfen, allerdings eine ganz andere. An die Stelle dieses klassisch ausgeformten Teichs ließ die Gartengestalterin, die auch für die bereits ein paar Jahre zurückliegende Planung des übrigen Grundstücks verantwortlich zeichnet, ein geradliniges Wasserbecken treten. Dessen eigentlich rechteckige Grundform wird durch den mit hellem Kalkstein ausgelegten Sitzplatz unterbrochen und mit diesem einfachen Mittel deutlich interessanter. Die Verbindung zum älteren Teil des Gartens schafft eine geschickt gesetzte Natursteinmauer. Sie verläuft zwar in einigem Abstand zu den beiden Wasserbecken aus der ersten Bauphase, da sie aber einen Edelstahlauslauf enthält, entsteht der Eindruck, das Wasser für den Koiteich fließe aus den beiden Wasserbecken herüber. Außerdem verbindet ein ganz ähnlicher Auslauf die beiden parallel angeordneten Becken miteinander. Diese sind im Übrigen so platziert, dass sie den Höhensprung, den das Grundstück aufgrund seiner Hanglage macht, perfekt kaschieren. Neben dem sanften Plätschern des Wassers und gleich mehreren einladenden Sitzplätzen sorgen auch die Bäume mit ihrem Schattenspiel und die übrige, gleichermaßen dezente wie üppige Bepflanzung aus Hortensien, Farnen, Buchs und Bambus für Wohlbefinden.

Als stilsicheres Wohnzimmer im Grünen mit Koiteich präsentiert sich dieser Gartenteil nach dem letzten Bauabschnitt

Geschickt verbinden die beiden parallel laufenden Wasserbecken die unterschiedlichen Ebenen des Grundstücks

FAKTEN

Baubeginn: *April 2006* **Fertigstellung:** *Juni 2011* **Grundfläche Garten:** *420 m²* **Anspruch:** *Harmonische Ergänzung des bereits angelegten Gartens um einen neuen Koiteich* **Materialien:** *Kalkstein, Bangkirai* **Außergewöhnliches:** *Apfel und Birne aus Keramik prominent inszeniert*

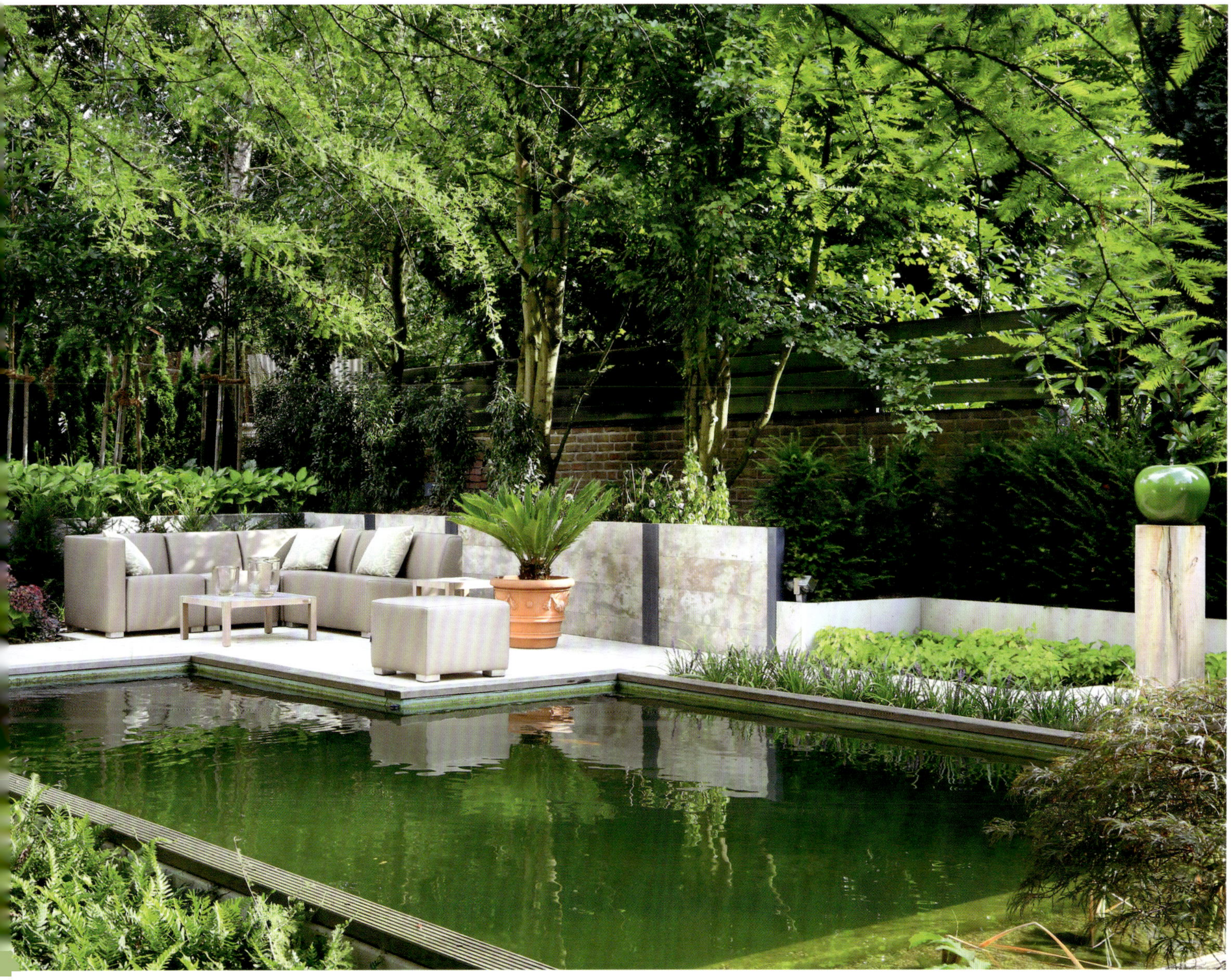

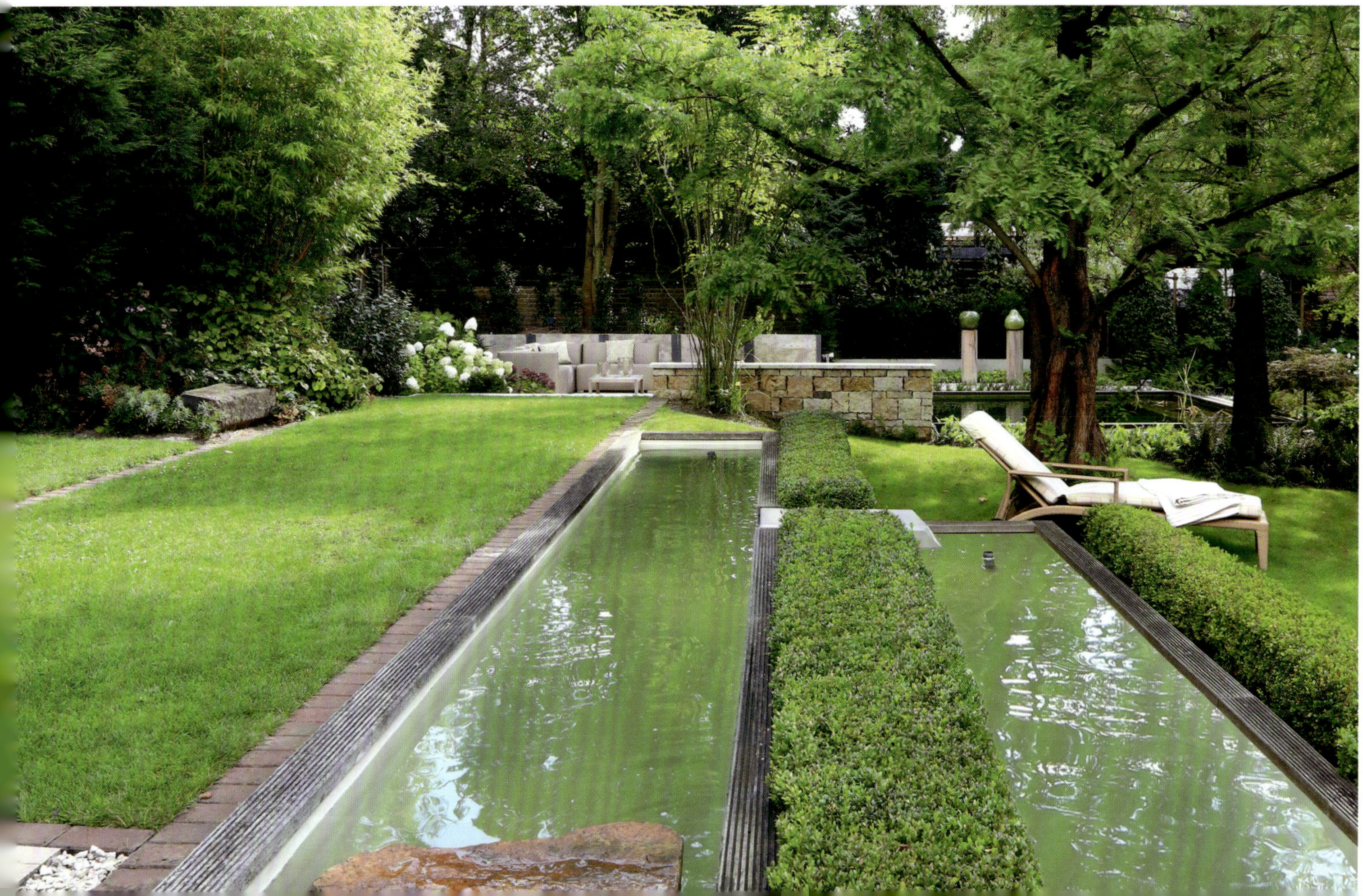

Für Ästheten

ZWEI IN EINS

VORGÄRTEN FÜHREN OFT EIN SCHATTENDASEIN, DABEI SIND SIE DIE VISITENKARTE DES HAUSES. IN DIESEM FALL BEKAM DER GRUNDSTÜCKSTEIL VOR DEM HAUS GENAUSO VIEL AUFMERKSAMKEIT WIE DER RÜCKWÄRTIGE GARTEN.

Hier verteilen sich 300 Gartenquadratmeter zu gleichen Teilen vor und hinter dem Haus. Für den maximalen Gartengenuss wünschten sich die Eigentümer nicht nur eine Neuanlage des rückwärtigen Gartenteils, sondern auch eine Nutzbarmachung des Vorgartens. Auch hier sollte ein gemütlicher Sitzplatz entstehen. Demzufolge war Sichtschutz eine der wesentlichen Planungsaufgaben. Auf dieser Grundlage entstanden zwei Gärten mit jeweils ganz eigenem Charakter, die dennoch erkennbar die gleiche Handschrift tragen. In beiden ist Geradlinigkeit das vorherrschende Gestaltungsmerkmal. Sie verleiht die nötige Struktur, um unterschiedliche Elemente unterzubringen, ohne dass die beiden vergleichsweise kleinen Gartenteile überladen wirken. Sichtschutz bieten eine Mauer und hölzerne Zaunelemente sowie nach oben hin Spalierlinden, mit denen sich die rechtwinklige Formensprache auch in der Bepflanzung fortsetzt. Zwei Blöcke aus Sichtbeton sind Sitzgelegenheit und architektonisches Gestaltungselement zugleich. Darüber hinaus sollte eine Terrasse aus Blaustein erhalten bleiben und ein Holzdeck geschaffen werden. Im hinteren Garten fasst eine Buchshecke das Holzdeck teilweise ein und grenzt es zu einer Fläche mit großformatigen Blausteinplatten ab. Eine Splittfläche und flächig gepflanzter Buchs ergänzen das rechtwinklige Raster. Auch das Wasserspiel aus Bangkirai-Holz greift die Quadratform auf. Vor dem Haus rahmen großzügige Beete das Holzdeck mit seinen Loungemöbeln und angrenzender Wasserwand aus Cortenstahl ein.

FAKTEN

Baubeginn: *Juli 2010* **Fertigstellung:** *September 2010* **Grundfläche Garten:** *300 m²* **Anspruch:** *Gestaltung von zwei Wohngärten mit unterschiedlichen Sitzplätzen* **Materialien:** *Sichtbeton, Blaustein, Holz, Cortenstahl* **Außergewöhnliches:** *Vorgarten als zusätzlicher Wohngarten*

Wasserwand aus Cortenstahl

Pflanzflächen

Sichtschutzmauer und Spalierlinden

Trittplatten

Holzdeck als Sitzplatz

Blausteinterrasse

Sitzblöcke

Thymian-Beet

Holz-Sichtschutz

Eibenhecke

Planung und Ausführung: *Grütters GmbH*

^ Gleichberechtigung im Garten: Die Besitzer nutzen ihren Vorgarten ebenfalls als Ruheraum

< Das Holzdeck ist zentraler Anlaufpunkt des Hausgartens und so platziert, dass sich von hier aus die umgebende abwechslungsreiche Bepflanzung stets aus nächster Nähe genießen lässt

163

Für Ästheten

WOHLFÜHLEN UNTERM KIRSCHBAUM

HIER WURDE EIN ALTES HAUS KOMPLETT MODERNISIERT, UND DAS GLEICHE SOLLTE AUCH MIT DEM GARTEN GESCHEHEN.

Wo einst Hühner gackerten und ihre Eier legten, kommen jetzt die neuen Gartenbesitzer ins Schwitzen, denn zur grundlegenden Umgestaltung dieses Gartens gehörte auch, das ehemalige Hühnerhaus in eine Sauna umzubauen. Sie trägt nun ein Gutteil dazu bei, dass hier ein veritabler Wellnessgarten entstanden ist – und zwar einer für alle Mitglieder der vierköpfigen Familie. Schließlich dient der Pool nicht nur als Abkühlbecken nach dem Saunagang, sondern auch als Schwimmgelegenheit für Groß und Klein. Die Familie entschied sich für einen so genannten Livingpool, bei dem die Wasseraufbereitung auf biologischer Basis erfolgt. Ein Holzdeck verbirgt die dafür notwendigen Filter und ist gleichzeitig Ruhezone für Saunagänger und Badegäste. Ebenfalls aus Holz ist die Terrasse, die Haus und Pool verbindet. Dieses wirkt in Verbindung mit Kiesflächen und Gräserpflanzungen zwar modern, schafft aber gleichzeitig eine harmonische Ergänzung zum alten Baumbestand des Grundstücks, der als Schattenspender am Pool oder auch für die Anbringung einer Hängematte bestens in diesen Wellness- und Familiengarten integriert wurde.

FAKTEN

Baubeginn: *April 2011* **Fertigstellung:** *Juni 2011* **Grundfläche Garten:** *1.000 m²* **Anspruch:** *Moderner Wellnessgarten mit altem Baumbestand*
Materialien: *Sandstein, Kalksteinsplitt, Holz, Betonsteinpflaster*
Außergewöhnliches: *Umbau des einstigen Hühnerhauses zu einer Sauna*

Sinnreiche Nähe: Wer im Hühnerhaus einen Saunagang absolviert, kann gleich danach zur Abkühlung ins Wasser springen

Der Livingpool mit seinen geradlinigen Konturen passt bestens zur schnörkellosen Hausfassade

Kiesbeet mit Gräsern

Sauna

Alter Baumbestand

Living-pool

Wohnhaus

Holzterrasse

Hecke

Rasen

Pflanzbeete

Rahmenpflanzung

Planung und Ausführung: *Daldrup Gärtner von Eden*

»Es ist faszinierend zu sehen, wie das Alte im neuen Garten aufgegangen ist.«

Für Ästheten

TIEFERGELEGT

EINE SORGFÄLTIGE MATERIALAUSWAHL UND REICHE PFLANZENPRACHT MACHEN DIESEN POOLGARTEN ZU EINEM RÜCKZUGSORT DER BESONDEREN ART.

Tieferliegender Atriumgarten
Mauern aus Dolomit
Pulverbeschichtete Pergola
Sitzplatz
Wasserbecken

Stellplatz
Eingang
Gepflasterter Weg
Rasen

Planung und Ausführung: *Majuntke oHG Haus und Garten*

Hier spielte die Situation im Innern des Hauses eine entscheidende Rolle für die Gestaltung des Außenbereichs, denn im Kellergeschoss befindet sich der viel genutzte Wellnessbereich, und der sollte vom Pool im Garten aus leicht zu erreichen sein. Folglich wurde der Poolbereich tiefergelegt und schmiegt sich nun in ein sicht- und windgeschütztes Atrium. Für den Bodenbelag rund um den Pool wurde mit einem einheimischen Dolomit der gleiche Stein verwendet wie für die umgebenden Mauern und die aus dem Atrium auf Gartenniveau führenden Treppen. Das sorgt für optische Großzügigkeit. Den hellen Stein ergänzen Elemente aus Cortenstahl, und aus Stahl ist auch die Pergola, die das oberhalb des Pools liegende Holzdeck beschattet und bis an die Hausfassade reicht.

Von hier aus hat man einen ungestörten Blick auf die ganze Vielfalt der Bepflanzung dieses Gartens, die in Violett-, Grün- und Rottönen schwelgt. Fertige Efeuelemente schirmen den Pool vom Start weg vor allzu neugierigen Blicken aus den nahen Nachbarhäusern ab.

Dank seiner Lage ist der Poolbereich vollkommen sichtgeschützt

Mittels eingehängter Stoffbahnen lässt sich die Stahlpergola zum Schattenspender machen

FAKTEN

Baubeginn: *März 2010* **Fertigstellung:** *Juni 2010*
Grundfläche Garten: *780 m²* **Anspruch:** *Sichtgeschützter Poolgarten*
Materialien: *Dolomit, Cumaru-Holz, Cortenstahl, Stahl*
Außergewöhnliches: *Abgesenkter Poolbereich*

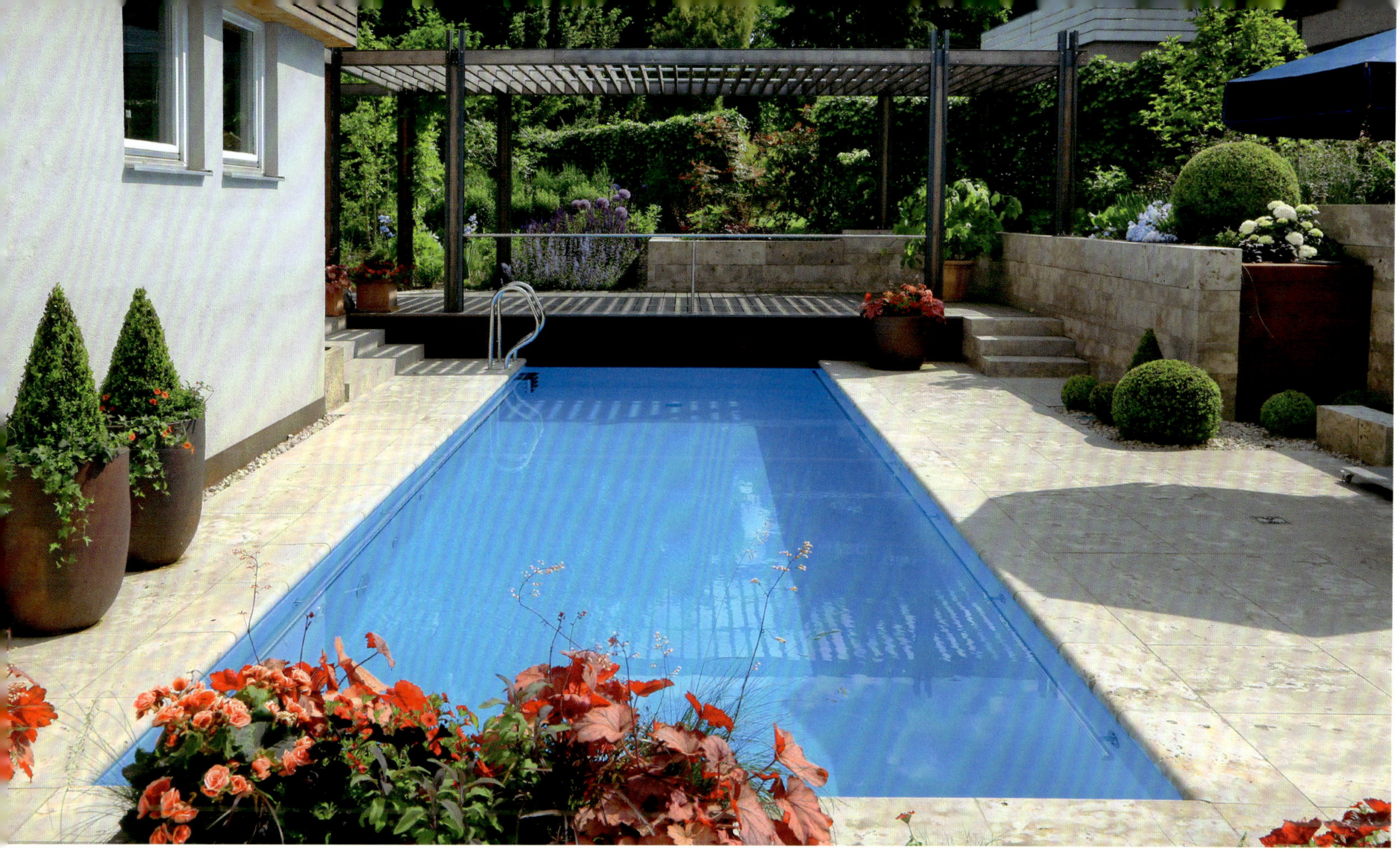

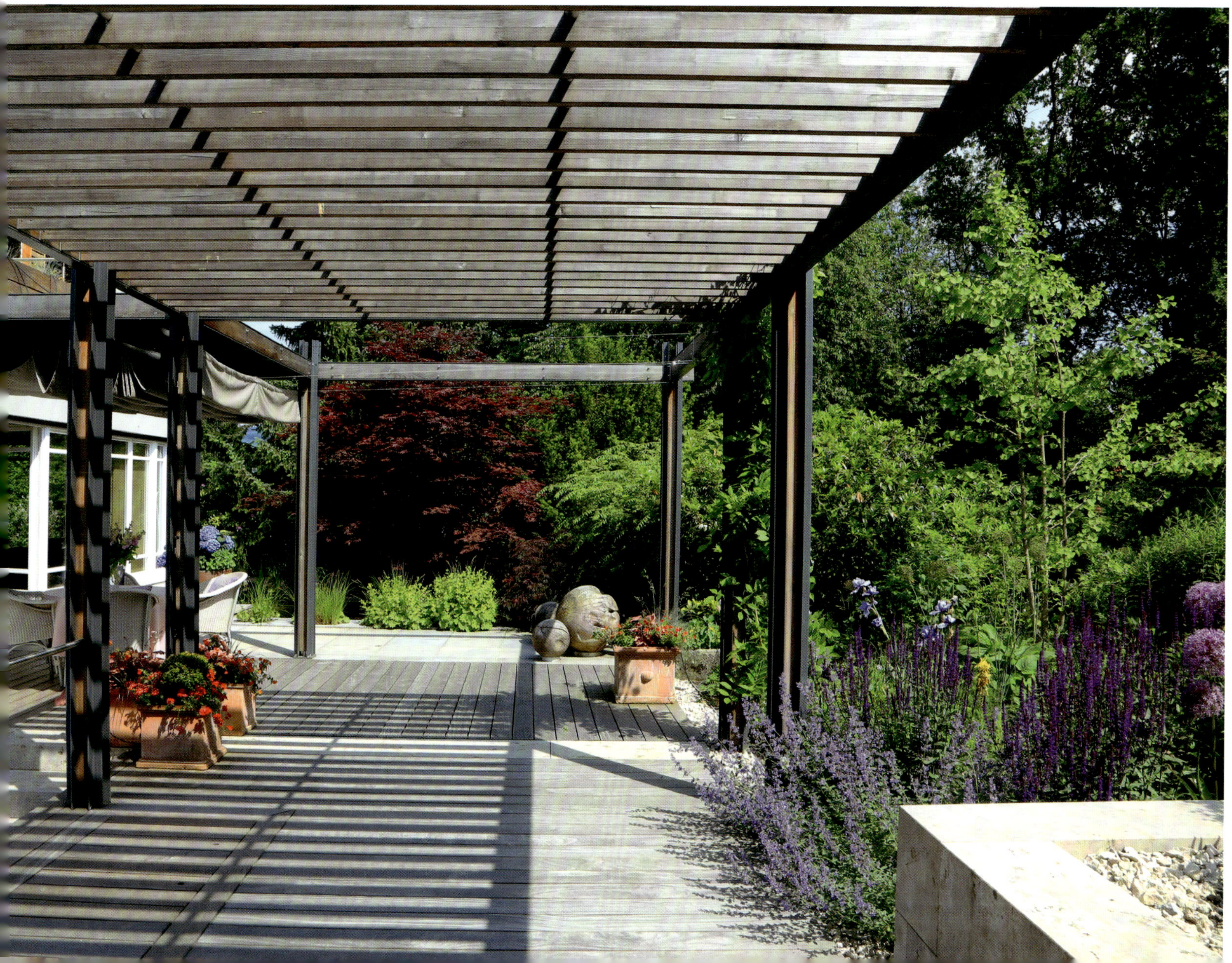

Für Ästheten

SOMMERLICHES VERGNÜGEN

IN EINEN HISTORISCHEN VILLENGARTEN SOLLTE EIN SCHWIMMBECKEN INTEGRIERT WERDEN. DAS ERFORDERTE VIEL FINGERSPITZENGEFÜHL, DAMIT HAUS, GARTEN, UMGEBUNG UND POOL WIRKLICH ZU EINER EINHEIT VERSCHMELZEN KONNTEN.

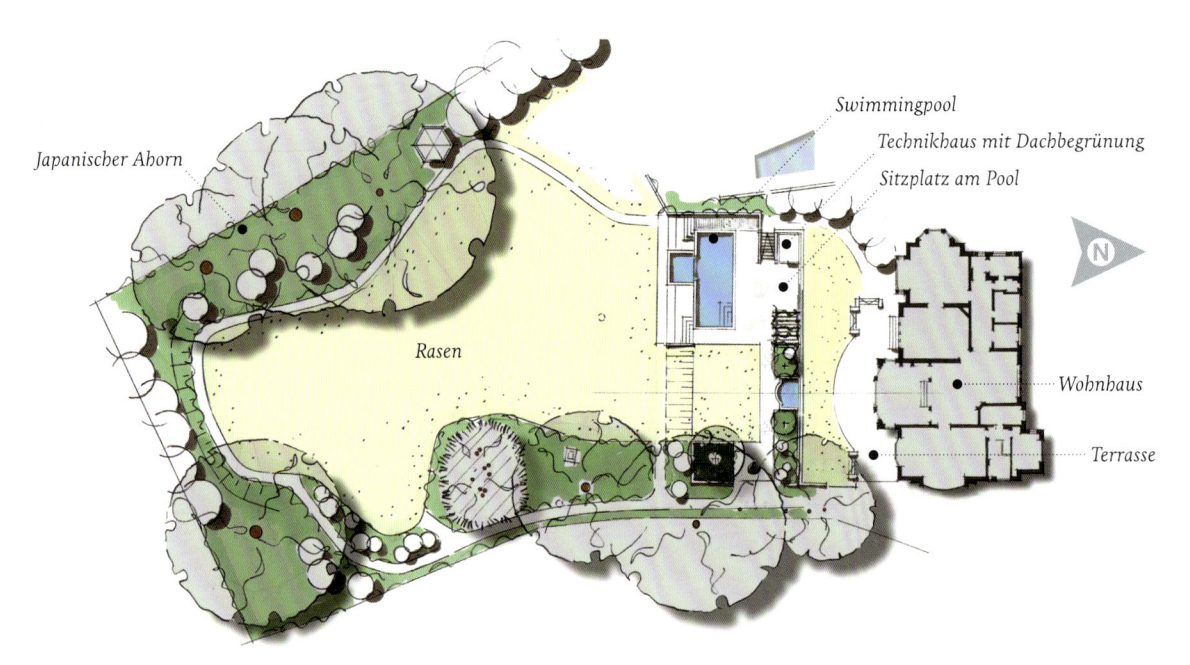

Japanischer Ahorn
Swimmingpool
Technikhaus mit Dachbegrünung
Sitzplatz am Pool
Rasen
Wohnhaus
Terrasse

Planung: *Architekturbüro Sebastian Jensen, Hamburg* **Ausführung:** *Borgmann Garten- und Landschaftsbau GmbH*

Für den Winter hatte dieser Villengarten seine Attraktion für die beiden Kinder der Besitzerfamilie schon längst: einen Hang, der sich bestens zum Rodeln eignet. Dieser sollte auch unbedingt erhalten bleiben, als es darum ging, den Garten nun um ein Schwimmbecken als Anziehungspunkt für die warmen Monate zu erweitern. Neben der harmonischen Integration des Beckens in den bestehenden Garten mit seinem alten Baumbestand und der umgebenden historischen Parkanlage stand der Wunsch nach einer rundum ökologischen Lösung für die Besitzer im Vordergrund. So fiel die Entscheidung auf ein Poolsystem, bei dem die Wasserreinigung über ein Elektrolyseverfahren und damit ohne chemische Zusätze geregelt wird. Optisch ist von dieser Besonderheit nichts zu merken, sodass der Eindruck eines klassischen Pools erhalten bleibt.

Seine Umgebung wurde mit Platten aus hellem Kalkstein ausgelegt, der auch für einige Stützmauern zum Einsatz kam und bestens mit dem bereits vorhandenen roten Klinker der Terrasse und dem edlen Weiß der Hausfassade harmoniert. So wird der Pool zum Blickfang von der leicht erhöht liegenden Hauptterrasse und zum attraktiven Aufenthaltsort gleichermaßen.

Der Sitzplatz am Haus wirkt heimelig und geborgen, gibt aber die Aussicht auf die Weite von Pool und Hang frei

Rasen, Pool und Poolterrasse bilden ein harmonisches Ganzes

FAKTEN

Baubeginn: *Februar 2011* **Fertigstellung:** *Juli 2011* **Grundfläche Garten:** *1.500 m²* **Anspruch:** *Pool als neuer Mittelpunkt des Gartens*
Materialien: *Sandstein, Kalkstein, Sibirische Lärche, Stahl*
Außergewöhnliches: *Integration eines Pools in eine historische Umgebung aus Garten und Park*

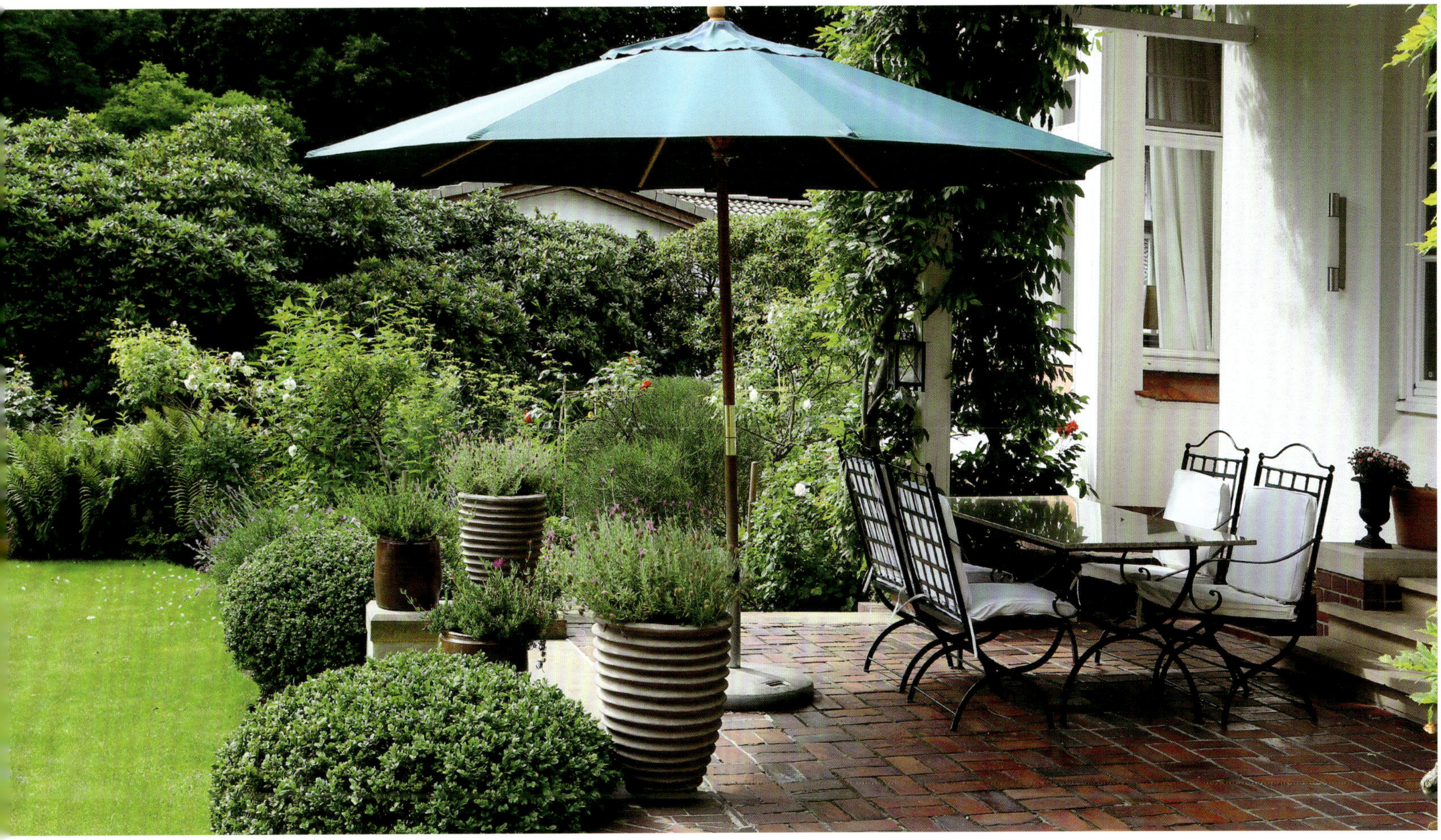

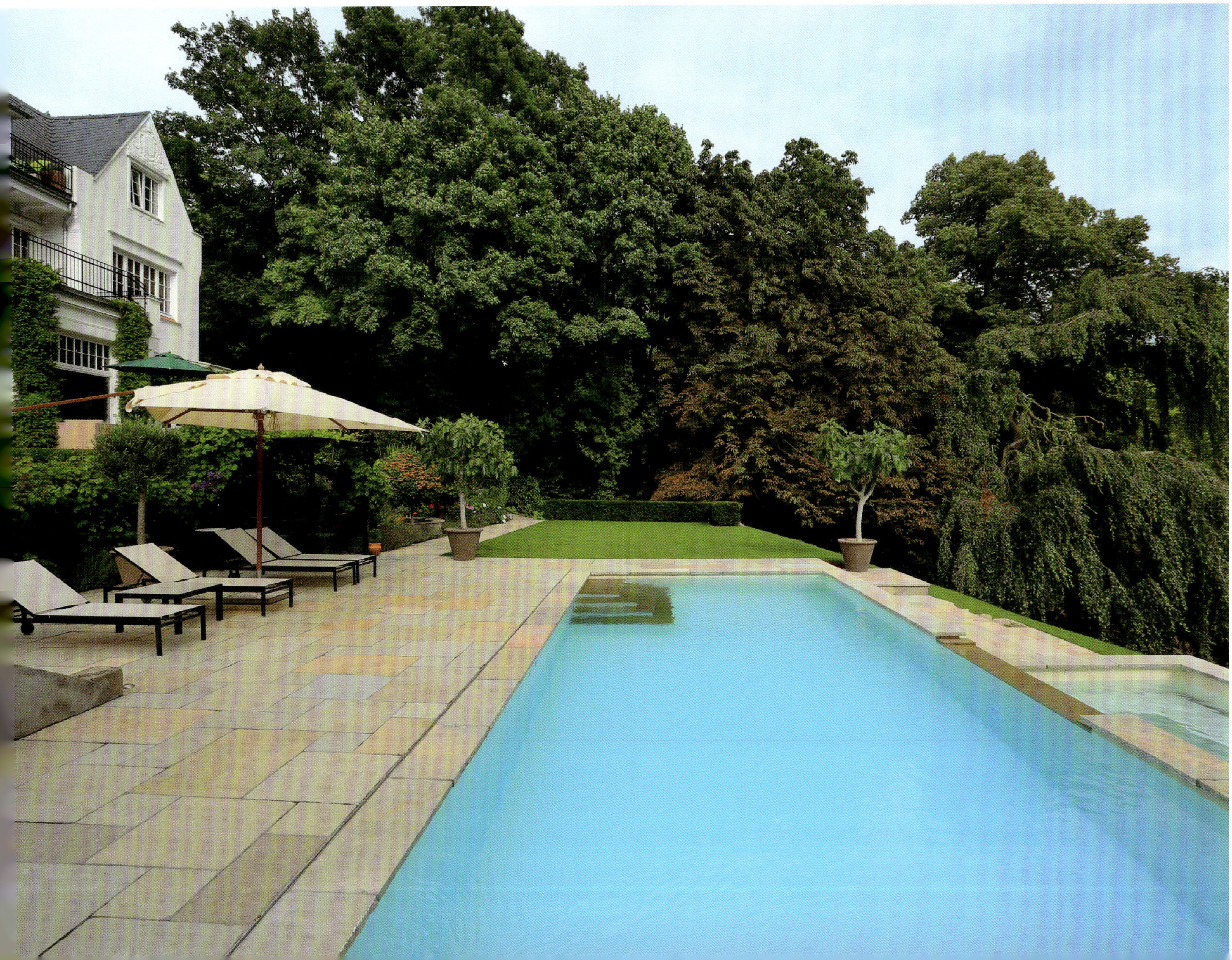

Für Ästheten

LEICHT VERDREHT

DIESER GARTEN IST EIN WUNDERBARES BEISPIEL DAFÜR, WIE EINE PROFESSIONELLE GARTENPLANUNG MIT OFT NUR KLEINEN KUNSTGRIFFEN AUS EINEM HERKÖMMLICHEN EINEN AUSSERGEWÖHNLICHEN GARTEN ENTSTEHEN LÄSST.

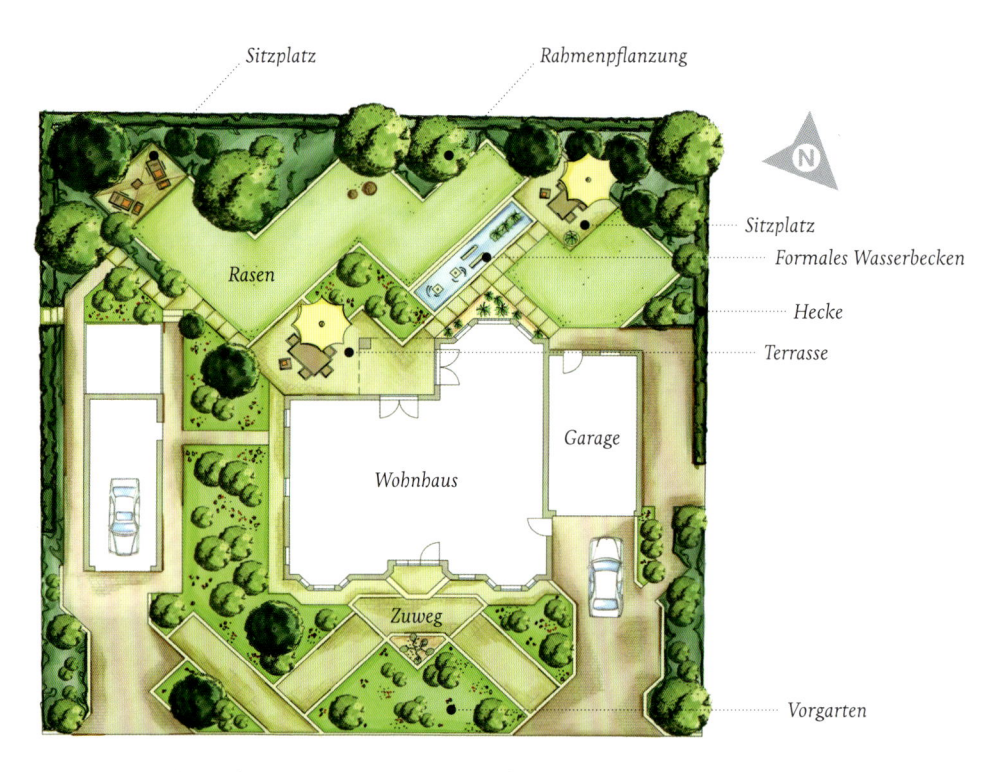

Sitzplatz   Rahmenpflanzung

Sitzplatz
Formales Wasserbecken
Hecke
Terrasse

Rasen

Wohnhaus
Garage

Zuweg

Vorgarten

Planung und Ausführung: *Otten Gartengestaltung*

Die Idee, mit der aus diesem vergleichsweise kleinen und konventionellen Grundstück ein abwechslungsreicher, individueller und überraschender Garten wurde, ist so einfach wie wirkungsvoll: Während Haus und Grundstücksgrenzen klassisch parallel zur Straße verlaufen, drehte der Gartengestalter sämtliche Gestaltungselemente einfach um 45 Grad, sodass zwar auch im Garten weiterhin rechte Winkel vorherrschen, diese aber um eine Vierteldrehung versetzt liegen zu allem, was sie umgibt. Das Ergebnis ist verblüffend: Der Garten hat deutlich an Tiefe gewonnen, die durch den Wechsel von Rasen und Beeten entstandenen Räume wirken großzügiger und geheimnisvoller zugleich, denn ihre Struktur erschließt sich dem Betrachter nun nicht mehr auf den ersten Blick. Für Wege, Mauern und die Einfassung des selbstverständlich in Bezug auf die Hausfassade ebenfalls um 45 Grad gedrehten Wasserbeckens kam terrakottafarbener Sandstein zum Einsatz, der eine luftig leichte mediterrane Atmosphäre schafft, die eine Entsprechung auch in der üppigen Staudenbepflanzung findet. Zum Mittelmeerflair passend entstand auf Wunsch der Gartenbesitzer ein sonniger zweiter Sitzplatz abseits des Hauses und mit Blick auf das Wasserbecken.

FAKTEN

Baubeginn: *Februar 2008* **Fertigstellung:** *April 2009* **Grundfläche Garten:** *435 m²* **Anspruch:** *Aufbrechen konventioneller Gartenstrukturen und dadurch Aufwertung des Grundstücks* **Materialien:** *Sandstein* **Außergewöhnliches:** *Wasserbecken mit Irisinsel*

»Hier fühlt sich alles nach Urlaub an.«

< *Sehr heimelig wirkt der mediterran inspirierte Sitzplatz am Wasserbecken mit der Irisinsel*

v *Schönes Detail sind die Schrittplatten, die zum Queren des Wasserbeckens dienen*

Für Ästheten

UNDERSTATEMENT IN GRÜN

IN DENKMALGESCHÜTZTER UMGEBUNG UND ENGEM ZUSAMMENSPIEL MIT DEN GARTENBESITZERN ERHIELT DIESER LIEBHABERGARTEN EIN NEUES GESICHT.

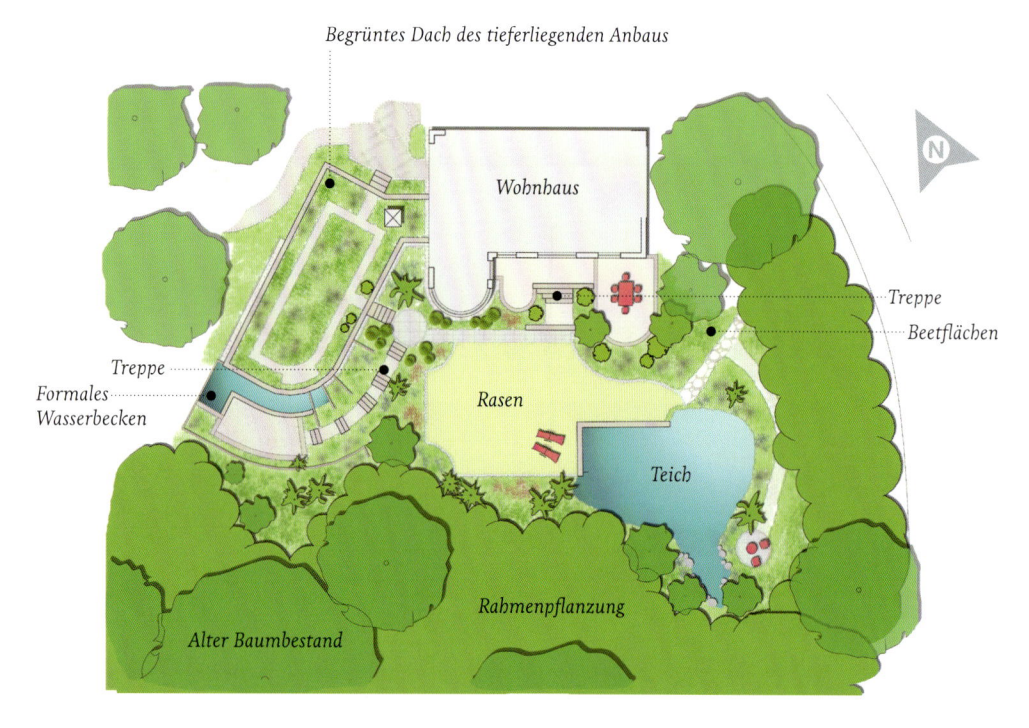

Begrüntes Dach des tieferliegenden Anbaus

Wohnhaus

Treppe
Beetflächen

Treppe
Formales Wasserbecken

Rasen

Teich

Rahmenpflanzung

Alter Baumbestand

Planung und Ausführung: *Gartenarchitektin Claudia Schaaf, Fa. ingo beran*

Bei der Umgestaltung dieses Gartens war die Planerin zunächst vor allem als Bewahrerin gefragt, denn den Gartenbesitzern, zwei wahren Pflanzenliebhabern, lag sehr daran, möglichst viele Pflanzen aus dem Bestand für den neuen Garten zu übernehmen. Und das ganz zu Recht, schließlich gab es hier wunderbare Formschnittkiefern und Eiben, Rhododendren und Samthortensien. Die Bewahrung von Bestehendem spielte hier auch deshalb eine so große Rolle, weil das Grundstück unmittelbar an eine historische Parkanlage grenzt und es umso wichtiger war, dass sich der Garten harmonisch in die teils denkmalgeschützte Umgebung einfügt. Bei der Umgestaltung wurde dann tatsächlich kaum eine Pflanze entsorgt, sondern alles von der Fachfrau sorgfältig auf sein Potenzial geprüft, beschnitten und gegebenenfalls verpflanzt. Dieser Bestand erfuhr eine behutsame Ergänzung, etwa mit Buchs, Azaleen, Bambus, Rosen und Gräsern. Bei der Wahl der Baumaterialien setzten Besitzer und Planerin ganz auf Historisches, etwa in Gestalt alten Basaltpflasters. So entstand eine ausgewogene, elegante Gartenanlage, die die Leidenschaft ihrer Besitzer für das Thema Garten in allen Details widerspiegelt.

Die Vielfalt der Pflanzen ist ein Charakteristikum des Gartens

Wie alles in diesem Garten ist auch das Farbkonzept der Bepflanzung von vornehmer Zurückhaltung bestimmt

FAKTEN

Baubeginn: *November 2005* **Fertigstellung:** *Dezember 2006*
Grundfläche Garten: *1.250 m²* **Anspruch:** *Liebhabergarten in denkmalgeschützter Umgebung* **Materialien:** *Altes Basaltpflaster, Hamburger Kanten, Basaltblockstufen* **Außergewöhnliches:** *Einbeziehung der Gartenarchitektin bei der Gebäudeplanung*

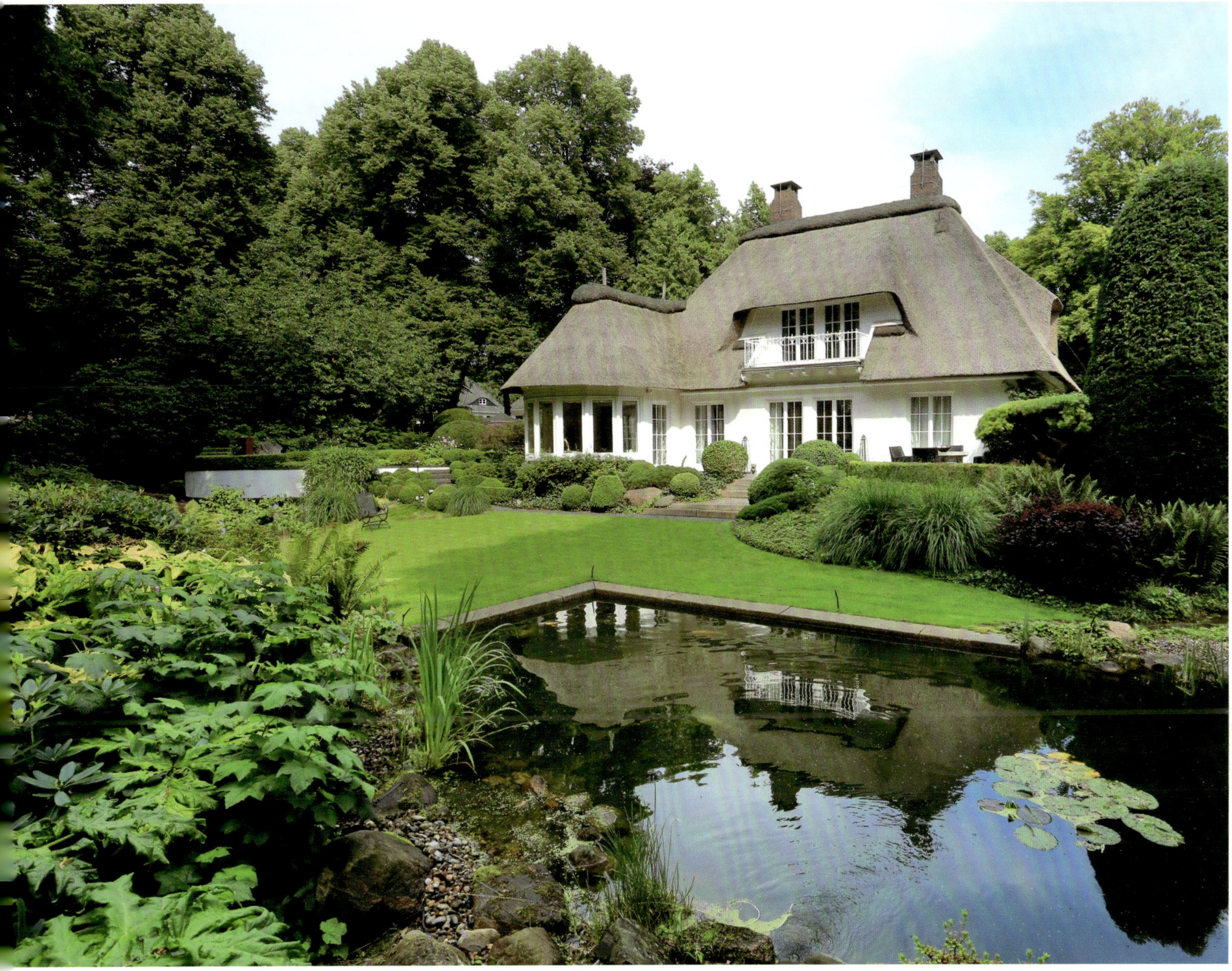

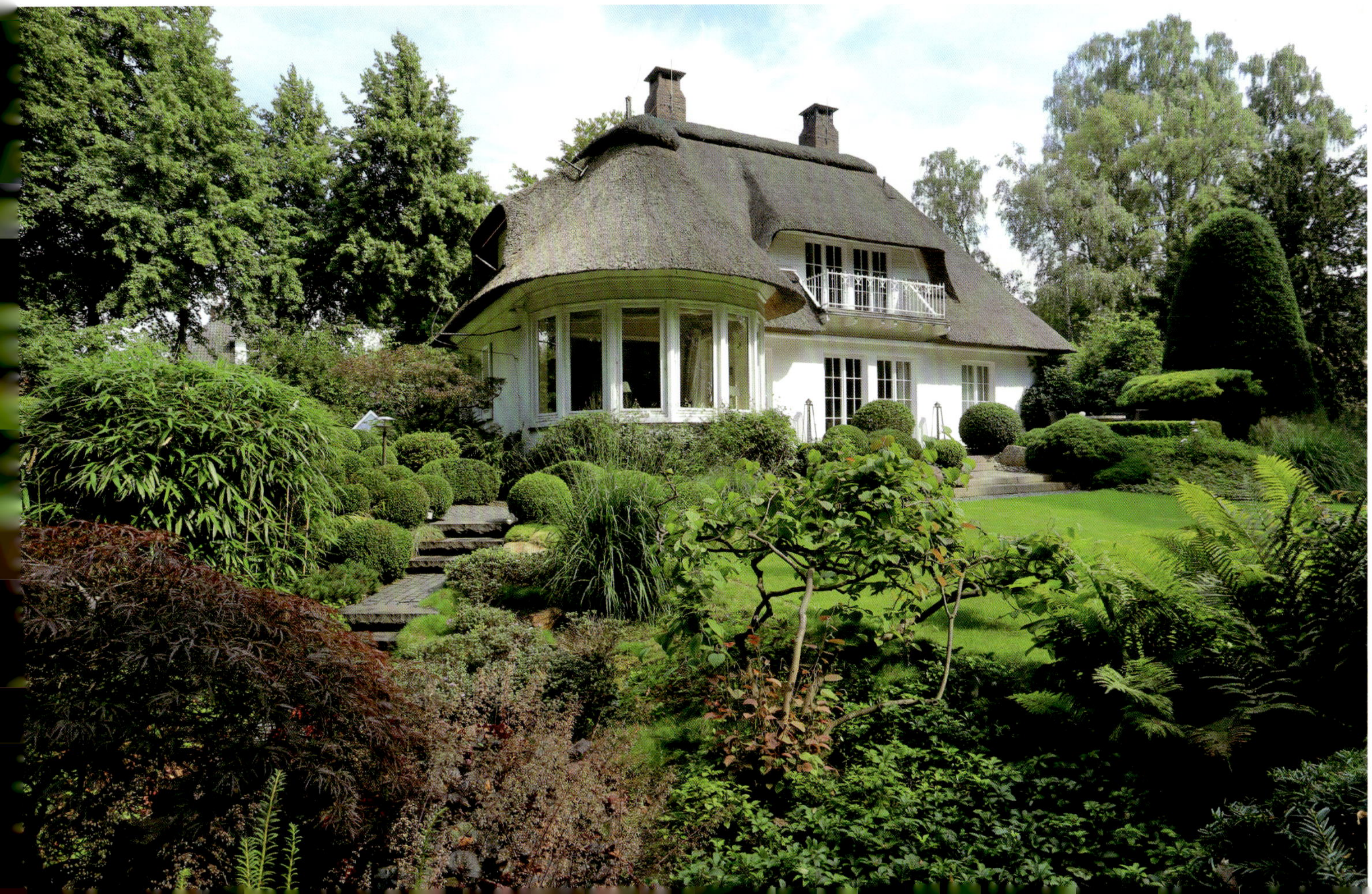

Für Ästheten

GARTENGENUSS IM KIESBETT

IN DIESEM GARTEN IST MAN JEDERZEIT AUF AUGENHÖHE MIT DER NATUR, DENN ZUM KONZEPT GEHÖREN MEHRERE SITZPLÄTZE, SODASS MAN DEN GARTEN AUS IMMER WIEDER ANDERER PERSPEKTIVE ERLEBEN KANN.

Klinker-Sichtschutzmauer *Terrasse*

Thymianfeld

Kiesrondell als Sitzplatz

Sitzplatz mit Pergola

Planung und Ausführung: *Wandrey Garten- und Landschaftsbau GmbH*

Wohnlich und pflegeleicht sollte der neu gestaltete Garten werden und seinen Besitzern ein Lächeln ins Gesicht zaubern. Das waren die Wünsche, mit denen das Besitzerehepaar an den Gartengestalter herantrat. Der verwandelte daraufhin das Stadtgrundstück in eine Oase für alle Sinne. Ein ausgedehntes Thymianfeld sorgt genauso wie der in einem Hochbeet untergebrachte Kräutergarten für abwechslungsreiche Gerüche, ein Wasserspiel liefert mit dezentem Plätschern die akustische Untermalung. Beim Bodenbelag fiel die Wahl auf eine Kombination aus Kies und Platten aus Betonstein. Letztere sorgen für Trittsicherheit, Ersterer setzt ebenso optische wie akustische Akzente und passt mit seiner leicht rötlichen Färbung bestens zum Klinker von Hausfassade und Gartenmauer. Die Pflanzenauswahl für die großen Beetflächen ist gleichermaßen vielfältig wie konsequent: Diverse Grüntöne bestimmen das Bild, unterbrochen allenfalls vom dezenten Weiß und Rosa einiger ausgewählter Blütenstauden. Dafür bieten unterschiedliche Blattformen und -strukturen dem Auge viel Abwechslung. Damit die Gartenbesitzer die Vielfalt ihres Refugiums aus ganz unterschiedlichen Perspektiven genießen können, entstanden gleich mehrere Sitzplätze, mal gut befestigt und geschützt in Gestalt einer Terrasse im Winkel des Hauses, mal auf einem Kiesrondell mitten im Grünen.

Ein aufmerksamkeitsstarkes Paar sind der Klinker der Gartenmauer und das abwechslungsreiche Grün in den Beeten

Wie ein Beobachtungsposten liegt das Kiesrondell mitten im Garten

FAKTEN

Baubeginn: *Mai 2010* **Fertigstellung:** *Juni 2010* **Grundfläche Garten:** *500 m²* **Anspruch:** *Pflegeleichter Wohlfühlgarten* **Materialien:** *Betonstein, Kies* **Außergewöhnliches:** *Verzicht auf Rasen*

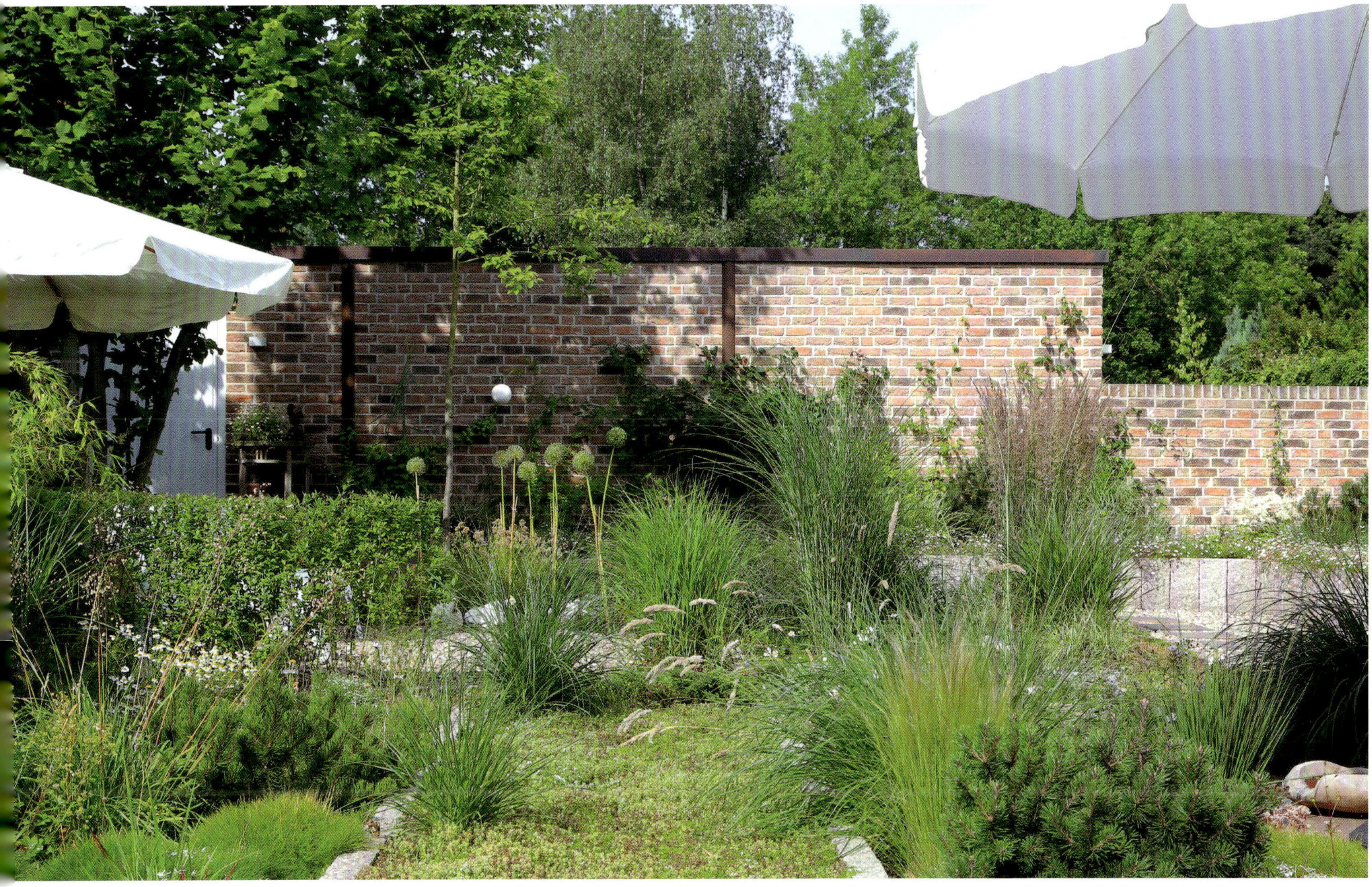

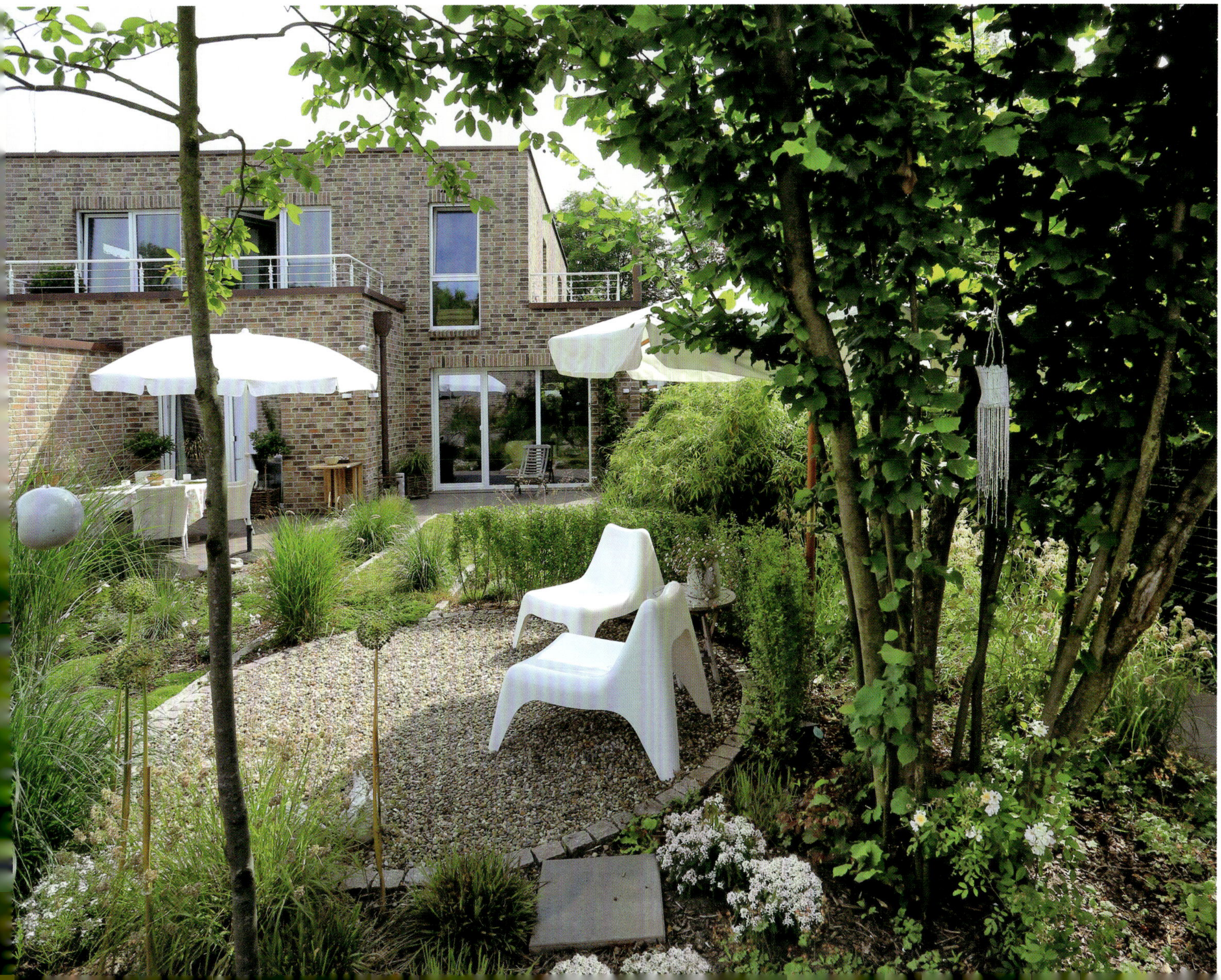

Für Ästheten

VIEL ZU ERLEBEN

DIESER GARTEN BIETET NATURLIEBHABERN DIE MÖGLICHKEIT, IHN JE NACH LUST UND LAUNE AUS GANZ UNTERSCHIEDLICHEN PERSPEKTIVEN ZU ERLEBEN.

Planung und Ausführung: *LEUCHT GÄRTEN Garten- und Landschaftsbau GmbH*

In diesem Garten gehen norddeutsche Bodenständigkeit und mediterranes Flair eine ebenso überzeugende wie abwechslungsreiche Liaison ein: Für das typisch norddeutsche Ambiente sorgen die geklinkerten Wege, die – sanft geschwungen – die große Rasenfläche zu Dreivierteln umschließen und von der Terrasse am Haus aus zu wunderbar versteckten weiteren Sitzplätzen führen. Den Mittelmeer-Charme steuert nicht zuletzt der helle Sandstein bei, aus dem Sichtschutzwände, Grill und die Einfassung des Beets rund um die Hauptterrasse gemauert wurden. Bei der Bepflanzung sind es Feigen, Oleander und Formgehölze, die an südliche Gefilde erinnern. Was frostempfindlich ist, ist in Pflanzgefäßen gut aufgehoben, sodass es im Winter hereingeholt werden kann. Mit Wasserlauf, Schwimmteich, Glashaus, Loungebereich, Sonnen- und Schattenplätzen ist dieser Garten ganz darauf ausgerichtet, seinen Besitzern immer wieder neue Naturerlebnisse zu verschaffen, je nach Stimmung, Tages- und Jahreszeit.

Das Wasser des Quellsteins fließt in einen naturnah gestalteten Bachlauf

Vom Haus aus genießt man einen wunderbaren Blick über den großzügigen Schwimmteich

Der quadratische Grundriss des Glashauses findet sich in den kastenförmig gestutzten Baumkronen wieder

FAKTEN

Baubeginn: März 2009 **Fertigstellung:** *Juli 2009* **Grundfläche Garten:** 3.000 m² **Anspruch:** *Abwechslungsreicher Genießergarten mit mediterranem Flair* **Materialien:** *Sandstein, Klinker, Holz* **Außergewöhnliches:** *Lärmschutzwall gegen angrenzenden Sportplatz*

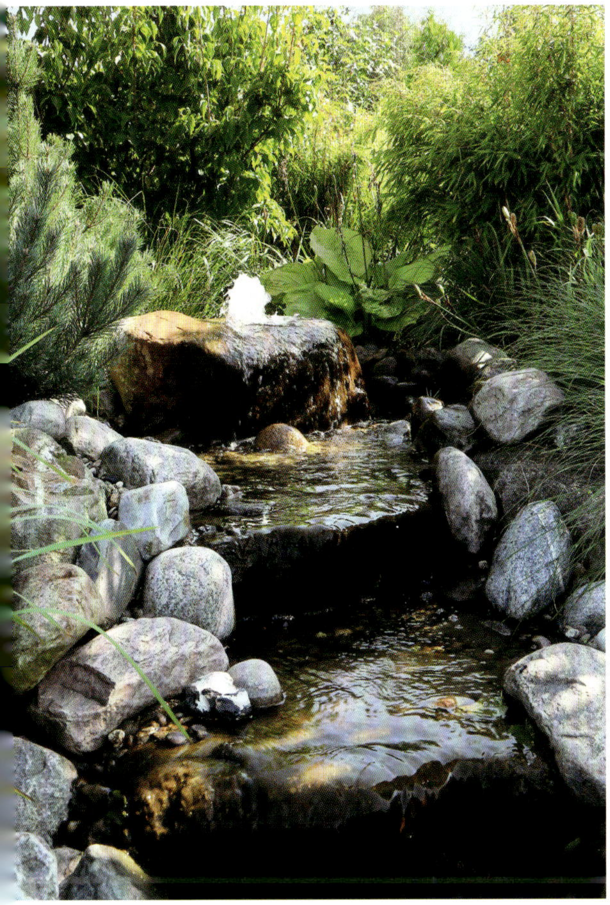
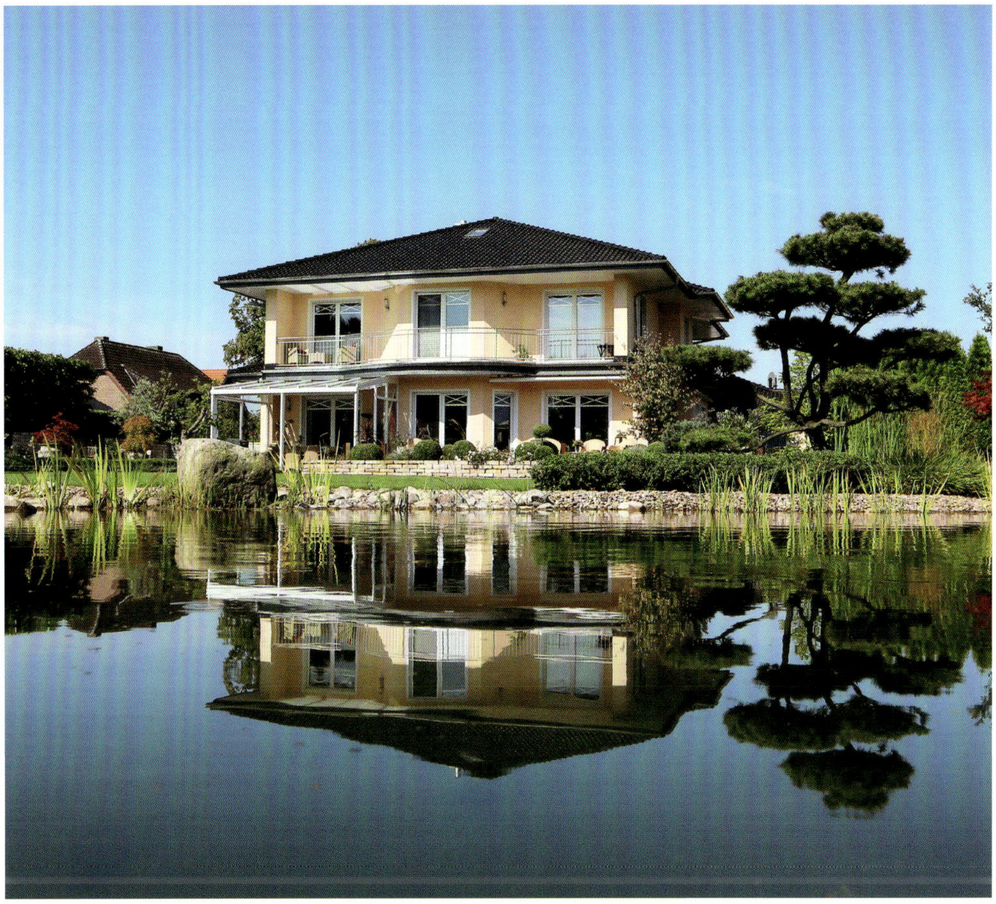
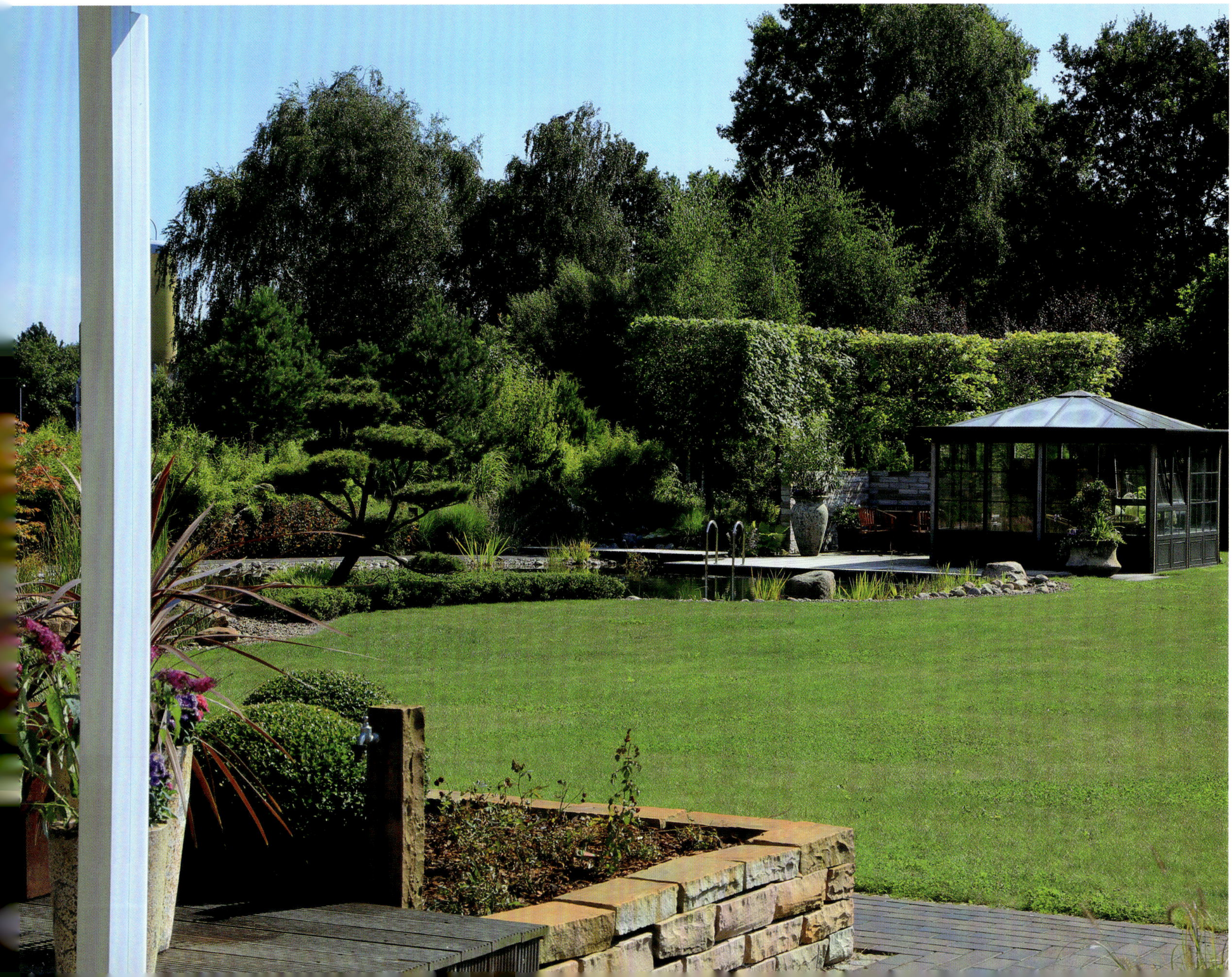

Für Ästheten

INSPIRIERENDE MISCHUNG

EINE AUSSERGEWÖHNLICHE IMMOBILIE VERLANGT NACH EINEM AUSSERGEWÖHN-
LICHEN GARTEN, UND WENN BEIDE DIESELBE SPRACHE SPRECHEN, WIRD DARAUS
EIN ÜBERZEUGENDES DUETT.

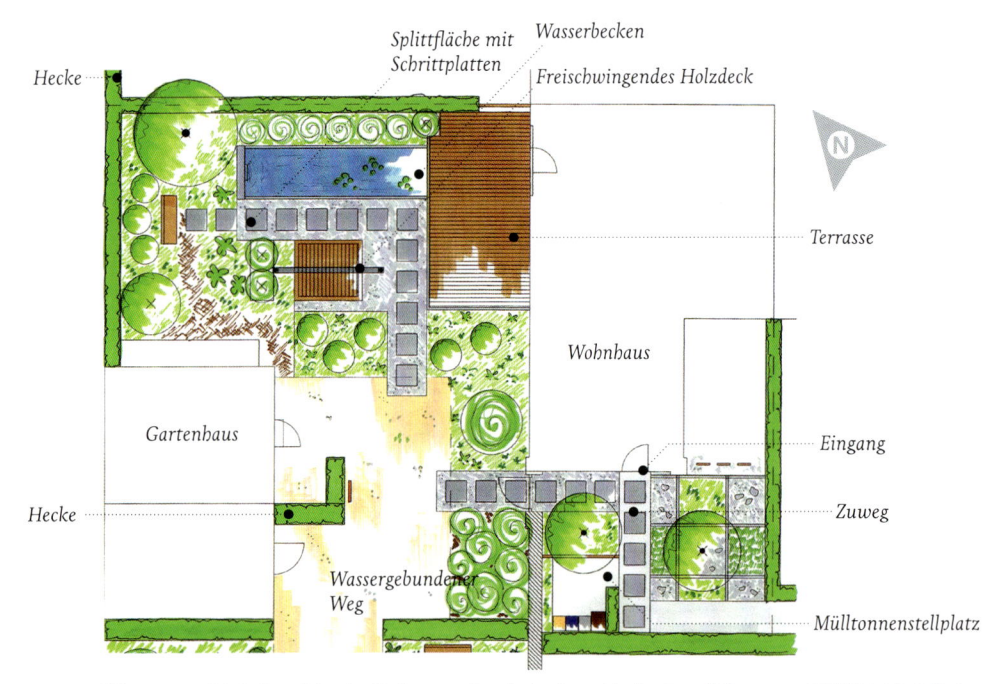

Planung: *Dipl.-Ing. Martin Hofmann, Landschaftsarchitekt* **Ausführung:** *TERRA Modellgärten*

Industriekultur trifft Asien. Klingt nach einer wilden Mischung? Passt aber wunderbar zusammen, denn sowohl das historische Fabrikgebäude, das jetzt als Wohnraum dient, als auch die dazu kombinierten asiatisch anmutenden Gartenelemente sind geprägt von Geradlinigkeit und klaren Strukturen. So beherrschen rechte Winkel diesen Garten, ohne ihn jedoch abgezirkelt oder gar kühl wirken zu lassen. Für die nötige Portion Wildheit sorgen Pflanzen wie Rispenhortensien oder Bambus, die farblich zum reduzierten Stil des Gartens passen, durch ihre Wuchsform aber aus der Geradlinigkeit ausbrechen. An die großzügige rechteckige Terrasse schließt sich – natürlich im 90-Grad-Winkel – ein leicht erhöhtes Wasserbecken an, das durch einen Auslauf in einer schlichten frei stehenden Wandscheibe gespeist wird. Die Materialien hier: Edelstahl und Blaustein. Letzterer findet sich auch als Bodenbelag wieder – in Gestalt großformatiger quadratischer Trittplatten, die, in Kies eingebettet, den Weg durch den Garten vorgeben. Ruheplatz und optisches Highlight zugleich ist ein frei schwingendes Holzdeck, aufgehängt an dunkel-grauen Stahlträgern und flankiert von Bambus – auch hier gilt: Asien trifft Industrie.

Damit der Sichtschutz nicht zu wuchtig wirkt, besteht er aus drei frei stehenden Elementen

Wohnzimmeratmosphäre auf der Terrasse dank Stehleuchte

Die Stahlträger, an denen das frei schwebende Holzdeck hängt, passen perfekt zur Industriearchitektur

FAKTEN

Baubeginn: *Juli 2011* **Fertigstellung:** *August 2011* **Grundfläche Garten:** *250 m²* **Anspruch:** *Garten mit klarer Formensprache* **Materialien:** *Blaustein, Edelstahl, Holz* **Außergewöhnliches:** *Verbindung aus historischer Industriearchitektur und modernem Design*

179

Für Ästheten

SICHTBAR UNSICHTBAR

DANK SEINER EXPONIERTEN LAGE AM HANG GENIESSEN DIE BESITZER DIESES GARTENS EINE EXZELLENTE FERNSICHT ÜBER SEE UND TALSPERRE. DOCH DASS SIE VIEL SEHEN WOLLEN, HEISST NICHT, DASS SIE AUCH GESEHEN WERDEN WOLLEN. DESHALB HATTE SICHTSCHUTZ OBERSTE PRIORITÄT BEI DER GESTALTUNG DIESES GARTENS.

Dieser Garten ist eine Spielwiese für Freunde des Perspektivwechsels, denn je nach Standpunkt verstecken die hier eingesetzten Gestaltungselemente von der Hecke bis zur Cortenstahlwand das Dahinterliegende – oder eben nicht. Schließlich war es den Besitzern des Gartens auch darum zu tun, sich trotz der dringend gewünschten Privatsphäre niemals eingeschlossen zu fühlen. So arbeitete der Gartengestalter ausschließlich mit Sichtschutzelementen, die niemals massiv und immer überschaubar in ihren Abmessungen sind, sodass sie stets Ein- und Durchblicke je nach Standpunkt des Betrachters ermöglichen. Passend zur Architektur des Hauses ist der gesamte Garten von Geradlinigkeit und klarer Strukturierung geprägt. Die Eibenhecken sind sauber gestutzt, die dichten Buchskugeln in den Beeten wirken als Ruhepol zwischen ungezähmt wachsenden Stauden, die den Blumenschmuck für das Haus liefern. Hohe kubische Pflanzgefäße in Anthrazit wirken durch ihr ungewöhnliches Design wie eigenständige Kunstwerke. Gleiches gilt für die drei von rostrot bis orange leuchtenden Cortenstahlwände, die den Hauptsitzplatz Richtung Tal abschirmen. Schlicht, aber schön ist hier wie dort die Devise. Der helle Betonstein des Terrassenbelags findet sich, wie die Stahlwände in die Senkrechte gebracht, zur Befestigung der Beete wieder, auf den Wegen wechselt anthrazitfarbener Kies mit Einfassungen und Stufen ebenfalls aus Beton.

FAKTEN

Baubeginn: *Juni 2011* **Fertigstellung:** *August 2011* **Grundfläche Garten:** *820 m²* **Anspruch:** *Schaffung von Sichtschutz unter Erbalt der Aussicht* **Materialien:** *Betonstein, Kies* **Außergewöhnliches:** *Sichtschutz aus Cortenstahl*

> *Senkrechte Elemente aus Cortenstahl leuchten rot zwischen den zahlreichen Immergrünen*

>> *Die edlen weißen Gartenmöbel sind eine stilvolle Ergänzung zu den hellen Platten der Terrasse*

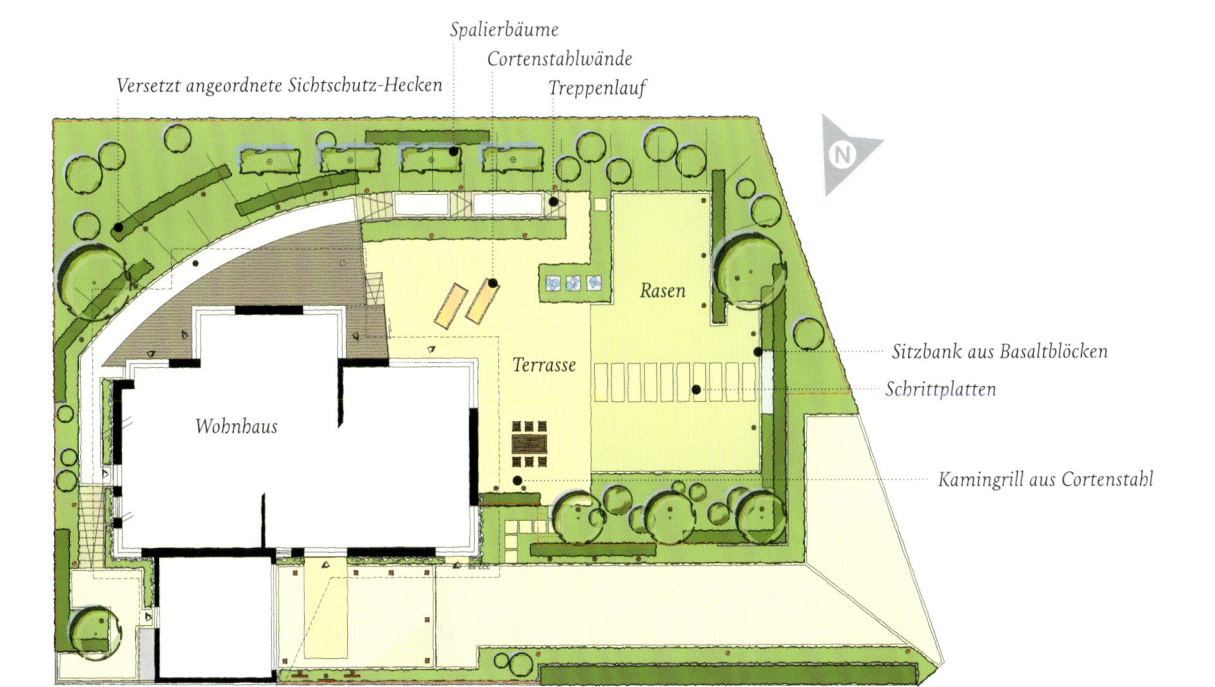

Versetzt angeordnete Sichtschutz-Hecken
Spalierbäume
Cortenstahlwände
Treppenlauf
Rasen
Terrasse
Wohnhaus
Sitzbank aus Basaltblöcken
Schrittplatten
Kamingrill aus Cortenstahl

Planung: *Büro für Grünplanung Margarete Hoberg-Klute*
Ausführung: *Klute Garten- und Landschaftsbau GmbH & Co. KG*

Für Ästheten

GLASKLAR AM WASSER

AUF KLEINEM RAUM VERBINDEN SICH HIER ZAHLREICHE AUSSERGEWÖHNLICHE GESTALTUNGSIDEEN ZU EINEM ATTRAKTIVEN STADTGARTEN.

Eine wunderbare Verbindung von Berufs- und Privatleben stellt dieser intime Stadtgarten dar. Die Besitzer betreiben unmittelbar angrenzend ein Glasbauunternehmen und wollten ihren Garten nicht nur als private Wellnessoase, sondern auch als Freiluft-Showroom nutzen. So spielte dann der Werkstoff Glas unter anderem als Bodenbelag für die Terrasse auch eine der Hauptrollen bei der Umgestaltung. Er glänzt neben einem verschiebbaren Holzdeck, unter dem sich eine weitere Attraktion des Gartens verbirgt: ein in den Boden eingelassener Whirlpool. Noch mehr Wasser gibt es in dem neu angelegten Koiteich, der ein Gutteil der Grundfläche des Gartens einnimmt. Die hohe Begrenzungsmauer wurde unter anderem mit leuchtend roten Kletterrosen bestückt. Dank der üppigen Pflanzen erscheint sie nicht mehr so wuchtig. Die angrenzende verspiegelte Fassade verleiht dem Garten mehr Tiefe.

FAKTEN

Baubeginn: *Juni 2006* **Fertigstellung:** *Dezember 2006* **Grundfläche Garten:** *200 m²* **Anspruch:** *Multifunktionaler Garten auf kleinstem Raum*
Materialien: *Glas, Granit, Bangkirai, Kies*
Außergewöhnliches: *Verbindung aus öffentlichem und privatem Raum*

> *Hier zeigt sich, wie vielfältig der Werkstoff Glas auch im Garten einsetzbar ist*

>> *Die Accessoires in leuchtendem Rot machen deutlich, wie wichtig die Gartenmöblierung für einen stimmigen Gesamteindruck ist*

Wohnhaus

Terrasse

Sitzplatz mit
Glasbelag und
verglaster Pergola

Whirlpool

Teich

Kletterpflanzen
als Fassadenbegrünung

Sichtschutz aus Glas

Sitzplatz auf
verschiebbarem
Holzdeck

Planung und Ausführung: *Jochen Helmreich Garten- und Landschaftsbau GmbH*

Für Ästheten

EINER FÜR ALLE

IN DIESEM GARTEN VERBINDEN SICH GEMEINSAM NUTZBARE UND PRIVATE BEREICHE ZU EINEM ABWECHSLUNGSREICHEN FAMILIENGARTEN.

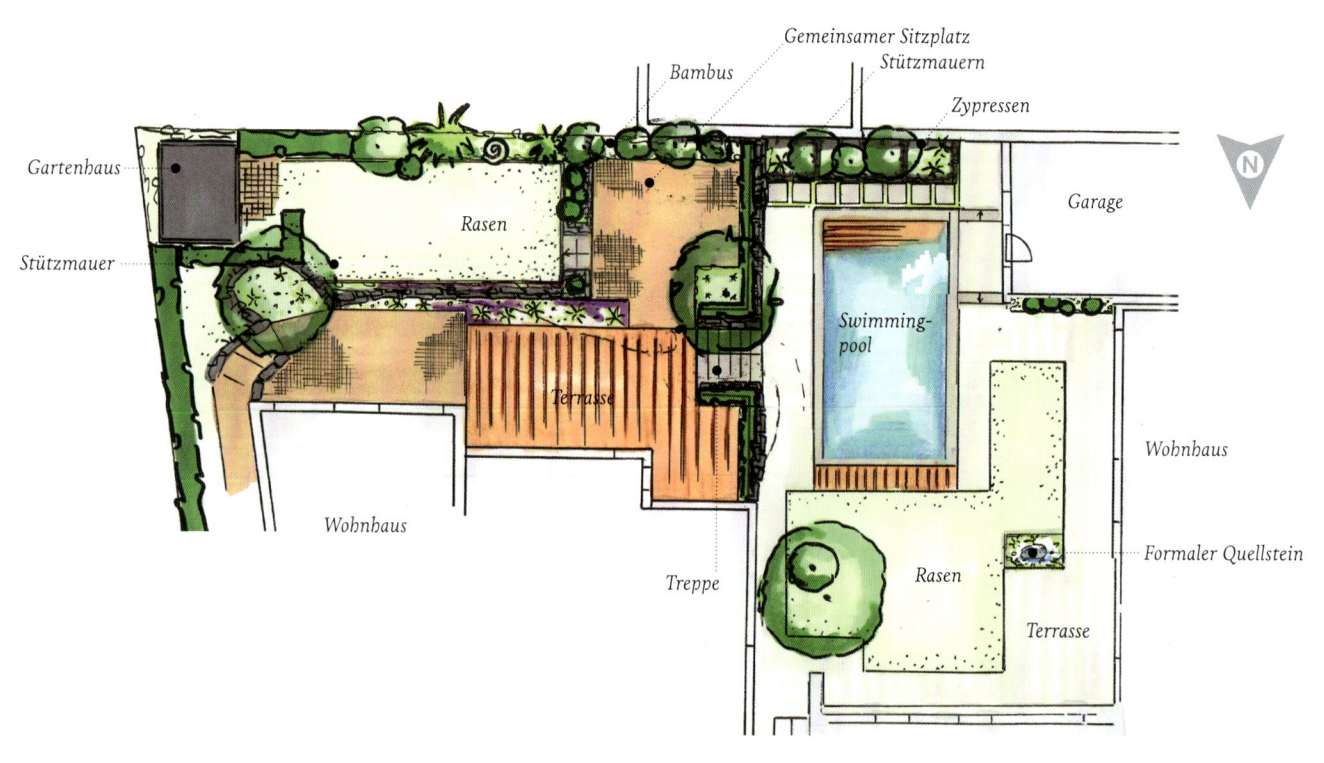

Planung und Ausführung: *Gartengestaltung Ralf Grothe GmbH*

Es gibt nicht nur Mehrgenerationenhäuser, sondern auch Mehrgenerationengärten, wie diesen, in dem Großeltern, Eltern und Kinder alle ihre eigenen Bereiche bekommen sollten. Außerdem wünschte sich die sechsköpfige Familie als gemeinsamen neuen Mittelpunkt einen Pool. Da rund zwei Drittel des Gartens von der Renovierung unangetastet bleiben sollten, bestand die Herausforderung bei der Planung darin, Altes und Neues zu einem harmonischen Ganzen zu verbinden. Gelungen ist dies unter anderem dadurch, dass bereits vorhandene Materialien wie der Granit der Bruchsteinmauer und der Porphyr des Pflasters aufgegriffen wurden. Neben dem neuen Pool fungiert ein großes Loungesofa als Familientreffpunkt. Gleichzeitig haben alle Familienmitglieder ihre privaten Rückzugsorte. Farblich setzt die Gestaltung auf viel Immergrünes wie Buchs, Bambus und Zypressen, ergänzt um zahlreiche Spielarten von Blau, die durch Pflanzen wie Lavendel und Iris, aber auch durch Accessoires wie Kissen und Strandkorb in den Garten kommen.

Zentraler Treffpunkt für aller Familienmitglieder ist der Pool

Einen eigenen Gartenraum bekam die Loungeecke zwischen Wasserspiel und Pool

FAKTEN

Baubeginn: *April 2011* **Fertigstellung:** *Juni 2011* **Grundfläche Garten:** *750 m²* **Anspruch:** *Mehrgenerationengarten mit Pool* **Materialien:** *Granit, Porphyr, Holz* **Außergewöhnliches:** *Harmonische Verbindung vieler unterschiedlicher Wünsche*

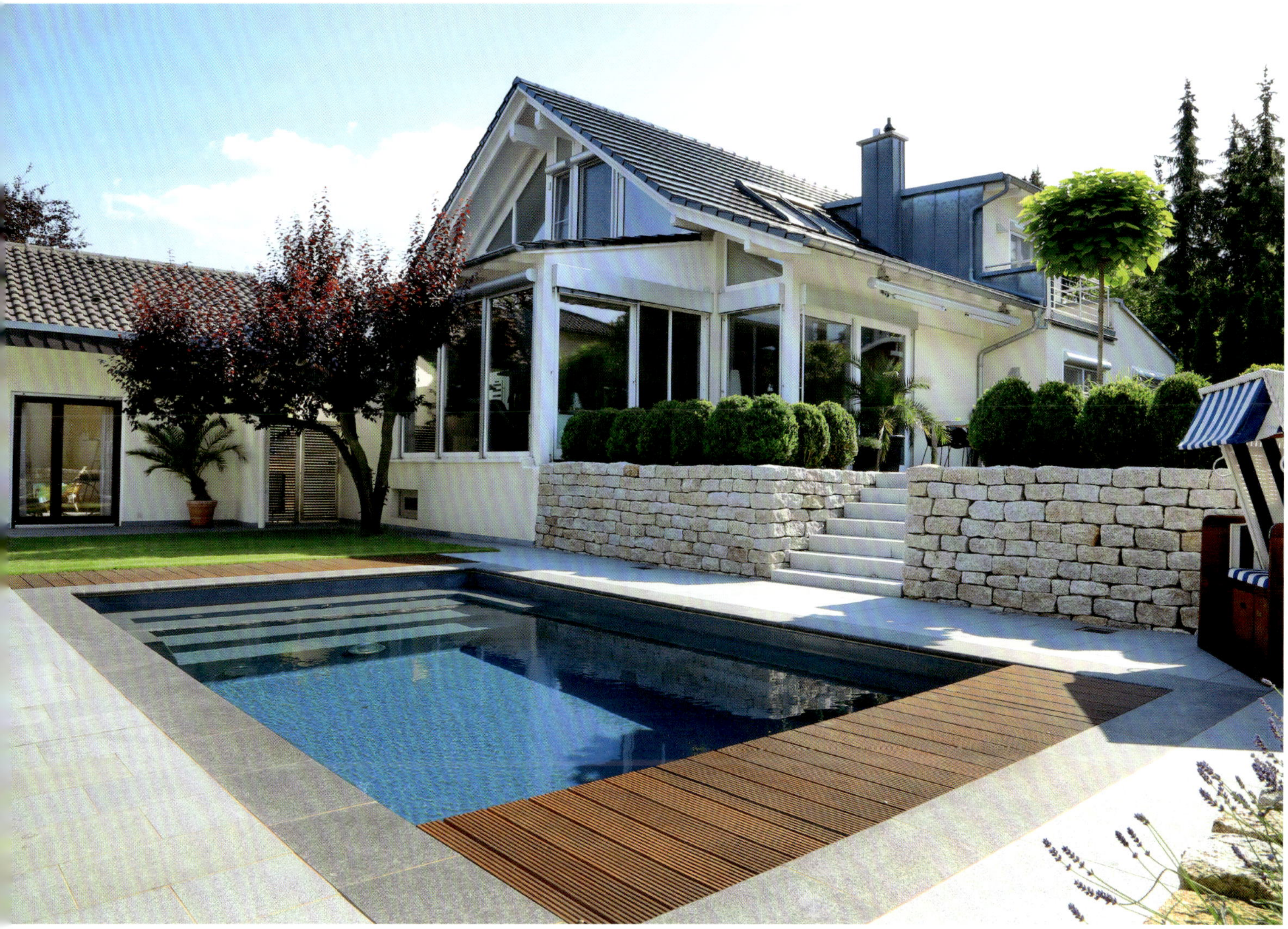

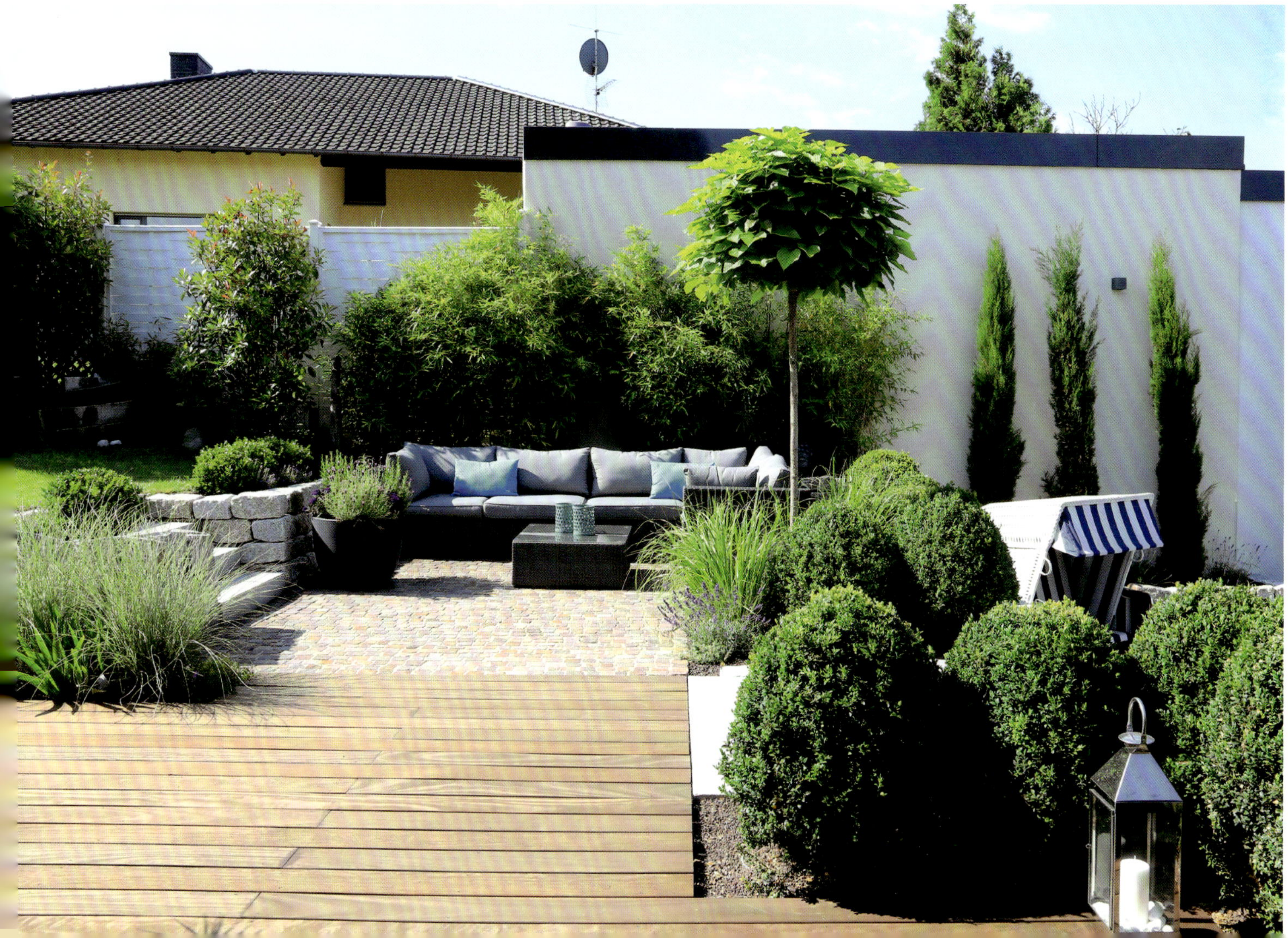

Für Ästheten

DREI IN EINEM

IN DIESEM GARTEN KOMMEN NICHT NUR MENSCHLICHE SCHWIMMER VOLL AUF IHRE KOSTEN. ZUR ANLAGE GEHÖRT AUCH EIN GROSSER KOITEICH – EIN VIELFÄLTIGER GARTEN FÜR EINE DREI-GENERATIONEN-FAMILIE

Planung und Ausführung: *Schleitzer baut Gärten – innovativ & creativ GmbH*

Hier wohnen Großeltern, Eltern und Enkel in zwei Haushalten unter einem Dach, und alle hatten unterschiedliche Wünsche an die Gartengestaltung. Doch bei aller Unterschiedlichkeit war allen wichtig: Es sollte einen gemeinsamen Garten geben. Raum für Privatsphäre bietet das Grundstück schon allein dadurch, dass es am Hang liegt. So gruppieren sich der eigentliche Garten, die separaten Terrassen beider Haushalte und die getrennten Eingänge auf insgesamt drei Ebenen, die von Tockenmauern aus heimischem Naturstein eingefasst werden. Auf der untersten Ebene entstanden nebeneinander mehrere Gartenzonen, die Raum für die unterschiedlichsten Aktivitäten bieten. Eher kontemplativ wirkt der an asiatische Gartentradition angelehnte Bereich. Das überdachte Holzdeck direkt am großzügigen Koiteich bietet bei nahezu jedem Wetter einen wind- und sichtgeschützten Sitzplatz, der zum entspannten Gartengenuss einlädt. Formensprache sowie Material- und Pflanzenauswahl unterstreichen das asiatische Flair. Fast wie eine Skulptur wirkt der große Eiben-Bonsai. Gleich nebenan, durch Findlinge und Wasserpflanzen vom Koiteich getrennt, lädt eine weitere Wasserfläche auch menschliche Schwimmer zum Bad im kühlen Nass. Hier bildet der Steg mit seinem Material die optische Verbindung zum asiatischen Gartenbereich und passt trotzdem perfekt zu der naturnah gestalteten Teichumgebung.

Rückzugsort mit Aussicht ist der überdachte Sitzplatz am Koiteich

Eigenständiges Gestaltungselement, aber gleichzeitig harmonisch in das Gesamtkonzept integriert ist der Schwimmteich

FAKTEN

Baubeginn: Juni 2009 **Fertigstellung:** Juli 2009 **Grundfläche Garten:** 800 m² **Anspruch:** Mehrgenerationen-Wassergarten **Materialien:** Lärchenholz, Rauriser Quarzit **Außergewöhnliches:** Vereinigung grundverschiedener Gartenwünsche der Generationen in einem Garten

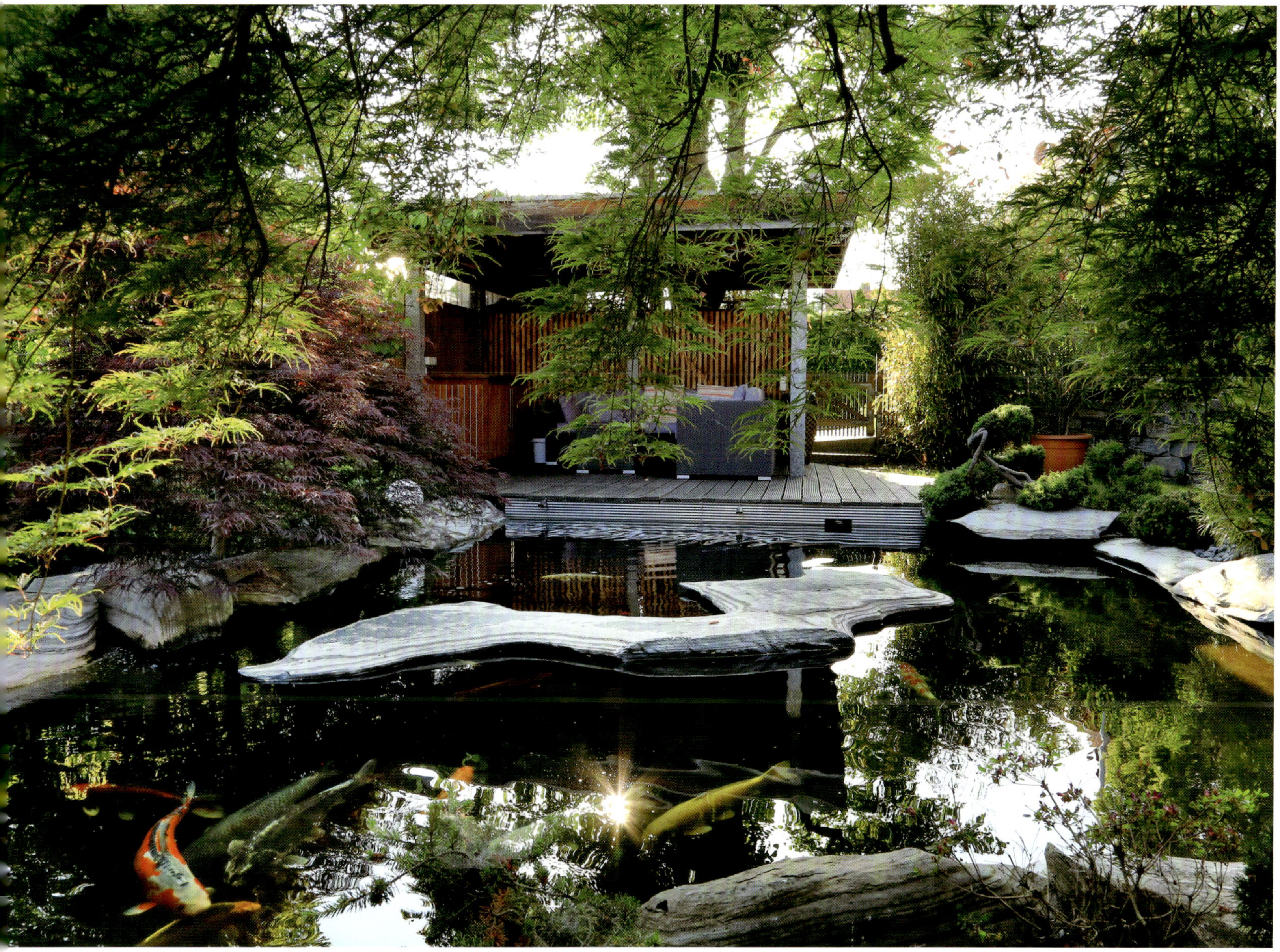

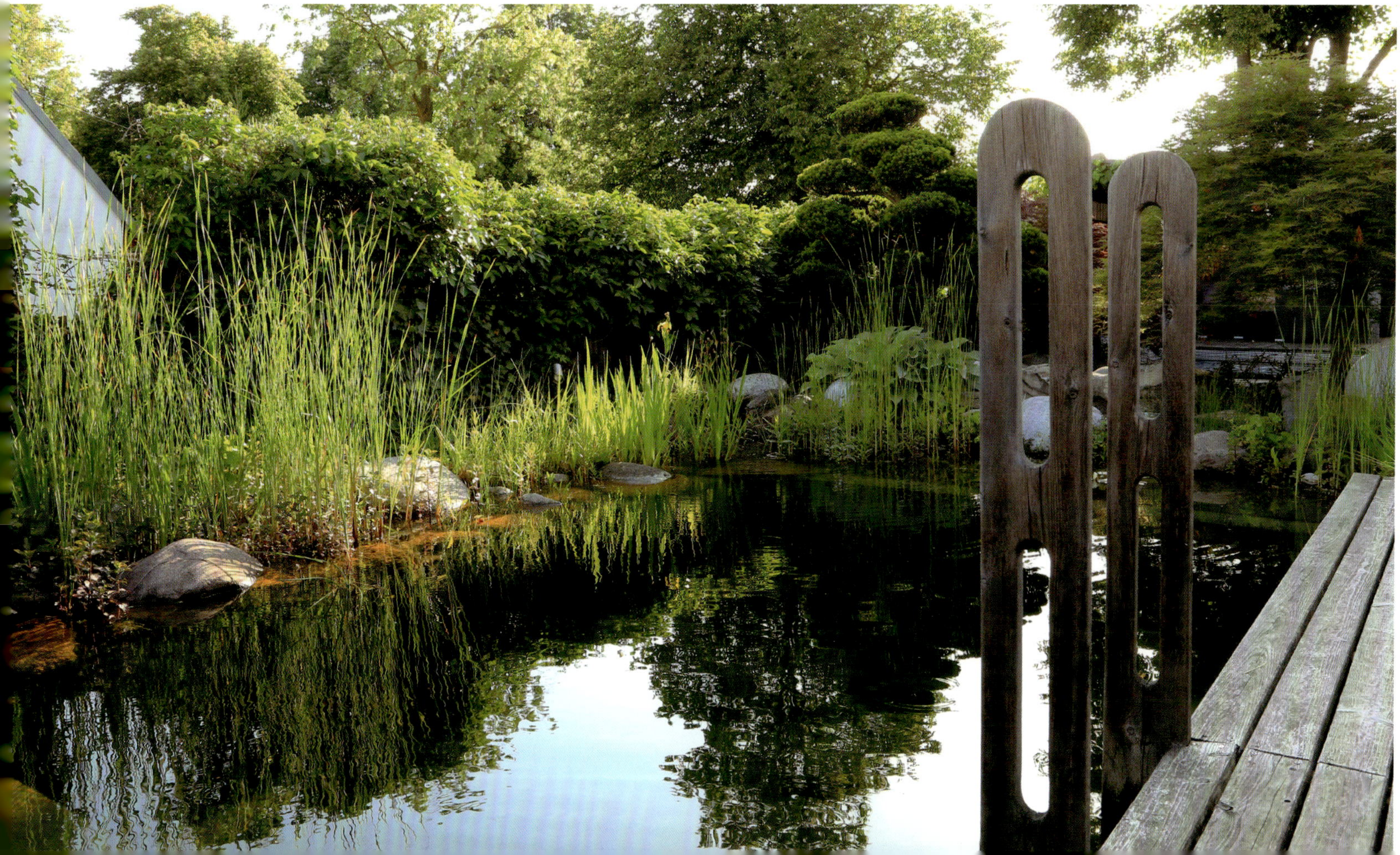

Für Ästheten

BITTE NICHT STÖREN

DASS DIESER GARTEN WUNDERBAR DAZU GEEIGNET IST, SEINE BESITZER VON STRESS UND HEKTIK DES ALLTAGS ZU BEFREIEN, GLAUBT MAN AUF DEN ERSTEN BLICK. ALLES WIRKT HIER VOLLKOMMEN HARMONISCH, DAS AUGE KANN ENTSPANNEN, STÖRENDE FAKTOREN WIE STRASSENLÄRM SCHEINEN VOR DER GRUNDSTÜCKS-GRENZE HALT ZU MACHEN.

Dies ist ein Wohlfühlgarten, den sich die Besitzerfamilie anlegen ließ, um so viel Zeit wie irgend möglich im Freien verbringen zu können. Dazu war es wichtig, das nicht eben üppig dimensionierte Grundstück bestmöglich zu gliedern – sowohl optisch als auch funktional, damit mehrere Gartenzimmer entstehen konnten, die den Bedürfnissen der einzelnen Familienmitglieder, Tages- und Jahreszeiten entsprechend genutzt werden können. Schon die unterschiedlichen Bodenbeläge sorgen für die gewünschte Gliederung, und jeder Gartenraum lädt zu einer anderen Nutzung ein: die großformatigen Platten aus Jurakalk schaffen im Einklang mit Sichtschutzelementen aus Jurakalk-Krustenplatten einen fast hofartigen Charakter, die Rasenfläche lädt zum Spielen ein und der zweiseitig von Sitzquadern eingefasste Platz mit kleinteiligem Pflaster und Feuerkorb verlangt geradezu nach gemütlichem Beisammensein. Verbindendes Element bleiben die hellen Natursteinplatten, die für sämtliche Wege zum Einsatz kamen. Perfekt dazu passend: Beete mit hellem Schotter. Sie ergänzen den fast weiß leuchtenden Stein nicht nur farblich. Ihre Bepflanzung mit Gräsern ist auch in ästhetischer Hinsicht eine gute Wahl, um den architektonischen Charakter der Wege zu unterstreichen. Praktisch und ästhetisch hoch ansprechend sind die Sichtschutzelemente aus Jurakalk-Krustenplatten. Trotz vollkommen anderer Oberflächenstruktur bilden sie durch ihren sanften Beigeton das perfekte Pendant zur außergewöhnlichen, geschwungenen Holzfassade des Hauses.

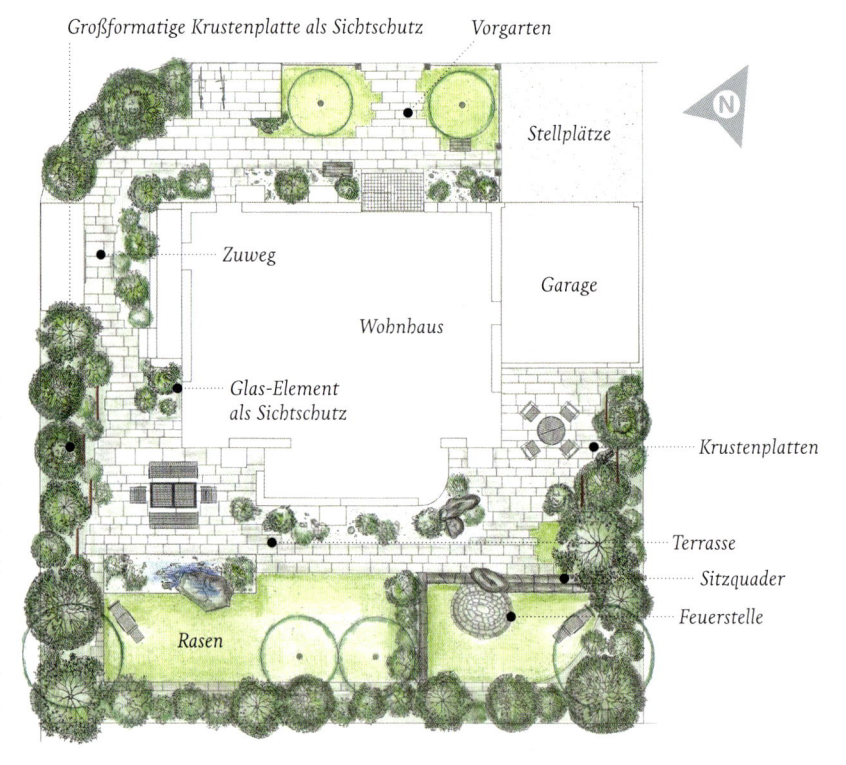

Planung: *Andrea Klenner-Felbiger* **Ausführung:** *Högl & Mandlmeyer GmbH*

FAKTEN

Baubeginn: *September 2008* **Fertigstellung:** *Dezember 2008*
Grundfläche Garten: *360 m²* **Anspruch:** *Schaffung unterschiedlicher Gartenräume* **Materialien:** *Kalkstein, Basalt, Granit*
Außergewöhnliches: *Sitzquader und Sichtschutzelemente aus Jurakalk*

< Glas als Sichtschutzelement ist außergewöhnlich, aber sehr spannend, weil es das Spiel mit Farben und Spiegelungen ermöglicht

v Dank Steinbänken rund um den Feuerkorb lässt sich der Garten auch dann noch genießen, wenn die Abende kühler werden

Für Ästheten

OASE FÜR ZWEI

HIER ZEIGT SICH WUNDERBAR, WELCHEN EFFEKT EINE DURCHDACHTE PLANUNG IN EINEM KLEINEN GARTEN ERZIELEN KANN.

Typisch Stadtgarten: schmal, langgestreckt, eingebaut und mit Nachbarn, die von oben auf das Grundstück schauen können. Nicht die allerbesten Voraussetzungen, um aus einem Grundstück einen intimen, individuellen und beschaulichen Garten entstehen zu lassen, aber mit etwas planerischem Fingerspitzengefühl durchaus machbar. Ein wesentlicher Schlüssel zum Erfolg: die Konzentration auf das Wesentliche. Glücklicherweise wünschte sich das Besitzerehepaar ohnehin einen Garten mit klaren Formen und moderner Ausstrahlung. Außerdem ging es darum, das lange und schmale Grundstück so zu strukturieren, dass es trotz seiner begrenzten Fläche Abwechslung und verschiedene Gartenzimmer bietet. Dies gelang, indem einerseits die Mittelachse des Grundstücks in voller Länge sichtbar blieb, sodass der Garten Tiefe hat, andererseits Querriegel von rechts und links die Fläche unterbrechen und damit strukturieren. Gegen allzu viele nachbarschaftliche Einblicke von oben helfen Bäume, deren Kronen zwar dicht, aber nicht allzu groß sind, damit sie noch zu den Dimensionen des Gartens passen. Außerdem kamen Sichtschutzelemente aus Lärchenholz in Verbindung mit Eibenhecken zum Einsatz. Der Wechsel zwischen Holz und Grün garantiert, dass keine allzu großen und damit erdrückend wirkenden Flächen entstehen. Das Gleiche gilt für die Gestaltung des Bodens: hier wechseln großformatige Schieferplatten mit Flächen aus hellem Splitt und großzügigen Beeten, wobei das Plattenformat das Raster für die gesamte Flächenaufteilung vorgibt. Auch die Bepflanzung setzt klare Prioritäten: wenig Farbe, viel Grün.

FAKTEN

Baubeginn: *Januar 2011* **Fertigstellung:** *Februar 2011*
Grundfläche Garten: *160 m²* **Anspruch:** *Klar strukturierter Stadtgarten*
Materialien: *Schiefer, Splitt, Lärchenholz, Beton*
Außergewöhnliches: *Sitzquader aus Beton*

Zugang   Hecke   Sitzmauern

Sitzplatz   Splittfläche   Terrasse

Trauerbirke

Planung und Ausführung: *Daldrup Gärtner von Eden*

∧ *Sitzplatz und gliederndes Element zugleich sind die Quader aus Beton*

< *Vollkommen intim wirkt der Garten auch dank der dichten Bepflanzung*

191

Für Ästheten

LANDHAUSGLÜCK

DAS GRUNDSTÜCK HAT EINE UNGEWÖHNLICHE FORM, IST NACH OSTEN AUSGERICHTET UND LIEGT ZU EINEM GUTTEIL UNTER HOHEN BÄUMEN. ALLES NICHT SCHLIMM, SOLANGE MAN EINEN FANTASIEVOLLEN GARTENPLANER HAT.

Planung und Ausführung: *LEUCHT GÄRTEN Garten- und Landschaftsbau GmbH*

Das Landhaus stammt aus den 50er Jahren und verfügt als besonderen Hingucker über original erhaltene Schmuckelemente aus Sandstein. Den regionaltypischen Stein nahm der Gartengestalter auf und verwendete ihn unter anderem für die Einfassung der das Haus umgebenden Terrasse. Damit entstand zum einen eine optische Klammer zwischen Architektur und Außenbereich. Zum anderen bekam der ebenfalls für die Region typische Klinker, der als Bodenbelag zum Einsatz kam, eine wunderbar ruhig und großzügig wirkende Rahmung. Überhaupt ist die umlaufende Terrasse der Dreh- und Angelpunkt dieses Gartens, der auf der einen Seite fast unmerklich in die angrenzende Landschaft übergeht. So finden sich rund um das Haus gleich mehrere lauschige Plätze – von der hortensienumrankten Holzbank bis zum zierlich modernen Essplatz mit Metallstühlen. Alter Baumbestand rahmt das Grundstück ein und sorgt dafür, dass trotz der offenen Gestaltung mit viel Rasen kein neugieriger Blick zum Haus durchdringt.

Durch unterschiedliche Niveaus schafft die Terrasse einen ganz behutsamen Übergang zur Rasenfläche

Unmittelbar am Haus ist die Klinkerterrasse leicht erhöht und mit Sandstein eingefasst

FAKTEN

Baubeginn: *März 2009* **Fertigstellung:** *Mai 2009* **Grundfläche Garten:** *900 m²* **Anspruch:** *Fließender Übergang des Gartens in die Landschaft* **Materialien:** *Sandstein, Klinker* **Außergewöhnliches:** *Anpassung des Gartenstils an das 50er-Jahre-Landhaus*

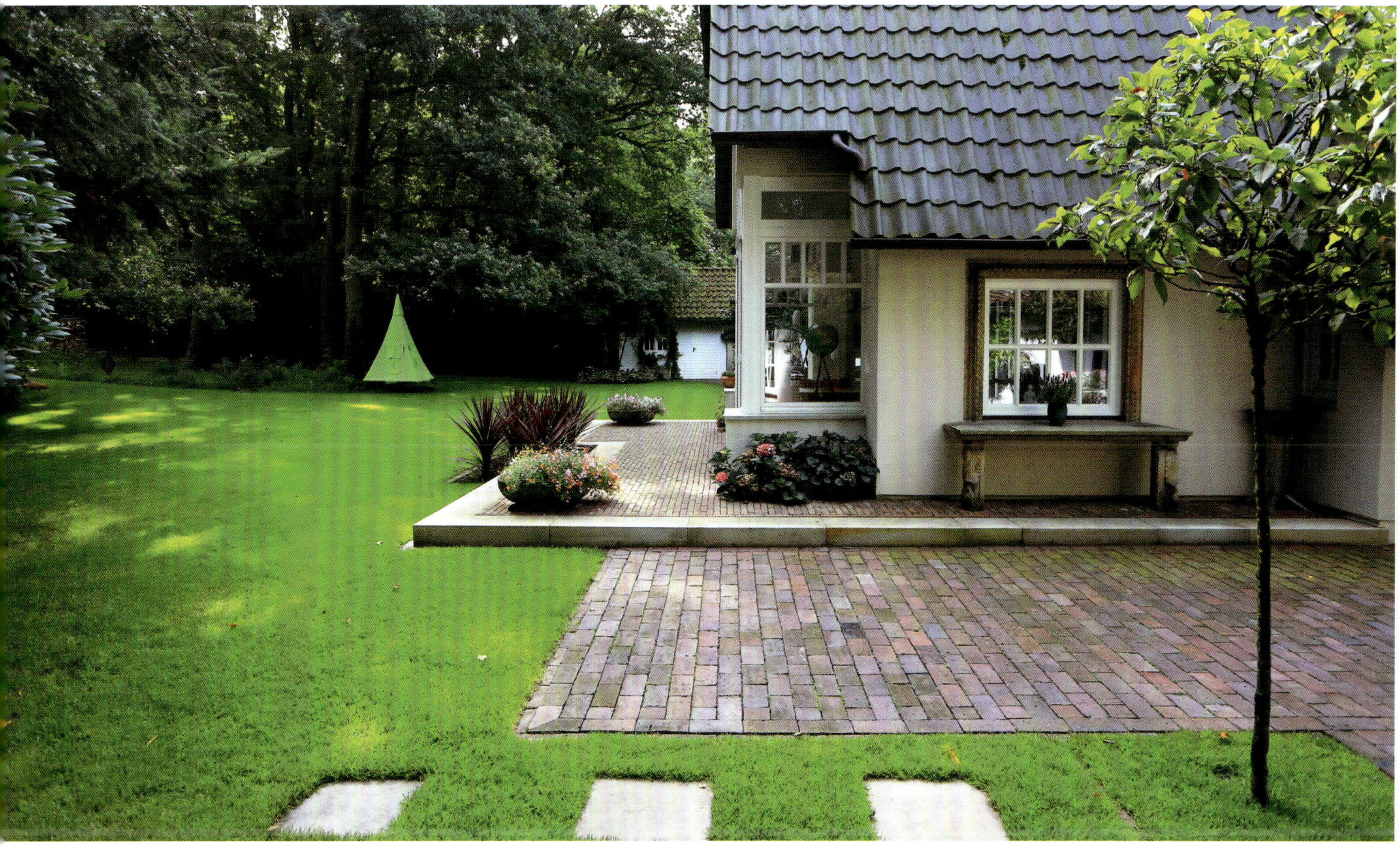

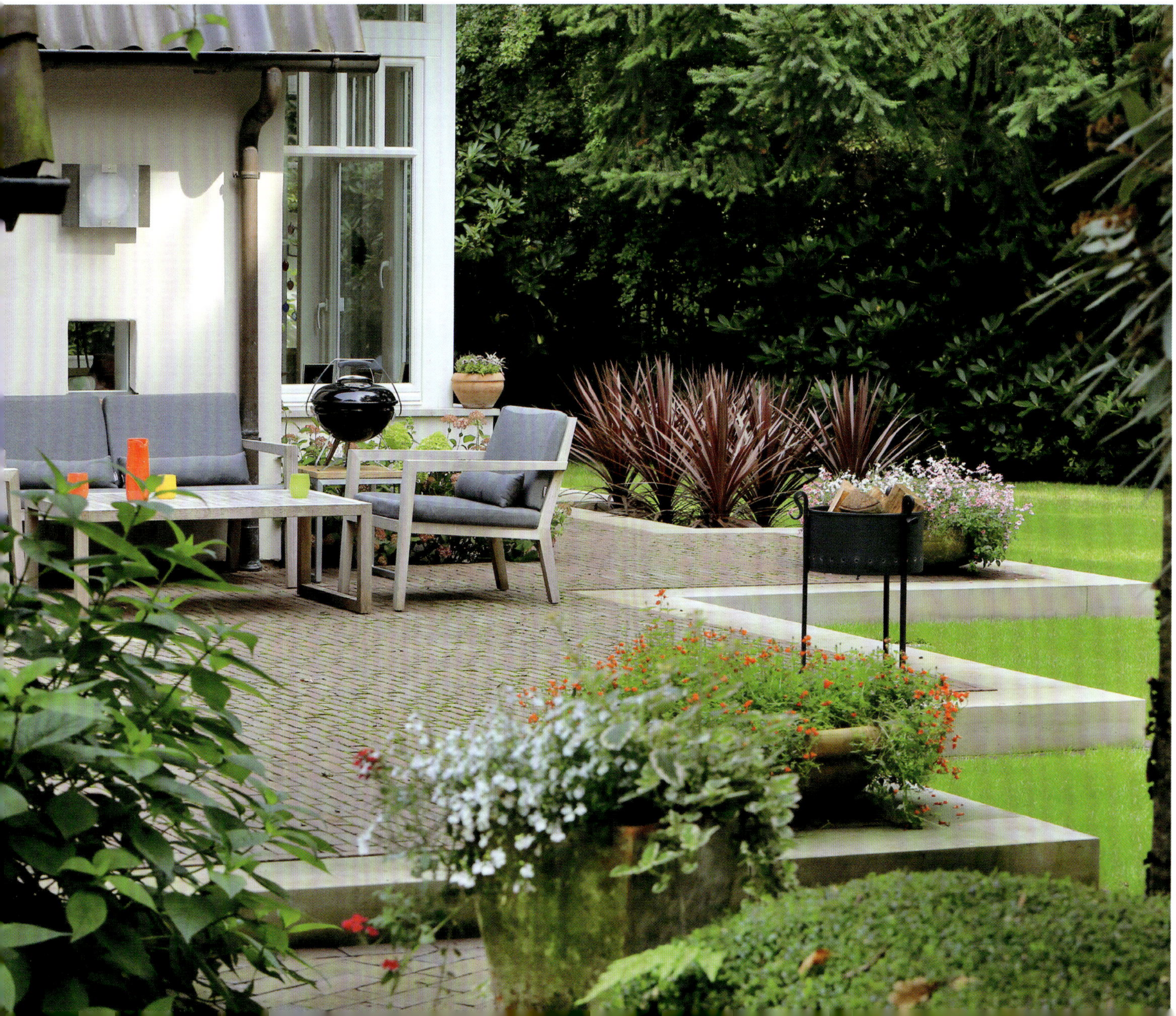

Für Ästheten

GARTEN OHNE GRUNDSTÜCK

BEI DER ANLAGE EINER DACHTERRASSE BESTEHT DIE BESONDERE HERAUSFORDERUNG FÜR DEN GARTENGESTALTER IMMER DARIN, ALLE BAURECHTLICHEN UND STATISCHEN FAKTOREN ZU BERÜCKSICHTIGEN UND GLEICHZEITIG EINEN ANSPRECHENDEN FREILUFTRAUM NACH DEM GESCHMACK DES BESITZERS ZU SCHAFFEN.

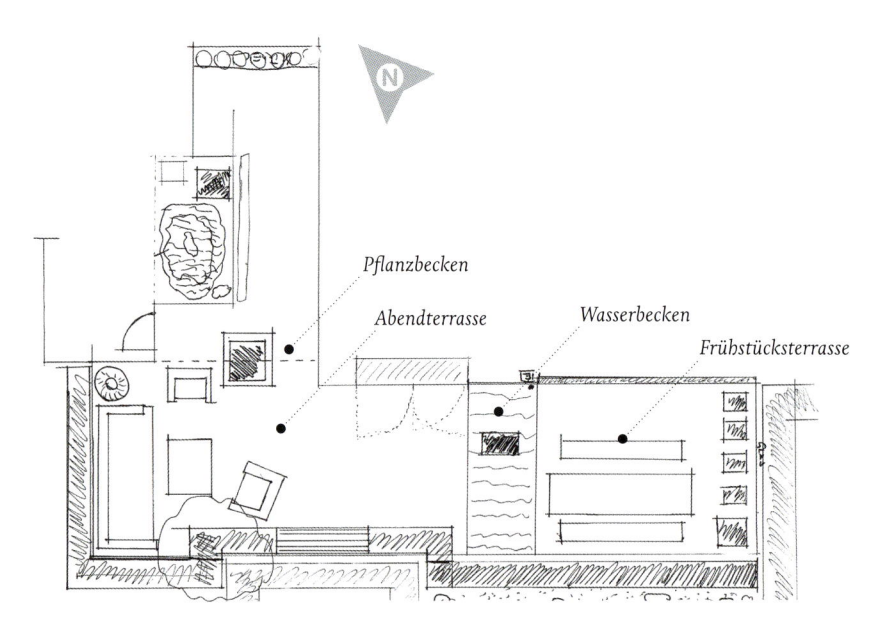

Planung und Ausführung: *Borgmann Garten- und Landschaftsbau GmbH*

Ein Dach und reichlich Fantasie standen am Beginn dieser Gartengeschichte, denn als Besitzerehepaar und Gartengestalter zum ersten Mal zusammentrafen, gab es auf dem Dach des Mehrparteienhauses mitten in der Stadt nichts, was auch nur im Entferntesten Ähnlichkeit mit einem Garten hatte. Aber die Besitzer hatten klare Vorstellungen von dem, was dort einmal entstehen sollte: Sie wünschten sich ein sonniges Plätzchen für jede Tageszeit sowie ein Wasserbecken. Daraufhin entwarf ihnen der Gartengestalter einen abwechslungsreichen Dachgarten. Durch den Einsatz großer Pflanzkästen gelang es, ein Maximum an Grün oben auf das Hausdach zu holen. In ihnen gedeihen Bambus, Eiben, Rosen und Salbei als bunte Mischung. Ein Wasserbecken aus Folie dient an heißen Tagen der Abkühlung und durch die Anlage zweier unterschiedlich ausgerichteter Sitzplätze gibt es nun eine Frühstücks- und eine Abendterrasse, sodass die Besitzer wunschgemäß stets ihren Platz an der Sonne genießen können. Und damit der Dachgarten vor allem Genuss- und nicht Arbeitsort ist, wurde eine Bewässerungsanlage gleich mit eingebaut.

Die Gestaltung lässt Raum für individuelle Details

Sogar für einen kleinen Teich hat sich ein Platz gefunden

Die Bepflanzung wurde so ausgewählt, dass sie mit den Bedingungen einer Dachterrasse bestens zurechtkommt

FAKTEN

Baubeginn: *März 2008* **Fertigstellung:** *Mai 2008* **Grundfläche Garten:** *40 m²* **Anspruch:** *Abwechslungsreicher Dachgarten mit Frühstücks- und Abendterrasse* **Materialien:** *Granit, Bangkirai* **Außergewöhnliches:** *Bewässerungsanlage*

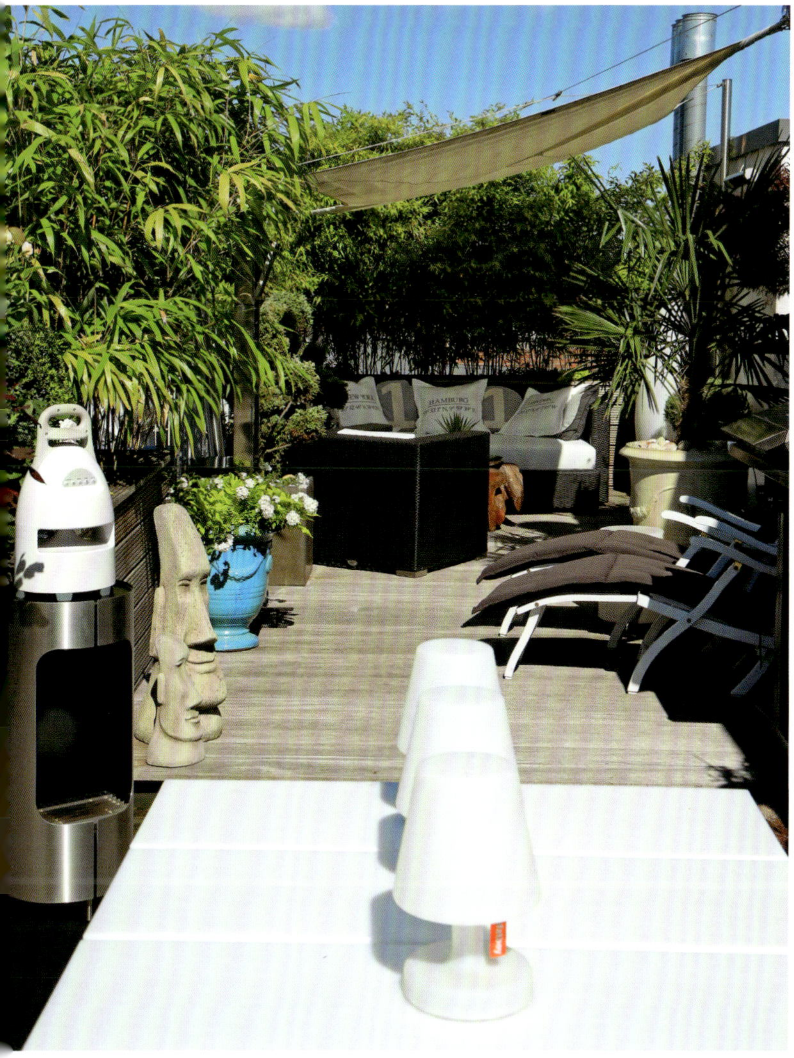

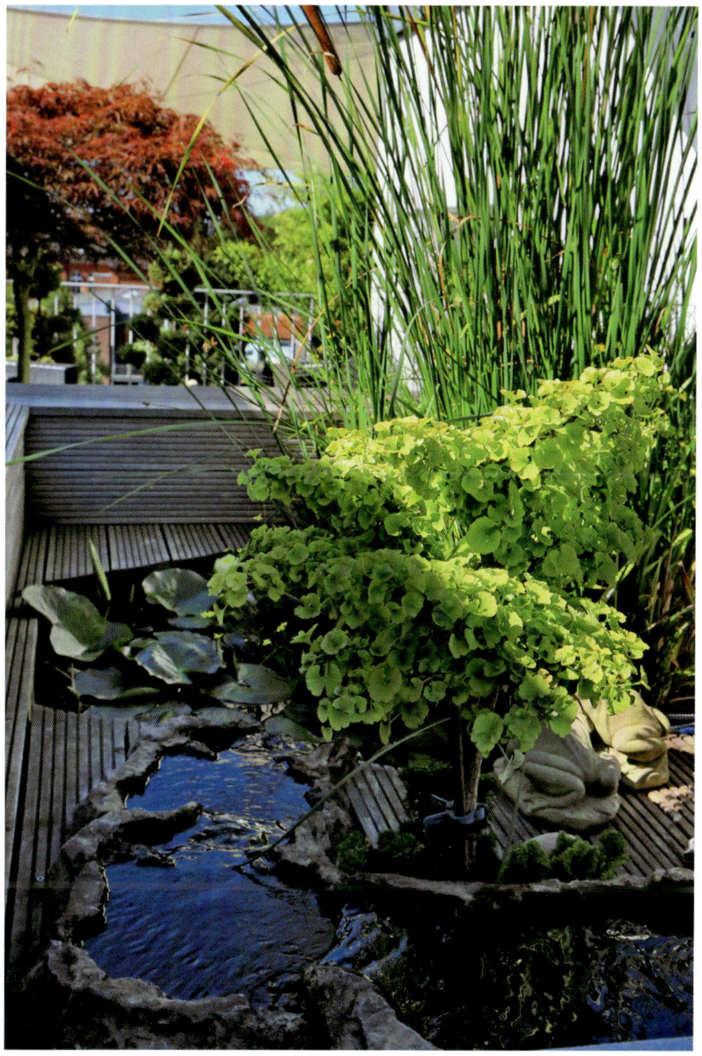

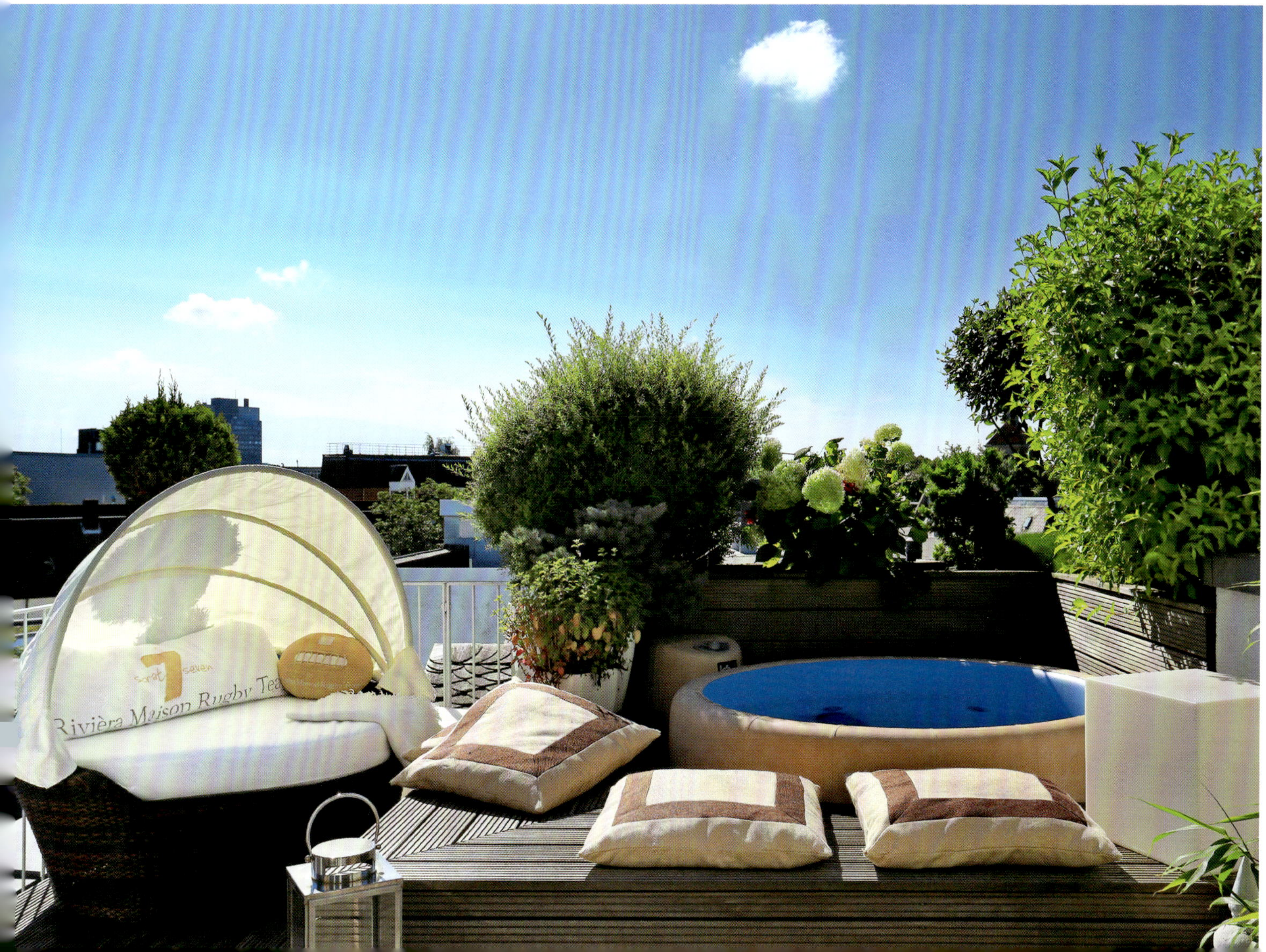
Rivièra Maison Rugby Te

Für Ästheten

ALLES IM BLICK

FÜR DIE NEUGESTALTUNG DIESES GARTENS WÜNSCHTEN SICH SEINE BESITZER EIN KONZEPT, DASS DAS GRUNDSTÜCK AUFGERÄUMT ERSCHEINEN LÄSST, GLEICHZEITIG ABER ABWECHSLUNG UND VERSCHIEDENE GARTENZIMMER BEINHALTEN SOLLTE.

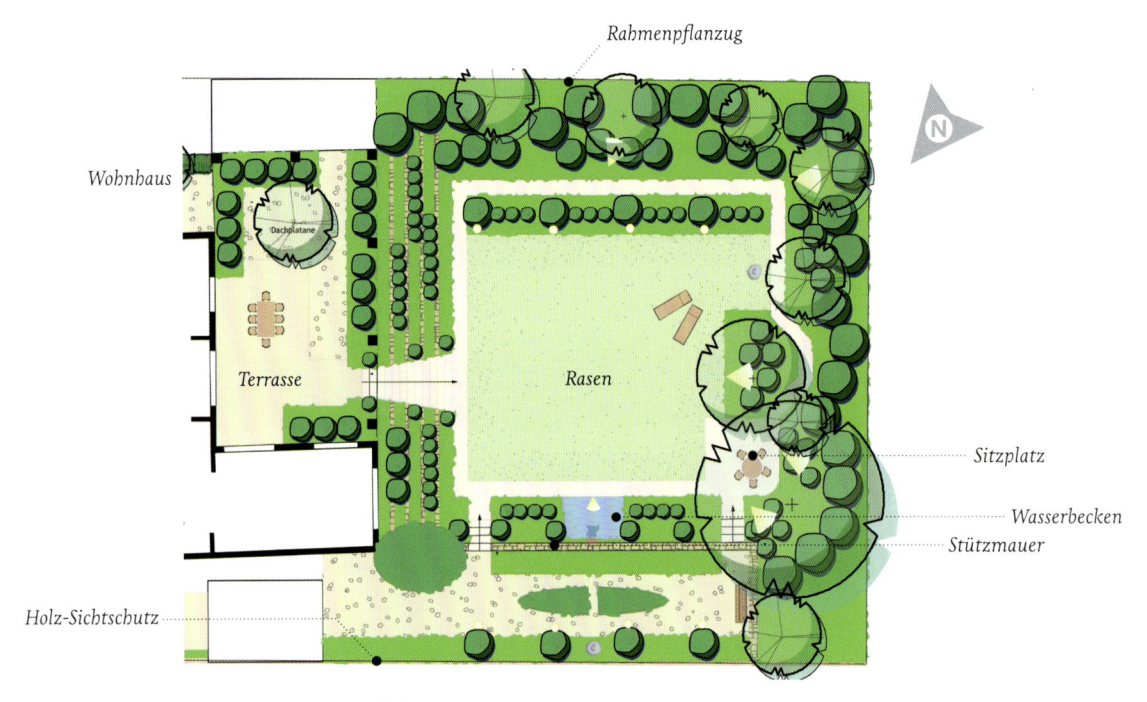

Planung und Ausführung: *Zinsser KG*

Bei diesem Garten zeigt sich, wie wichtig es ist, vor der Neugestaltung eines Grundstücks sorgfältig den Bestand zu sichten und nicht gleich Tabula rasa zu machen. Denn hier fanden sich ein in jedem Falle erhaltenswerter Bestand an großen Gehölzen wie Ahorn und Pappel sowie ein Buchsbaumgärtchen. Damit sah der Garten gleich nach der Umgestaltung schon so aus, als sei er über Jahre gewachsen. Die dreiköpfige Besitzerfamilie wünschte sich einen klar strukturierten und aufgeräumten Garten, der aber bei aller Ordnung reichlich Abwechslung für das Auge bieten sollte. Dem trägt die Gestaltung Rechnung, indem eine weitläufige Rasenfläche zum Mittelpunkt des Gartens wurde. Sie ist von der höher gelegenen und mit Travertinplatten ausgelegten Terrasse bestens zu übersehen. Die optische Verbindung zwischen beiden Gartenebenen entstand durch ein großzügiges Beet zwischen Terrasse und Rasen sowie eine Pergola, die über die gesamte Breite der Terrasse verläuft. Diese Elemente wiederum hat man von einem zweiten Sitzplatz auf der entgegengesetzten Seite des Rasens wunderbar im Blick. Bei der Bepflanzung war Schattenverträgliches wie Rhododendren und Hortensien gefragt. Eine Dachplatane spendet auf der Terrasse Schatten, Hainbuchensäulen setzen vertikale Akzente. Wasser zog in Gestalt eines rechteckigen Beckens am Rande des Rasens in den Garten ein. Auch das lässt sich von beiden Sitzplätzen aus beobachten.

Gut eingewachsen trotz umfangreicher Renovierung wirkt der Garten, weil sorgfältig darauf geachtet wurde, wertvollen Bestand zu sichern

Der Blick von der Terrasse offenbart die großzügige offene Struktur des Gartens

Da der Garten tiefer liegt als die Terrasse, ist diese vom Rasen aus kaum einsehbar

FAKTEN

Baubeginn: *August 2009* **Fertigstellung:** *Oktober 2009*
Grundfläche Garten: *1.200 m²* **Anspruch:** *Garten mit klaren Strukturen und optischer Abwechslung* **Materialien:** *Travertin, Kies, Holz*
Außergewöhnliches: *Gestaltung über zwei Ebenen*

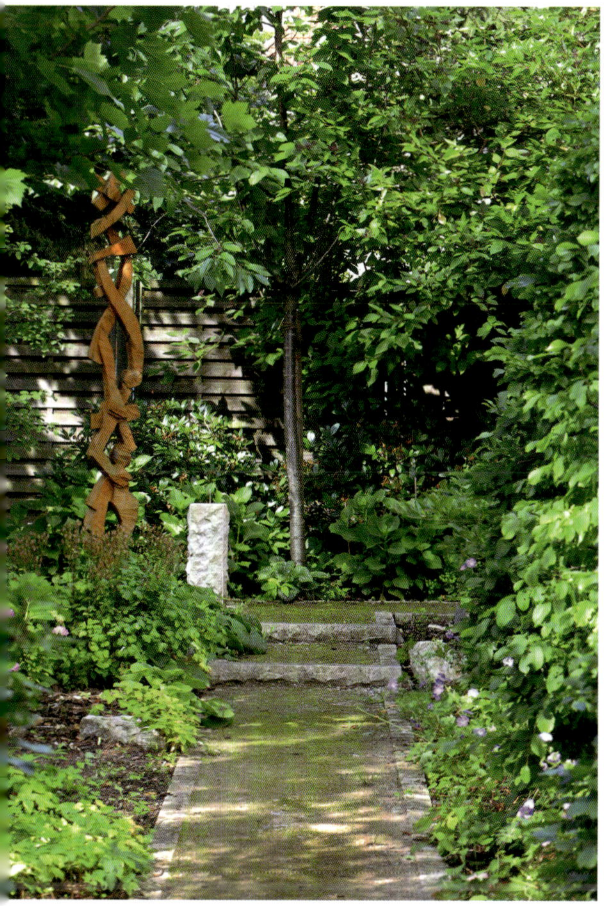
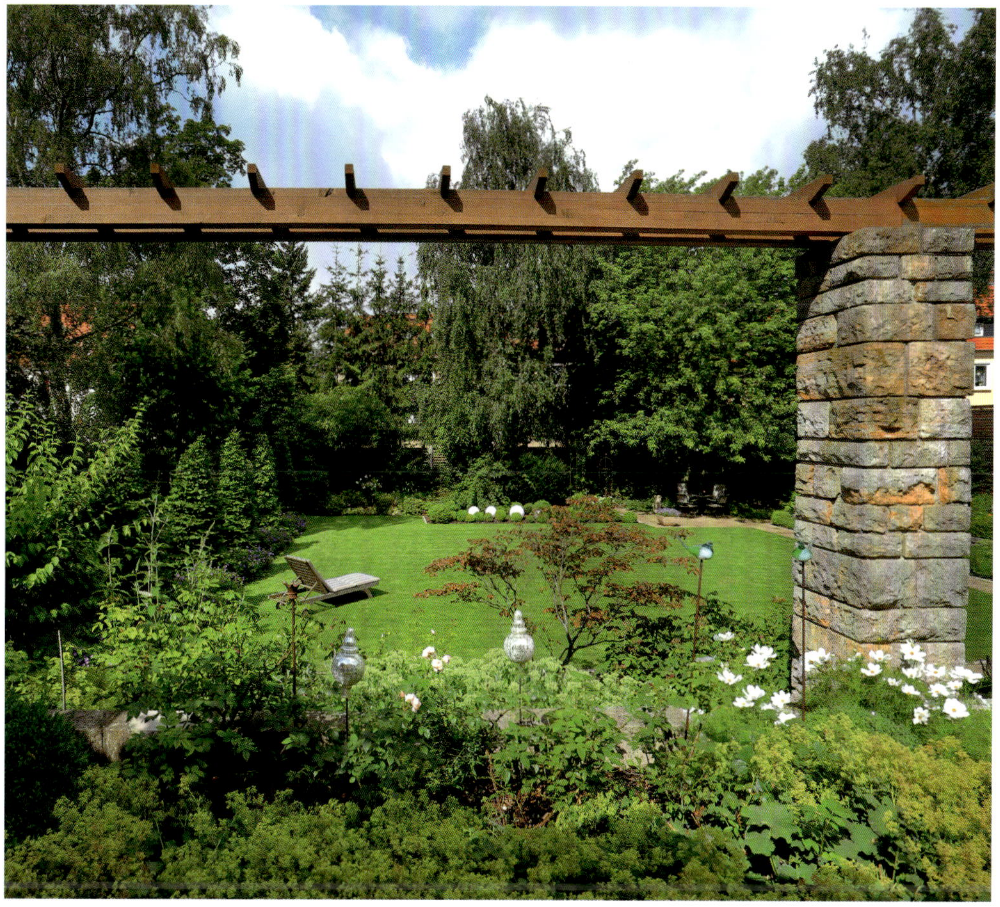
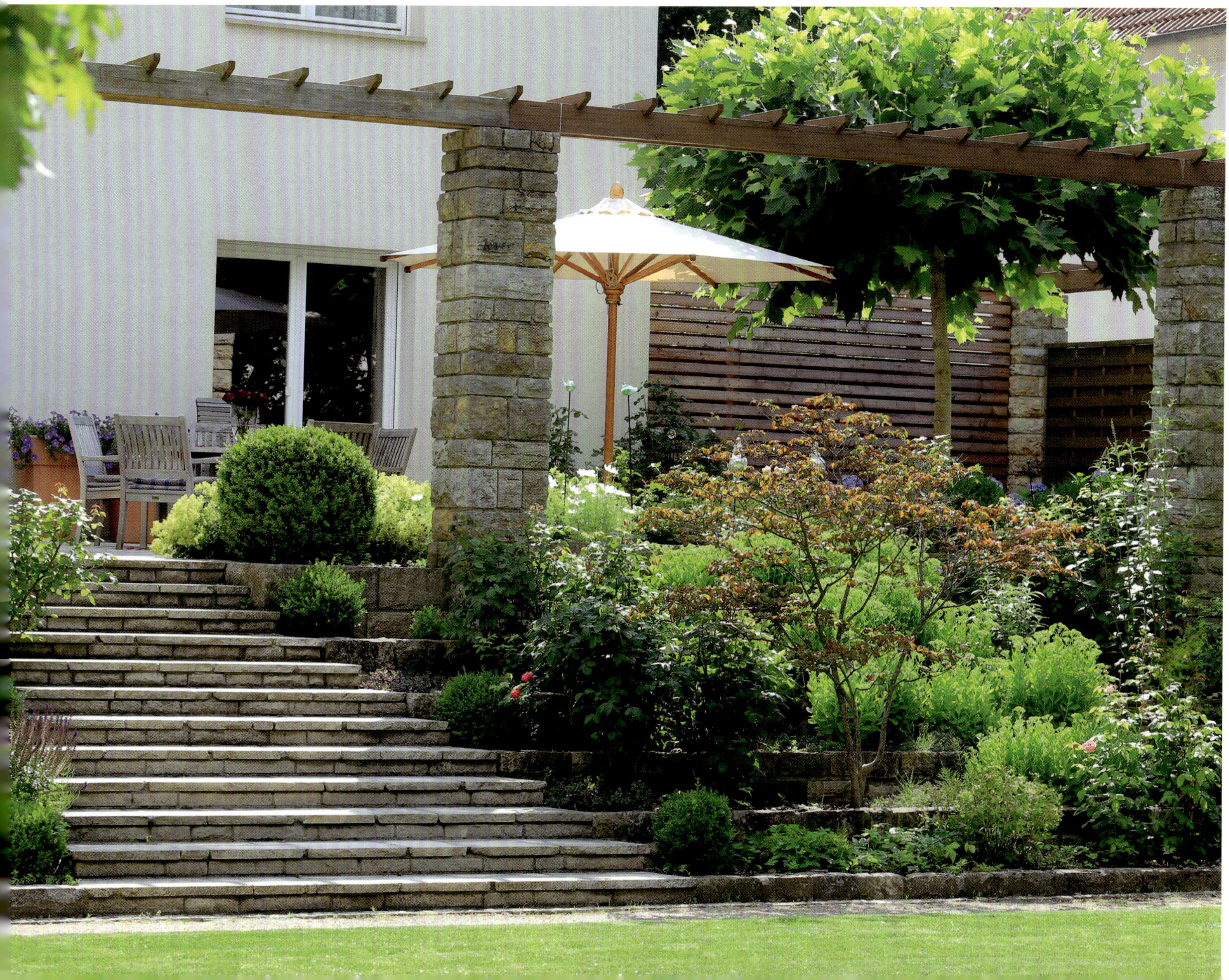

Für Ästheten

PERSPEKTIVEN EINGEPLANT

DIESER GARTEN IST DAS GRÜNE WOHNZIMMER VON MUTTER, VATER UND DREI KINDERN. JEDER VON IHNEN HAT UNTER GROSSEN BÄUMEN SEIN GANZ PERSÖNLICHES LIEBLINGSPLÄTZCHEN.

So schön kann ein Garten aussehen, der noch gar nicht fertig ist – oder besser, der sich noch weiterentwickeln soll. Denn dieser Familiengarten ist mithilfe eines professionellen Planers über mehrere Jahre Schritt für Schritt immer weiter gestaltet worden – ein Prozess, der noch nicht abgeschlossen ist. Als Nächstes steht ein Pool mit einer zusätzlichen Terrasse auf der Wunschliste der fünfköpfigen Familie. Doch auch ohne kühlendes Nass lässt sich der Garten bereits auf ganzer Linie genießen und erfüllt den Wunsch der Familie nach einer grünen Einbettung des wegen Hochwassergefahr erhöht stehenden Hauses. Für die heimelige Atmosphäre sorgen die vielen Rückzugsmöglichkeiten inmitten von sattem Grün und bunter Blütenpracht: die Hängematte, der schattige Sitzplatz unter einem der alten Bäume und die Holzlandschaft, ein über mehrere Etagen angelegtes Holzdeck, auf dem man wunderbar klettern oder auch einfach nur liegen und entspannen kann. Der alte Baumbestand aus Linde, Walnuss und Obstbäumen wurde mit Buchsbaum, Felsenbirne, Zier- und Kornelkirsche, Frauenmantel, Katzenminze, Salbei und vielerlei mehr zu einem üppig grünenden und blühenden Gesamtkunstwerk ergänzt.

FAKTEN

Baubeginn: *August 2009* **Fertigstellung:** *Oktober 2009* **Grundfläche Garten:** *1.200 m²* **Anspruch:** *Garten mit klaren Strukturen und optischer Abwechslung* **Materialien:** *Travertin, Kies, Holz* **Außergewöhnliches:** *Gestaltung über zwei Ebenen*

Modern und gemütlich gleichermaßen und dazu noch so schön flexibel sind Sitzsäcke für den Außenbereich

Das Holzdeck am Fuße der Treppe ist so platziert, dass sich der Sitzplatz wirklich mitten im Grünen befindet

Rasen
Pool
Sitzplatz
Terrasse
Alter Baumbestand
Wohnhaus
Garage
Abstellraum
Sitzplatz
Stellplatz
Zuweg
Spielhaus mit Schaukel

Planung und Ausführung: *Majuntke oHG Haus und Garten*

»Die Hängematte strahlt so viel Entspanntheit aus, selbst, wenn man nicht in ihr liegt.«

Für Ästheten

BESPIELBARE TANZFLÄCHE

ALS DAS HISTORISCHE HAUS EINEN MODERNEN ANBAU BEKAM, SOLLTE SICH DIE SYMBIOSE AUS ALTEM UND NEUEM AUCH IM GARTEN WIEDERFINDEN. DESHALB WURDE EIN TEILBEREICH UMGESTALTET.

Sichtschutz
Bank aus Bangkirai
Sitzplatz mit großformatigen Platten
Buchsbaumkugeln
Wasserbecken

Planung und Ausführung: *Gartenarchitektin Claudia Schaaf, Fa. ingo beran*

Viel Platz zum Feiern und Tanzen, aber auch für gemütliche Runden und zum Spielen wünschte sich die vierköpfige Besitzerfamilie bei der Umgestaltung eines Teilbereichs ihres Gartens. Dabei hatten die Eltern klare ästhetische Vorstellungen: Es sollte ein urbaner, designorientierter Gartenteil entstehen, der die moderne Formensprache des neuen Anbaus ihrer historischen Backsteinvilla aufnehmen sollte. Durch die Verwendung großformatiger Basaltplatten entstand eine weitläufig und architektonisch wirkende Fläche, die Raum für die unterschiedlichsten Aktivitäten sämtlicher Familienmitglieder bietet. Sie wird unterbrochen und damit aufgelockert von zwei Kiesbeeten und einem kleinen Wasserbecken. Eine fest installierte Eckbank aus geschliffenem Bangkiraiholz ist einladende Sitzgelegenheit und klare Terrassenbegrenzung in einem. Kugelförmig geschnittener Buchsbaum in Pflanzgefäßen und Beeten unterstreicht den designorientierten Charakter des Gartens. Doch setzt die Bepflanzung gleichzeitig auch bewusst Akzente in ganz anderer Richtung: Rhododendren, Hortensien und diverse Stauden bringen üppige Blütenpracht in Lila, Weiß und Pink in den Garten, Perückensträucher und Schleierkraut sind ein filigraner Gegenpol zur Geradlinigkeit von Bank und Terrasse.

FAKTEN

Baubeginn: *Juni 2011* **Fertigstellung:** *Dezember 2011* **Grundfläche Garten:** *500 m²* **Anspruch:** *Familientauglicher designorientierter Stadtgarten* **Materialien:** *Basalt, Splitt, Bangkirai* **Außergewöhnliches:** *Spagat zwischen Designanspruch und Familiennutzung*

»Dieser Gartenteil ist wirklich wie ein Freiluftwohnzimmer.«

< Das kleine Wasserbecken mit den umgebenden Kiesbeeten unterstreicht den modernen Charakter der Terrasse und lockert die Fläche auf

v Mit der großzügigen Terrasse inklusive fest integrierter Holzeckbank bekam der Garten einen neuen Treffpunkt

Für Ästheten

ATRIUMATMOSPHÄRE

DIESER GARTEN IST EIN LEUCHTENDES BEISPIEL DAFÜR, WIE DANK GUTER PLANUNG AUF KLEINSTEM RAUM EINE VIELFÄLTIGE GRÜNE OASE ENTSTEHEN KANN.

Splittfläche — *Kalksteinplatten* — *Gabionensitzbank* — *Steg aus Cumaru-Holz* — *Wasserbecken*

Planung und Ausführung: *Zinsser KG*

Willkommen im Familienfreiluftwohnzimmer! Auf diesen gerade einmal 90 Quadratmetern findet sich alles, was die vierköpfige Familie, der der Garten gehört, zum Entspannen braucht und obendrein einen Garten attraktiv macht: eine kuschelige Sofa-Lounge-Ecke für gemütliche Runden, plätscherndes Wasser, um abschalten zu können, für kalte Abende eine wärmende Feuerschale und ganz viel abwechslungsreiche Bepflanzung, die Augen und Nase gleichermaßen erfreut. Das fest installierte große Sonnensegel sorgt für angenehmen Schatten und taucht die Sofaecke gleichzeitig in angenehm warmes Licht. Als Querriegel platzierte Sitzbänke aus Gabionen strukturieren das kleine Gartenzimmer ebenso wie die beiden unterschiedlichen Bodenbeläge. Die bilden in Farbe und Materialität einen reizvollen Kontrast zueinander: großformatige helle Kalksteinplatten treffen auf kleinteiligen dunklen Splitt. Verbindendes Element zwischen beiden Gartenteilen ist das Wasserbecken, das scheinbar unter Sitzbank und angrenzendem Holzweg hindurchführt. Beide sind im Übrigen mit Cumaru-Holz belegt – auch das ein Kunstgriff, der für optische Großzügigkeit in diesem Gartenzimmer im Stile eines Atriums sorgt. Vervollständigt wird der Hofcharakter durch den umlaufenden Sichtschutz. Dem mannshohen Holzzaun vorgelagert ist eine dichte Hecke aus Bambus. Der sorgt mit seiner kleinblättrigen Struktur für ganz viel Bewegung und lockert den Sichtschutz optisch auf.

Unterschiedliche Materialien und rechte Winkel strukturieren das Gartenzimmer

Sonne oder Schatten? Große Runde oder Tête-à-Tête? Für jede Gelegenheit gibt es den passenden Sitzplatz

FAKTEN

Baubeginn: *Mai 2010 Fertigstellung: Juni 2010* **Grundfläche Garten:** *90 m² * **Anspruch:** *Atriumgarten mit Wohnzimmeratmosphäre*
Materialien: *Hartkalkstein, Split, Basalt, Cumaru-Holz*
Außergewöhnliches: *Der Garten wurde nach dem Vorbild eines Mustergartens auf der Chelsea-Flower-Show angelegt*

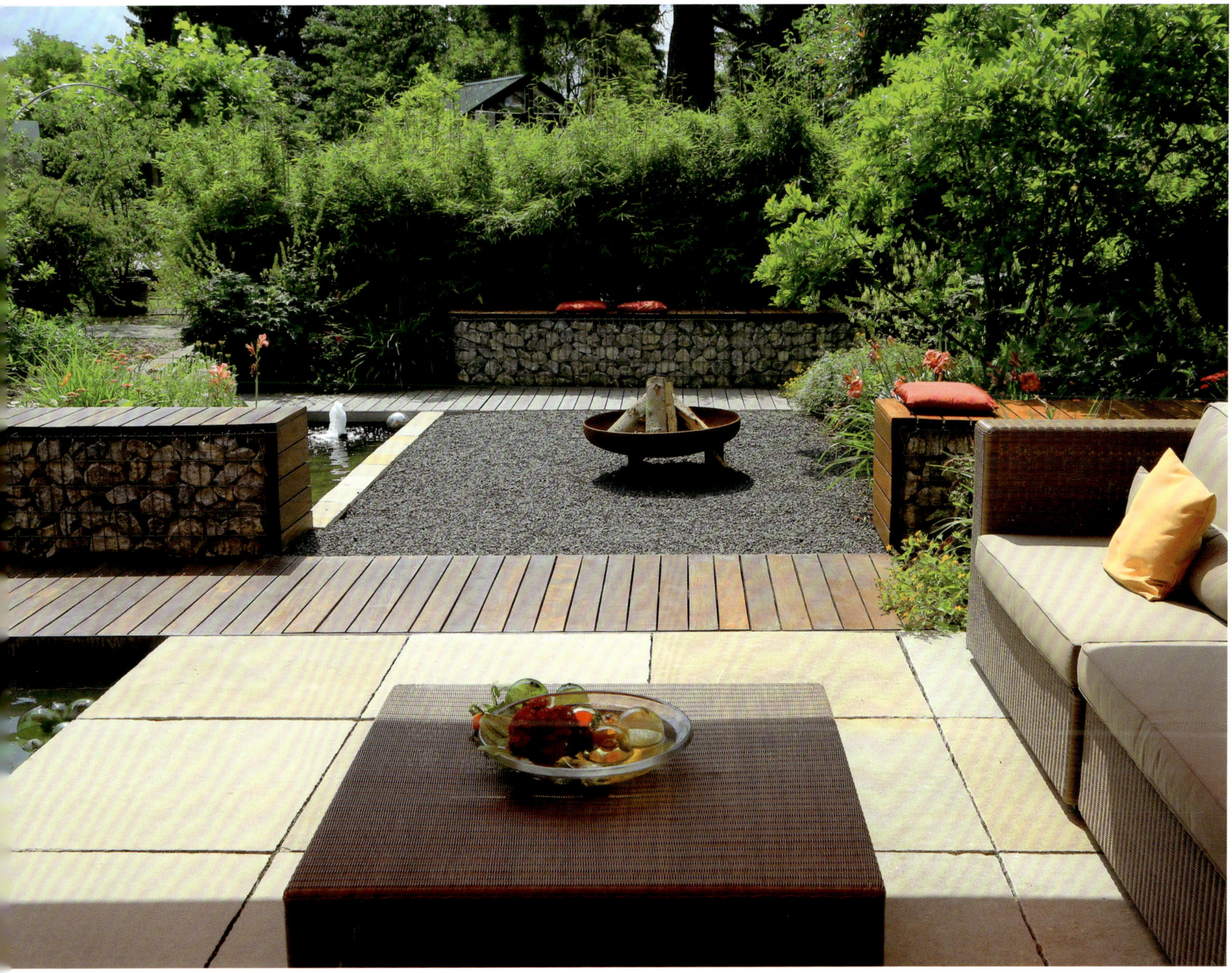

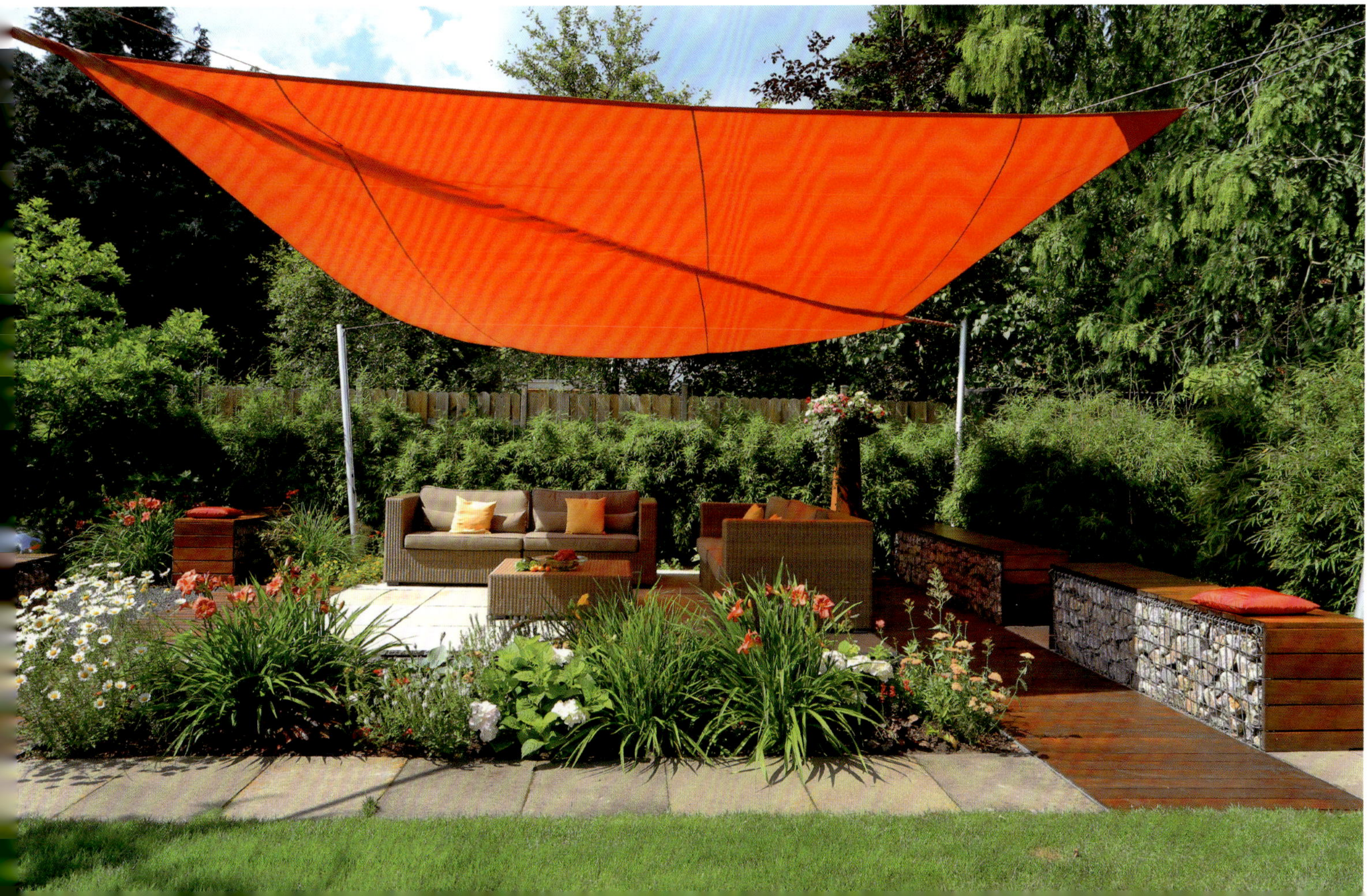

Für Ästheten

LICHTE KLARHEIT

HIER LIEGT DER HAUPTZUGANG ZUM GARTEN IN DER ERSTEN ETAGE, SODASS EIN BALKON INKLUSIVE TREPPENKONSTRUKTION ZUR AUFGABENSTELLUNG FÜR DEN GARTENGESTALTER GEHÖRTE. GANZ WICHTIG: BEIDES LEICHT UND SELBSTVERSTÄNDLICH IN DAS GARTENKONZEPT ZU INTEGRIEREN.

Je nach Perspektive scheint die Treppe, die vom ausladenden Balkon in den Garten führt, gar nicht vorhanden zu sein, denn ihre Stahlstufen sind so schmal und offen konstruiert, dass man problemlos durch sie hindurch auf das Grün des Gartens blicken kann. Doch das ist nicht der einzige Grund, warum sich die Treppe, ganz so wie es sich die Besitzerfamilie wünschte, vollkommen harmonisch in die Gartengestaltung integriert. Ein anderer ist ihre Platzierung. Sie führt nämlich nicht einfach nur in den Garten, sondern mündet auf einen Holzsteg, der die Stufenbreite aufnimmt und über ein Wasserbecken zur unteren Sonnenterrasse führt. So wirkt die Treppe als logische Fortführung dieses Stegs und ist damit gleichsam im Garten verwurzelt. Und schließlich wurde bei der Wahl der Gartenmöbel sorgfältig darauf geachtet, dass sich in ihnen das Material der Treppe wiederfindet. Das dunkle Grau der Natursteinplatten, die für Wege und den Terrassenbereich unterhalb des Balkons zum Einsatz kamen, bildet eine ebenso harmonische Ergänzung zum Lärchenholz der Sonnenterrasse und zum Stahl von Balkon und Treppe wie der etwas hellere Granit der Mauersteine und Sitzquader. Überhaupt wurde bei der Gestaltung dieses Gartens sehr viel Augenmerk auf ein harmonisches Zusammenspiel der einzelnen Gestaltungselemente gelegt. Das gilt auch für die Bepflanzung, die vor allem grün, aber dennoch sehr abwechslungsreich ist und Wirkung vor allem durch Formen und Strukturen erzielt.

Planung und Ausführung: *Majuntke oHG Haus und Garten*

FAKTEN

Baubeginn: *April 2009* **Fertigstellung:** *Juni 2010* **Grundfläche Garten:** *630 m²* **Anspruch:** *Modern wohnlicher Garten mit klarer Struktur*
Materialien: *Maggia-Gneis, Granit, Lärchenholz, verzinkter Stahl*
Außergewöhnliches: *Harmonische Integration des Gartenzugangs in der ersten Etage*

< Hier offenbart sich die Hanglage von Haus und Garten

v Der großzügige Balkon ist weit mehr als nur ein Zugang in den Garten

Für Ästheten

PLANUNG MIT WEITBLICK

MIT GROSSZÜGIGEN, RUHIGEN FLÄCHEN BETTET DIESER GARTEN EINE VILLA IN DIE ENDMORÄNENLANDSCHAFT VOR DEN TOREN HAMBURGS EIN.

Dieser Garten ist eine einzige Einladung zum Lustwandeln. Auf einer Brachfläche neu angelegt, empfängt er seine Besucher mit einer Fülle von Pflanzen, lauschigen Ecken, gemütlichen Sitzplätzen und vor allem Aussichtspunkten. Denn das Grundstück liegt am Hang und gewährt von allen Ecken und Enden einen ungestörten Blick in die Umgebung, und das heißt: in die Natur, denn so weit das Auge reicht, gibt es hier nur Wiesen, Felder und Wälder, die den Garten regelrecht umschmeicheln. Zwischen Rosenbeeten und Buchshecken, Schirmfelsenbirnen und Amberbäumen, Japanischen Azaleen und Bonsaikiefern führen Wege aus chinesischem Granit vom Holzdeck mit eingelassenem Whirlpool zum großzügigen Loungebereich, zum Essplatz und diversen Rückzugsorten mit Aussicht. Dabei bildet der helle Stein einen gelungenen Kontrast zur etwas dunkleren Fassade des Hauses und setzt gleichzeitig die Bepflanzung wirkungsvoll in Szene.

FAKTEN

Baubeginn: *August 2007* **Fertigstellung:** *Juni 2008* **Grundfläche Garten:** *3.500 m²* **Anspruch:** *Villengarten mit Ausblick* **Materialien:** *Chinesischer Granit, Edelstahl, Holz* **Außergewöhnliches:** *Gartenwhirlpool*

Hier trifft Geometrie auf Natur mit dem schönen Ergebnis, dass der Garten angenehm ruhig und klar, aber dennoch sehr abwechslungsreich wirkt >

Die Backsteinfassade erhält durch das viele Grün der Umgebung eine kontrastreiche Rahmung >>

Rosenbeet — *Stellplätze*

Zufahrt

Formgehölze

Terasse — Wohnhaus

Eingang mit Wasserbecken

Terrasse

Rasen

Sitzplatz

Rahmenpflanzung

Holzdeck mit Whirlpool

Planung und Ausführung: *Gartenarchitektin Claudia Schaaf, Fa. ingo beran*

Für Ästheten

HEIMATGARTEN

WER IN DIESEM GARTEN AUF DER BANK, EINGEBETTET ZWISCHEN FARNEN UND BEETEN, AM UFER DES TEICHS SITZT UND DAS BERGPANORAMA AUF SICH WIRKEN LÄSST, KÖNNTE BEI SO VIEL NATURNÄHE GLATT VERGESSEN, DASS ER SICH IN EINEM SORGSAM KOMPONIERTEN PRIVATEN GARTEN BEFINDET.

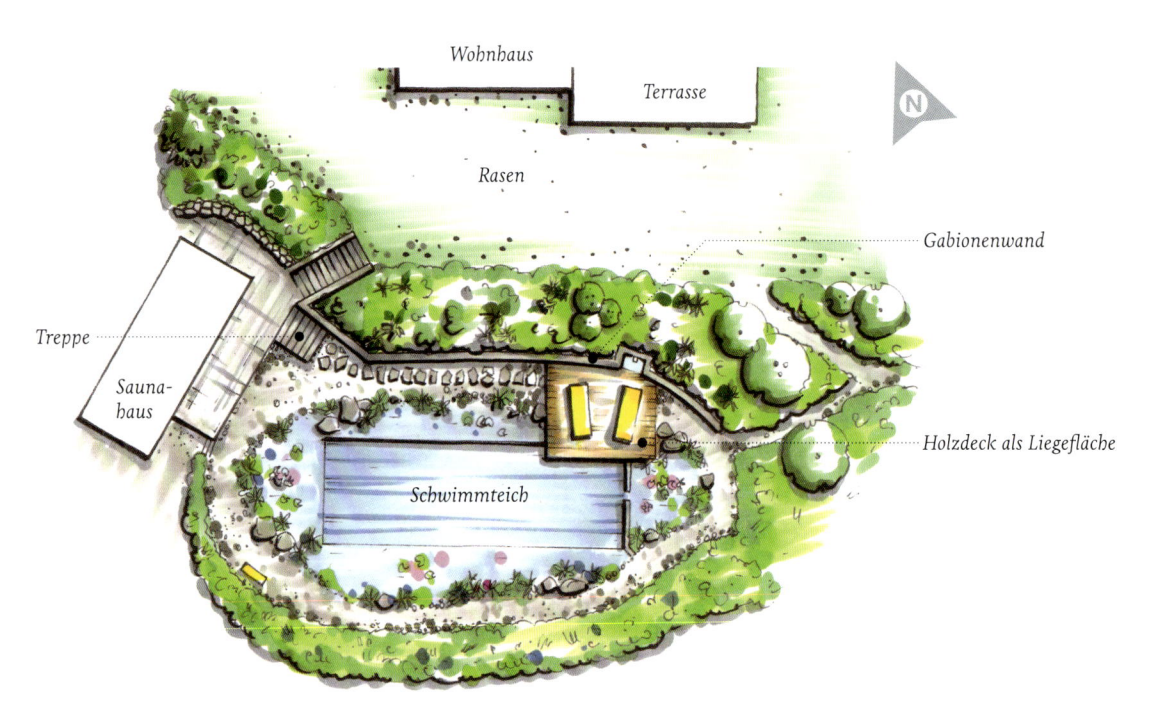

Planung: *Monsberger Gartenarchitektur* **Ausführung:** *Garten Dolezal*

Ein Wohlfühlgarten im ganz eigentlichen Wortsinne ist hier auf einem Hanggrundstück entstanden, denn das weitläufige Areal bietet gleich zahlreiche Möglichkeiten zum Abschalten, Entspannen und Genießen. Mittelpunkt der Anlage ist der ausgedehnte Schwimmteich mit großzügigem Sonnendeck. Gleich nebenan liegt ein weiteres Teichareal, das ganz so wirkt, als sei es immer schon hier gewesen, und zahlreichen Insekten und anderen Tieren Lebensraum bietet. An seinen Ufern finden sich gleich mehrere Bänke, von denen aus sich Aussicht und Treiben im und am Wasser betrachten lassen. Das Thema Wasser begegnet auch andernorts, etwa zu Füßen der Terrasse in Gestalt zweier großer Steintröge, in die das kühle Nass munter herunterplätschert. Ein weiterer Baustein dieses Erholung spendenden Gartens ist das Saunahaus, das genauso wie der Schwimmteich behutsam in das Hanggrundstück integriert wurde. Die Bepflanzung des Grundstücks steht ganz im Zeichen einheimischer Vegetation – eine Heimatverbundenheit, die auch über die ausschließliche Verwendung von Naturstein zum Ausdruck kommt, der aus der unmittelbaren Umgebung des Gartens stammt.

FAKTEN

Baubeginn: *Juli 2011* **Fertigstellung:** *September 2011* **Grundfläche Garten:** *1.500 m²* **Anspruch:** *Naturnaher Wohlfühlgarten mit viel Wasser* **Materialien:** *Lokaler Naturstein* **Außergewöhnliches:** *Lang gestreckter Schwimmteich am Hang*

< Nach dem Saunagang sorgt der Schwimmteich für Abkühlung

v Der Garten spiegelt auch die Freude seiner Besitzer an dekorativen Dingen

Für Ästheten

SCHRÄG GEPLANT

DIESER GARTEN SCHWELGT IN PFLANZENVIELFALT UND BIETET AUF KLEINEM RAUM SITZ- UND RÜCKZUGSORTE FÜR JEDE STIMMUNG.

Plattierter Sitzplatz mit Sitzkissen

Überdachte Terrasse

Bambuspflanzung

Wohnhaus

Plattierter Sitzplatz mit Sitzgruppe

Sitzplatz

Hecke

Planung: *Dipl.-Ing. Martin Hofmann, Landschaftsarchitekt* **Ausführung:** *TERRA Modellgärten*

Dieser Garten präsentiert sich nach der Neuanlage enorm vielfältig – und das, obwohl der Zuschnitt des recht kleinen Grundstücks alles andere als ideal ist. Dreh- und Angelpunkt des Gartens ist nun ein geschickt in der Diagonalen angelegter Hauptweg. An ihm liegen – teils über Trittsteinwege angeschlossen – insgesamt drei Sitzplätze mit jeweils ganz unterschiedlichem Charakter: Umgeben von üppigem Grün aus Bambus und hoch gewachsenen Gräsern präsentiert sich der eine als intimer Rückzugsort. Den zweiten säumen Blattschmuckstauden und Duftazaleen und der dritte bietet Ausblick auf einen mediterran anmutenden Splittgarten mit Duftkräutern von Lavendel bis Thymian. Auch für einen kleinen Nutzgarten wurde ein Platz gefunden: Er liegt gleich neben der Rosenbank hinter einer niedrigen Eibenhecke. Einfache Mulchwege, die ebenfalls von der Hauptdiagonale abzweigen, führen dort ebenso hin wie zur Tür der angrenzenden Garage.

Ob Tête-à-Tête, stille Betrachtung oder Chillen: Für jede Stimmung gibt es in diesem Garten den passenden Sitzplatz – und das stets mit Blick ins üppige Grün

FAKTEN

Baubeginn: *September 2009* **Fertigstellung:** *Oktober 2009* **Grundfläche Garten:** *225 m² * **Anspruch:** *Schaffung verschiedener intimer Gartenzimmer auf kleinstem Raum* **Materialien:** *Betonsteinplatten, Natursteinsplitt, Mulch* **Außergewöhnliches:** *Diagonal angelegter Hauptweg*

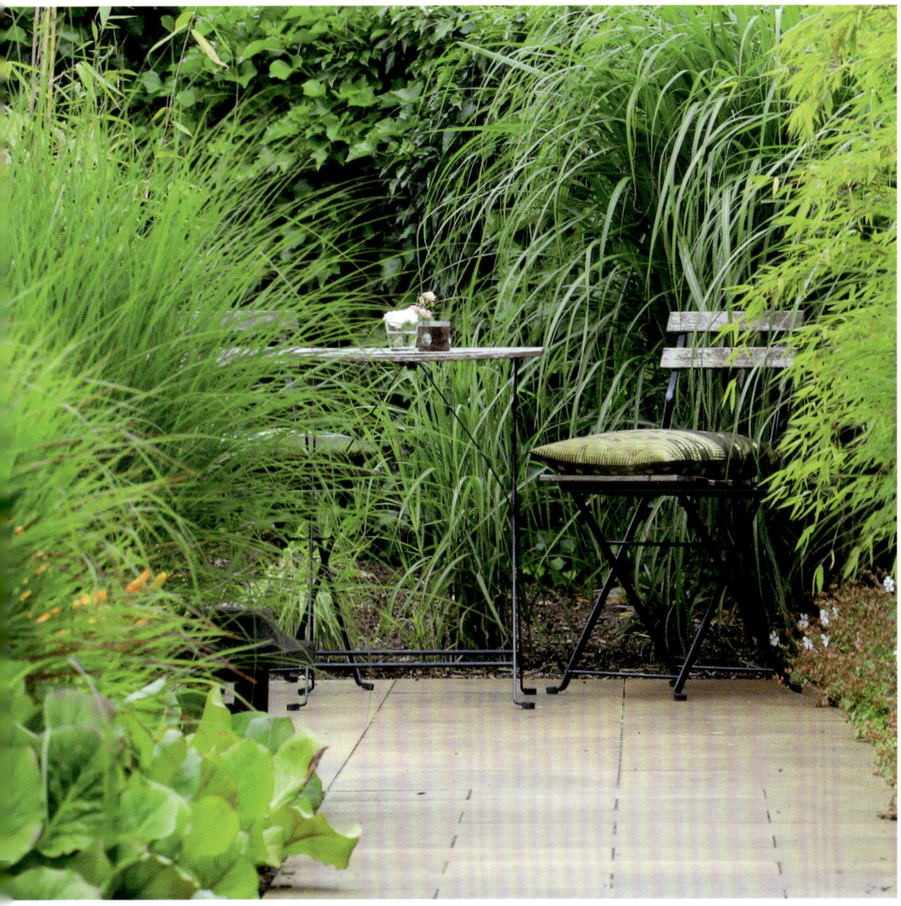

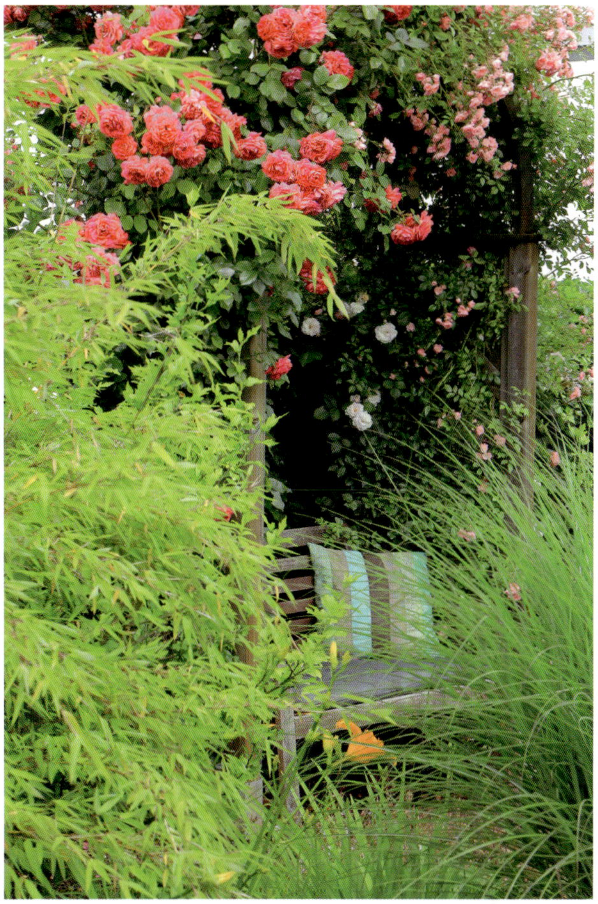

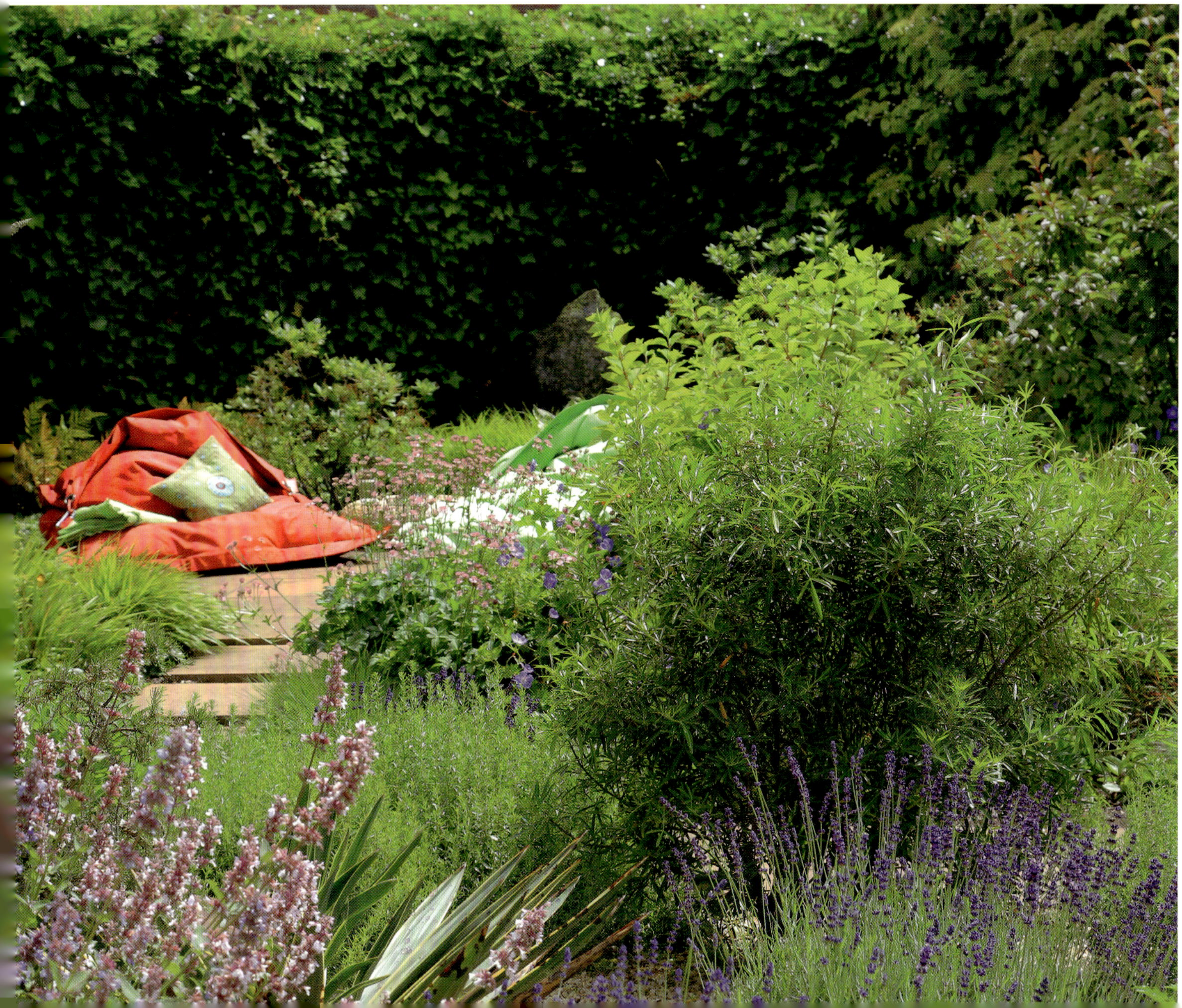

Für Ästheten

FREIE SICHT

DIESER GARTEN VERDANKT SEINE AUSSERGEWÖHNLICHE GESTALTUNG UMBAUARBEITEN IM HAUS UND EINER PLANÄNDERUNG IN LETZTER MINUTE.

Lichthof vor dem Schwimmbad
Splittflächen mit Pflanzung
Holzdeck als Sitzplatz
Gabionenwände
Rahmenpflanzung mit altem Baumbestand
Treppenlauf

Planung und Ausführung: *Firmengruppe Kulmann-Rohkemper*

Die Geschichte dieses Gartens beginnt im Haus. Denn dort erfüllten sich der Gartenbesitzer und seine Lebensgefährtin einen langgehegten Wunsch und ließen sich ein Schwimmbad in den Keller bauen. Eine große Fensterfront sorgt für Tageslicht in der Schwimmhalle. Den ursprünglich vorgesehenen Schotterhang, der den Höhenunterschied zwischen Kellergeschoss und Garten ausgleichen sollte, verwarfen die Gartenbesitzer nach reiflicher Überlegung wieder, denn ihr Wunsch war, dass der Garten von der Schwimmhalle aus sichtbar sein sollte. So entstand ein Garten auf mehreren Ebenen, die durch Treppen miteinander verbunden sind. Vor den Fenstern des Schwimmbads wurde weiteres Erdreich abgegraben, um Platz für den Blick ins Grüne zu schaffen. Der ursprünglich für die Böschung vorgesehene Kalksteinschotter fand eine neue Bestimmung als Füllmaterial für Gabionen, die die unterschiedlichen Gartenniveaus begrenzen. Dadurch, dass auch sie unterschiedlich hoch sind, nehmen sie das Spiel mit den Ebenen geschickt auf, Kletterhortensien sorgen für eine Begrünung der Steinkörbe und schaffen einen harmonischen Übergang zu den unter anderem mit Farnen, Schachtelhalm und verschiedenen Ahornsorten bepflanzten Beetflächen. Zwei große alte Eichen sollten unbedingt erhalten bleiben und spenden nun dem neuen großzügigen Holzdeck lichten Schatten.

Dem ins Gigantische übersteigerten knallroten Apfel ist die Aufmerksamkeit in dem ansonsten von Grüntönen geprägten Garten sicher

Eine durchdachte Beleuchtung setzt die Gartenanlage stimmungsvoll in Szene

FAKTEN

Baubeginn: *März 2010* **Fertigstellung:** *April 2010* **Grundfläche Garten:** *780 m²* **Anspruch:** *Harmonische Gesamtgestaltung unter Berücksichtigung des Ausblicks aus dem Schwimmbad im Keller*
Materialien: *Kalksteinschotter, Basaltlava, Betonbürgersteigplatten, Holz*
Außergewöhnliches: *Abgrabungen im Bereich der Schwimmbadfensterfront; Verwendung des bereits vorhandenen Schotters*

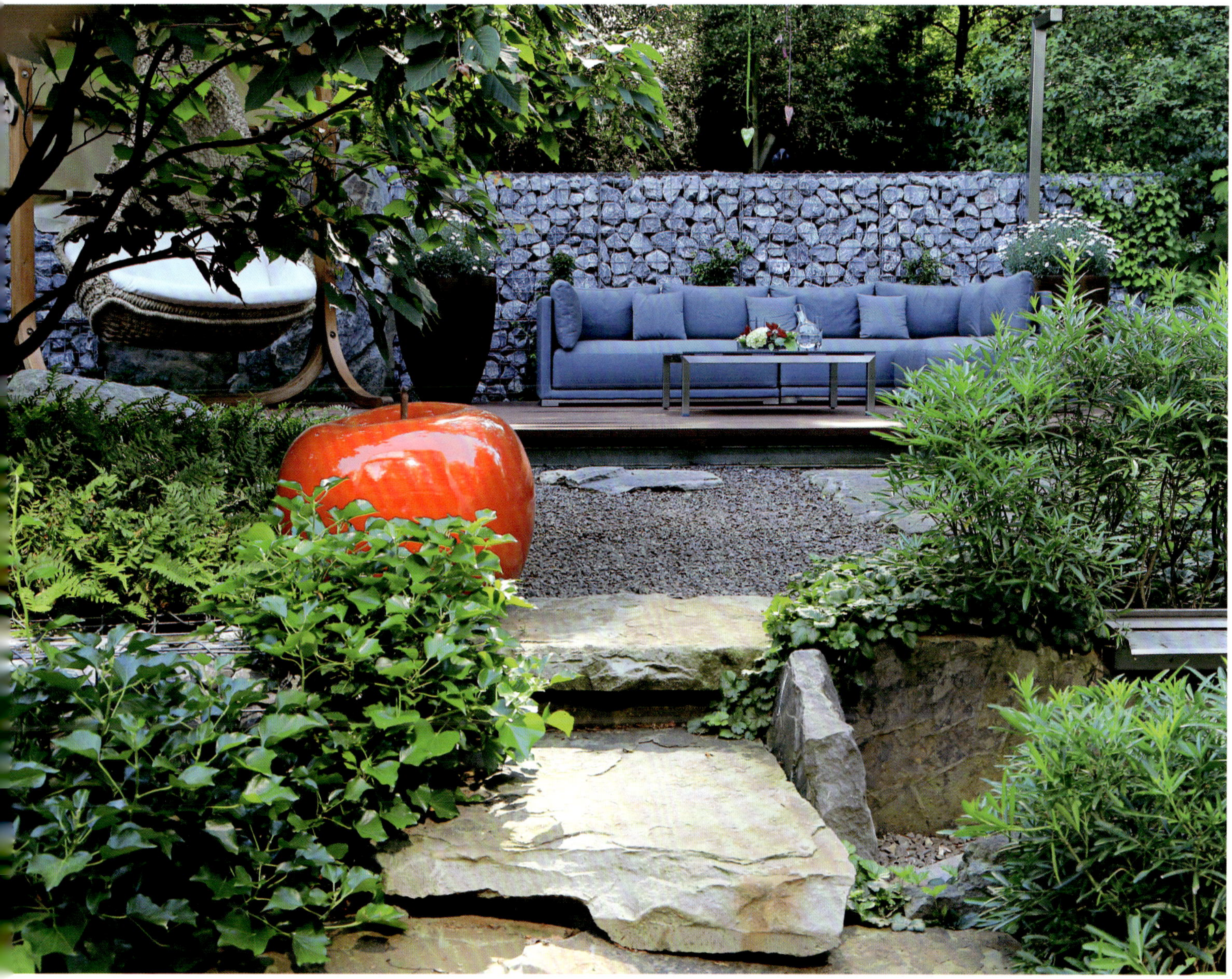

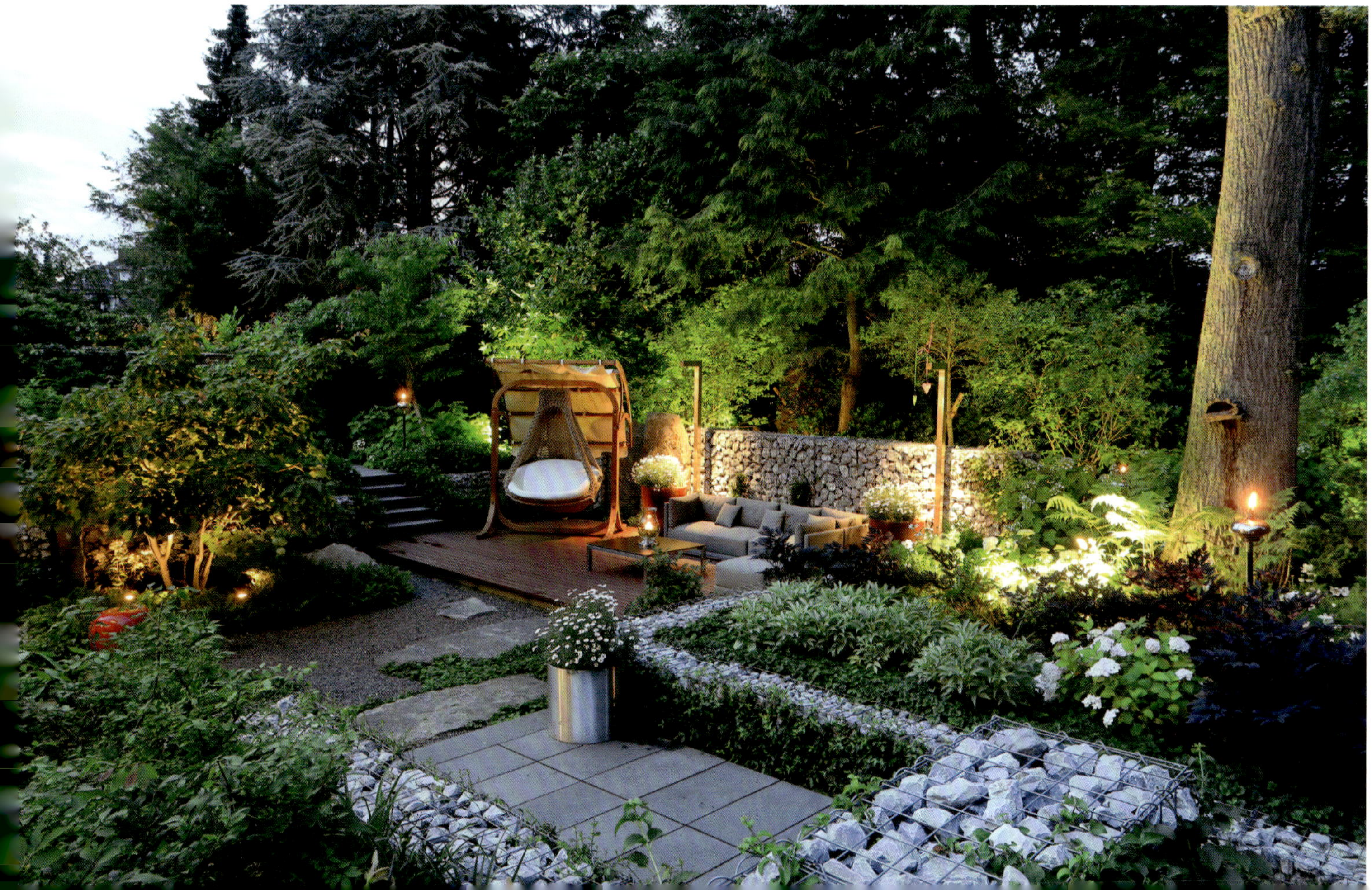

Für Ästheten

ALLES IM FLUSS

DANK KLUGER PLANUNG VERBINDEN SICH IN DIESEM GARTEN AUF VERGLEICHSWEISE KLEINEM RAUM GLEICH EINE GANZE REIHE VON ELEMENTEN ZU EINEM HARMONISCHEN GANZEN – UND DAS, OHNE DASS DER GARTEN ÜBERFRACHTET WIRKT.

Hecke
Kiesfläche mit Polsterstauden
Hochbeet
Mauer

Planung und Ausführung: *Schleitzer baut Gärten – innovativ & creativ GmbH*

Dieser Drei-Generationen-Garten ist etwas für Entdecker. Das liegt zum einen daran, dass sich der Garten durch das Splitt-Level-Haus in drei verschiedene Ebenen aufteilt. Zum anderen ist er reichhaltig mit gestalterischen Ideen ausgestattet, die jede Menge Abwechslung bieten. Die Gesamtkonzeption folgt den Regeln des Feng-Shui, wonach ein ungehinderter Fluss positiver Energien im Garten möglich sein soll. Dazu gehört auch, die fünf Elemente Feuer, Erde, Metall, Wasser und Holz in die Planungen einzubeziehen und ein ausgewogenes Verhältnis von Licht- und Schattenplätzen, ruhigen und belebten Zonen zu schaffen. Schöner Blickfang dieses Gartens ist in jedem Falle der Weg, der über die Schmalseite des Gartens den vorderen und den rückwärtigen Garten verbindet. Hier zeigt sich, wie man mit fantasievollem Material- und Pflanzeneinsatz auch einen solchen Gartenstreifen enorm aufwerten und sogar zu einem Ort zum Verweilen machen kann. Ein schmales Hochbeet beherbergt Küchenkräuter, die frostsicheren Kalksteinplatten sind leicht versetzt und auf Lücke verlegt, sodass sich ein sanft eleganter Schwung ergibt, der von der Schlauchform dieses Gartenteils ablenkt, und in den Zwischenräumen Platz für freundlich blühende grüne Polster bietet.

Die hellen Kalkstein-schrittplatten scheinen bei Dämmerung fast von selbst zu leuchten und heben sich so noch stärker vom Dunkelgrün der Pflanzen ab

FAKTEN

Baubeginn: August 2011 **Fertigstellung:** September 2011
Grundfläche Garten: 580 m² **Anspruch:** *Wohlfühlgarten als erweitertes Wohnzimmer* **Materialien:** *Kalkstein, Kanfanar Schiefer, Stahl, Holz*
Außergewöhnliches: *Ausrichtung nach Feng-Shui*

»Durch die Harmonie
der Elemente
wird der Garten zum
Kraftzentrum.«

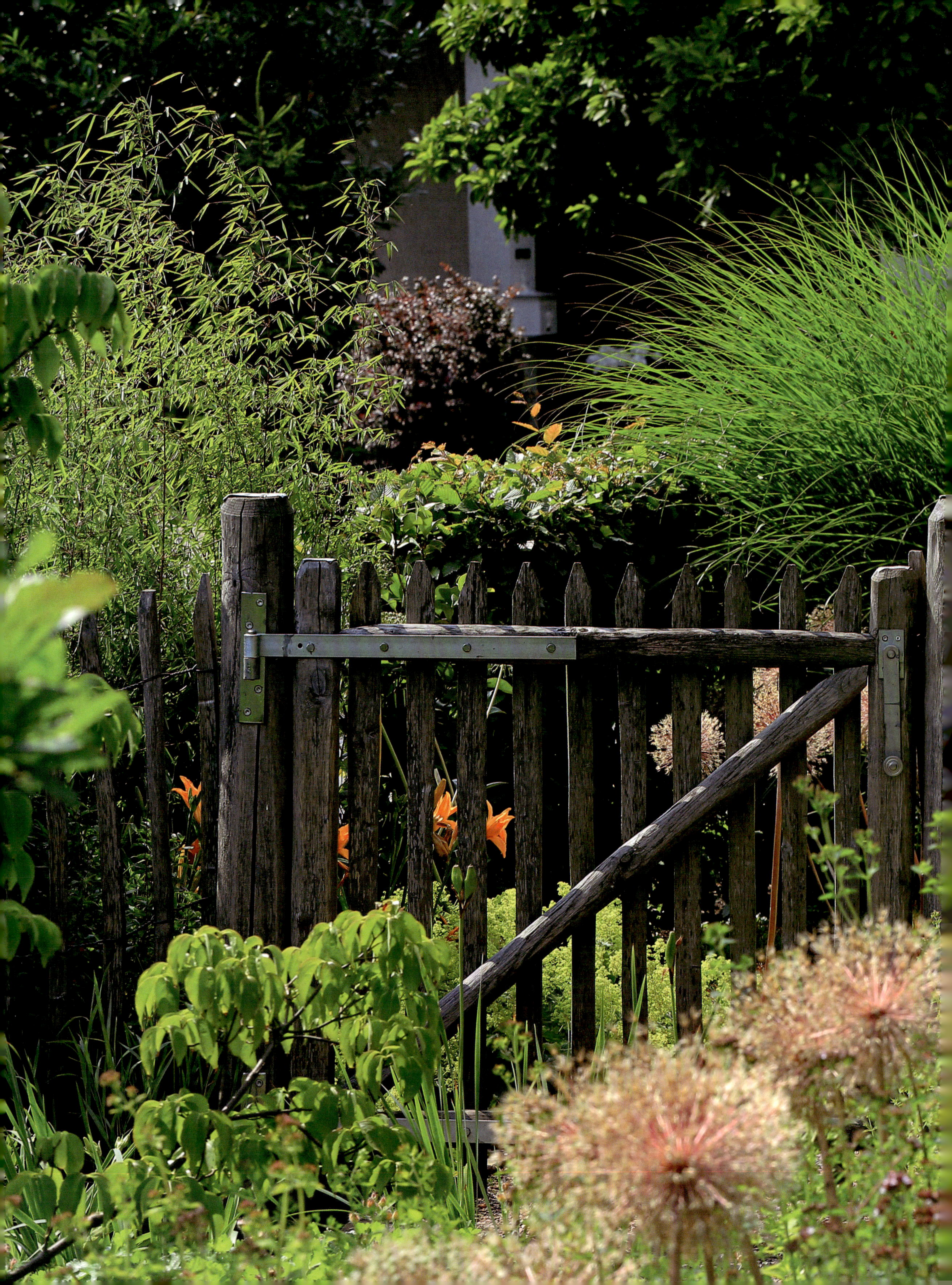

FÜR NATUR-MENSCHEN

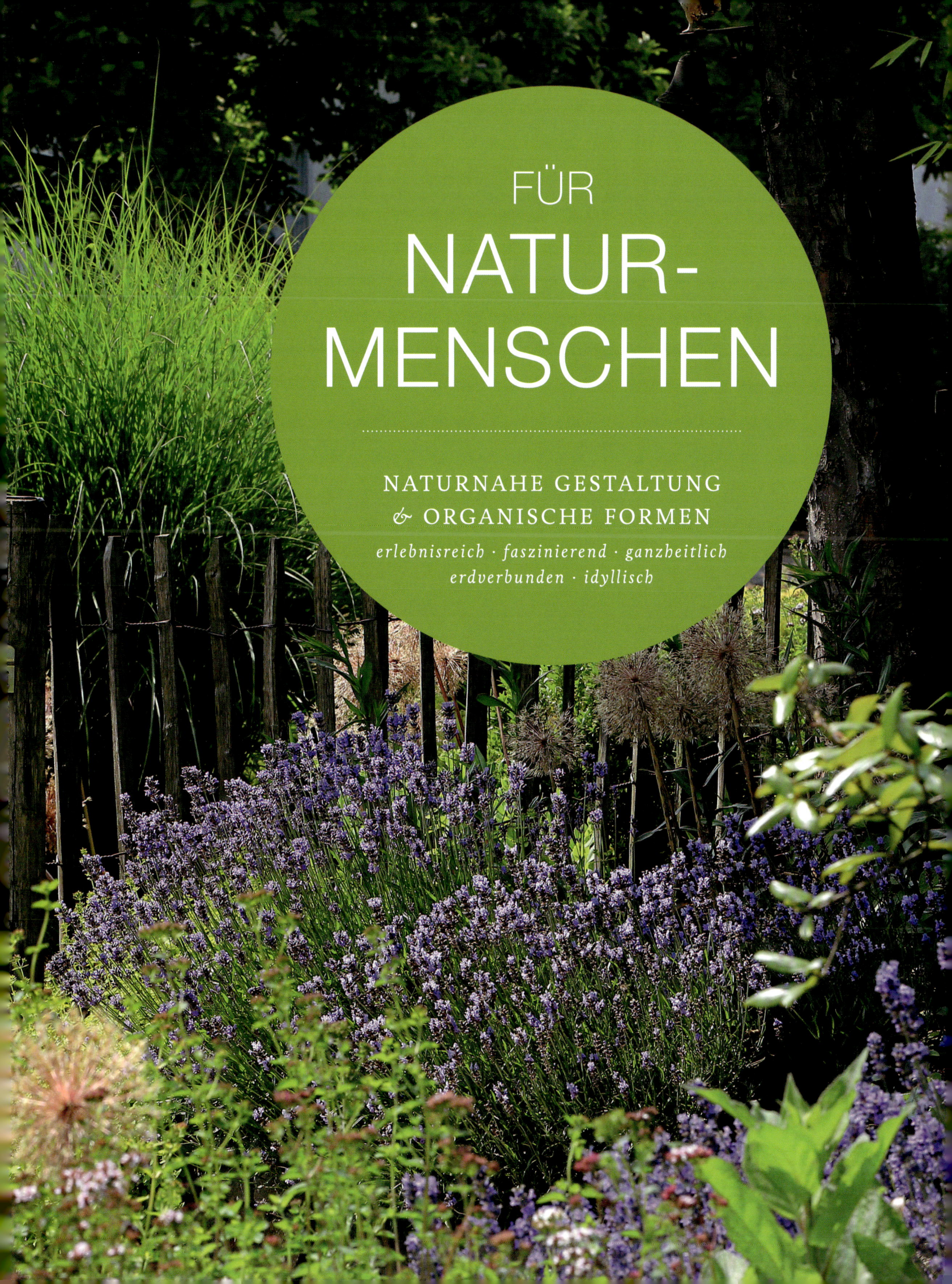

NATURNAHE GESTALTUNG
& ORGANISCHE FORMEN

erlebnisreich · faszinierend · ganzheitlich
erdverbunden · idyllisch

Für Naturmenschen

ALS WÄR'S SCHON IMMER SO GEWESEN

MIT GANZ VIEL RESPEKT VOR DER GESCHICHTE ENTWICKELTE EINE FAMILIE AUS EINER HISTORISCHEN HOFANLAGE IHR MODERNES DOMIZIL. DASS DER DAZUGEHÖRIGE GARTEN EBENFALLS NICHT NEU AUSSEHEN SOLLTE, VERSTEHT SICH DA FAST VON SELBST.

Planung und Ausführung: *Daldrup Gärtner von Eden*

Fachwerk, alter Klinker, Sandstein, verwittertes Holz: das sind die Baustoffe, mit denen die Fassaden von Haupt- und Nebengebäuden dieser Hofanlage Zeugnis über ihre jahrhundertelange Geschichte ablegen. So vielfältig sie auch sind, sprechen sie doch alle die gleiche Sprache: Die lange Geschichte dieses Ortes darf, ja soll man sehen. Dieses Bekenntnis zur Vergangenheit beinhaltete auch einen klaren Auftrag für die Gartengestaltung: Sie sollte der überlieferten Architektur den passenden Rahmen geben und sich mit ihr zu einem Gesamtensemble verbinden, dem nicht anzusehen ist, dass hier erst jüngst Hand angelegt wurde. So entstand ein großzügiger Schwimmteich, der dank natürlicher Formgebung und geschickter Bepflanzung aussieht, als sei er immer schon hier gewesen. Ausladende Staudenbeete leuchten mit ihrer vielfältigen Bepflanzung in allen nur erdenklichen Farben und unterstreichen den ländlichen Charakter der Anlage ebenso wie Beeteinfassungen aus Buchs, diverse Hortensienarten, Obstbäume und Kletterrosen. Auch sämtliche Baumaterialien wurden so ausgewählt, dass sie bereits Patina angesetzt hatten und der Betrachter den Eindruck gewinnt, als seien sie bereits seit Jahrzehnten hier an ihrem Platz.

Hier kann man inmitten eines Blütenmeers Platz nehmen

In diesem Gartenteil dreht sich alles um die Farbe Lila. Besonderer Hingucker sind die unzähligen Blütenbälle des Allium

FAKTEN

Baubeginn: *März 2011* **Fertigstellung:** *August 2011* **Grundfläche Garten:** *8.000 m²* **Anspruch:** *Ländlicher Garten mit historischem Charme*
Materialien: *Sandstein, Grauwacke, Dolomitbrechsand, Holz*
Außergewöhnliches: *Wunsch nach »gebrauchter« Optik*

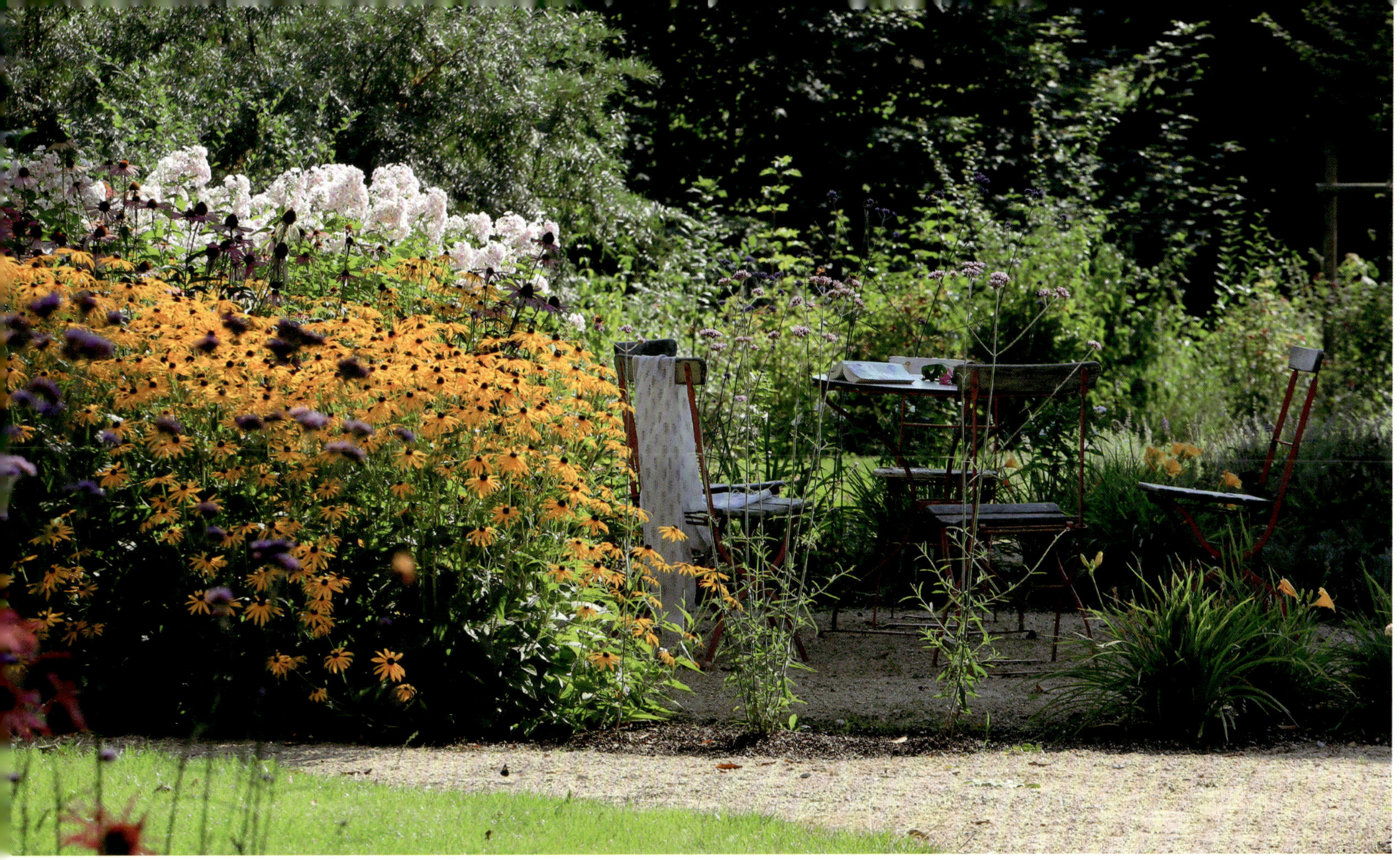

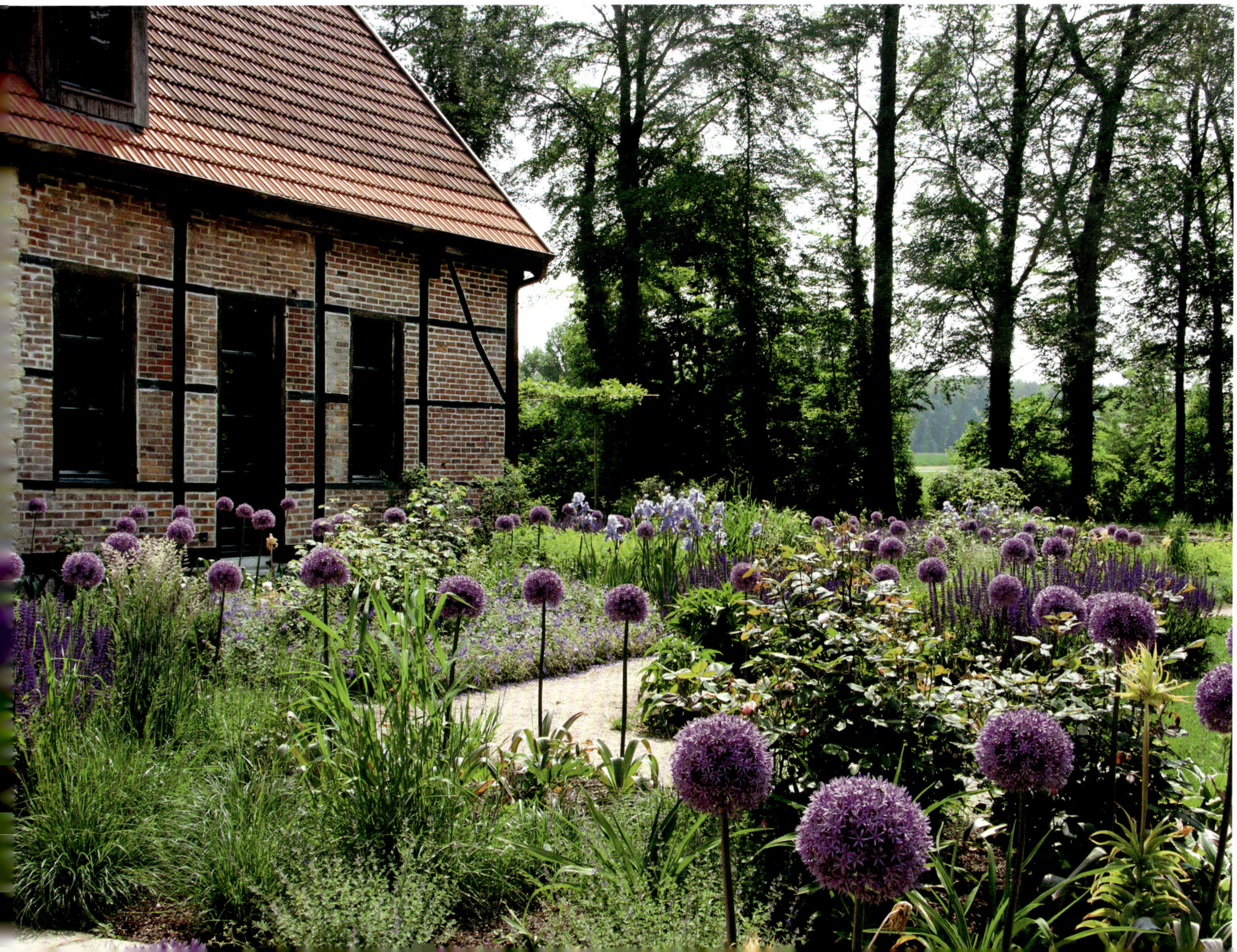

Für Naturmenschen

LANDSCHAFT MIT GARTEN

BEI DER GESTALTUNG DIESES GARTENS BESTAND DIE HERAUSFORDERUNG DARIN, IHN WIE EINEN SELBSTVERSTÄNDLICHEN TEIL DER UMGEBENDEN LANDSCHAFT WIRKEN ZU LASSEN.

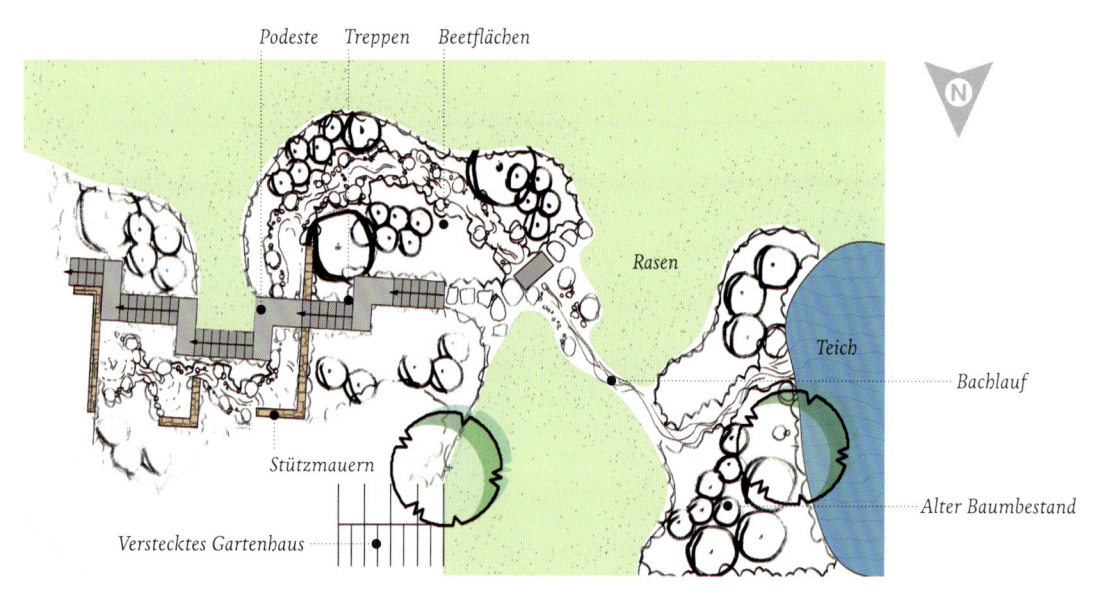

Planung und Ausführung: *Zinsser KG*

Noch Garten, schon Park oder gar Landschaft? Bei diesem Objekt sind die Grenzen fließend – und das aus gleich mehreren Gründen: Zum einen ist das Grundstück mit rund 3.000 Quadratmetern großzügig dimensioniert und schon allein deswegen parkähnlich. Außerdem flankieren prächtige alte Bäume das Areal, was den Parkcharakter noch unterstreicht. Zum anderen geht die ausgedehnte Rasenfläche jenseits der Grundstücksgrenze weiter und schließlich tut die Hanglage des Grundstücks ein Übriges, um es nicht wir einen klassischen Garten wirken zu lassen. Das Wohnhaus thront hoch über dem eigentlichen Garten. Alles in allem eine besondere Herausforderung für die Gartengestaltung. Entstanden ist eine behutsam in die Landschaft eingefügte Anlage, die Hang, offene Flächen und Baumbestand harmonisch vereint und zu einem stimmigen Ganzen zusammenführt. Der steile Hang zwischen Haus und Garten wurde über eine Treppe erschlossen, die von Beeten und Buchskugeln eingefasst und von einem Bachlauf begleitet wird. Dieser mündet in einen Teich, der gewissermaßen den Kristallisationspunkt des Gartens bildet. An seinen Ufern erstrecken sich sanft geschwungene Beete, und hier entstand auch der Hauptsitzplatz des Gartens in Gestalt eines mit einem Pavillon überdachten Holzdecks. Das bietet einerseits Ausblick auf Bäume, Rasen und Landschaft, liegt aber gleichzeitig geborgen unter einer alten Trauerweide, sodass, wer hier sitzt, alle Facetten dieses Grundstücks genießen kann: Garten, Park und Landschaft.

Durch den großen Höhenunterschied zwischen Haus und Garten war es wichtig, dass die Gestaltungsideen auch beim Blick von oben ein stimmiges Ganzes ergeben

FAKTEN

Baubeginn: *Juni 2010* **Fertigstellung:** *Juli 2010* **Grundfläche Garten:** *3.000 m²* **Anspruch:** *Sanfter Übergang vom Garten in die umgebende Landschaft* **Materialien:** *Findlinge, Kies, Granit, Holz* **Außergewöhnliches:** *Grundstück mit starkem Gefälle und viel Schatten*

»Es ist wirklich eine Kunst, Gartengestaltung so natürlich aussehen zu lassen.«

Für Naturmenschen

JEDERZEIT SPRUNGBEREIT

DIESER GARTEN ZEIGT, WIE SICH DER TRAUM VON DER AUSGEDEHNTEN WASSEROASE AUCH IN EINER RECHT DICHT BEBAUTEN WOHNGEGEND VERWIRKLICHEN LÄSST.

Der Schwimmteich ist Dreh- und Angelpunkt dieses Familiengartens. Er nimmt rund die Hälfte der Grundfläche des Hausgartens ein, und allein das unterstreicht die Bedeutung, die das kühle Nass für die Gartenbesitzer hat. Außerdem ist der Teich quasi von jeder Stelle im Garten aus zugänglich, gleichzeitig aber mit einer üppigen Uferbepflanzung bestens in den natürlich wirkenden Garten eingefügt. An seinen Ufern entstanden nicht weniger als drei unterschiedliche Sitzplätze, sodass man – egal wie die Sonne gerade steht – immer ein lauschiges Plätzchen unmittelbar am Wasser findet. Dafür, dass das Bad im Wasser oder auch in der Sonne in jedem Falle unbeobachtet bleibt, sorgt die Randbepflanzung des Grundstücks. Sie stammt noch aus der Zeit vor der Umgestaltung und ist entsprechend dicht. Doch nicht nur als Sichtschutz übernimmt sie eine wichtige Rolle, vielmehr lässt sie auch vergessen, dass dieser Naturgarten mitten in einem Wohngebiet liegt, weil sie ihm einen üppigen grünen Rahmen verleiht. Der bringt dann auch die Blüten zahlreicher Stauden in den unterschiedlichsten Farben bestens zur Geltung, sodass der Eindruck von der ländlichen Idylle perfekt ist.

Planung: *Jensen Landschaftsarchitekten*
Ausführung: *Borgmann Garten und Landschaftsbau GmbH*

FAKTEN

Baubeginn: *September 2007* **Fertigstellung:** *November 2007*
Grundfläche Garten: *800 m²* **Anspruch:** *Garten mit Schwimmteich und viel Platz zum Sitzen* **Materialien:** *Betonstein, Granit, Kies, Findlinge*
Außergewöhnliches: *Platz für die Schildkröte*

< Sitzen und beobachten oder doch gleich hinein in den Teich?

v In Form eines Viertelkreises schmiegt sich die Teichterrasse in den Winkel des Gartens

Für Naturmenschen

EIN TRAUM VON EINEM BAUERNGARTEN

IN MEHREREN BAUABSCHNITTEN ENTSTAND AUF EINEM GROSSEN GRUNDSTÜCK IN NORDDEUTSCHLAND EIN ABWECHSLUNGSREICHER UND VOR ALLEM REICH BLÜHENDER BAUERNGARTEN.

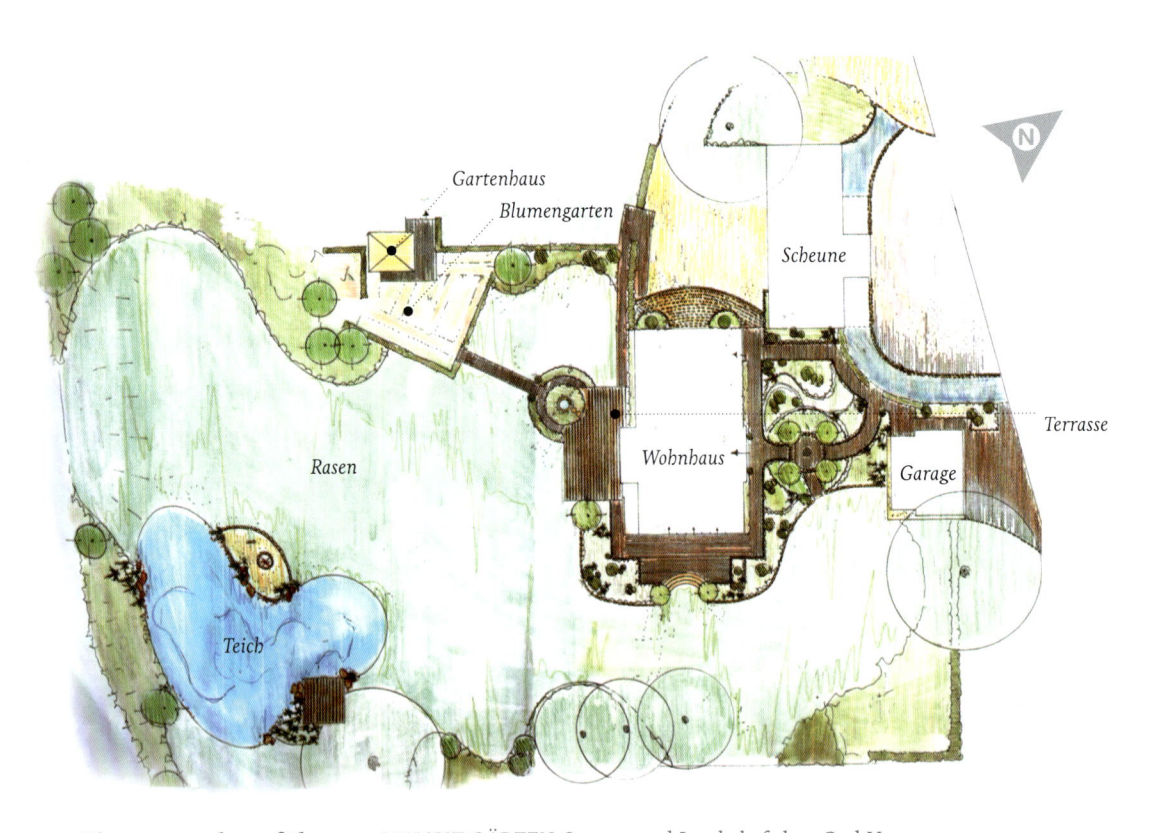

Planung und Ausführung: *LEUCHT GÄRTEN Garten- und Landschaftsbau GmbH*

Bunt: Das sind die gerade einmal vier Buchstaben, die das Farbkonzept dieses Gartens umschreiben sollen und hinter denen sich doch so viel verbirgt. Dieses kleine Wort steht für eine schwelgerische Blütenpracht in Sonnengelb und Sattorange, leuchtend Rot und Dunkelviolett, steht für Stauden und Gräser, Sonnenhut, Dahlien und Hortensien, für Teichbepflanzung und Blumenbeete, Bauerngarten und Rabatten. Dieser Garten ist, wo sich nicht Rasen und Schwimmteich befinden, ein einziges Blütenmeer, das sich in den sanft geschwungenen Beeten entlang der Grundstücksgrenzen, aber auch rund um die Holzterrasse und entlang der mit Klinker belegten Wege erstreckt.

In mehreren Bauabschnitten entstand dieser naturnahe Garten, der sich harmonisch in die umliegenden Felder einfügt und ganz der Tradition des ländlichen Gartens verbunden ist.

Die bunte Blütenpracht wirkt wild und ungezähmt und passt zur Architektur

Dahlien dürfen in keinem Bauerngarten fehlen

Mit seinen bunten Blumenkübeln wirkt der Kiesplatz wunderbar heimelig

FAKTEN

Baubeginn: Juli 2008 **Fertigstellung:** Juli 2011 **Grundfläche Garten:** 3.700 m² **Anspruch:** *Bauerngarten, der sich harmonisch in die Landschaft einfügt* **Materialien:** *Muschelkalk, Klinker, Holz* **Außergewöhnliches:** *Entwicklung der Anlage über mehrere Jahre*

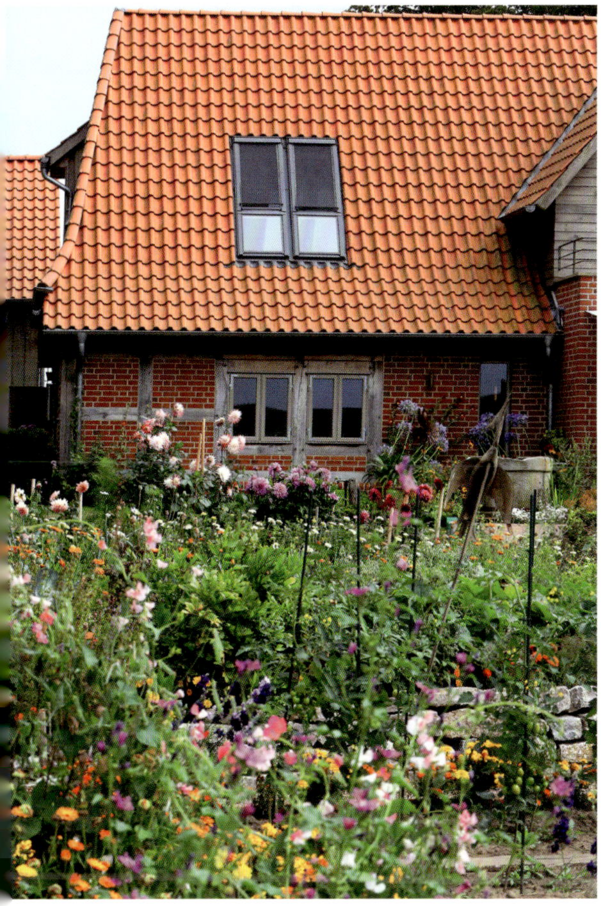
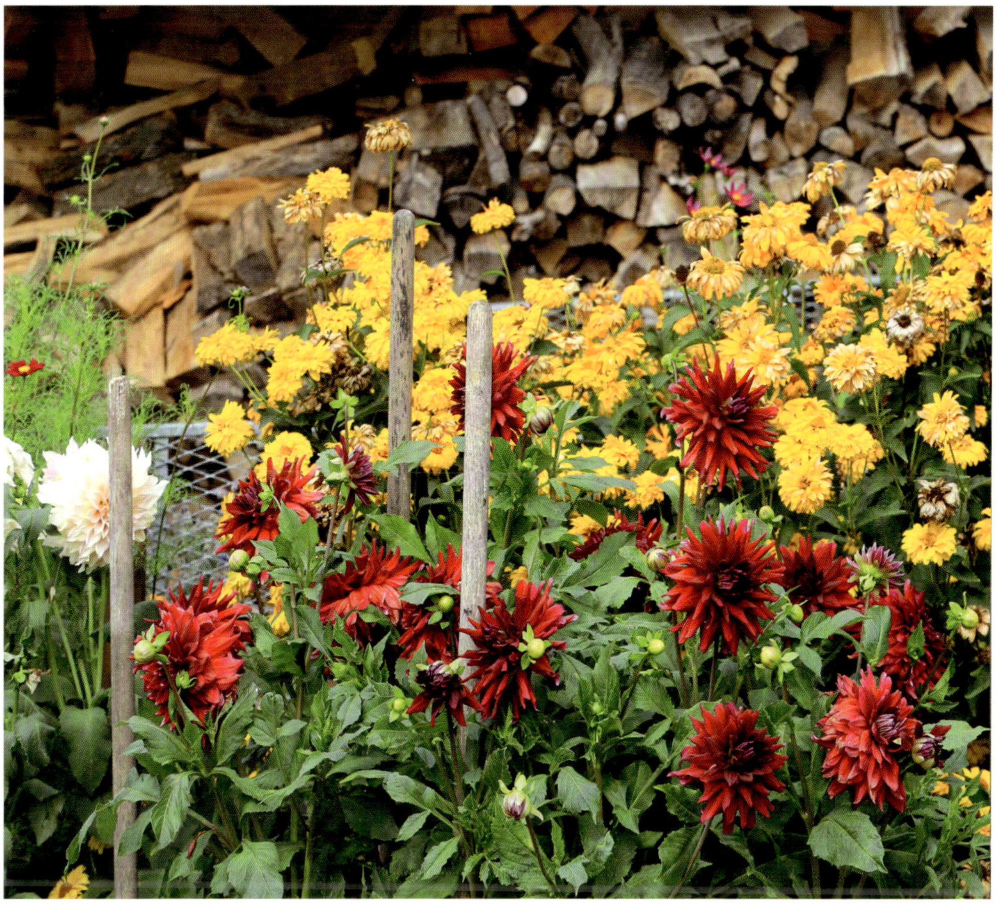
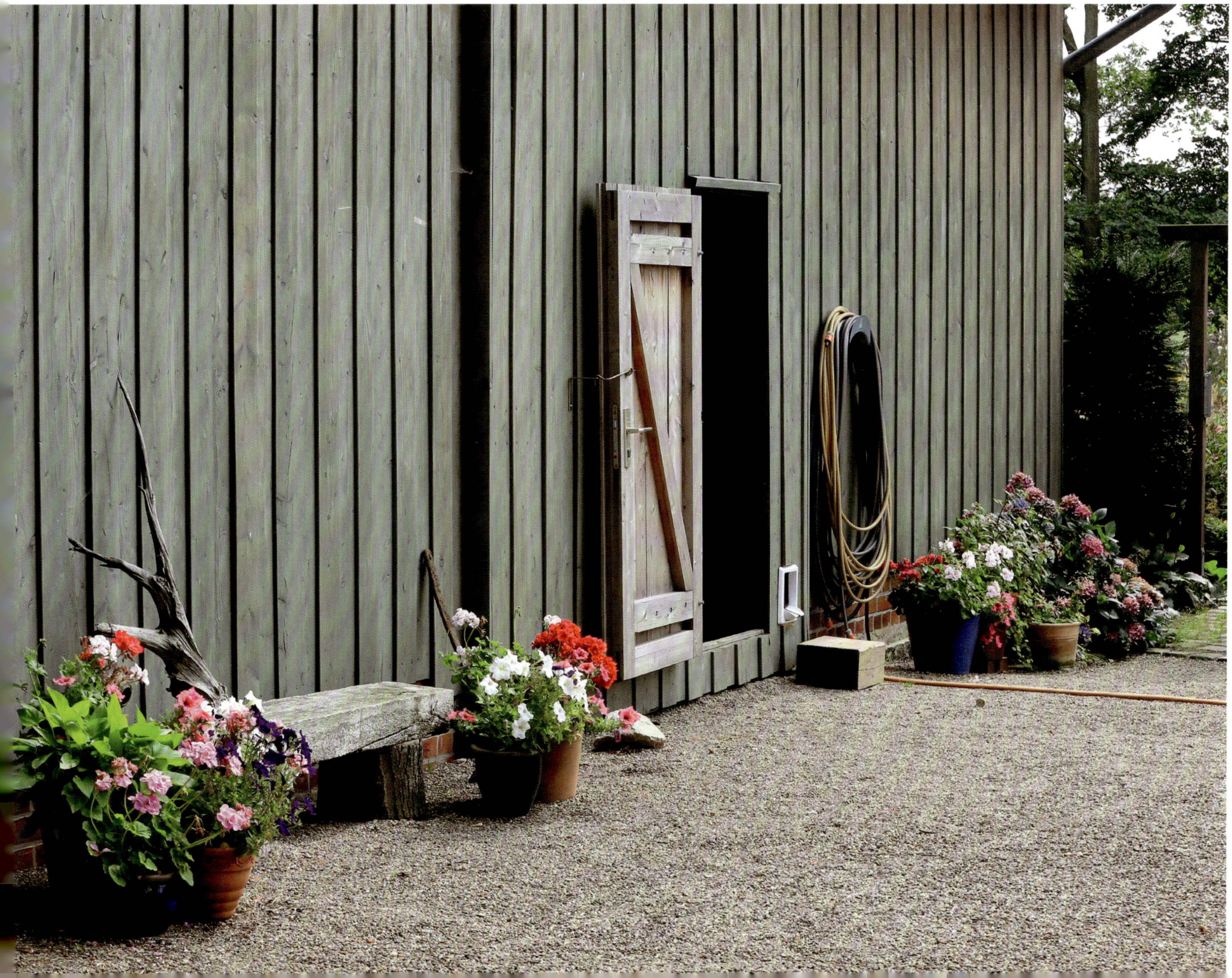

Für Naturmenschen

WOHNLICH AM WASSER

MIT VIEL NATURSTEIN, HOLZ UND ORGANISCHEN FORMEN HOLTEN DIE GARTENGESTALTER LÄNDLICHES FLAIR IN DIESEN GARTEN, OHNE MODERNE AKZENTE ZU VERNACHLÄSSIGEN.

[Gartenplan mit Beschriftungen: Zufahrt, Trockenmauern, Garage, Zugang, Wohnhaus, Garage, Rasen, Terrasse, Trockenmauern mit Bepflanzung, Bachlauf, Teich, Rahmenpflanzung, Holzdeck als Sitzplatz, Hecke]

Planung und Ausführung: *freiraum* Gärtner von Eden*

Die Bitte des Besitzerpaars dieses Grundstücks an die Gartengestalter lautete: »Machen Sie unseren Garten bewohnbar.« Das war im Jahr 2003 und das Hanggrundstück damals noch mit hohen Fichten bestanden. Aus dem schattigen, steilen Areal entstand in zwei Bauabschnitten ein weitläufiger, offener und vor allem sonniger Garten, der sich heute über mehrere Ebenen erstreckt. Trockenmauern aus Naturstein aus der Region gleichen die Höhenunterschiede zwischen den einzelnen Ebenen aus. Wege und Beete wurden ebenso in organisch geschwungenen Formen angelegt wie der Schwimmteich und das dazugehörige Holzdeck aus Lärche. Zum Schwimmteich hin führt ein sanft plätschernder Bachlauf, der die perfekte akustische Kulisse für den gemütlichen Sitzplatz am Wasser liefert. Kleinformatiges Granitpflaster, bunt und üppig blühende Staudenbeete und Rosen unterstreichen den ländlichen Charakter des Gartens, der von einem prächtigen Baumbestand ringsum gerahmt wird.

Wer seinen Blick von der Teichterrasse aus schweifen lässt, genießt Aussicht auf den Fluss jenseits der Grundstücksgrenze

Naturstein aus der Region sorgt für das landschaftstypische Flair des Gartens

FAKTEN

Baubeginn: *Oktober 2003* **Fertigstellung:** *September 2011* **Grundfläche Garten:** *1000 m²* **Anspruch:** *Hanggarten mit ganzjähriger Blütenpracht* **Materialien:** *Lärche, Granit, Stainzer Gneis* **Außergewöhnliches:** *Anlage eines Bachlaufs*

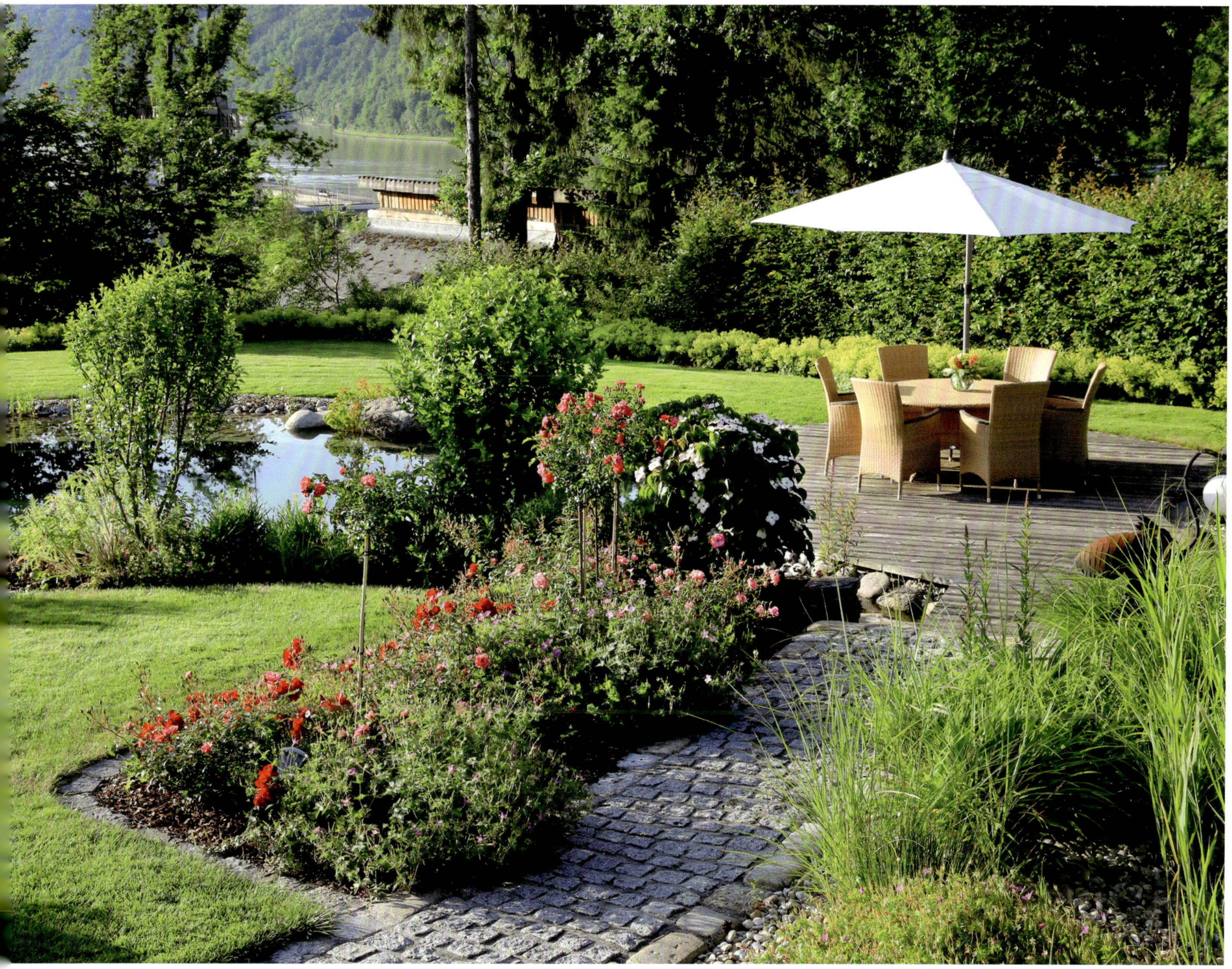

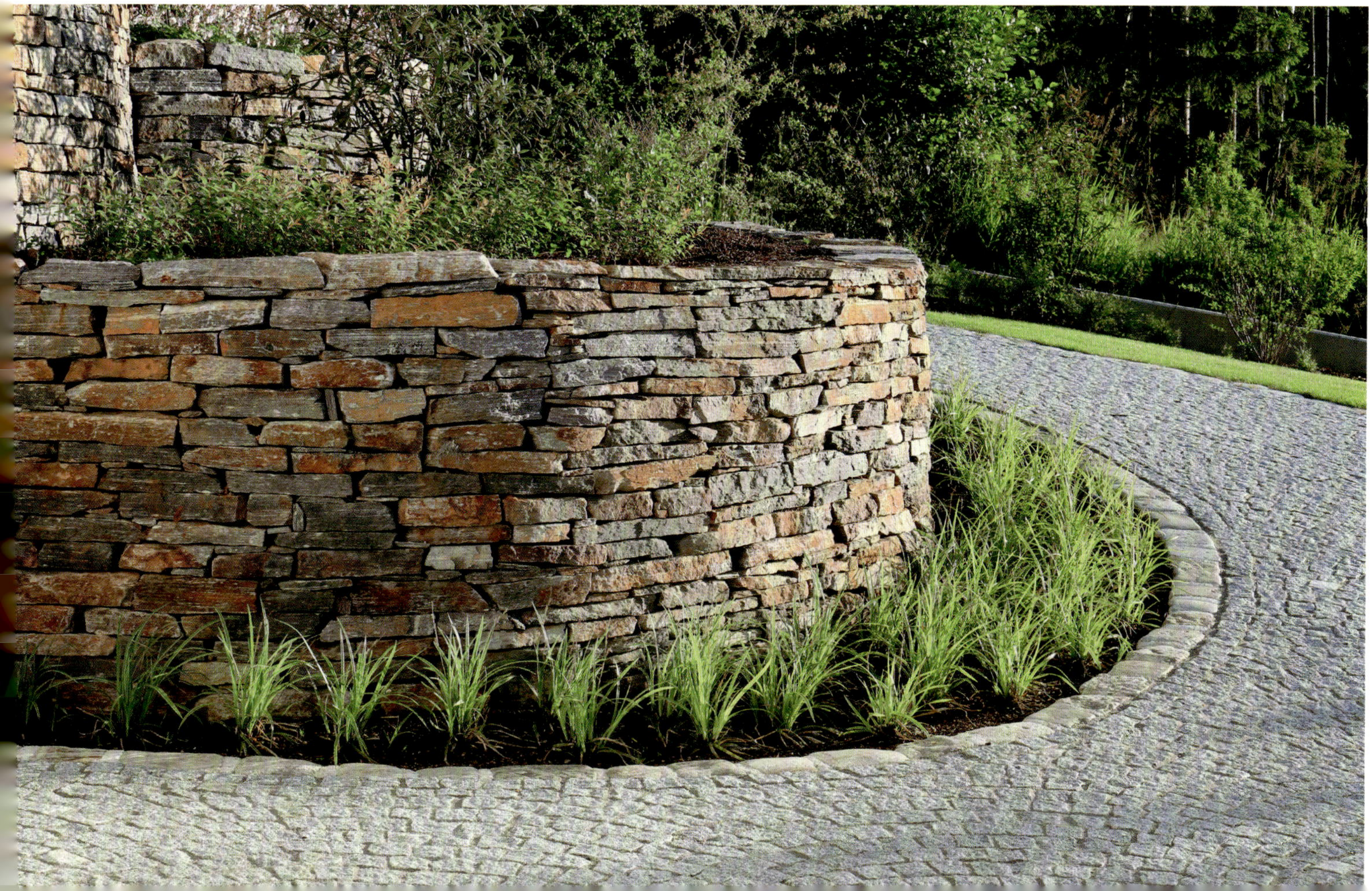

Für Naturmenschen

EINFACH SCHÖN

IN DIESEM GARTEN STEHT DIE FREUDE AN ABWECHSLUNGSREICHER BEPFLANZUNG UND NATÜRLICHEN FORMEN IM VORDERGRUND.

Einen einfachen Garten mit Rasenflächen, Staudenbeeten und einem Schwimmteich wünschte sich die fünfköpfige Besitzerfamilie. Wichtig dabei: Diese Elemente sollten ein harmonisches Ganzes ergeben. Um diesem Wunsch Rechnung zu tragen, wurden die Staudenbeete mit ihrer vielfältigen Bepflanzung so angelegt, dass sie auf der einen Seite unmittelbar an das Ufer des Teichs angrenzen und sich auf ihrer anderen Seite direkt der Rasen anschließt. So bilden die Beete gewissermaßen die Überleitung vom Wasser zur Wiese und vereinigen in sich typische Uferpflanzen mit klassischen Beetstauden. Trotz aller Üppigkeit lässt die Bepflanzung aber auch genug Raum für einen anderen Hauptdarsteller in diesem Garten: die Landschaft. Schließlich grenzt das Grundstück an offenes Gelände mit Wiesen und Bäumen. Aus dieser Richtung sind keine unerwünschten Blicke in den Garten zu befürchten, sodass das Holzdeck am Schwimmteich unbesorgt auf dieser Seite des Gartens angelegt werden konnte. Wer hier ein Sonnenbad nimmt, kann den allmählichen harmonischen Übergang vom gestalteten Garten in die offene Landschaft in aller Ruhe genießen und sich an der Schönheit des Einfachen erfreuen.

FAKTEN

Baubeginn: *Juni 2009* **Fertigstellung:** *Oktober 2009*
Grundfläche Garten: *1.450 m²* **Anspruch:** *Einfacher Familiengarten mit Schwimmteich* **Materialien:** *Granit, Cumaru-Holz, Findlinge*
Außergewöhnliches: *Quellstein als Wasserfall*

Allerorten wirkt die Bepflanzung mit ihrer Lust an der Vielfalt der Formen, Farben und Strukturen frisch und fröhlich >

Wer am Schwimmteich liegt, genießt den Rundblick in die Natur >>

Dusche
Holzdeck
Schwimmteich
Terrasse
Rasen
Wintergarten
Garage
Wohnhaus
Stellplätze

Planung und Ausführung: *Majuntke oHG Haus und Garten*

»Jetzt bietet der Garten Naturerlebnis pur.«

Für Naturmenschen

STIMMIGE SYMBIOSE

DIESES GRUNDSTÜCK IST VON NATUR AUS BEGÜNSTIGT, LIEGT ES DOCH AN EINEM SONNIGEN HANG OBERHALB EINES SEES – ABSOLUT INSPIRIEREND FÜR EINEN GARTENGESTALTER.

Ein Grundstück am Hang, Seeblick, ein rustikales Landhaus und alter Baum- und Strauchbestand – das waren die Grundzutaten dieses Gartens, die es zu einem stimmigen Gesamtkonzept zu ergänzen galt. Die Besitzer wünschten sich einen Naturgarten, in den einige der vorhandenen Pflanzen integriert werden sollten. Pflegeleicht sollte er sein und mit geschützten Sitzplätzen ausgestattet, von denen aus die Gartenliebhaber die Aussicht auf den See genießen können. Das abschüssige Gelände wurde terrassiert, eine halbrunde Mauer aus Bruchstein schmiegt sich schützend um den neu entstandenen gekiesten Sitzplatz gleich unterhalb des Hauses und gibt die Sicht auf das Seepanorama frei. Ein schlichtes Betonbecken mit Edelstahlauslauf greift die Rundung und das Wasserthema auf, bildet aber mit seinen glatten Oberflächen gleichzeitig einen reizvollen Kontrast zu dem rauen Bruchstein. Je nach Tages- und Jahreszeit haben die Gartenbesitzer weitere Sitzplätze zur Auswahl – immer eingebettet in die Natur und damit ganz nah am Puls dieser vielfältigen Oase. Ein Nasch- und Nutzgarten mit Beerensträuchern, Gemüse- und Kräuterbeet rundet das naturnahe Konzept ab.

FAKTEN

Baubeginn: *August 2008* **Fertigstellung:** *September 2008* **Grundfläche Garten:** *800 m²* **Anspruch:** *Pflegeleichter Garten passend zum Landhaus* **Materialien:** *Zyklopenmauerwerk aus heimischem Naturstein, Beton, Rundkies* **Außergewöhnliches:** *Grundstrukturen des alten Gartens sollten erhalten bleiben*

Treppe Naurstein-Stützmauer

Beton-Wasserbecken

Gekiester Sitzplatz

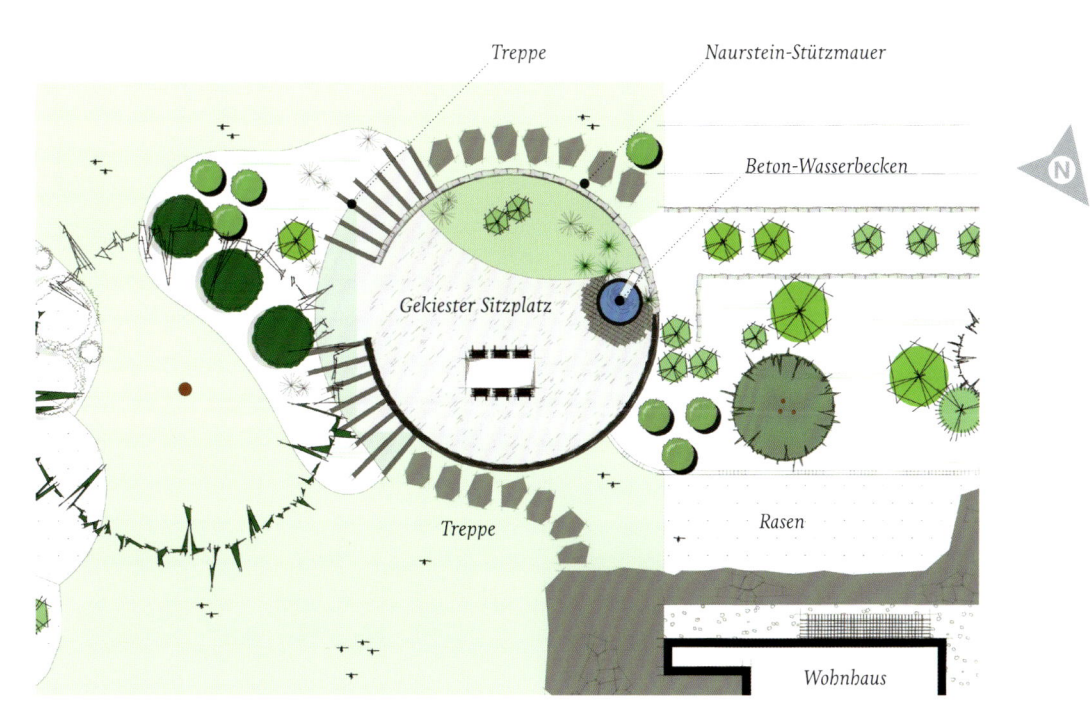

Treppe

Rasen

Wohnhaus

Planung und Ausführung: *Müller Gartenbau AG*

∧   *Die Aussicht ist ein wesentlicher Bestandteil des Gestaltungskonzepts*

<   *Fließend sind die Übergänge zwischen Garten und Panorama. Das Haus mit seinen Natursteinelementen unterstreicht diese Symbiose*

Für Naturmenschen

SANFTE ÜBERGÄNGE

WASSER ALS GESTALTUNGSELEMENT STAND AUF DER WUNSCHLISTE DER GARTENBESITZER FÜR DIE NEUGESTALTUNG GANZ OBEN. PASSEND ZUR IDEE VOM NATURNAHEN GARTEN BEKAMEN SIE EINEN EIGENEN BACHLAUF.

Hier wurde das Angenehme mit dem Nützlichen verbunden: Der Ausgang zum Garten liegt um einiges höher als der Garten selbst, und diesen Niveauunterschied wollten die Besitzer bei der Neugestaltung überbrückt haben. Außerdem wünschten sie sich die Einbeziehung von Wasser in die Planung. Was lag da näher, als das Gefälle zwischen Haus und Garten für einen Bachlauf zu nutzen? Dieser entspringt gewissermaßen direkt an der oberen Terrasse und plätschert durch ein Bett mit Findlingen, um schließlich in einen kleinen Naturteich zu münden. An den schließen sich ein Holzsteg und ein weiterer Sitzplatz mitten im Grünen an. Hier wurde holländischer Pflasterklinker in konzentrischen Kreisen verlegt. Auch bei Wegen, Rasenfläche und Beeten sind Kreisbögen die vorherrschende Form. Sie bilden die perfekte Ergänzung zum allerorten üppig sprießenden Grün. Bambus, Gräser, Rosen und Hortensien prägen das Bild, zwei Obstbäume im hinteren Gartenteil stammen ebenso wie einige andere Pflanzen noch aus der Zeit vor der Gartenrenovierung und wurden harmonisch in die neue Anlage eingebunden. Senkrecht aufgestellte Spalthölzer aus Kastanienholz bilden einen effektiven Sichtschutz, sie sind mit ihren unregelmäßigen Abmessungen eine spannende Alternative zu herkömmlichen Zaunelementen und unterstreichen den naturnahen Charakter des Gartens.

Fast ein wenig verwunschen wirkt der Pfad, der sich durch das üppige Grün schlängelt

Vom Holzdeck am Teich hat man einen 360-Grad-Blick in den Garten

FAKTEN

Baubeginn: *August 2009* **Fertigstellung:** *September 2009* **Grundfläche Garten:** *700 m² * **Anspruch:** *Harmonische Symbiose aus Altem und Neuem* **Materialien:** *Ruhrsandstein, Bergsteinsplitt, Holländischer Klinker, Granitfindlinge, Porphyr, Holz* **Außergewöhnliches:** *Überbrückung des Niveauunterschieds zwischen Haus und Garten*

Sitzplatz am Gartenkamin — Klinkerterrasse — Sichtschutz aus Kastanien-Spalthölzern
Pflanzflächen — Quellstein mit Bachlauf
Teich
Überdachte Terrasse
Stufenanlage aus Natursteinblöcken in den Garten
Rasen
Holzsteg am Teich
Wohnhaus
Gartenhaus

Planung und Ausführung: *Grütters GmbH*

»Am Teich zu sitzen ist wie ein Urlaub in der Natur.«

Für Naturmenschen

LIEBHABEROBJEKT

GANZ OHNE RASEN KOMMT DIESER GARTEN AUS – GENAU SO, WIE ES SICH DAS BESITZEREHEPAAR GEWÜNSCHT HATTE. UND AUCH SONST HATTEN DIE BEIDEN RECHT GENAUE VORSTELLUNGEN DAVON, WIE IHR GARTEN NACH DER UMGESTALTUNG AUSSEHEN SOLLTE.

Hier wohnen Pflanzenliebhaber. Das sieht man gleich, denn den Besucher empfängt eine überbordende Vielfalt an Farben, Formen, Strukturen und Gerüchen – ein Wechselspiel aus buschigem Grün in Gestalt von mannshohen Gräsern mit verspielten Blüten von Rosen, Lavendel, Frauenmantel, Taglilien und vielem mehr. Und mittendrin, eingebettet im Grün und vor lauter Üppigkeit kaum auszumachen: ein kleiner bescheidener Sitzplatz, offensichtlich einzig dazu angelegt, sich möglichst nah ans Herz dieser Pracht zu begeben und diese in aller Ruhe genießen zu können – und das bitteschön das ganze Jahr über, so der Wunsch der Besitzer. Die Wege, die diesen Garten durchziehen, sind ebenfalls so angelegt, dass sie den grünenden und blühenden Stars keinesfalls die Schau stehlen. Der Bergsteinsplit, der hier als Belag zum Einsatz kommt, hält sich dezent im Hintergrund, unterstützt eher die Wirkung der Pflanzen. Überhaupt sind hier Baumaterialien so eingesetzt, dass ein vollkommen naturnaher Gesamteindruck erhalten bleibt. Die Trockenmauern aus Ruhrsandstein sind niedrig, und an vielen Stellen verschwinden sie fast vollständig unter Pflanzenkaskaden, Granitfindlinge tauchen scheinbar zufällig hie und da in den Beeten auf und der Staketenzaun aus Kastanienholz scheint zumindest auch eher dekorativen als praktischen Charakter zu haben.

FAKTEN

Baubeginn: *September 2008* **Fertigstellung:** *November 2008*
Grundfläche Garten: *500 m²* **Anspruch:** *Ganzjährig blühender Garten*
Materialien: *Ruhrsandstein, Granitfindlinge, Bergsteinsplitt, Klinker*
Außergewöhnliches: *Anspruchsvolle und zugleich pflegeleichte Staudenpflanzungen*

Natürliche Materialien und organisch Formen sorgen für einen naturnahen Gesamteindruck >

Diese Bank ist ein Platz für Gartengenießer – schön anzusehen und mitten im Grünen platziert >>

Wohnhaus

Gartenweg

Splittfläche mit Trittplatten

Hochbeet mit Staudenpflanzung

Hainbuchenhecken

Planung und Ausführung: *Grütters GmbH*

Für Naturmenschen

LEBEN IN DER NATUR

DEN ABWECHSLUNGSREICHTUM DER NATUR WOLLTEN DIE BESITZER DIESES GARTENS AUF IHREM GRUNDSTÜCK HAUTNAH ERLEBEN. DESHALB ENTSTAND EIN NATURNAHER GARTEN MIT VIELEN ÜBERRASCHENDEN EINBLICKEN.

Einen Koiteich gab es in diesem Garten bereits. Doch seinen Besitzern stand der Sinn nach mehr Wasser, und so schlängelt sich heute ein Bachlauf in sanften Bögen quer durch den Garten und verbindet den Koiteich mit einem Quellbecken im Vorgarten. Ebenso wie der Bachlauf wurden auch Wege, Beete und Sitzplätze in organischen Formen angelegt, die mit ihren Rundungen sanft ineinander übergehen. So quert der Hauptweg mit einem hölzernen Steg den Bachlauf und führt in elegantem Schwung von der Terrasse bis zum Quellbecken, teilweise begleitet von einer Mauer aus Findlingen. Überhaupt ist alles in diesem Garten darauf angelegt, möglichst natürlich zu wirken: Großzügige, bunt blühende Staudenpflanzungen prägen weite Teile des Gartens, die Uferzone des Teichs ziert dichter Bewuchs aus Wasserpflanzen. Diese überbordende Vegetation und die verschlungene Wegeführung sorgen dann auch dafür, dass es in diesem Garten trotz seiner relativ geringen Größe immer wieder Neues zu entdecken gibt. Man muss ihn regelrecht erforschen, um alle gestalterischen Finessen aufzuspüren. So liegt am Ufer des Teichs nicht nur ein Gartenhaus, sondern davor erstreckt sich auch noch ein Holzdeck, das aber hinter den üppigen Wasserpflanzen kaum zu sehen ist. Wo nicht alter Baumbestand und vorhandene Hecken für den gewünschten Sichtschutz sorgten, wurden Zaunelemente aus Weidengeflecht aufgestellt. Sie schirmen den Garten nun vollends vor neugierigen Blicken ab und passen gleichzeitig bestens ins naturnahe Bild.

FAKTEN

Baubeginn: *Juni 2009* **Fertigstellung:** *Oktober 2009* **Grundfläche Garten:** *300 m²* **Anspruch:** *Abwechslungsreicher, naturnaher Garten*
Materialien: *Holz, Sandstein, Granit, Kies, Weidengeflecht*
Außergewöhnliches: *Bachlauf über das gesamte Grundstück*

Kaum auszumachen ist der Steg über den Wasserlauf zwischen all den Pflanzen >

Vor lauter Grün fällt gar nicht auf, dass hinter dem Gartenhaus das Grundstück bereits zu Ende ist >>

Kiesfläche als Sitzplatz mit Feuerstelle   Bachlauf

Quellbecken

Holzdeck als Sitzplatz

Gartenhaus

Koiteich

Terrasse

Wohnhaus

Rasen

Planung und Ausführung: *Wandrey Garten- und Landschaftsbau GmbH*

Für Naturmenschen

HISTORISCHER BODEN

AUF EINE JAHRHUNDERTELANGE GESCHICHTE BLICKT DIESER GARTEN EINES EHEMALIGEN DEUTSCHORDENSRITTERGUTS ZURÜCK.

Bei der Umgestaltung des Areals in einen modernen Familiengarten galt es, Überliefertes und Modernes in Einklang zu bringen. Neben den Gartenbesitzern hatten auch Denkmalschutz und andere Behörden ein Mitspracherecht – alles in allem also eine ebenso reizvolle wie sensible Aufgabe für die Gartengestalter. Eine weitere Herausforderung bestand darin, trotz des parkähnlichen Charakters des Grundstücks einen ebenso intimen wie persönlichen Garten mit Rückzugsmöglichkeiten für alle Familienmitglieder entstehen zu lassen, der fast unmerklich in den angrenzenden Wald übergehen sollte. Seinen einzigartigen Charakter erhält der Garten durch zahlreiche große alte Eichen, Hainbuchen und Ahornbäume, die in die Neugestaltung einbezogen wurden. Sie spenden dem naturnah gestalteten Sandspielbereich ebenso Schatten wie gleich mehreren Sitzplätzen, die von versteckt-verwunschen bis repräsentativ-loungig durch Materialauswahl und Formgebung ganz unterschiedliche Charaktere haben. Halbrund angelegte Trockenmauern erscheinen wie die freigelegten Fundamente uralter Wehrtürme, verwitterte Treppenstufen aus nur grob behauenen Natursteinblöcken unterstreichen die historische Anmutung. Gleich daneben künden fein säuberlich gesägte Blockstufen aus Basalt von der Gegenwärtigkeit dieses Gartens. Ebenso der Koiteich, der sanft geschwungen wie der Abschnitt eines großen Kreises ist. Ein sich anschließendes Holzdeck nimmt geschickt die Bogenform des Teichs auf und sorgt gemeinsam mit der Wasserfläche für eine Begrenzung des Rasens.

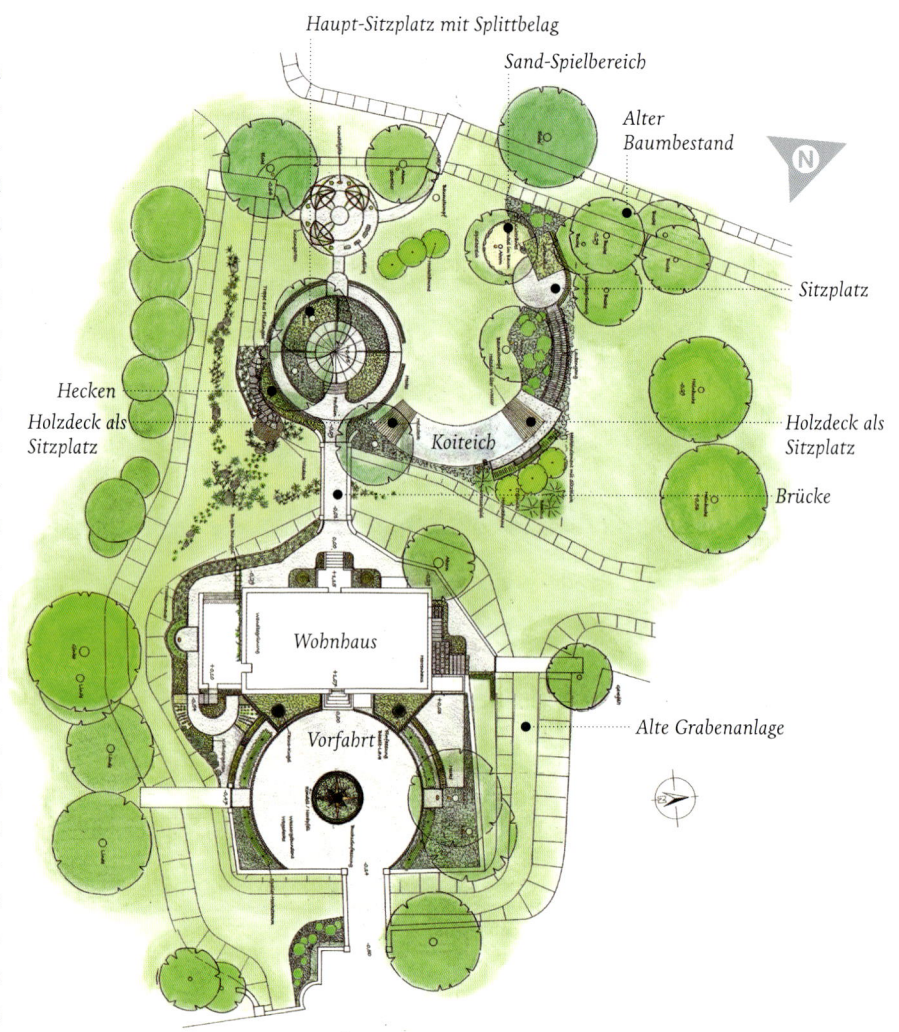

Planung und Ausführung: *Grütters GmbH*

FAKTEN

Baubeginn: *Juni 2010* **Fertigstellung:** *März 2011* **Grundfläche Garten:** *1.500 m²* **Anspruch:** *Zeitgemäßer Familiengarten in historischer Umgebung*
Materialien: *Ruhrsandstein, Basalt, Moräne-Splitt, Holz*
Außergewöhnliches: *Enge Abstimmung mit Denkmalschutz notwendig*

« *Die bewachsene Treppe wirkt, als habe man sie gerade erst aus dem Dornröschenschlaf erweckt*

‹ *Moderne Gartenmöbel passen mit ihren schlichten Formen gut ins historische Ambiente*

ᵥ *Sandspielplatz, Ruhezonen und Wasserbecken gruppieren sich um eine halbrunde Rasenfläche*

Für Naturmenschen

IM PFLANZENMEER

KAUM RASEN, DAFÜR ABER GROSSZÜGIGE UND ABWECHSLUNGSREICHE STAUDENPLANZUNGEN PRÄGEN DAS BILD DIESES GARTENS.

Grün, so weit das Auge reicht. Dieser Garten präsentiert sich als heimeligüppiges Pflanzenmeer in allen Nuancen, die die Farbe Grün zu bieten hat. Hier wurde ein wahrhaft verschwenderischer Umgang mit Pflanzen in den unterschiedlichsten Größen und Formen gepflegt – das aber natürlich immer fein abgestimmt auf die jeweiligen Standortbedingungen, denn hier wechseln Schattenbeete mit voll sonnigen Bereichen, und so findet sich für Farne und Gräser ebenso wie für Christrosen, Japanischen Blütenhartriegel, Schneeball, Felsenbirne und diverse Stauden jeweils der optimale Platz. Darüber hinaus bezog der Gartengestalter auch die unmittelbare Umgebung mit ein, ließ zur einen Seite den Blick in die Landschaft offen und zur anderen den in einen öffentlichen Park, sodass der Garten auch noch eine grüne Einrahmung bekam. Durch das kräftige Rot der Hausfassade erhält das Grün des Gartens noch einmal eine besondere Strahlkraft. Von den etwas erhöht, also gleichsam schwebend konstruierten Holzdecks an Haus, Rasen und Teich lässt sich diese Pracht, die Blüten in Weiß, Blau, Violett, Gelb und Orange abrunden, bestens betrachten, denn von hier oben aus hat man einen perfekten Überblick und gewinnt eine ganz andere Perspektive auf die einzelnen Pflanzen.

Planung und Ausführung: *Majuntke oHG Haus und Garten*

FAKTEN

Baubeginn: *Juni 2010* **Fertigstellung:** *März 2011* **Grundfläche Garten:** *1.500 m²* **Anspruch:** *Zeitgemäßer Familiengarten in historischer Umgebung*
Materialien: *Ruhrsandstein, Basalt, Moräne-Splitt, Holz*
Außergewöhnliches: *Enge Abstimmung mit Denkmalschutz notwendig*

Vielfältige Bepflanzung im Wechsel mit natürlichen Materialien sorgt für den naturnahen Charakter des Gartens

Die zwei Stufen zur Terrasse führen auch mitten hinein in die grüne Vielfalt des Gartens

Wie ein Laufsteg ins Grüne wirkt das Holzdeck

241

Für Naturmenschen

IMMER DER SONNE NACH

EINEN NATURNAHEN GARTEN MIT GROSSZÜGIGEM SCHWIMMTEICH WÜNSCHTEN SICH DIE BESITZER DIESES GRUNDSTÜCKS. UM LETZTEREM SO VIEL RAUM WIE MÖGLICH ZU GEBEN, WURDE AUF RASEN FAST VOLLSTÄNDIG VERZICHTET.

Zu jedem Sonnenstand gibt es in diesem Garten den passenden Sitzplatz – und zwar immer mit Blick auf den Schwimmteich, denn der lag den Gartenbesitzern bei der Umgestaltung besonders am Herzen, und so können sie ihn jetzt zu wirklich jeder Tageszeit von einem sonnigen Plätzchen aus genießen. Er ist der Dreh- und Angelpunkt des Gartens, und auch wenn sämtliche Sitzplätze auf ihn ausgerichtet sind, hat doch jeder wieder einen eigenen Charakter, der bewusst durch die Verwendung ganz unterschiedlicher, aber immer harmonisch zusammenpassender Materialien hervorgerufen wird. Während die Hauptterrasse, die halb unter dem vorgezogenen Dach des Hauses liegt, mit ihren zwei separaten Sitzplätzen durch Form und Bodenbeläge noch recht architektonisch wirkt, spricht der diagonal gegenüberliegende Ruheplatz schon eine ganz andere Sprache. Hier unterstreichen Holzpodest und Grauwacke-Stützmauern den ländlichen Charakter des Gartens. Für eine sanfte Überleitung zwischen beiden sorgen vor allem die Bodenbeläge: am Haus kommen mit Kalkstein und Porphyr Materialien mit klar abgegrenzten Konturen zum Einsatz. Diese gehen aber allmählich in Kiesflächen über, die diese Geradlinigkeit unterbrechen und bestens zum weicher wirkenden Holz überleiten. So lässt sich der Teich über Schrittplatten und auf gekiesten Wegen komplett umrunden und die üppig blühende und äußerst abwechslungsreiche Bepflanzung dabei genießen.

Planung: *Büro für Grünplanung Margarete Hoberg-Klute*
Ausführung: *Klute Garten- und Landschaftsbau GmbH & Co. KG*

FAKTEN

Baubeginn: *März 2010* **Fertigstellung:** *Juni 2010* **Grundfläche Garten:** *580 m²* **Anspruch:** *Abwechslungsreicher naturnaher Garten*
Materialien: *Kalkstein, Grauwacke, Porphyr, Kies, Bangkirai*
Außergewöhnliches: *Wasser als Hauptgestaltungselement*

< Heimelig eingebettet ist die Gartenbank in die Nische der Trockenmauer

v Mit der Natur auf Augenhöhe ist man auf dem Holzdeck im südlichen Winkel des Teichs

Für Naturmenschen

LANDSCHAFTSGARTEN

IN DIESEM GARTEN WIRD DIE KUNST DES NATÜRLICHEN GEPFLEGT – UND DAS VOR ALLEM AUS RESPEKT VOR DER NATURLANDSCHAFT, DIE DAS GRUNDSTÜCK UMGIBT UND DAMIT PRÄGT.

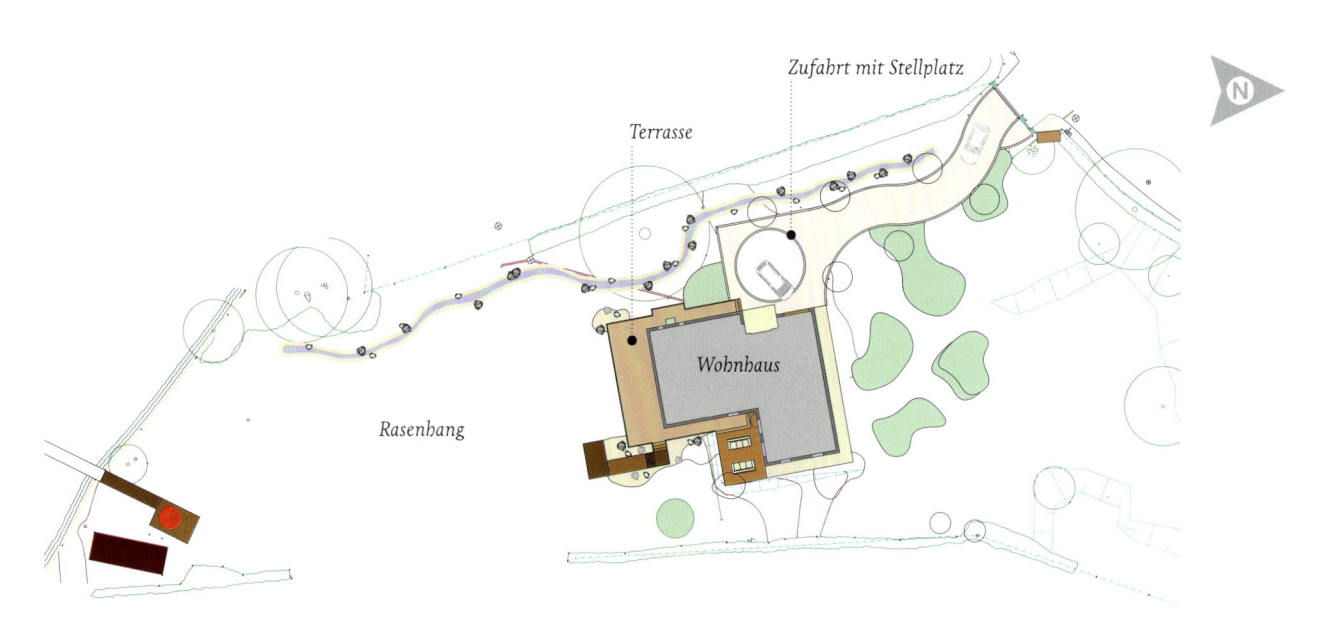

Planung und Ausführung: *Fuchs baut Gärten GmbH*

Man könnte fast versucht sein, einmal nachzufragen, worin denn bei diesem Garten genau die Gestaltung besteht. Schließlich sieht er aus wie ein gewachsener Teil der ihn umgebenden grandiosen Landschaft. Doch genau das bringt auch schon auf den Punkt, worin die Herausforderung für den Gartengestalter bestand, denn See und Gipfel sind die eindeutigen Platzhirsche hier, zu denen der Garten nicht in Konkurrenz treten, sondern die er noch besser in Szene setzen sollte. Dies gelingt, indem man sich im Garten mit allzu sehr gestaltet wirkenden Elementen vollkommen zurückgehalten hat. Vielmehr bestimmen offene Strukturen und natürliche Materialien das Bild. Auch die alten Bäume des Grundstücks unterstreichen seine Verbundenheit mit der Umgebung. Die Terrasse ist aus Lärchenholz und dient in ihrer Großzügigkeit nur einem einzigen Zweck: den Blick auf See und Berge bestmöglich genießen zu können. Nichts soll den Betrachter hier vom Wesentlichen ablenken. Dementsprechend zurückhaltend wirkt auch das Band aus Kies und kleinen Findlingen, das sich, von Gräsern gesäumt, wie ein Bachlauf durch den Rasen bis hinunter zum Seeufer zieht. Und auch in Sachen Blütenpracht geht es in diesem Garten eher dezent zu: Blau und Weiß sind die vorherrschenden Farben. Lediglich die Rhododendren sorgen zwischenzeitlich für eine größere Farbpalette.

Die Gestaltungselemente sind so geschickt platziert, dass man aus dem Liegestuhl freie Sicht auf See und Berge hat

FAKTEN

Baubeginn: *März 2008* **Fertigstellung:** *Mai 2008*
Grundfläche Garten: *4.200 m²* **Anspruch:** *Harmonischer Anschluss an die Naturlandschaft* **Materialien:** *Lärchenholz, Granitkleinstein*
Außergewöhnliches: *Der Garten soll möglichst wenig gestaltet aussehen*

»Der Garten ist ein Ort zum Krafttanken geworden.«

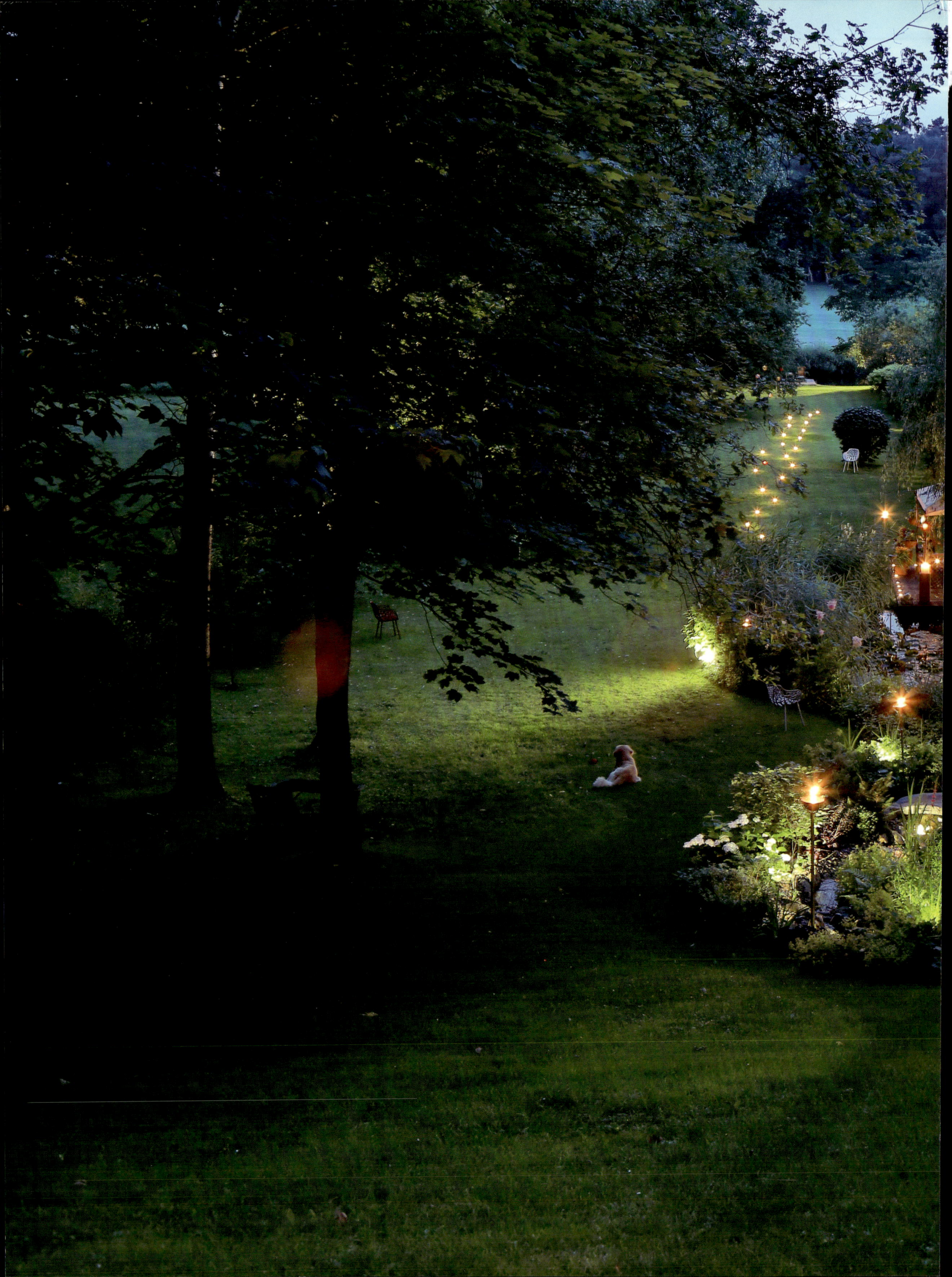

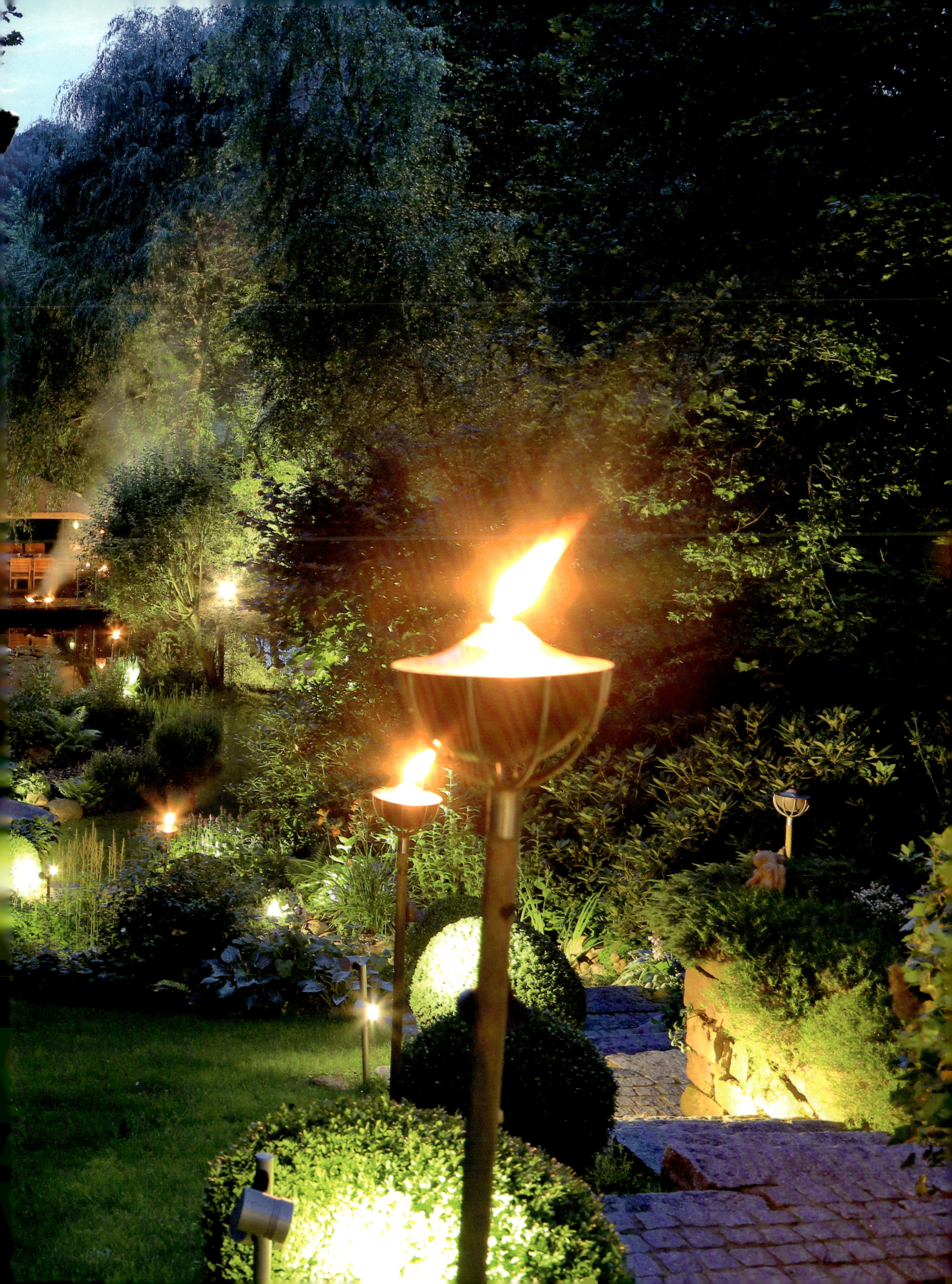

Anhang

IHR PERSÖHNLICHER TRAUMGARTEN

....

Groß oder klein, designorientiert oder üppig, repräsentativ oder intim: Ausgangspunkt ist immer der Mensch und seine Bedürfnisse. Die vorgestellten Gärten sind vor allem eines: eine Inspirationsquelle für die Planung Ihres Traumgartens. Bevor Sie mit der Planung Ihres eigenen Gartens beginnen, sollten Sie die folgenden Fragen beantworten, um Ihre Vorstellungen zu konkretisieren:

- Welche Bereiche Ihres Gartens sollen neu geplant werden?
- Wer wird den Garten regelmäßig nutzen?
- Welche Aktivitäten sollen im Garten möglich sein?
- Welche der folgenden Begriffe beschreiben die Vorstellung Ihres zukünftigen Gartens: formenreich, romantisch, üppig, klassisch, repräsentativ, harmonisch, intim, klar, geometrisch, designorientiert, organisch, naturnah?
- Welcher Gartentyp sind Sie?
- Welche Gestaltungselemente wünschen Sie sich?
- Bevorzugen Sie geometrische oder organische Formen?
- Welche Farbtöne bevorzugen Sie?
- Welche Art der Bepflanzung entspricht Ihren Wünschen?
- Haben Sie Wünsche bezüglich der Materialverwendung?
- Wie viel Zeit möchten Sie für die Pflege Ihres Gartens investieren und wer wird Ihren Garten pflegen?
- Welches Budget haben Sie für den Garten eingeplant?

GÄRTNER VON EDEN

DEUTSCHLAND

Albrecht – Gärtner von Eden
Weiherstraße 5, 96103 Hallstadt
Tel +49 (0) 951 9710058
info@galabau-albrecht.de
www.galabau-albrecht.de

**Anne baut Gärten –
Gärtner von Eden**
Obere Au 3, 96253 Untersiemau
Tel +49 (0) 9565 94900
gottfried@staubitzer.com
www.staubitzer.com

Arndt – Gärtner von Eden
Hofmarkstr. 20, 85296 Rohrbach
Tel +49 (0) 8442 964270
stefan@arndt-gartenbau.de
www.arndt-gartenbau.de

**August Fichter –
Gärtner von Eden**
Robert-Bosch-Straße 2
63303 Dreieich-Sprendlingen
Tel +49 (0) 6103 306-198
hantelmann@august-fichter.de
www.august-fichter.de

Bahl – Gärtner von Eden
Hauptstraße 48, 25368 Kiebitzreihe
Tel +49 (0) 4121 5900
info@bahl-gaerten.de
www.bahl-gaerten.de

**Bohr und das Grün –
Gärtner von Eden**
Kohlenbrucher Weg
66663 Merzig-Schwemlingen
Tel +49 (0) 6861 75167
info@eden-bohr.de
www.eden-bohr.de

Borgmann – Gärtner von Eden
Dorfstraße 52, 25462 Rellingen
Tel +49 (0) 4101 78780
info@borgmann-garten.de
www.borgmann-garten.de

Daldrup – Gärtner von Eden
Burg Hülshoff
Schonebeck 6, 48329 Havixbeck
Tel +49 (0) 2534 64670
info@daldrup.de
www.daldrup.de

**Eckhardt –
Gärtner von Eden**
Woltersberg 1, 42111 Wuppertal
Tel +49 (0) 202 721385
info@gaerten-von-eckhardt.de
www.gaerten-von-eckhardt.de

Ferber – Gärtner von Eden
Dammstraße 2
86424 Dinkelscherben
Tel +49 (0) 8292 3589
info@ferber-galabau.de
www.ferber-galabau.de

Feustel – Gärtner von Eden
Warmensteinacher Str. 126
95448 Bayreuth
Tel +49 (0) 921 1512750
info@feustel.de
www.feustel.de

**Frank Dahl Gartenkontor –
Gärtner von Eden**
Lessingstraße 3, 71229 Leonberg
Tel +49 (0) 7152 331140
info@gartenkontor.de
www.gartenkontor.de

**Fuchs baut Gärten –
Gärtner von Eden**
Schlegldorf 91 A, 83661 Lenggries
Tel +49 (0) 8042 914540
info@fuchs-baut-gaerten.de
www.fuchs-baut-gaerten.de

**Gartenplan Esken & Hindrichs –
Gärtner von Eden**
Stöcken 10, 42799 Leichlingen
Tel +49 (0) 2175 88979-0
info@gartenplan.de
www.gartenplan.de

**Gärten Peter Sturm –
Gärtner von Eden**
Rudolf-Diesel-Str. 22
53879 Euskirchen
Tel +49 (0) 2251 129390
info@gaerten-petersturm.de
www.gaerten-petersturm.de

Alle Adressen der Top-Gartengestalter auf einen Blick.
Mehr Informationen unter www.gaertner-von-eden.com

Gärtner von Eden Rhein-Main-Taunus
Westerbachstr. 17, 61476 Kronberg
Tel +49 (0) 6173 2860
info@gaertner-von-eden-rmt.de
www.gaertner-von-eden-rmt.de

Goroncy – Gärtner von Eden
Averdung 21, 48317 Drensteinfurt
Tel +49 (0) 2508 8258
info@goroncy.com
www.goroncy.com

Grothe Neue Gärten – Gärtner von Eden
Rheintalstraße 45
68723 Schwetzingen
Tel +49 (0) 6202 26175
eden@grothe-neue-gaerten.de
www.gartengestaltung-grothe.de

Gröning – Gärtner von Eden
Marbachstraße 45
73035 Göppingen-Bartenbach
Tel +49 (0) 7161 9659000
info@gaertnergroening.de
www.gaertnergroening.de

GrünForm Achtermann – Gärtner von Eden
Horstfeldstr. 7, 31832 Springe
Tel +49 (0) 5045 974660
info@gruenform-achtermann.de
www.gruenform-achtermann.de

Grütters – Gärtner von Eden
Dassendaler Weg 18
47665 Sonsbeck
Tel +49 (0) 2838 91621
info@gruetters-gruen.de
www.gruetters-gruen.de

Heft – Gärtner von Eden
Zweinig Nr. 1
04741 Roßwein OT Zweinig
Tel +49 (0) 34322 42948
galabauheft@t-online.de
www.galabau-heft.de

Herrhammer – Gärtner von Eden
Laubachweg 5, 88178 Heimenkirch
Tel +49 (0) 8381 940650
mail@herrhammer-gaerten.de
www.herrhammer-gaerten.de

Högl & Mandlmeyer – Gärtner von Eden
Röntgenstraße 12a
84030 Landshut
Tel +49 (0) 871 9661420
info@hoegl-mandlmeyer.de
www.hoegl-mandlmeyer.de

Hübner – Gärtner von Eden
Oberthalhofen 5a
88167 Stiefenhofen
Tel +49 (0) 8383 921660
info@huebner-traumgaerten.de
www.huebner-traumgaerten.de

ingo beran – Gärtner von Eden
Wilhelm-Raabe-Straße 1
21629 Neu Wulmstorf
Tel +49 (0) 40 70013840
info@ingoberan.de
www.ingoberan.de

Jochen Helmreich – Gärtner von Eden
Johann-Zumpe-Straße 7
90763 Fürth
Tel +49 (0) 911 997161-0
info@helmreich-garten.de
www.helmreich-garten.de

Josef Pötter – Gärtner von Eden
Füchtenfeld 22, 48599 Gronau-Epe
Tel +49 (0) 2565 402980
zentrale@poetter-gve.de
www.poetter-gve.de

Kappe – Gärtner von Eden
Gierather Straße 182
51469 Bergisch Gladbach
Tel +49 (0) 2202 22089
info@kappe-gaerten.de
www.kappe-gaerten.de

Klute – Gärtner von Eden
Schwermecketal 2
59846 Sundern-Stockum
Tel +49 (0) 2933 6336
info@klute-garten.de
www.klute-garten.de

Kulmann-Rohkemper –
Gärtner von Eden
Langehegge 326, 45770 Marl
Tel +49 (0) 2365 42216
info@kulmann.com
www.kulmann.com

lebendige gärten –
Gärtner von Eden
Gartenstraße 7
71735 Eberdingen-Hochdorf
Tel +49 (0) 7042 792012
Büro Stuttgart:
Tel +49 (0) 711 6200032
eden@lebendige-gaerten.eu
www.lebendige-gaerten.eu

Leucht – Gärtner von Eden
Holunderstr. 4, 28816 Stuhr
Tel +49 (0) 421 808968
kontakt@leucht-gaerten.de
www.leucht-gaerten.de

Lütkemeyer – Gärtner von Eden
Steinhagener Straße 13
33334 Gütersloh
Tel +49 (0) 5241 965010
info@luetkemeyer.de
www.luetkemeyer.de

Majuntke – Gärtner von Eden
Ebrantshauser Str. 4
84048 Mainburg
Tel +49 (0) 8751 864740
eden@majuntke.de
www.majuntke-gaerten.de

Meißner Gartengestaltung –
Gärtner von Eden
Frielinger Straße 51
30826 Garbsen
Tel +49 (0) 5131 53042
info@meissner-garten.de
www.meissner-garten.de

Oliver Ochsenfarth –
Gärtner von Eden
Dahlhausen 1, 58579 Schalksmühle
Tel +49 (0) 2355 903180
info@garten-ochsenfarth.de
www.garten-ochsenfarth.de

Otten – Gärtner von Eden
Liedstraße 8a
49124 Georgsmarienhütte-
Holzhausen
Tel +49 (0) 5401 32699
info@otten-gartengestaltung.de
www.otten-gartengestaltung.de

Paul Horstmann –
Gärtner von Eden
Hoest 18, 59320 Ennigerloh
Tel +49 (0) 2524 950855
info@paul-horstmann.de
www.paul-horstmann.de

Potsdamer Garten Gestaltung –
Gärtner von Eden
Otto-Lilienthal-Straße 35
14542 Werder (Havel)
Tel +49 (0) 3327 58100
info@potsdamer-gaerten.de
www.potsdamer-gaerten.de

Reinhard Schäfer –
Gärtner von Eden
Carl-Benz-Weg 4
22941 Bargteheide
Tel +49 (0) 4532 6029
info@reinhard-schaefer.com
www.reinhard-schaefer.com

Roth – Gärtner von Eden
Franz-Stelzhammer-Str. 10
94081 Fürstenzell
Tel +49 (0) 8502 922300
info@landschaftsbau-roth.de
www.landschaftsbau-roth.de

Schleitzer – Gärtner von Eden
Enterstraße 23
80999 München-Allach
Tel +49 (0) 89 8928650
erlebnisgarten@schleitzer.de
www.schleitzer.de

Schöllmann – Gärtner von Eden
Burdastraße 23
77746 Schutterwald
Tel +49 (0) 781 9708097
info@traumgaerten.net
www.traumgaerten.net

TERRA-Modellgärten –
Gärtner von Eden
Postfach 60 11 64
41068 Mönchengladbach
Tel +49 (0) 2161 8286182
info@modellgaerten.de
www.modellgaerten.de

ÖSTERREICH SCHWEIZ

Wahlers – Gärtner von Eden
Neubauerstr. 24, 27383 Scheeßel
Tel +49 (0) 4263 8899
info@wahlers-gaerten.de
www.wahlers-gaerten.de

Wandrey – Gärtner von Eden
Pommernweg 31
24576 Bad Bramstedt/Bissenmoor
Tel +49 (0) 4192 2118
info@wandrey.de
www.wandrey.de

Wildwuchs – Gärtner von Eden
Mählersbeck 226, 42279 Wuppertal
Mittelstraße 91, 45549 Sprockhövel
Tel +49 (0) 2339 912671
info@gartenbau-wildwuchs.de
www.gartenbau-wildwuchs.de

Zinsser – Gärtner von Eden
Ebstorfer Str. 27, 29525 Uelzen
Tel +49 (0) 581 2267
info@zinsser-garten.de
www.zinsser-garten.de

Amann – Gärtner von Eden
Grund 1, 6842 Koblach
Tel +43 (0) 5523 54805
info@amann-gartenbau.at
www.amann-gartenbau.at

**Garten Dolezal –
Gärtner von Eden**
Kernstockgasse 17, 8200 Gleisdorf
Tel +43 (0) 3112 3602136
info@garten-dolezal.at
www.garten-dolezal.at

freiraum* – Gärtner von Eden
Emling 29, 4072 Alkoven
Tel +43 (0) 7274 613440
office@freiraum.cc
www.freiraum.cc

**Rupert Halbartschlager –
Gärtner von Eden**
Oberbrunnernstr. 9b
4522 Sierning
Tel +43 (0) 7259 4661-0
office@halbartschlager.at
www.halbartschlager.at

Forster – Gärtner von Eden
Kirchmattweg 20, 4425 Titterten
Tel +41 (0) 61 9411014
forster@forster-gartenbau.ch
www.forster-gartenbau.ch

Frick – Gärtner von Eden
Hochwachtstr. 25, 9000 St. Gallen
Tel +41 (0) 71 2775959
Hinterwiden, 9245 Oberbüren
Tel +41 (0) 71 9527675
info@frickgartenbau.ch
www.frickgartenbau.ch

Leuthold – Gärtner von Eden
Dörflistraße 24a, 8942 Oberrieden
Tel +41 (0) 43 4442288
lg@leuga.ch
www.gartenliebhaber.ch

Müller – Gärtner von Eden
Götzentalstraße 1
6044 Udligenswil
Tel +41 (0) 41 3758050
mail@mueller-gartenbau.ch
www.mueller-gartenbau.ch

Gärtner **von Eden**®

ARCHITEKTEN
ADRESSEN DER AN DIESEM BUCH BETEILIGTEN PLANER

Hier finden Sie die Adressen der an einigen Projekten beteiligten externen Planer, die freundlicherweise ihr Einverständnis zur vorliegenden Veröffentlichung gegeben haben und Pläne zur Verfügung stellten.

Martin P. Abrahamse
Landschaftsarchitekt BSLA
Fichtenhagstraße 4
4132 Muttenz
Tel +41 (0) 61 4617550
www.abrahamse.ch

brandl architekten . bda
An der Hülling 2
93047 Regensburg
Tel +49 (0) 941 5839317
www.brandl-architekten.de

Breimann & Bruun
Garten- und
Landschaftsarchitekten MAA
Borselstraße 18, Borselhof
22765 Hamburg
Tel +49 (0) 40 8227770
www.breimann-bruun.de

Hilde Lena Burke
Flora Toskana Gartengestaltung
Blöckhorn 1, 22393 Hamburg
Tel +49 (0) 40 6017130

Büro Freiraum Johann Berger
Freier Landschaftsarchitekt
+ Stadtplaner
Oberer Graben 3a, 85354 Freising
Tel +49 (0) 8161 148400
www.buero-freiraum.de

cbplan landschaftsarchitekur
Constanze Beckmann
Kamisheide 9, 45133 Essen
Tel +49 (0) 201 87423955
www.cbplan.net

Lena de Vries, FH Osnabrück
Schraberg 18, 58313 Herdecke

Margarete Hoberg-Klute
Dipl.-Ing. Garten- und
Landschaftsarchitektin
Büro für Grünplanung
Schwermecketal 2
59846 Sundern-Stockum
Tel +49 (0) 2933 6400

Dipl.-Ing. Martin Hofmann
Landschaftsarchitekt AKNW
Vitusstraße 53
41061 Mönchengladbach
Tel +49 (0) 2161 2479482
www.martinhofmanngarten.de

Thomas Huemer
Marienfeld 10
4076 St. Marienkirchen

Sebastian Jensen
Landschaftsarchitektur
Walderseestraße 61
22605 Hamburg
Tel +49 (0) 40 824929
www.sebastianjensen.de

Dipl.-Ing. Simone Kern
Landschaftsarchitektin
Schnaidt 7, 88260 Argenbühl
Tel +49 (0) 7566 2528
www.artis-gartendesign.de

Andrea Klenner-Felbiger
Dipl. Ing. Univ. Landespflege
Am Wirtsacker 45, 85435 Erding
Tel +49 (0) 8122 14330

Monsberger
Gartenarchitektur GmbH
Nikolaiplatz 4/IV, 8020 Graz
Tel: +43 (0) 316 720823
Kernstockgasse 17, 8200 Gleisdorf
Tel +43 (0) 3112 3602121
www.gartenarchitektin.at

Nagel
Landschaftsarchitektin BDLA
Hinterm Schloß 15
32549 Bad Oeynhausen
Tel +49 (0) 5731 755330
www.nagel-landschaftsarchitekten.de

Alexander Oberndorfer
Ringstr. 43a, 4600 Wels

Adelheid Schönborn
Gartenarchitektin
Schloßstraße 18
91735 Muhr am See
Tel +49 (0) 9831 880990
www.ags-garten.de

Planungsbüro
Dipl. Ing. Stephen Thursfield
Blumenstraße 9, 73271 Holzmaden
Tel +49 (0) 7023 5478
www.thursfield.de

BILDNACHWEIS

Miquel Tres – Fotografia, Spanien
Titelbild, S. 5, 6, 9, 10, 11, 15, 16/17, 19, 20, 21, 22, 23, 24, 25 (2.o.l., u) 26, 27, 28, 29, 30, 31, 32, 33, 34, 35, 36, 37, 38/39, 41, 43, 44, 45, 47, 49, 50, 51, 57, 59, 60, 61, 63, 66, 67, 72, 73, 74, 75, 76, 77, 79, 82, 83, 85, 87, 94, 95, 97, 98, 99, 100/101, 103, 105, 106, 107, 109, 111, 112, 113, 114, 115, 117, 119, 120, 121, 123, 125, 127, 129, 131, 133, 135, 137, 138, 139, 141, 142, 143, 145, 146, 147, 149, 151, 152/153, 155, 157, 159, 161, 162, 163, 164, 165, 167, 169, 171, 173, 175, 177, 179, 180, 181, 182, 183, 185, 187, 189, 190, 191, 193, 195, 197, 198, 199, 203, 205, 206, 207, 209, 211, 213, 215, 216/217, 219, 221, 223, 225, 227, 228, 229, 230, 231, 232, 233, 234, 235, 236, 237, 239, 241, 243, 245, 246/247, 248

Daniela Toman, Verl
S. 14, 25 (o. r.), 52, 53, 64, 65, 91

Elena Monti, MOEL PHOTOGRAPHIE, Schweiz
S. 71, 80, 81, 93

Torsten Scherz, Medienfabrik Gütersloh
S. 54, 55

Herbert Stolz, Regensburg
S. 69

Schöllmann – Gärtner von Eden, Schutterwald
S. 89

ingo beran – Gärtner von Eden, Wulmstorf
S. 201

DANKSAGUNG

Viele Menschen waren nötig, um das vorliegende Buch zu ermöglichen und entstehen zu lassen. Unser Dank gilt in erster Linie jenen **100 Gartenbesitzern**, die einen Einblick in ihre Anlagen gewährten und sowohl die Fotografen als auch die Redaktion unterstützt haben.
Das wäre aber ohne die **Gartenplaner** und die **Gärtner von Eden** nicht möglich gewesen. Ihrem Arbeitseinsatz, ihrer Kreativität und ihrem Einfühlungsvermögen ist es zu verdanken, dass **100 Gärten** entstanden sind, die ihre Besitzer heute glücklich machen. Den Gärtnern von Eden ist es gelungen, einen neuen Weg in der Gartenplanung zu gehen. Die mit Unterstützung der Diplompsychologin Gerlinde Lahr und der Landschaftsarchitektin Brigitte Röde definierten Gartentypen tragen einen Teil zur Entwicklung individueller und moderner Gärten in Deutschland, Österreich und der Schweiz bei.

Grünes Wissen ist weiblich.

In diesem Buch gewähren weibliche Gartenexpertinnen – u.a. Petra Pelz, Viktoria von dem Bussche, Katharina von Ehren, Bettina Gräfin Bernadotte, Heike Boomgarden, Ute Wittich, Kristin Lammerting, Anja Maubach – zum ersten Mal gemeinsam Einblicke in ihre ganz persönlichen Geheimnisse.

Wir haben einen Blick in ihre Gärten und in ihre Leben geworfen und erfahren nicht nur Details über ihre Liebe zum Garten und zum Gärtnern, sondern auch wie das Gärtnern ihr Leben beeinflusst und verändert hat, welche Rückschläge sie hinnehmen mussten und was sie daraus gelernt haben.

Durch die zahlreichen Pflanztipps und Lieblingslisten der Expertinnen erhält das Buch zudem eine sehr praktische Note.

Ein unverzichtbares Buch für jeden Gartenfreund.

Kristin Lammerting (Hrsg.) / Ferdinand Graf von Luckner (Fotos)
Gartenexpertinnen und ihr grünes Wissen
176 Seiten, 250 Farbfotos
gebunden mit Schutzumschlag
ISBN 978-3-7667-1989-8

www.callwey.de